Christliche Dalit-Identität in Südindien

Neue Hallesche Berichte
Quellen und Studien zur Geschichte und Gegenwart Südindiens

Im Auftrag der Franckeschen Stiftungen zu Halle
herausgegeben von
Michael Bergunder und Daniel Cyranka

Band 11

Christliche Dalit-Identität in Südindien

Die Heilsarmee zwischen spirituellem und sozialem Auftrag

Johanna Weirich

Verlag der Franckeschen Stiftungen zu Halle 2022
Harrassowitz Verlag in Kommission

ISBN 978-3-447-11911-5

http://www.francke-halle.de und http://www.harrassowitz-verlag.de

Bibliografische Information Der Deutschen Bibliothek:
Die Deutsche Bibliothek verzeichnet diese Publikation in der Deutschen Nationalbibliografie; detaillierte bibliografische Daten sind im Internet über http://dnb.ddb.de abrufbar.
Bibliographic information published by the Deutsche Nationalbibliothek:
The Deutsche Nationalbibliothek lists this publication in the Deutsche Nationalbibliografie; detailed bibliographic data are available on the Internet at http://dnb.dnb.de.

Zugleich Dissertation an der Theologischen Fakultät der Universität Heidelberg

Gedruckt auf alterungsbeständigem Papier.
Printed in Germany.

Satz: Nuran Tanriver
Umschlagmotiv: Vereinswappen der RSSNA. Mit freundlicher Genehmigung der RSSNA.
Umschlaggestaltung: Klaus E. Göltz, Halle
Druck: Halberstädter Druckhaus GmbH, Halberstadt

Vorwort

Die vorliegende Arbeit wurde im Wintersemester 2021/22 von der Theologischen Fakultät der Universität Heidelberg als Dissertation im Fach Religionswissenschaft und Interkulturelle Theologie angenommen. Für den Druck habe ich den Text geringfügig überarbeitet.

Die Entstehung und Drucklegung des Buchs ist von vielen Seiten unterstüzt und gefördert worden. Mein Doktorvater, Prof. Dr. Michael Bergunder hat diese Arbeit mit großem Interesse und Engagement begleitet. Ihm und Prof. Dr. Daniel Cyranka danke ich als Herausgebern der „Neuen Halleschen Berichte" für die Aufnahme meines Buchs in diese Reihe. Prof. Dr. Andreas Nehring danke ich für das Zweitgutachten zu meiner Arbeit. Unmöglich wäre die Arbeit gewesen ohne die ideelle und finanzielle Unterstützung der Studienstiftung des deutschen Volkes.

Großer Dank gilt allen, die mir während der Feldforschung geholfen haben. Allen voran meiner indischen Familie, Dr. Nyimanyang Chang, Dr. Lairenlakpam Bimol Meitei, Manna und Yensen für ihre inhaltliche wie emotionale Unterstützung. Dr. Muthuraj Swamy für die Vermittlung wertvoller Kontakte in der Feldforschungsregion. Im Kanyakumari-Distrikt fand ich Unterstützung bei Reverend C. Rajamony, Dr. D. Monikaraj und besonders bei Dr. James Chellappa und seiner Familie, Somichon, Jessica, Jamila, Jwala und Jarvia, bei denen ich arbeitend oder entspannend immer willkommen war. Als Feldforschungsassistenten haben mich Anish N.R. und Joshua begleitet. Unverzichtbar war die Hilfe von RSSNA-Präsident John Murray und allen Vereinsmitgliedern, die meine Forschung erst ermöglicht und äußerst engagiert begleitet haben. Ihnen und allen anderen, die sich für Interviews zur Verfügung gestellt oder mich anderweitig unterstützt haben, danke ich herzlich. Unmöglich wäre die Arbeit gewesen ohne die Hilfe von Mirjam Heins, die mich bei meinem zweiten Feldforschungsaufenthalt begleitet hat.

Auch zu Hause in Heidelberg habe ich vielfache Unterstützung erfahren. Für inhaltliche wie menschliche Unterstützung danke ich meinem Kollegium, insbesondere Jessica Albrecht, Judith Bachmann, Lena Beisel, Marius Calin, Ulrich Harlass, Anna Kirchner, Rafael Klöber, Nora Kurzewitz, Giovanni Maltese, Ulrike Schröder und Yan Suarsana. Bei der Sichtung und Übersetzung tamilischer Quellentexte haben Josephine Tamilmani Joseph Doss und Anna Theresa Schmid geholfen. Für den Satz dieser Arbeit war Nuran Tanriver verantwortlich. Malena Reibert hat die Erstellung des Index übernommen. Ihnen allen danke ich herzlich.

Der größte Dank gilt meinem Freundeskreis und meiner Familie. Meine Eltern, Birgit und Klaus Sondergeld glänzten mit ihrem unvergleichlichen Keks&Korrektur-Service. Meine Schwiegerfamilie, Margot, Erich und Benedikt Weirich sowie Yvonne, Matthias, Yannick und Samuel Krisam war immer für mich da, wenn ich Ablenkung brauchte – und immer nachsichtig, wenn ich nicht da sein konnte. Alida Euler und Melanie Nouira-Minor, hatten stets ein offenes Ohr für Klagen und waren ebenso hilfreich dabei, gute Laune und Zuversicht wiederzufinden. Die Mitglieder des Lesekreises „Kabale und Liebe und Corona" Juliane Bramkamp, Henning Bramkamp, Vivian van Gerven, und Katharina Lienert sorgten im letzten Jahr vor der Fertigstellung dieser Arbeit für viele lustige Denkpausen. Auch dann – und gerade wenn – es von höchster Bedeutung war, Ernst zu sein!

Die zahlreichen Verdienste meines Mannes, Dominik Weirich um diese Arbeit – von leckerem Essen bis zu Hilfe im Kampf mit der Technik – können gar nicht alle aufgezählt werden!

Bremen im August 2022

Johanna Weirich

Abkürzungsverzeichnis

BJP	Bharatiya Janata Party
BTH	Booth-Tucker Hall
CBH	Catherine Booth Hospital
CMS	Church Missionary Society
CSI	Church of South India
CHDP	Community Health and Development Program
DMF	Dalit Movement Federation
IELC	India Evangelical Lutheran Church
IHQ	International Headquarter
ISLC	International Spiritual Life Commission
KRSSNA	Kulasekharam Retchanya Senai Samudhaya Nala Amaippu
LMS	London Missionary Society
NHRC	National Human Rights Commission
OBC	Other Backward Classes
ÖRK	Ökumenischer Rat der Kirchen
PCR	Program to Combat Racism
PSF	Progressive Salvationist's Forum
RSSNA	Retchanya Senai Samudhaya Nala Amaippu
SACWA	Salvation Army Community Welfare Organisation
SC	Scheduled Castes
ST	Scheduled Tribes
TACSAL	Territorial Advisory Council of Salvation Army Laymen
TSA	The Salvation Army
TTS	Tamilnadu Theological Seminary
VCK	Viduthalai Ciruthaigal Katchi

Inhalt

Einleitung

1. Einstieg und Fragestellung

„Die RSSNA ist nicht wirklich eine Dalit-Bewegung. Das ist meine Ansicht. (...) Die RSSNA wurde ausschließlich für die Heilsarmee gegründet und für die Dalits in der Heilsarmee.“[1]

„Die RSSNA kann keine Dalit-Themen unter dem RSSNA-Label aufnehmen. In der RSSNA kämpfen wir hauptsächlich für die Heilsarmee-Gemeinschaft und innerhalb der Heilsarmee.“[2]

So äußerten sich der Präsident, ein Vorstandsmitglied und viele Mitglieder der Retchanya Senai Samudhaya Nala Amaippu (RSSNA)[3], eines Vereins von Heilsarmee-Mitgliedern im südindischen Kanyakumari-Distrikt. Sie stritten damit ab, dass ihr Verein – zumindest unmittelbar – als Teil der indischen Dalit-Bewegung zu verstehen sei. Unter dem Namen „Dalit“ sind in Indien seit mehreren Jahrzehnten soziale Bewegungen aktiv, die für Rechte und gesellschaftliche Emanzipation von Gruppen eintreten, die früher u.a. als „Kastenlose“ oder „Unberührbare“ bezeichnet wurden. Auch in entwicklungspolitischen Debatten und in der Forschung ist Dalit zu einem entscheidenden Stichwort geworden.

Diese Zurückweisung der Identifizierung als Dalit-Bewegung ist in vielerlei Hinsicht ausgesprochen bemerkenswert. Der Verein druckt auf seinen Plakaten das Porträt B.R. Ambedkars ab, der weithin als Gründervater der Dalit-Bewegung gilt. In den öffentlichen Verlautbarungen des Vereins finden sich zahlreiche Forderungen, die in ihrem Umfeld als Dalit-Themen aufgefasst und auch von regionalen Dalit-Gruppen formuliert werden. Überdies ist die RSSNA eng in das Netzwerk regionaler Dalit-Bewegungen eingebunden. Und schließlich kam der Kontakt, durch den die RSSNA zum Gegenstand der vorliegenden Studie wurde, zu Stande, weil der Präsident der RSSNA als ein besonders einflussreicher Dalit-Aktivist und daher unverzichtbarer Gesprächspartner für eine Forschung über Dalit-Bewegungen in der Region beschrieben wurde.

In den Gesprächen mit den Vereinsmitgliedern wurde jedoch schnell deutlich, dass sie eine solche Wahrnehmung ihres Vereins in großer Mehrheit mit Äußerungen wie den oben zitierten zurückwiesen. Überdies beschrieben sich die wenigsten von ihnen als dem Dalit-Aktivismus anhängend. Auch eine Selbstbeschreibung als Dalit war für sie kaum bedeutsam. Viel wichtiger war ihnen die Identifizierung als kritische, jedoch besonders engagierte Mitglieder der Heilsarmee, die sich über Zustände in ihrer

[1] Interview mit RSSNA-Vorstandsmitglied Nr. 1 am 19.04.2016.

[2] Interview mit John Murray am 06.05.2016.

[3] Ins Deutsche übersetzt „Wohltätigkeits-Organisation der Heilsarmee-Gemeinschaft“.

Kirche sorgten und sie zu reformieren suchten. So verstanden sie auch die RSSNA als innerkirchliche Reformbewegung. Wie ist diese Diskrepanz – die gleichzeitige Aneignung und Zurückweisung von Dalit zu verstehen?

Die bisherige Forschung zur Dalit-Bewegung ist bei dieser Frage kaum hilfreich. Gruppen aus der Heilsarmee wurden bisher überhaupt nicht zum Gegenstand ihrer Untersuchungen gemacht. Auch die Heimatregion der RSSNA, der Kanyakumari-Distrikt in der Südspitze Indiens wurde weitgehend ausgeblendet. Vor allem aber, weist die RSSNA kaum Merkmale auf, die von der Forschung als charakteristisch für Dalit-Gruppierungen beschrieben werden. Auf Grundlage der Dalit-Forschung kann also lediglich die Zurückweisung von Dalit durch die RSSNA-Mitglieder erklärt werden. Die Aneignung dieses Namens und die öffentliche Wahrnehmung der RSSNA als Dalit-Bewegung kann hingegen nicht plausibel gemacht werden. Die bisherige Dalit-Forschung kann also der Komplexität der dargestellten Konstellation nicht gerecht werden.

Hier setzt die vorliegende Arbeit an. Sie geht davon aus, dass es im Falle der RSSNA insbesondere zwei Problematiken sind, die es verhindern, dass die Positionierung der Gruppe als Dalit-Bewegung analysiert und erklärt werden kann. Grund dafür ist zunächst einmal, dass als politisch eingeordnete Dalit-Debatten einerseits und als religiöse beschriebene Debatten andererseits, bisher weitgehend getrennt behandelt wurden. Das erschwert die Untersuchung einer Gruppe wie der RSSNA, für deren Übernahme der Selbstbezeichnung Dalit, wie sich zeigen wird, gerade die Wechselbeziehungen zwischen religiösen und politischen Debatten entscheidend sind. Vor allem aber wird in der Forschungsdebatte Dalit zumeist essentialistisch bestimmt. Das erschwert erheblich die Untersuchung von Gruppen wie der RSSNA, deren Identifizierung als Dalit offenbar ambivalent ist.

Die vorliegende Arbeit wählt daher einen anderen Weg. Sie fasst Dalit als umstrittene Identitätspositionierung auf, die Gruppen in verschiedenen Konstellationen übernehmen bzw. neu aushandeln. Dem entspricht eine Vorgehensweise, die beim Selbstverständnis und bei den Anliegen einer konkreten Gruppe ansetzt. In diesem Sinne untersucht sie, aus welchen Gründen und mit welcher Motivation sich eine Gruppe, die sich als innerkirchliche Reformbewegung versteht, der Öffentlichkeit ihrer Region als Dalit-Bewegung präsentiert und von ihr auch als solche wahrgenommen wird. Sie analysiert, welche Konstellationen eine solche Selbstdarstellung nahelegen und plausibilisieren, welche Interessen damit verbunden sind und inwiefern sie erfolgreich sind. Schließlich fragt sie, ob die RSSNA einen eigenen Dalit-Begriff vertritt oder selbst entwickelt. Auf diese Weise will sie den beschriebenen Leerstellen in der Dalit-Forschung begegnen und eine alternative Herangehensweise vorschlagen.

2. Forschungsstand I
Christlicher Dalit-Aktivismus in Tamil Nadu

Da der Kanyakumari-Distrikt, die Heimatregion der RSSNA, zu Tamil Nadu gehört, wird in den folgenden Abschnitten die Forschungsdiskussion zur Dalit-Bewegung mit Schwerpunkt auf diesen Bundesstaat untersucht. Dabei sollen insbesondere die beiden genannten Problematiken, die Trennung religiöser und politischer Debatten sowie die Verwendung essentialistischer Begriffe aufgezeigt werden.

Es wird sich zeigen, dass Forschungsbeiträge zwar ausgesprochen häufig auf die Bedeutung von Schnittstellen zwischen religiösen und politischen Debatten und auf die Relevanz von Kontakten zwischen Gruppen, die dort jeweils verortet werden, hinweisen. Dennoch werden solche Austauschprozesse kaum je ausführlicher diskutiert. Es gibt zwar einige wenige wegweisende Forschungsbeiträge, die genau an dieser Schnittstelle ansetzen. Doch auch diese weisen erheblichen Lücken auf. Zunächst einmal blenden sie den Kontext der RSSNA nahezu vollkommen aus. Weder die Heilsarmee noch der Kanyakumari-Distrikt werden in der Dalit-Forschung ausführlich thematisiert. Dies ist, wie sich zeigen wird, nicht nur für die vorliegende Arbeit problematisch, sondern weist auf grundlegende Leerstellen hin. Vor allem aber gibt es keine Darstellungen, die detailliert untersucht, wie konkrete Gruppen an der Schnittstelle religiöser und politischer Debatten ein Selbstverständnis als Dalit-Bewegung entwickeln.

Dies steht, wie sich zeigen wird, im Kontext einer größeren Problematik, die ebenfalls bereits benannt worden ist. In der Forschung wird Dalit ganz überwiegend essentialistisch bestimmt. Das bedeutet zum einen, dass mit dieser Bezeichnung bestimmte Inhalte verbunden werden, von denen angenommen wird, dass sie von allen Gruppen geteilt werden, die sich als Dalits bezeichnen. Als typische Merkmale von Dalit-Bewegungen werden u.a. die Nähe zu bestimmten politischen Parteien, die als Dalit-Parteien aufgeführt. In Tamil Nadu ist das insbesondere die von Hugo Gorringe erforschte Viduthalai Chiruthaigal Katchi.[4] Häufig besprochen werden auch Erzählungen von Mythen aus der Dalit-Perspektive oder auch als identitätsstiftend beschriebene Geschichten über den als Vater der Dalit-Bewegung dargestellten B.R. Ambedkar. Solche Themen bespricht C.J. Arun am Beispiel eines tamilischen Dorfes.[5] Als entscheidend wird zudem oft die ausdrückliche Selbstbeschreibung als „Dalits" unter Zurückweisung anderer Bezeichnungen, insbesondere des von Gandhi geprägten Begriffs Harijan beschrieben.[6] Die Bestimmung von Dalit über solche inhaltlichen Merkmale ist jedoch schwierig, weil in Verbindung mit der Bezeichnung

[4] Vgl. die im folgenden Abschnitt genannten Publikationen.
[5] Arun 2007. Vgl. insbesondere Kap. 5&6.
[6] Vgl. z.B. Shah 2001, 20–25.

Dalit eine Vielzahl von Themen verhandelt und Aktivitäten verfolgt werden, die längst nicht alle Dalit-Gruppen teilen.

Zum anderen wird diese Bezeichnung oft Gruppen zugewiesen, ohne das geklärt wird, ob dies deren Selbstverständnis überhaupt entspricht. Das ist deshalb problematisch, weil sich bereits in der Forschungsliteratur deutliche Hinweise finden, dass längst nicht alle Gruppen, die von anderen als Dalit aufgefasst werden, diese Bezeichnung für sich übernehmen wollen. Immer wieder wird diese Zuschreibung auch zurückgewiesen. Bereits an der Forschungsliteratur wird also die Problematik und die stark begrenzte Leistungsfähigkeit essentialistischer Begriffsbestimmungen deutlich.

2.1. Die Verbindung christlicher und politischer Dalit-Bewegung in Tamil Nadu

Bei der Frage nach Berührungspunkten von kirchlichen und politischen Dalit-Debatten bzw. christlichem Einfluss auf die Dalit-Bewegung in Tamil Nadu wird schnell klar, dass viele Studien solche Schnittstellen gar nicht oder nur am Rande behandeln. So differenziert Eva-Maria Hardtmann in ihrer Monografie „The Dalit Movement in India. Local Practices and Global Connections“[7] drei signifikante Perspektiven der indischen Dalit-Bewegung. Die des Dalit-Buddhismus, der christlichen Dalit-Theologie und des partei-politischen Dalit-Aktivismus.[8] Dabei betont sie zwar, dass sich die Anhängerschaften der jeweiligen Perspektiven untereinander kennen und auf verschiedenste Weise interagieren, beschreibt aber diese Interaktionen nicht näher, sondern stellt im Folgenden die einzelnen Perspektiven separat vor. Im weiteren Verlauf ihrer Studie untersucht sie exemplarisch Interaktionen zwischen Dalit-Buddhismus und Parteipolitik in Lucknow. Im Anschluss wendet sie sich dann transnationalen Dalit-Netzwerken und Internationalem Dalit-Aktivismus zu. Auf christliche Dalit-Theologie geht sie nur in einem kurzen Abschnitt ein, in dem sie von einer Begegnung mit dem Bischof der Church of South India (CSI) und Dalit-Theologen Azariah berichtet, der seinen Bischofssitz in der tamilischen Hauptstadt Chennai hatte. In diesem Zusammenhang betont sie, dass Azariah und andere führende Köpfe der Dalit-Theologie diese gerade auch als politische Theologie verstehen.[9] Überdies zeigt sie knapp einige thematische Überschneidungen dalit-theologischer Ansätze mit dalit-buddhistischem Gedankengut und zentralen Inhalten der Dalit-Panther-Bewegung auf und folgert daraus, dass christliche Dalit-Theologie ein Teil des größeren Dalit-Netzwerks sei. Wie sich diese Netzwerke jedoch bilden, wie sich

[7] Hardtmann 2009.
[8] Hardtmann 2009, 89.
[9] Hardtmann 2009, 108.

verschiedene Gruppen zu Allianzen zusammenschließen und welche Rolle dabei die von ihr aufgezählten Themen spielen, stellt die Autorin nicht dar.

Noch auffälliger und erstaunlicher ist die Auslassung christlicher Einflüsse im Werk von Hugo Gorringe, der sich in zwei Monografien[10] und zahlreichen Aufsätzen mit der tamilischen Dalit-Bewegung auseinandergesetzt hat. Er beschäftigt sich dabei vor allem mit der Viduthalai Chiruthaigal Katchi (VCK), einer politischen Dalit-Bewegung, die seit 1999 als politische Partei aktiv ist. Gerade in seinen Aufsätzen nimmt er immer wieder auch andere politische Bewegungen und Parteien in den Blick. Dalit-Theologie, christliche Netzwerke und kirchliche Organisationen finden keine Erwähnung. Dies ist ausgesprochen erstaunlich, da er das Tamilnadu Theological Seminary (TTS) in Madurai als Ausgangsbasis seiner Feldforschung benennt. Er berichtet dann in knapper Form, dass er vor allem kirchliche Kontakte nutzte, um mit politischen Dalit-Gruppen in Verbindung zu treten und betont, dass seine Kontaktpersonen am TTS ausgesprochen gute Verbindungen zu verschiedenen politischen Gruppierungen unterhielten.[11] Wie diese Kontakte zu Stande gekommen waren und gepflegt wurden und inwiefern gemeinsame Themen und Forderungen dabei eine Rolle spielten, thematisiert er jedoch überhaupt nicht. Auch im weiteren Verlauf seiner Studie spielt die Frage nach christlichem Einfluss und christlichen Anliegen keine Rolle. Dies gilt im Wesentlichen auch für seine zweite Monografie und seine Aufsätze. Dabei hat Gorringe mindestens ein christliches Anliegen durchaus im Blick, das unter dem Schlagwort Dalit verhandelt wird und, wie sich im Laufe dieser Arbeit zeigen wird, auch für die RSSNA und ihr Umfeld von großer Bedeutung ist. In einer Anmerkung zu seinem Aufsatz „Out of the Cheris: Dalits Contesting and Creating Public Space in Tamil Nadu“[12] erwähnt er die Problematik der staatlichen Förderungen für die so genannten Scheduled Castes (SCs), von denen Angehörige des Christentums ausgeschlossen bleiben.[13] Die Thematik spielt jedoch im Aufsatz selbst keine Rolle.

Politische und religiöse Dalit-Debatten werden also häufig differenziert und – obgleich gegenseitige Beeinflussungen eingeräumt werden – getrennt voneinander untersucht. Gerade christliche Einflüsse und Aktivitäten im Kontext der gegenwärtigen Dalit-Bewegung geraten dabei aus dem Blick. Es gibt jedoch auch Studien, die genau an dieser Schnittstelle ansetzen. Ein wegweisender Beitrag für solche Fragestellungen ist Andreas Nehrings 2004 erschienener Aufsatz „Bekehrung als Protest. Zur Konstruktion religiöser Identität der Dalits in Indien“.[14] Nehring kritisiert darin ein aus seiner Sicht verengtes Verständnis von Religion und Konversion,

[10] Gorringe 2005b; Gorringe 2017.
[11] Gorringe 2005b, 28.
[12] Gorringe 2016, 174.
[13] Vgl. Kap. 8.1, 18 und 19.1 dieser Arbeit.
[14] Nehring 2004.

das sowohl in der gesellschaftspolitischen Debatte in Indien als auch in der religionswissenschaftlichen Forschung weit verbreitet sei und schlägt einen Ansatz vor, der eine umfassendere Perspektive auf religiöse Praktiken, namentlich auf Konversionen, ermöglichen soll. Gegenstand seines Aufsatzes sind Gruppenkonversionen von Gemeinschaften, die als Dalits bezeichnet werden, zum Christentum bzw. zum Islam. Beispielhaft erzählt er von einer Gruppenbekehrung im tamilischen Dorf Narivelli 1981. Im Zuge eines Konflikts zwischen den Kastengemeinschaften der Paraiyars, die dort überwiegend Arbeitskräfte in der Landwirtschaft waren, und landbesitzenden Kasten über die Prozessionsroute der Göttin Mariyamman beim Dorffest, legten erstere ihre Arbeit nieder. Die Landbesitzenden stellten daraufhin Arbeitskräfte aus Nachbardörfern ein. Kirchliche Hilfswerke unterstützten nun die arbeitslos gewordenen Gruppen und sorgten etwa für deren Umschulung zu Seilflechtern. Im weiteren Verlauf des Konflikts ließen sich die kirchlich unterstützen Dalits taufen. Nehring berichtet überdies noch von einer weiteren Gruppenkonversion, in deren Zusammenhang sich im Jahr 2002 Dalits im Dorf Koothirambakkam zum Islam bekehrten.[15] Das von der Regierung Tamil Nadus im Jahr 2002 erlassene Anti-Konversionsgesetz, das die Bekehrung von Personen oder Gruppen zu einer anderen Religion unter Strafe stellt, wenn dabei Druckmittel eingesetzt werden, Bestechung oder Gewalt eine Rolle spielen, ist Nehring zu Folge entscheidend als Reaktion auf solche Gruppenbekehrungen zu verstehen.[16] Nehring argumentiert, das Anti-Konversionsgesetz sei Ausdruck eines auch in der theologischen und religionswissenschaftlichen Forschung verbreiteten Verständnisses von Religion, das auf der Unterscheidung von Heilig und Profan beruhe und religiöse Erfahrung in einer eigenen, vom Bereich des Säkularen abgetrennte Sphäre verorten wolle.[17] Auf dieser Grundlage würden die Konversionen der Dalits als unecht eingestuft, da wahre Bekehrung allein aus Gotteserfahrung resultieren könne und nicht von Gegebenheiten im säkularen Bereich motiviert sein dürfe.[18]

Nehring möchte dieses Verständnis von Konversion problematisieren und überwinden, indem er die Bekehrungsbewegungen der Dalits als Identitätspositionierungen versteht. Er stützt sich dabei auf Überlegungen von Stuart Hall zu verschiedenen Verständnissen von Identität. Er differenziert dabei zwischen zwei Auffassungen, die er als „Identität 1“ und „Identität 2“ bezeichnet. Die erste Auffassung bestimmt Identität essentialistisch, die zweite beschreibt sie als Produktion, die sich stets im Prozess befindet. Identitäten, so Nehring im Anschluss an Hall, seien Namen, die die Menschen den Verhältnissen geben, durch die sie positioniert sind und

[15] Nehring 2004, 18–19.
[16] Nehring 2004, 4.
[17] Nehring 2004, 13.
[18] Nehring 2004, 12.

innerhalb derer sie sich selbst positionieren.[19] Nehring schlägt vor, die Konversionen der Dalits im Sinne von Halls Identität 2 zu verstehen, sie also als Identitätspositionierungen zu deuten. Identitätspositionierungen, so Nehring weiter, müssten daher stets im Kontext einer Positionierungspolitik verstanden werden.[20] Dabei bezieht er sich auf die Hegemonie-Theorie von Chantal Mouffe und Ernesto Laclau, die Identitäten nicht als Ausdruck einer tatsächlichen sozialen Lage, sondern vielmehr als Artikulationen in politischen Kontexten verstehen.[21] Im Anschluss an Hall, Mouffe und Laclau versteht Nehring die Konversionen der Dalits als politische Positionierungen im Kontext des erstarkenden Hindu-Nationalismus und als Widerspruch gegen ein dominantes, hindu-nationalistisch geprägtes Verständnis von indischer nationaler Identität. Dalits seien als religiös Aktive aufzufassen, die nicht nur auf soziale Verhältnisse reagierten, sondern auch den Religionsdiskurs einsetzten, um eigene Gruppenidentitäten zu formulieren.[22] Mit ihren Konversionen wiesen sie zudem auf die Brüchigkeit des hindu-nationalistischen Konzepts von indischer Identität hin, das Indien als Hindu-Nation verstehen will.[23] Nehring zeigt mit seinem Aufsatz also, wie entscheidend es ist, den gesellschaftlichen und politischen Kontext religiöser Praktiken zu untersuchen, gerade auch im Kontext der Dalit-Bewegung.

Auch C. Joe Arun beschäftigt sich in seiner Monografie „Constructing Dalit Identity"[24] mit einer zum Christentum konvertierten Kastengruppe und gibt dabei ebenfalls wichtige Hinweise auf Schnittstellen zwischen kirchlichen und politischen Dalit-Debatten. Er untersucht in seiner Studie Prozesse der Identitätskonstruktion als Dalits bei Angehörigen der Kastengemeinschaft der Paraiyars, die in seinem Feldforschungsgebiet, dem tamilischen Dorf Pappanallur, vor allem als Arbeitskräfte in der Landwirtschaft tätig sind. Kirchliche Strukturen und christliche Deutungen spielen hier eine wichtige Rolle, zumal in Pappanallur auf verschiedene Weise versucht wird, christliche Dalit-Theologie in kirchliche Praxis zu übersetzen. Der von Arun untersuchte Prozess der Identitätspositionierung als Dalits nahm, so schildert es der Autor, ihren Anfang mit einem Konflikt zwischen den Paraiyars und den Vanniyars (der dominanten landbesitzenden Gruppe im Dorf), in dessen Verlauf die Paraiyars Verbündete suchten und im katholischen Priester eines benachbarten Ortes einen einflussreichen Unterstützer fanden. Sie konvertierten daher zum Christentum.[25] Im Zusammenhang mit der von Arun ausführlich analysierten Umdeutung traditioneller

[19] Nehring 2004, 8–10; Vgl. auch Hall 1994, 27–30.
[20] Nehring 2004, 10–11.
[21] Nehring 2004, 11; Vgl. auch Laclau und Mouffe 1991; Laclau 1994.
[22] Nehring 2004, 20.
[23] Nehring 2004, 11.
[24] Arun 2007.
[25] Arun 2007, 32.

Paraiyar-Symbole von Zeichen der Unreinheit zu Sinnbildern einer eigenen, positiven Paraiyar-Kultur spielten christliche Liturgie und Motive eine bedeutende Rolle. So wurde etwa versucht die Paraiyar-Trommel symbolisch aufzuwerten, indem sie bei der Eucharistie gespielt wurde. Einige Paraiyars besuchten zudem regelmäßig theologische Kurse.[26] Arun weist auch auf Überschneidungen kirchlicher und politischer Strukturen sowie von christlichem und politischem Dalit-Gedankengut hin. So spielten kirchliche Strukturen sowohl für den weiteren Verlauf der Selbstbehauptung der Paraiyars gegenüber den Vanniyars auf Dorfebene als auch für die zunehmende Vernetzung mit überregionalen Dalit-Bewegungen eine große Rolle. Der Gemeinderat des Dorfes, obwohl eigentlich ein kirchliches Gremium, diente als politisches Organ der Paraiyars.[27] Überdies stellte der katholische Priester von Pappanallur Kontakte zu Dalit-Bewegungen, NGOs und politischen Parteien her, die die Paraiyars unterstützten[28], etwa auch zu der von Gorringe untersuchten VCK. Wie genau der christliche Pfarrer Netzwerke auf- und ausbaute, beschreibt Arun jedoch nicht. Ebenso bleibt unklar, ob und wie die verschiedenen von ihm genannten Organisationen vor Ort aufeinandertreffen und wie christliche und nichtchristliche Gruppen zusammenwirken. Es findet sich keine Beschreibung, wie Angehörige unterschiedlicher Strömungen interagierten, sich organisatorisch vernetzten und auf welche Weise sie sich in ihrer Entwicklung gegenseitig beeinflussen. Insofern bietet Arun zwar wichtige Hinweise auf Aspekte christlicher Vernetzung in der tamilischen Dalit-Bewegung, charakterisiert diese jedoch nicht näher.

Besonders ausführlich hat sich David Mosse mit der Verschränkung von Christentum und Kaste sowie den Verbindungen zwischen kirchlichem und politischem Dalit-Aktivismus in Tamil Nadu beschäftigt. Sein Interesse gilt dabei hauptsächlich zwei Themengebieten, die er zunächst separat in Aufsätzen, dann gemeinsam in einer Monografie behandelte. In seinem Artikel „Idioms of Subordination and Styles of Protest among Christian and Hindu Harijan Castes in Tamil Nadu"[29] analysiert er im Rahmen einer Feldstudie in einem Dorf im tamilischen Ramnad-Distrikt beobachtete Widerstandsstrategien katholischer Pallars gegen die Dominanz höherer Kasten. Mosse zeigt, wie die Pallars religiöse Symbole und rituelle Praktiken, mit denen die höheren Kasten ihre Dominanzansprüche ausdrückten, aufnahmen und veränderten. Dadurch, so der Autor, stellten sie diese Ansprüche in Frage und konstruierten gleichzeitig eine Gruppenidentität.[30] Im Sammelbandbeitrag „Dalit Christian Activism in Contemporary

[26] Arun 2007, 73–74.
[27] Arun 2007, 129.
[28] Arun 2007, 151.
[29] Mosse 1994.
[30] Mosse 1994, 68.

Tamil Nadu"[31] von 2009 untersucht er dann die Wechselbeziehungen zwischen kirchlichem und politischem Dalit-Aktivismus, in deren Kontext die Identitätspositionierung „Dalit Christian" formuliert wurde. Mosse argumentiert, dass christlicher Dalit-Aktivismus seinen Anfang im Protest gegen Formen kastenbasierter Diskriminierung innerhalb der Kirchen nahm. Der zunehmende politische Einfluss der Hindutva-Bewegung habe dann zu einer Allianz zwischen den christlichen Kirchen Tamil Nadus und Führungsfiguren der politischen Dalit-Bewegung geführt.[32] Beide Seiten hätten von diesem Bündnis profitiert. Gerade in der Frühzeit der politischen Dalit-Bewegung in Tamil Nadu hätten deren führende Köpfe auf vielfältige finanzielle, logistische, aber auch intellektuelle Unterstützung und Förderung christlicher Einrichtungen gesetzt.[33] Umgekehrt habe die politische Dalit-Bewegung maßgeblich den Protest gegen die Anti-Konversions-Gesetzgebung der tamilischen Regierung organisiert.[34] In späteren Jahren, als sich die politische Dalit-Bewegung zunehmend parteipolitisch organisierte und betätigte, habe die Verbindung zu den christlichen Kirchen abgenommen. Christlicher Dalit-Aktivismus habe sich dann zunehmend im Kontext von NGOs, aber auch Internationalen Organisationen bewegt. [35] Mosse zu Folge war die auch von Hardtmann erwähnte National Campaign for Dalit Human Rights (NCDHR) entscheidend christlich geprägt.[36]

Im zweiten Aufsatz und den entsprechenden Kapiteln seiner 2012 erschienenen Monografie „The Saint in the Banyan Tree. Christianity and Caste Society in India"[37] bespricht Mosse Themen und Entwicklungen, die auch für Dalit-Debatten im Kanyakumari-Distrikt entscheidend sind. Dazu gehört u.a. die Forderung nach Scheduled-Caste-Rechten für christliche Gruppen. Gerade dieses Thema ist, wie sich im weiteren Verlauf der Arbeit zeigen wird, für die öffentliche Selbstbeschreibung der RSSNA als Dalit-Bewegung von großer Bedeutung. Er selbst bietet jedoch, über die sehr knappe Schilderung der Aktivitäten eines katholischen Priesters in seinem Feldforschungsort[38] hinaus, kein konkretes regionales Beispiel für entsprechende Aushandlungsprozesse mehr. Und auch bei diesem Beispiel werden keine Reaktionen der Ortsansässigen geschildert. Dies erklärt sich wohl daraus, dass Mosse sich in dem für dieses zweite Schwerpunktthema relevanten Zeitraum, den späten 80er und den 90er Jahren, gar nicht an seinem Feldforschungsort aufhielt, den er erstmalig 1984 und dann erst wieder 2004 aufsuchte. Es bleibt also offen, wie die Gruppen vor Ort auf die von

---

[31] Mosse 2009.
[32] Mosse 2009, 208.
[33] Mosse 2009, 200.
[34] Mosse 2009, 197.
[35] Mosse 2009, 205.
[36] Mosse 2009, 206.
[37] Mosse 2012.
[38] Mosse 2009, 179.

Mosse dargestellten kirchlichen und politischen Entwicklungen reagierten und ebenfalls, ob und inwiefern sie für sich die Bezeichnung „Dalit Christian" übernahmen und welche regionalen Debatten und Ereignisse dafür ausschlaggebend waren.

Die Publikationen von Nehring, Arun und Mosse weisen auf eine enge Verbindung von christlichen und politischen Dalit-Debatten in Tamil Nadu hin. Sie können diese Verschränkung jedoch nicht ausreichend anhand konkreter lokaler Konstellationen zeigen. Auffällig ist zudem, dass der Kanyakumari-Distrikt weitgehend ausgeblendet wird. So nennt Gorringe im Rahmen der Skizze, welche Dalit-Gruppen in welcher Region am stärksten sind, die er im seiner Monografie von 2005 bietet, als südlichste Gegend die Region Tirunelveli und lässt den südlich angrenzenden Kanyakumari-Distrikt vollständig aus.[39] Auch Mosse erwähnt die Region in seinem Aufsatz von 2009 und in seiner Monografie jeweils nur sehr kurz. Dies ist insofern hoch problematisch, als er selbst darauf hinweist, dass der Einfluss der Hindutva-Bewegung in der Gegend wesentlich größer ist als im Vergleich übrigen Tamil Nadu. [40] Nicht nur Mosse selbst sondern auch Nehring beschreiben ja einen engen Zusammenhang zwischen Protest gegen hindu-nationalistisch beeinflusste Politik und dem Aufkommen von Dalit-Identität. Dieser Zusammenhang ist, wie auch im Rahmen dieser Arbeit noch gezeigt wird, im Kanyakumari-Distrikt von großer Bedeutung und kann hier besonders gut untersucht werden. Auch Mosses Hinweis auf die weit größere Häufigkeit hindu-christlicher Konflikte[41] in der Gegend, sollte eigentlich eine weitere Motivation für dort angesiedelte Regionalstudien zu Dalit-Identität sein, da in Kreisen des Dalit-Aktivismus beansprucht wird, es handele sich bei Dalit um eine vereinende Bezeichnung, die auch Angehörige verschiedener Religionen verbinde.[42] Die weitgehende Auslassung des Kanyakumari-Distrikts bedingt wohl auch die Nichtberücksichtigung der Heilsarmee.[43] Diese ist im übrigen Tamil Nadu – von der Gegend um die Hauptstadt Chennai abgesehen – weniger stark vertreten. Wie die Feldforschung zu dieser Arbeit deutlich zeigte, wird sie in der Region jedoch gerade als Dalit-Kirche identifiziert und muss daher in der Forschungsdebatte um christliche Dalit-Identität unbedingt berücksichtigt werden. Mit dem Kanyakumari-Distrikt und der Heilsarmee

[39] Gorringe 2005b, 57.

[40] Mosse 2012, 204.

[41] Mosse 2009, 196.

[42] Vgl. z.B. Shah 2001, 25.

[43] In den untersuchten Werken kommen verschiedene in Tamil Nadu aktive christliche Kirchen vor. Mosse legt seinen Schwerpunkt auf die Analyse katholischer, insbesondere jesuitischer Beteiligung an Dalit-Aktivismus. Nehring berichtet von Interaktionen der Dalits von Narivelli mit einer lutherischen Kirche. Durch Hardtmanns Bericht über ihre Begegnung mit Bischof Azariah und Gorringes Erwähnung des TTS als Ausgangspunkt seiner Feldforschungen kommt auch die CSI in den Blick. Die Heilsarmee hingegen wird in keinem der untersuchten Werke erwähnt.

werden mithin Kontexte ausgeblendet, die sich besonders gut für die Untersuchung von Debatten um Dalit-Identität eignen.

2.2. Dalit als umstrittene Identitätspositionierung

Die im vorigen Abschnitt untersuchten Forschungsbeiträge haben gezeigt, dass in Verbindung mit der Bezeichnung Dalit eine Vielzahl von Themen verhandelt und Aktivitäten verfolgt werden. Mit Dalit können u.a. befreiungstheologische Diskussionen, parteipolitische Aktivitäten und Engagement in internationalen Debatten um Menschenrechte verbunden sein. Es sind überdies Konflikte auf ganz verschiedenen Ebenen in den Blick gekommen, so etwa Streitigkeiten zwischen Kastengemeinschaften auf dörflicher Ebene, aber auch Proteste verschiedener Gruppen gegen staatliches Handeln bzw. Positionierungen in gesellschaftspolitischen Debatten. In all diesen verschiedenen Kontexten wurden offenbar Allianzen zwischen verschiedenen Gruppen zur Stärkung gemeinsamer Anliegen geschlossen. Allerdings, das liegt nahe, werden längst nicht alle Aktivitäten, die mit Dalit verbunden werden, von allen ausgeübt, die diese Selbstbezeichnung für sich wählen. Auch die Forderungen, die die verschiedenen Gruppen formulieren, werden nicht in gleicher Weise von allen vertreten.

In der Forschungsliteratur finden sich vielmehr deutliche Hinweise, dass Gruppen, die sich als Dalit-Bewegungen bezeichnen oft sehr unterschiedliche Ziele verfolgen und miteinander konkurrieren. Insbesondere Gorringe stellt solche Rivalitäten fest und fällt auf Grund solcher Beobachtungen ein vernichtendes Urteil über die tamilische Dalit-Bewegung. Dalit funktioniere, anders als von Aktivistinnen und Aktivisten beschrieben, keineswegs als vereinende Bezeichnung, unter der sich unterschiedliche Gruppen organisatorisch zusammenschließen könnten. Bei näherem Hinsehen gewinne man vielmehr den Eindruck, jede der 76 Kastengemeinschaften, die in Tamil Nadu als Scheduled Castes anerkannt seien, habe eine eigene Dalit-Bewegung hervorgebracht. Es gebe keine Führungspersönlichkeit, die für alle Gruppen die unter der Bezeichnung Dalit agierten, akzeptabel seien. Die Mobilisierung für Dalit-Bewegungen finde auf enger Gruppenbasis statt. Auch die großen Parteien seien jeweils durch eine SC-Gruppe geprägt und hätten kaum Mitglieder aus anderen. Die Paraiyars unterstützen die Liberation Panthers, die Pallars das Puthiya Tamilagam. Für die Zusammenarbeit gelte das Motto der Gruppe Paraiyar Peravai: „Wir bauen unser Haus. Sie können das Ihre bauen. Für gemeinsame Anliegen können wir uns zusammenschließen.“[44] Häufig arbeiteten die Dalit-Gruppen ebenso gegeneinander wie gegen diejenigen, die sie ihre Unterdrücker nennen. Gorringe folgert: „Kastenbasierte Mobilisierung fraktioniert die

---

[44] Gorringe 2005a, 664.

Dalit-Bewegung und minimiert ihren Einfluss."[45] Dalit-Identitätspolitik habe kastenbasierte Politik nicht etwa abgeschafft, sondern gerade erneuert und damit die Grundlage kastenbasierter Diskriminierung erhalten.[46] Auch Hardtmann liefert Hinweise darauf, dass Forderungen, die mit Dalit bezeichnet werden, und Strategien, mit denen sie durchgesetzt werden sollen, längst nicht von allen geteilt werden. So hätte etwa die Vertretung der National Campaign on Dalit Human Rights (NCDHR) im Zuge ihrer Verhandlungen im Kontext der Internationalen Menschenrechtsbewegung ihre Argumentation und Terminologie an das Bezugssystem der UN anpassen müssen. Das habe ihr Vorgehen und ihre Ideen für Dalit-Gruppen in Indien teilweise unverständlich werden lassen. Diese hätten kaum mehr eine Verbindung zu den innerindischen Debatten über Kaste gesehen, die für sie zentral mit Dalit verbunden gewesen seien.[47] Mit Dalit können zudem nicht nur unterschiedliche Anliegen verbunden werden. Es finden sich zudem Hinweise, dass längst nicht alle Gruppen, die von anderen als Dalit aufgefasst werden, diese Bezeichnung für sich übernehmen wollen. So argumentiert etwa Daniel Münster in seiner Studie „Postkoloniale Traditionen. Eine Ethnografie über Dorf, Kaste und Ritual in Südindien" für die er Feldforschungen im tamilischen Dorf Somanathapuram durchführte, dass die Bezeichnung Dalit in Dörfern oft als nordindische bzw. urbane Kategorie empfunden und von den Angehörigen der so bezeichneten Kastengruppen zurückgewiesen wird.[48]

Diese komplexen Aushandlungsprozesse um Dalit werden in den im vorigen Abschnitt untersuchten Publikationen von Arun, Mosse und Nehring, die die Verbindung politischer und christlicher Dalit-Debatten beleuchteten, jedoch kaum reflektiert. Da Arun die konkreten Prozesse der Netzwerkbildungen an seinem Feldforschungsort nicht schildert, kommt auch nicht in den Blick, ob und auf welche Weise dabei verschiedene Gruppen aufeinandertrafen und ihre jeweiligen Programme und Verständnisse der Identitätspositionierung Dalit aushandelten. Es wird auch nicht deutlich, warum und auf Grund welcher u.U. schon bestehenden Verbindungen die Paraiyars von Pappanallur und der sie unterstützende Priester gerade Gruppen aus der tamilischen Dalit-Bewegung als Bündnispartnerinnen wählten und welche gemeinsamen Anliegen die Basis dafür bildeten. Ebenso wenig diskutiert er die Frage, ob und wie sich Dalit als Selbstbezeichnung unter den Ortsansässigen durchgesetzt hat. Arun suggeriert viel eher, dass diese Identifizierung und die daraus resultierenden Verbindungen natürlich und selbstverständlich seien.

Die gleiche Problematik findet sich auch bei Mosse, zumal auch bei ihm die Motivation für die Verwendung der Bezeichnung Dalit unklar bleibt.

---

[45] Gorringe 2005a, 669.
[46] Gorringe 2005a, 660.
[47] Hardtmann 2009, 205.
[48] Münster 2007, 57.

Auffällig ist, dass er sie in seinem älteren Artikel überhaupt noch nicht verwendet, sondern die von ihm erforschten Pallars im Titel des Textes als Harijan bezeichnet, also mit einem Namen, den die heutige Dalit-Bewegung gerade zurückweist. In einer Fußnote zum Titel reflektiert der Autor die Problematik der verschiedenen Sammelbegriffe für die niedrigsten Kasten. Es gebe keine wertfreie Bezeichnung, da alle entsprechenden Namen Ausdruck bestimmter Diskurse über die Identität der Unberührbaren seien. Er verwende „Harijan", da dieser Begriff in der Forschungsliteratur ebenso bekannt und verbreitet sei, wie im alltäglichen Sprachgebrauch in seinem Feldforschungsort.[49] In diesem älteren Aufsatz beschreibt Mosse die Widerstandspraktiken der katholischen Pallars auch noch gar nicht im Kontext der Dalit-Bewegung. Diese erwähnt er lediglich kurz am Ende des Textes und argumentiert, sie sei in Tamil Nadu ausgesprochen schwach.[50] Sowohl in diesem Text als auch später in seinem Buch bietet er nur eine knapp Bestimmung von Dalit. Der Begriff sei etwa mit „die Unterdrückten, die Geknechteten, die Gebrochenen" zu übersetzen[51] und als Äquivalent zum tamilischen Ausdruck „tāḻttapaṭṭōr" zu verstehen[52].

In seiner Monografie verbindet er die Themen seiner beiden früheren Aufsätze. Er bezeichnet die Pallars nun als Dalits und ordnet ihren Widerstand gegen Dominanzstrukturen im Dorf in die Dalit-Thematik ein. Der Zusammenhang zwischen beiden Themen bleibt jedoch lose, da sich, wie bereits dargestellt, seine Analyse der Verbindung von kirchlicher und politischer Dalit-Bewegung nicht mehr unmittelbar auf seine Feldforschung stützt. Er berichtet zwar im letzten Kapitel des Buchs von einem neuerlichen Besuch in seinem Forschungsort, doch auch in diesem Zusammenhang wird nicht deutlich, ob die Pallars im Dorf sich nun tatsächlich selbst als Dalits beschreiben, wie stark sie sich mit Dalit-Bewegungen identifizieren, mit welchen Gruppen sie verbunden sind und welche konkreten regionalen Themen und Anliegen dafür ausschlaggebend waren. Auffällig ist, dass Mosse im fünften Kapitel seines Werks, das die beiden vorher in getrennten Aufsätzen behandelten Themen verbinden soll, zwar von Bestrebungen der katholischen Pallars berichtet, Selbstrespekt durch einen neuen Gruppennamen auszudrücken. Sie bezeichnen sich, Mosses Darstellung zufolge, dazu aber gerade nicht als „Dalits", sondern als „Deventira Kula Velalars".[53] Der Autor berichtet überdies immer wieder von bleibenden Konflikten zwischen den Pallars und den Paraiyars[54], die in Aruns und Nehrings Publikationen beide als „Dalits" identifiziert werden. Wie bei Gorringe wird also auch bei Mosse deutlich, dass verschiedene, jeweils als

[49] Mosse 1994, 67.
[50] Mosse 1994, 101–102.
[51] Mosse 1994, 101; Mosse 2012, 193.
[52] Mosse 2012, 193.
[53] Mosse 2012, 175.
[54] Mosse 2012, 183.188.195.

Dalits bezeichnete Gemeinschaften sich keineswegs unter diesem Namen zusammenschließen und ihre frühere Kastenidentität aufgeben. Auch bei Mosse wird also nicht deutlich, aus welchen konkreten regionalen Konstellationen heraus Gruppen die Selbstbezeichnung Dalit für sich übernehmen und welche spezifischen Anliegen damit verbunden sind.

Auch bei Nehring bleibt unklar, ob sich die von ihm als Dalits bezeichneten Bekehrten selbst so nennen und, wenn ja, ob dies bei beiden von ihm genannten Kastengemeinschaften – Paraiyars und Chakkiliyars – der Fall ist oder ausschließlich bei den häufiger genannten Paraiyars. Zudem wird nicht explizit deutlich, ob Dalit ein zentrales Schlagwort für die Allianz zwischen den Bekehrten und der lutherischen Kirche bzw. den kirchlichen Hilfswerken war, die sie unterstützten. Mit seiner Rezeption von Hall und Laclau bietet Nehring jedoch theoretische Impulse auf deren Grundlage genau diese Fragen gestellt bzw. geschärft werden können.

Fazit: Forschungsvorhaben

Wie sich gezeigt hat, braucht die Forschungsdebatte zur tamilischen Dalit-Bewegung dringend Beiträge, die anstelle eines essentialistischen Dalit-Begriffs das Selbstverständnis der Untersuchten zum Ausgangspunkt machen und die im Rahmen von Regionalstudien konkrete Konstellationen analysieren, innerhalb derer bestimmte Gruppen Dalit-Identität formulieren. Dabei sollte insbesondere auch nach Schnittstellen zwischen religiösen und politischen Debatten gefragt werden. Dies ist das Anliegen der vorliegenden Arbeit. Sie wählt daher mit der RSSNA eine Gruppe zum Untersuchungsgegenstand, die sich in einem christlich-kirchlichen Umfeld gegründet hat, die aber, wie sich zeigen wird, auch vielfach von politischen Debatten geprägt ist und sich zu solchen verhält. Überdies ist im Fall der untersuchten Gruppe die Identifizierung als Dalit offensichtlich ambivalent und entzieht sich daher einfachen Kategorisierungen.

Die für die Arbeit gewählte Feldforschungsregion, der Kanyakumari-Distrikt ist für die Dalit-Forschung nicht bloß als Heimatregion der RSSNA relevant. Vielmehr ist er auf Grund spezifischer regionaler Gegebenheiten ein besonders interessantes Feld. Dafür spricht zum einen die für Tamil Nadu vergleichsweise starke Präsenz der Hindutva-Bewegung, besonders jedoch der große christliche Bevölkerungsanteil und die Vielfalt der christlichen Konfessionen, die in der Region aktiv sind. Religiös verstandene Dalit-Identitäten und daher auch deren Zusammenhang mit politischen Debatten können hier besonders gut untersucht werden. Dass die Dalit-Forschung die Region bisher umgangen hat, ist daher erstaunlich und bedarf der Korrektur. Gruppen aus der Heilsarmee wurden in der bisherigen Forschung nicht behandelt. Da sich im Laufe der Arbeit zeigen wird, dass es neben den Aktivitäten der RSSNA durchaus noch weitere

Schnittstellen zwischen Heilsarmee und Dalit-Bewegung gab und gibt, ist auch diese Leerstelle dringen zu bearbeiten.

Die Arbeit knüpft an Nehring an. Sie führt seinen Ansatz fort, indem sie nicht nur die Konversionen der Dalits, sondern auch die Bezeichnung selbst als Identitätspositionierung in einem sozialen und politischen Kontext, im Kampf um Deutungsmacht auffasst. Dalit wird also nicht als feststehender Begriff aufgefasst, wie es insbesondere Mosses kurze Definition nahelegt, sondern mit Laclau als leerer Signifikant von der Art eines Namens. Die Laclausche Theorie schärft überdies noch eine weitere Fragestellung, die bereits im Forschungsstand sichtbar wurde. Sie beschreibt, wie leere Signifikanten ursprünglich differente Einheiten zu einer Äquivalenzkette verbinden. Dies ist insofern von großer Relevanz, als deutlich wurde, dass unter Dalit sehr verschiedene Gruppen sehr verschiedene Aktivitäten ausüben und verschiedene Ziele verfolgen, die keineswegs immer im Einklang mit denen anderer stehen. Dies unterstreicht die Notwendigkeit, die Vernetzungsprozesse regionaler Gruppen genau in den Blick zu nehmen und zu fragen, wie dabei Dalit-Identität ausgehandelt wird. Ihr Kernanliegen ist in diesem Sinne zu untersuchen, im Rahmen welcher regionalen Konstellationen die RSSNA die Selbstbezeichnung Dalit annimmt, mit welchen Gruppen sie Bündnisse eingeht, mit welchen sie im Konflikt steht und wie diese Auseinandersetzungen ihre Formulierung von Dalit-Identität beeinflussen.

3. Forschungsstand II
Die Heilsarmee in Indien und weltweit

Die öffentliche Selbstdarstellung der RSSNA als Dalit-Bewegung ist nicht allein auf Grund der beschriebenen Diskrepanz zwischen Aneignung und Zurückweisung des Namens bemerkenswert. Bereits die Tatsache, dass sich eine Gruppe aus der Heilsarmee als Dalit-Bewegung präsentiert, ist bemerkenswert. Dalit ist zwar ein zentrales Schlagwort für internationale Entwicklungsdebatten, das gerade auch von kirchlichen Gruppen und Hilfsorganisationen verwendet und verbreitet wird. Die Heilsarmee jedoch, eine christliche Organisation, die weltweit aktiv und insbesondere für ihre vielfältigen sozialen Projekte bekannt ist, verzichtet weitgehend auf die Verwendung dieser Bezeichnung. Dies, obwohl die indischen Mitglieder der Heilsarmee überwiegend zu denjenigen Kastengemeinschaften gehörten, die heute als Dalits bezeichnet werden. Zudem wurde Organisation in der Feldforschungsregion sogar als „Dalit-Kirche“ charakterisiert wurde. Die Heilsarmee beschreibt ihre zahlreichen Hilfsprojekte in Indien nicht als Dalit-Projekte, obwohl sie weit mehr Angehörige der untersten Kastengemeinschaften zu ihren Mitgliedern zählt als andere Kirchen und kirchliche Hilfsorganisationen, die ihre Tätigkeiten ausdrücklich als Einsatz für Dalits darstellen. Auffällig ist auch, dass auf der Webseite der indischen Heilsarmee zwar auf die Bedeutung des Kastensystems als uralter indischer Sozialordnung verwiesen wird, dieses jedoch nicht explizit kritisiert wird. Es werden sogar einige positive Aspekte benannt, wie etwa, dass das Kastensystem zur Aufrechterhaltung von Ordnung und Frieden diene.[55] Diese Darstellung knüpft mithin in keiner Weise an Auffassungen und Anliegen an, die von Dalit-Gruppen formuliert werden. Zudem bezeichnet die Heilsarmee die Mitglieder der untersten Kastengemeinschaften hier mit dem von Gandhi geprägten Namen „Harijan", den viele Dalit-Bewegungen als paternalistisch und entmündigend zurückweisen.[56]

Um das Selbstverständnis der RSSNA untersuchen zu können, muss daher auch die Heilsarmee als Ganze in den Blick genommen werden. Die vorliegende Arbeit fragt daher, welche internen Debatten – auf indischer, als auch auf globaler Ebene – für die Distanz der Heilsarmee zur Dalit-Thematik verantwortlich sind. Sie untersucht zudem die Position der RSSNA innerhalb der Heilsarmee und fragt, inwiefern diese den Anschluss an die regionale Dalit-Bewegung bedingt. Da bisher keine Forschungsbeiträge zu Dalit-Identität in der Heilsarmee vorliegen, muss zu diesem Zweck Literatur zu Rate gezogen werden, die die Geschichte und Gegenwart der Heilsarmee im weiteren Sinne behandelt. Da die Heilsarmee heute in 131 Ländern aktiv ist und überdies bereits in ihren frühen Jahren weltweit agierte, muss sie als globale Denomination verstanden werden. Entsprechende Studien sind mithin einzubeziehen. Von besonderer Bedeutung sind darüber hinaus Forschungsbeiträge, die spezifisch die indische Heilsarmee behandeln.

Wie bereits im Falle der Dalit-Forschung werden auch hier erhebliche Forschungslücken sichtbar. Im Folgenden wird sich zeigen, dass die Geschichte der Heilsarmee mit einem stark verengenden regionalen Fokus untersucht wird. Überdies wird sie in der Forschung beinahe ausschließlich als Geschichte der Anfänge geschrieben. Es wird mithin suggeriert, ihre heutige Verfasstheit sei auf Grundlage der Darstellung ihrer ersten 50 Jahre zu erklären. Das gilt sowohl für die globale Heilsarmee als auch für die

[55] Unter der Überschrift „The People of India" findet sich auf der Webseite der Salvation Army India folgende Darstellung von Kaste: „Das indische Kastensystem ist schon seit vielen Jahren in Gebrauch. Noch heute werden die Werte des Kastensystems hochgehalten. Es hat bei den Menschen einen Sinn für Ordnung und Frieden bewahrt. Es gibt fünf verschiedene Stufen des Systems: Brahmanen, Kshatriyas, Vaishyas, Shudras und Harijans. Innerhalb jeder dieser Kategorien gibt es die eigentlichen „Kasten" oder Jatis, in denen die Menschen geboren werden, heiraten und sterben. Sie alle haben ihren eigenen Platz unter sich und akzeptieren, dass dies die Methode ist, die Gesellschaft vor dem Zerfall ins Chaos zu bewahren. Dieses System spielt im modernen Indien immer noch eine große Rolle." Vgl. https://www.salvationarmy.org/india/peopleofindia (zuletzt abgerufen am 22.07.2021). (S. Liste der zitierten Webseiten The Salvation Army India A).

[56] Vgl. z.B. Shah 2001, 21.

indische im Spezifischen. Dieser Ansatz führt dazu, dass die Lebenssituationen heutiger Heilsarmee-Mitglieder sowie die Konstellationen und Debatten, aus denen heraus diese die Geschichte ihrer Organisation erzählen, völlig unberücksichtigt bleiben. Aus diesem Grund bleibt unklar, welche Funktion Erzählungen über die Geschichte der Heilsarmee für sie haben und wie sie sich selbst verstehen. Dies ist nicht nur für die Forschung zur Geschichte der Heilsarmee im engeren Sinne hoch problematisch, sondern erschwert auch die Analyse der Partizipation von Heilsarmee-Mitgliedern an anderen religiösen und politischen Debatten, auch und gerade solcher über Dalit-Identität.

3.1. Die Heilsarmee weltweit

Forschungsarbeiten zur Heilsarmee behandeln ganz überwiegend deren frühe Geschichte, meist etwa die ersten vierzig bis fünfzig Jahre nach ihrer Gründung durch William Booth in London. Dabei stehen der britische Kontext der frühen Heilsarmee und Ereignisse rund um die in Großbritannien tätigen Führungsfiguren im Zentrum. So behandelt Glenn K. Horridge in den ersten Kapiteln seiner 1993 erschienenen Studie „The Salvation Army. Origins and Early Days: 1865-1900“[57] die Gründung der Heilsarmee und bietet in den späteren Kapiteln eine Reihe regionaler Fallstudien, die alle aus dem britischen Kontext stammen. Den bereits im von Horridge untersuchten Zeitraum vielfältigen Aktivitäten der Heilsarmee in anderen Ländern, etwa in den britischen Kolonien, sind keine eigenen Kapitel gewidmet. Sie kommen in der Studie im Grunde gar nicht vor. In Norman Murdochs ebenfalls 1993 publizierter Monografie „Origins of the Salvation Army“[58], werden diese immerhin stellenweise einbezogen. Die Studie untersucht die Geschichte der Heilsarmee bis in die 1880er Jahre, nennt aber auch einige Daten aus den 1890er Jahren und dem frühen 20. Jahrhundert. Der letzte von insgesamt drei Hauptteilen ist mit „Christian Imperium to Social Reforms: The 1880s“ überschrieben. Hier werden kurz die Anfänge der Heilsarmee in Kanada, den USA und Australien erwähnt. Den frühen Aktivitäten der Heilsarmee in Indien sind etwas mehr als zwei Seiten gewidmet.[59] Im Zentrum stehen jedoch auch bei Murdoch Ereignisse im britischen Umfeld des Gründers William Booth. Beide Autoren begrenzen ihre Untersuchung einer noch heute weltweit agierenden Denomination auf die Darstellung ihrer ersten Jahrzehnte und beschränken sich auch regional auf Großbritannien und insbesondere London. Einflüsse aus

---

[57] Horridge 1993.
[58] Murdoch 1994.
[59] Murdoch 1994, 137–140.

global geführten Debatten und aus den nicht-britischen Kontexten der Heilsarmee-Mission spielen keine nennenswerte Rolle.

Geschichtsdarstellungen aus den Reihen der Heilsarmee haben sowohl regional als auch geografisch eine weitere Perspektive. Das gilt bereits für die fünfbändige Geschichte der Heilsarmee von Robert Sandall und Arch Wiggins, deren erster Band 1947 erschien. Die Bände behandeln die Geschichte der Organisation bis 1914 und nehmen auch missionarische Aktivitäten und soziale Projekte in zahlreichen Ländern in den Blick. Allerdings begrenzen sich die Autoren dabei auf die Darstellung der jeweiligen Anfänge der Mission in den verschiedenen Regionen und berichten kaum über deren weiteren Verlauf. Auch sie schreiben also im Wesentlichen eine Geschichte der Anfänge. Lediglich die Darstellung der weltweiten Sozialprojekte der Heilsarmee im vierten Band schreibt deren Geschichte bis 1953 fort. In der Jubiläumsschrift „A Hundred Years' War. The Salvation Army 1865-1965" stellt Bernard Watson in 42, häufig anekdotisch anmutenden Themenkapiteln Ereignisse aus hundert Jahren Heilsarmee-Mission dar, die sich in verschiedenen regionalen Kontexten abspielten. Eine fortlaufende, ausführliche Geschichte der Organisation schreibt er jedoch nicht. 2009 veröffentlichte der Heilsarmee-Offizier Henry Gariepy mit seinem Werk „Christianity in Action. The International History of the Salvation Army"[60] eine Darstellung der Heilsarmee, die schon im Titel einen globalen Anspruch formulierte. Auch dieses Werk räumt der Schilderung der Gründung der Heilsarmee und ihrer frühen Jahre sehr großen Raum ein. Allerdings verknüpft der Autor die Darstellung der Anfänge der Mission in verschiedenen Ländern mit – allerdings jeweils nur sehr wenigen – wichtigen Daten aus deren jüngerer Geschichte. Ereignisse aus der jüngeren globalen Geschichte der Organisation nimmt er jeweils kurz im Rahmen von Themenkapiteln in den Blick. Eine durchgängige Geschichte der Heilsarmee bietet auch er nicht.

Den Fokus auf die frühen Jahre der Heilsarmee teilen auch Studien, die sich nicht als Gesamtdarstellungen verstehen, sondern die Geschichte der Organisation von einem spezifisch-thematischen Interesse her in den Blick nehmen. Zwei von ihnen seien hier exemplarisch genannt. Die 2003 erschienene Studie „Women in God's Army"[61] von Andrew Mark Eason beschäftigt sich mit dem Thema Gender und Gleichberechtigung in der Heilsarmee, beschränkt sich dabei aber bereits im Untertitel auf ihre frühen Jahre und behandelt schwerpunktmäßig das späte 19. Jahrhundert. Heutige Debatten in der Heilsarmee nimmt er nicht in den Blick. Noch erstaunlicher ist diese Schwerpunktsetzung in der deutschsprachigen Geschichte der Heilsarmee von Dirk Gnewekow und Thomas Hermsen[62]. Die Autoren schreiben in ihrer Vorbemerkung, ihr Interesse an der Heilsarmee habe sich

---

[60] Gariepy 2009.
[61] Eason 2003.
[62] Gnewekow und Hermsen 1993.

im Blick auf die divergierenden Selbstverständnisse gegenwärtiger beruflicher Sozialarbeit ergeben.[63] Statt nun aber heutige Debatten zu Sozialer Arbeit in der Heilsarmee und ihrem Umfeld zu untersuchen, führen sie die beobachteten Differenzen auf die heterogenen Ursprünge der Sozialarbeit zurück und widmen ihre Studie der Gründung und den ersten Jahren der Heilsarmee. Wie in vielen anderen Werken auch, steht William Booth als Gründergestalt im Zentrum.

Die Geschichte der Heilsarmee im 20. Jahrhundert kommt in einigen wenigen regional begrenzten Studien in den Blick. Zu nennen sind hier vor allem R.G. Moyles Geschichte der Heilsarmee in Kanada bis 1976, Barbara Boltons „Booth's Drum in Australia 1880-1890" und Edward H. McKinleys Monografie „Marching to Glory", die die Geschichte der US-amerikanischen Heilsarmee bis 1992 erzählt. Besonders hervorzuheben ist Norman Murdochs 2015 erschienene Studie „Christian Warfare in Rhodesia-Zimbabwe. The Salvation Army and African Liberation 1891-1991"[64], da der Autor über den regionalen Kontext hinaus auch weltweit geführte Debatten über Identität und Auftrag der Heilsarmee behandelt und deren Verflechtung mit regionalen Entwicklungen und Debatten beschreibt. Solche Werke stellen jedoch die Ausnahme dar. Für die meisten der 131 Länder, in denen die Heilsarmee heute aktiv ist, sind keine Studien der regionalen Geschichte der Heilsarmee verfügbar. Die Geschichte der Heilsarmee als globaler christlicher Bewegung im 20. Jahrhundert ist somit weitgehend unerforscht ist. Das 21. Jahrhundert wurde bisher überhaupt nicht behandelt.

3.2. Die Heilsarmee in Indien

Neuere wissenschaftliche Gesamtdarstellungen zur Geschichte der Heilsarmee in Indien liegen nicht vor. Über ihre frühen Jahre berichtet ältere, häufig hagiografisch anmutende Missionsgeschichtsschreibung, die ganz überwiegend von Heilsarmee-Mitgliedern verfasst wurde, von denen einige selbst in Indien gearbeitet hatten. Diese Literatur und ihr Geschichtsverständnis werden im Rahmen dieser Arbeit noch ausführlich analysiert.[65]

In der Forschung sind lediglich einzelne Gesichtspunkte des Wirkens der Heilsarmee in Indien diskutiert worden. Dabei sind zwei Themenbereiche zentral. Zum einen Forschungsdebatten über die Heilsarmee als Partnerin der kolonialen Regierung und als Verbreiterin eines imperialen Ethos. Zum anderen liegen mehrere Studien vor, die insbesondere die Organisation von Lagern für die so genannten „Kriminellen Stämme" durch die Heilsarmee

---

[63] Gnewekow und Hermsen 1993, 5.
[64] Murdoch 2015.
[65] Vgl. Kapitel 13 dieser Arbeit.

behandeln. In beiden Fällen werden also – wie schon im Falle der Studien über die Heilsarmee in Großbritannien bzw. weltweit – Aspekte der frühen Geschichte behandelt. Es wird sich zeigen, dass auch die regionale Verengung in gewisser Weise erhalten bleibt, da vor allem das Wirken europäischer Pioniergestalten der indischen Heilsarmee untersucht wird, nicht aber dasjenige der indischen Bekehrten. Diese kommen ausschließlich als Opfer imperialer Praktiken in den Blick, jedoch nicht als Gruppen, die aktiv auf die Tätigkeit der Heilsarmee reagieren, mit ihr zusammenarbeiten oder aber gegen sie Widerstand leisten. Obgleich eine der untersuchten Studien ihren Ausgangspunkt bei Kontakten und Gesprächen mit zeitgenössischen indischen Heilsarmee-Mitgliedern nimmt und kurz auf Konflikte zwischen ihnen und der regionalen Leitung der Organisation zu sprechen kommt, werden auch ihre Erzählungen ausschließlich als Erweis ihrer fortdauernden mentalen Kolonialisierung gedeutet. Es wird keine Verbindung zwischen den aktuellen Konflikten mit der Heilsarmee-Leitung und den historischen Narrativen gesucht, also nicht nach gegenwärtigen Identitätspositionierungen gefragt.

3.2.1. Die Heilsarmee als Vollstreckerin eines imperialen Ethos

Trotz der in den vorausgegangenen Abschnitten beschriebenen erstaunlichen Auslassung der Heilsarmee in wichtigen Forschungsdebatten, gibt es einige Aspekte der indischen Geschichte der Heilsarmee, die ausführlicher untersucht worden sind. Zu diesen gehört die Debatte um ihre Rolle als Partnerin der britischen Kolonialregierung und ihre Bedeutung für die Verbreitung eines imperialen Ethos. Dieser Frage ist insbesondere Harald Fischer-Tiné in mehreren thematisch eng verbundenen Aufsätzen nachgegangen.[66] Er behandelt die Heilsarmee als exemplarischen und besonders erfolgreichen Fall der zahlreichen religiösen und philanthropischen Organisationen, die im 19. Jahrhundert bereits intensiven globalisierenden Prozessen unterworfen und überdies häufig weltweit vernetzt gewesen sind. Gerade für die Heilsarmee, so Fischer-Tiné, seien die ständigen intensiven Austauschprozesse zwischen den europäischen und kolonialen Missionen ausgesprochen prägend gewesen. Dies gelte insbesondere für öffentliche Diskussionen über Armut, die im spätviktorianischen England geführt wurden und in denen die Heilsarmee zu einer wichtigen und prägenden Stimme wurde. Im Kontext kolonialer Verflechtungen habe die Heilsarmee ein Selbstverständnis als global wirkende zivilisatorische Mission entwickelt. Im Laufe des 19. Jahrhunderts habe sie sich von einer Bekehrungsbewegung zu einer Organisation entwickelt, die sich mehr und mehr Fragen der

[66] Fischer-Tiné 2007; Fischer-Tiné 2008; Fischer-Tiné 2011.

materiellen Versorgung der Armen, der sozialen Reform sowie der spirituellen und sozialen Förderung der Unterschicht zugewandt habe.[67]

Auch hinsichtlich ihres Verhältnisses zu Staat und Regierung habe die Heilsarmee erhebliche Entwicklungen durchgemacht. Sei sie zu Beginn ihres Wirkens – sowohl in Großbritannien als auch in den Kolonien – von der (kolonialen) Regierung zunächst als Unruhestifterin betrachtet worden, so habe sie sich in den folgenden Jahren zur „Hüterin des Imperiums“[68] entwickelt und habe erhebliches Wohlwollen und Förderung von Seiten des Staates genossen. Entscheidend sei dabei ihr Selbstverständnis als zivilisatorische Mission gewesen. Besonders auffallend sei diese Wandlung in Indien gewesen, wo die Heilsarmee, die zu Beginn ihres Wirkens noch mit erheblichem staatlichen Misstrauen bis hin zur Verhaftung von Missionarinnen und Missionaren zu kämpfen gehabt habe, sich dann aber zu einer „imperialen Dienstleisterin für soziale Kontrolle“[69] und damit zu einer attraktiven Partnerin für die koloniale Regierung entwickelt habe. Kolonialapparat und Heilsarmee hätten in Indien in vielfacher Weise kooperiert. Neben staatlicher Unterstützung für die Missionsschulen sowie für die medizinische und soziale Einrichtungen der Heilsarmee sei dabei besonders die Organisation von Lagern für die so genannten Kriminellen Stämme bedeutsam gewesen. Die Motivation all dieser Projekte sei es gewesen, die Kolonialisierten zu zivilisieren und sie zu loyalen Bürgerinnen und Bürgern des britischen Imperiums zu erziehen.[70] Insbesondere bei der Arbeit mit den Kriminellen Stämmen seien dabei auch grundlegende Werte des Kapitalismus, wie etwa Fleiß, Disziplin und Effizienz, vermittelt worden. Fischer-Tiné zu Folge entwickelte sich die Heilsarmee, um sich staatliches Wohlwollen zu sichern, zur Verfechterin und Unterstützerin kolonialer Bestrebungen und prägte nicht nur in den Kolonien, sondern auch in ihrem Herkunftsland eine tief von imperialen Vorstellungen durchdrungene Strategie zum Umgang mit den ärmsten Bevölkerungsgruppen. Trotz ihrer vielfältigen Hilfsprogramme und ihrer unbestreitbaren Verdienste um das Wohl der ärmsten Bevölkerungsschichten trug sie, so der Autor, in Großbritannien wie in den Kolonien zur Vertiefung der Spaltung zwischen Mittel- und Unterschicht bei und stützte letztlich die vorherrschenden ungleichen Machtverhältnisse.[71]

Gegen eine Darstellung der Heilsarmee als Unterstützerin britischer kolonialer Bestrebungen, wie Fischer-Tiné sie vertritt, erhebt Andrew M. Eason in seinem Aufsatz „Religion versus the Raj: The Salvation Army's 'Invasion' of British India“[72] Einspruch. Er bezeichnet solche

[67] Fischer-Tiné 2011, 125–126.
[68] Fischer-Tiné 2011, 127.
[69] Fischer-Tiné 2011, 149.
[70] Fischer-Tiné 2011, 141.
[71] Fischer-Tiné 2011, 132.150.
[72] Eason 2011.

Auffassungen als verkürzt und einseitig.[73] Er begegnet ihnen allerdings im Wesentlichen mit einer ausführlichen Darstellung der Anfänge der indischen Heilsarmeemission, insbesondere der Landung der ersten Offizierinnen und Offiziere in Bombay 1882. Er argumentiert, dass die koloniale Regierung die Ankunft der Heilsarmee Gruppe mit großer Skepsis beobachtete, in der Folgezeit versuchte, deren missionarischen Aktivitäten zu verhindern, und sogar Mitglieder der Gruppe inhaftierte.[74] Eason zu Folge war ein zentrales Motiv für die ablehnende Haltung der kolonialen Regierung die Entscheidung der Heilsarmee-Gruppe, nicht in europäischer, sondern indischer Kleidung aufzutreten, und die damit einhergehende große Aufmerksamkeit für die Gruppe in Bombay. In diesem Zusammenhang verweist der Autor auf erhebliche Sympathie und sogar Unterstützung, die die erste Heilsarmee-Gruppe in Bombay – gerade auf Grund ihrer indischen Kleidung – aus reformhinduistischen Kreisen erfahren habe, die in diesem Zusammenhang ihre Kritik an der Kolonialregierung und deren Religionspolitik formuliert hätten. [75]

Eason kann, indem er indische Reaktionen auf die Heilsarmee in den Blick nimmt, in der Tat exemplarisch zeigen, dass der Zusammenhang zwischen deren Mission und imperialen Bestrebungen der Kolonialmacht komplex ist. Schon ganz zu Beginn der Aktivitäten der Heilsarmee in Indien kam es zu Kontakten und sogar zu Allianzen zwischen missionarischen und einheimischen Gruppen. Letztere nutzten diesen Rahmen, um ihrem Protest gegen die Kolonialmacht Ausdruck zu verleihen. Höchst problematisch ist jedoch, dass Eason sich auf die Darstellung dieses einen Anfangsszenarios, der Ankunft der Pioniergruppe in Bombay 1882, beschränkt und daraus eine grundsätzliche Kritik an der Darstellung der gesamten Heilsarmeemission im kolonialen Indien und deren Verbindung zum britischen imperialen Projekt, wie sie in der Forschung vielfach vertreten wird, abzuleiten sucht. Auch Fischer-Tiné räumt in seinem oben ausführlich dargestellten Aufsatz diese frühe Konfrontation zwischen Heilsarmee und Kolonialregierung durchaus ein, argumentiert dann aber, dass sich das Verhältnis zwischen beiden im Laufe der Zeit signifikant verändert habe. Dieses entscheidende Argument Fischer-Tinés kann Eason auf Grund seines verengten Blickwinkels in keiner Weise entkräften.

Beide Werke weisen jedoch gemeinsame Lücken auf. Bei keinem von beiden findet sich eine Auseinandersetzung mit der Geschichte der Heilsarmee in Travancore. Zu diesem formal unabhängigen hinduistischen Fürstentum gehörte das Gebiet des heutigen Kanyakumari-Distrikts.[76] Diese Auslassung ist insofern problematisch, als es wichtige Hinweise darauf gibt, dass die dortigen Aktivitäten der Heilsarmee gerade für die Frage nach

---

[73] Eason 2009, 71–72.
[74] Vgl. z.B.Eason 2009, 77.84.
[75] Eason 2009, 81–82.
[76] Vgl. Kapitel 6 dieser Arbeit.

der Rolle der Heilsarmee im Kontext von Imperialismus und Widerstand große Bedeutung haben. So argumentiert etwa Susan Bayly in ihrem Aufsatz „Hindu Modernisers and the 'Public Arena': Indigenous Critiques of Caste in Colonial India“, die missionarischen Aktivitäten der Heilsarmee in dem von einem hinduistischen Fürsten beherrschten Travancore seien indienweit und insbesondere in Kreisen des Reformhinduismus und der nationalen Bewegung mit erheblichem Interesse diskutiert worden. Ihre Programme für den sozialen Aufstieg der Unberührbaren seien ein entscheidender Faktor für die Entwicklung eigener Programme zur Förderung der Unberührbaren durch reformhinduistische und nationalistische Gruppierungen gewesen.[77] Die Autorin belässt es allerdings bei diesem knappen Hinweis und bietet keine ausführliche Darstellung der Thematik. Die Frage, inwiefern die Heilsarmee eine Rolle für Debatten in Kreisen der Nationalbewegung spielte und so auch im Kontext von Widerstand gegen den Imperialismus zu diskutieren wäre, ist mithin nicht ausreichend untersucht worden.

Auch über die Fragen nach nationalem Widerstand und regionaler Geschichte in Travancore hinaus bleibt sowohl bei Fischer-Tiné als auch bei Eason im Wesentlichen unklar, wie regionale Gruppen vor Ort mit der Heilsarmee in Kontakt kamen, aus welchen Gründen sie sich ihr anschlossen und wie sie die Begegnung mit ihr (mit-)gestalteten. Fischer-Tiné plädiert zwar für einen globalgeschichtliche Herangehensweise an die Heilsarmee-Thematik, kommt aber in seinem Text beinahe ausschließlich auf Personen zu sprechen, die auch in klassischer Missionsgeschichte oder eurozentrisch angelegter Historiografie im Zentrum stehen würden – namentlich William Booth und Frederick Booth-Tucker. Indische Personen oder Gruppen, die zur Heilsarmee konvertierten oder anderweitig mit ihr in Kontakt kamen, kommen lediglich als Opfer imperialer Praktiken in den Blick. Ihre Reaktionen – ob Unterwerfung, Anpassung, Widerstand oder strategische Zusammenarbeit – spielen keine Rolle. Auch Eason beschäftigt sich vornehmlich mit europäischen Offizierinnen und Offizieren. Er erwähnt zwar darüber hinaus einzelne Protagonisten aus elitären reformhinduistischen Kreisen. Die indische Anhängerschaft der Heilsarmee kommt hingegen nicht vor. Auch heutige Mitglieder der indischen Heilsarmee und deren Perspektive auf ihre Geschichte werden von beiden nicht untersucht. Insofern bleibt unklar, wie diese die frühen missionarischen Aktivitäten ihrer Organisation beurteilen und ob sie diese ebenfalls vor allem als Geschichte der Unterdrückung erzählen. Im weiteren Verlauf dieser Arbeit wird sich zeigen, dass dies bei den Mitgliedern der RSSNA keineswegs der Fall ist. In ihren Erzählungen ist die Geschichte der frühen Mission im Gegenteil gerade eine der Befreiung.[78] Solche Artikulationen

[77] Bayly 1998, 124–125.
[78] Vgl. Kapitel 10 dieser Arbeit.

von Heilsarmee-Identität werden in der Forschungsdebatte nicht gehört. Diese zu verstehen ist jedoch, wie sich zeigen wird, von besonderer Bedeutung gerade auch für die Frage nach Dalit-Identität in der heutigen Heilsarmee.

3.2.2. Die Heilsarmee und die sogenannten Kriminellen Stämme

Der zweite Themenkomplex, der von Forschenden ganz unterschiedlicher Disziplinen hinsichtlich der Indienmission der Heilsarmee diskutiert wird, ist deren Zusammenarbeit mit der kolonialen Regierung beim Betrieb von Lagern für die so genannten „Kriminellen Stämme“. Auf Basis der von der Kolonialregierung Indiens erlassenen „Criminal Tribes Acts“ von 1871 und 1911 wurden bestimmte Gruppen der indischen Bevölkerung als „Erbkriminelle“ (hereditary criminals) eingestuft. Unter dieser Bezeichnung registrierte Gruppen wurden zunehmend in Lagern untergebracht, die zunächst vom Kolonialstaat selbst, später zumeist von Missionsgesellschaften – unter staatlicher Aufsicht – betrieben wurden. Die auf diesem Gebiet aktivste Missionsgesellschaft war die Heilsarmee, die 1908 das erste Lager übernahm und deren Zahl in der Folgezeit erheblich ausbaute. Im Zuge der in den Lagern vorgesehenen „Erziehung“ mussten die Insassen arbeiten. Oft stellten sie Ware her, die die Heilsarmee vertrieb. Häufig wird die Arbeit der Heilsarmee mit Kriminellen Stämmen in engem Zusammenhang mit der im vorigen Abschnitt dargestellten Imperialismusdebatte diskutiert. Viele Stimmen in dieser Diskussion verweisen auf diese Kooperation zwischen Heilsarmee und Kolonialstaat als zentrales Beispiel, um die These von der Verbreitung imperialer Ideologie durch die Heilsarmee zu untermauern.

Ein entscheidender Beitrag zur jüngeren Debatte um die „Kriminellen Stämme“ ist der 1991 erschienene Aufsatz „Colonizing and transforming the criminal tribesman: the Salvation Army in British India“ von Rachel Tolen, auf den u.a. auch Fischer-Tiné verweist. Der Autorin geht es in ihrem Beitrag vor allem um die Frage, wie sich imperiale Machtpraktiken in die Körper der Kolonialisierten einschrieben. Sie argumentiert, die von der Heilsarmee geleiteten Lager für Kriminelle Stämme hätten auf eine umfassende Transformation der Insassen, auf eine De- und Rekonstruktion von Persönlichkeiten abgezielt. Sie deutet dieses Geschehen mit Hilfe des Habitus-Begriffs Bourdieus.[79] Die Lagerorganisation der Heilsarmee betrachtet Tolen als von kapitalistischen Ideen und Werten tief geprägt. Diese seien den Kriminellen Stämmen aufgeprägt worden.[80] Die Lagerinsassen selbst kommen in Tolens Untersuchung jedoch kaum in den Blick. Ihr Schwerpunkt liegt auf imperialen Praktiken, die die Körper der

[79] Tolen 1991, 106-107.117.
[80] Tolen 1991, 118.

Kolonialisierten prägten und veränderten. Dabei wird jedoch in keiner Weise thematisiert, auf welche Weise die Kolonialisierten den imperialen Praktiken begegneten und welche Auswirkungen diese Reaktionen – sei es Anpassung oder Widerstand – auf die Körper hatten.

Neben Tolen ist vor allem Meena Radhakrishna eine einflussreiche und viel zitierte Stimme in der Debatte um die Kriminellen Stämme. 1997 veröffentlichte sie zunächst einen dünnen Band mit dem Titel „Missionaries and Myth Making. Salvation Army and Itinerant Communities in Madras Presidency". 2001 erschien darauf aufbauend, aber thematisch erheblich erweitert die Monografie „Dishonoured by history. ‚Criminal Tribes' and British Colonial Policy". Kernthema beider Veröffentlichungen sind Geschichtsnarrative – bzw. mit Radhakrishna gesprochen: historische Mythen – über die Kriminellen Stämme wie sie in der früheren und heutigen Heilsarmee, aber gerade auch unter den Nachfahren der zur Kolonialzeit in den Lagern internierten Gruppen verbreitet sind. 1986 – zehn Jahre vor Erscheinen ihrer ersten Publikation über Kriminelle Stämme – führte Radhakrishna Feldforschungen im Guntur Distrikt des indischen Bundesstaates Andhra Pradesh durch. Seit 1913 betrieb die Heilsarmee dort das Lager „Stuartpuram" in dem unter anderem Mitglieder der als kriminell kategorisierten Kastengemeinschaft der Yerukulas interniert waren. Die Heilsarmee kooperierte mit der seit 1908 im Distrikt ansässigen India Leaf Tobacco Development Company (ILTD), die Lagerinsassen als Arbeitskräfte in ihrer nahegelegenen Tabakfabrik einsetzten. Neben dem Lager entstanden im Laufe der Zeit Arbeitersiedlungen, in denen aus dem Lager entlassene, als „reformiert" geltende Mitglieder der „Kriminellen Stämme", so auch aus der Gemeinschaft der Yerukulas, angesiedelt wurden. Radhakrishna traf im Rahmen ihrer Feldforschungen auf Mitglieder der Gemeinschaft der Yerukulas. Wie schon ihre Vorfahren arbeiteten diese in der noch immer bestehenden Tabakfabrik der ILTD. Vielfach waren sie Mitglieder der Heilsarmee, die auch heute in der Region noch stark präsent ist und eine Schule, ein Krankenhaus und andere Sozialprojekte betreibt.

Zur Zeit der Feldforschung befanden sich die Arbeitskräfte in einer immer wieder in Streiks mündenden Auseinandersetzung mit der Fabrikleitung, die Maschinen anschaffen wollte, die entscheidende Produktionsprozesse automatisieren und eine große Zahl der Arbeitskräfte ersetzen sollten. Diese sahen sich daher von Massenentlassungen bedroht. Radhkrishna führte zahlreiche Gespräche mit den Streikenden, in denen diese auch auf die Rolle der Heilsarmee in der Auseinandersetzung zu sprechen kamen und diese scharf kritisierten. Radhakrishna gibt Anlass und Inhalte dieser Kritik nicht wieder, fasst sie aber dahingehend zusammen, dass die Heilsarmee im Konflikt zwischen Fabrikleitung und Arbeitskräften nach Ansicht der letzteren eine „ungünstige Partisanenrolle" eingenommen, also offenbar die Fabrikleitung unterstützt habe.[81] Angesichts dieser Kritik war Radhakrishna ausgesprochen überrascht, dass sowohl die in der Fabrik Angestellten und von Entlassung Bedrohten als auch ihre Familien in ihrer Freizeit Geschichten erzählten und Lieder sangen, die von den vorbildlichen Verdiensten der frühen Heilsarmee-Mission um ihre Vorfahren handelten und diese Vorfahren überdies als gefährliche Kriminelle beschrieben.[82]

Radhakrishna argumentiert, dass die Beschreibung der Vorfahren in diesen Liedern völlig verfehlt sei. Diese seien oft Handel treibende Nomadengruppen, nicht aber Kriminelle gewesen.[83] Die verzerrte Darstellung sei jedoch von der Heilsarmee auf vielfache Weise propagiert worden, gerade auch durch jene Gesänge, die die Nachfahren der in den Lagern internierten Yerukulas noch zur Zeit von Radhakrishnas Feldforschung sangen. Wie, fragte sich die Autorin, war das glorifizierende Bild der frühen Heilsarmee, das sich in den Liedern ausdrückte, mit der harschen Kritik an ihrer gegenwärtigen Handlungsweise zu verbinden? Und wie kam es überdies, dass ihre Kontaktpersonen, die so klarsichtig ihre gegenwärtige Lage analysierten, so unkritisch die von der Heilsarmee verbreiteten Geschichten über ihre Vorfahren übernehmen konnten, die deren Leben so völlig falsch darstellten?

Radhakrishna argumentiert, diese erstaunliche Beobachtung sei dadurch zu erklären, dass die Vorfahren der Yerukulas im Zuge ihrer Internierung historischen Mythen ausgesetzt gewesen seien, die von der Heilsarmee geprägt wurden. Kerninhalte dieser Mythen seien gewesen, dass die Yerukulas vor ihrer „Erziehung" durch die Heilsarmee ziellos umher wanderten, faul und arbeitsscheu gewesen seien, über keine sozialen Normen verfügt hätten und überdies gefährliche Kriminelle gewesen seien.[84] Dies sei zwar alles unzutreffend gewesen, durch verschiedene Maßnahmen – etwa dadurch, dass Kinder von ihren Eltern getrennt worden seien – sei es jedoch gelungen, die Yerukulas ihrer Erinnerungen an ihr voriges Leben, ihrer Identität zu berauben und sie ihrer eigenen Geschichte zu entfremden. Die Heilsarmee hätte diese Praktiken – das Verbreiten missionarischer Mythen und die Zerstörung der Gruppenidentität – erfolgreich eingesetzt und hätte die Lagerinsassen dahingehend manipuliert, dass diese nicht nur ihre tatsächliche Vergangenheit vergaßen, sondern auch den von der Mission verbreiteten historischen Mythen zustimmten.[85] Die heutigen Yerukulas, so Radhakrishna, hätten daher, wie bereits ihre Vorfahren, unter dem Einfluss der Heilsarmee die Vergangenheit ihrer Kaste vergessen.

[81] Radhakrishna 2001, 146; Radhakrishna 1997, 2.
[82] Radhakrishna 2001, 147; Radhakrishna 1997, 2.
[83] Radhakrishna 2001, 12–14; Radhakrishna 1997, 34–39.
[84] Radhakrishna 2001, 12–14; Radhakrishna 1997, 33–36.
[85] Radhakrishna 2001, 153–154; Radhakrishna 1997, 48–49.

Radhakrishna deutet also die historischen Erzählungen der Yerukulas ausschließlich als Ausdruck ihrer Unterdrückung, ihres Unwissens über ihre Vergangenheit und ihrer Resignation. Sie fragt weder im Blick auf die Vergangenheit noch auf die Gegenwart nach Widerstandsstrategien der Yerukulas, die diese ja auch aus einer unterlegenen Machtposition zu einem gewissen Grade hätten entwickeln können. Sie untersucht daher auch nicht, ob die Lieder über die Vergangenheit der Heilsarmee nicht gerade auch als Widerstandsstrategie im Kontext der aktuellen Auseinandersetzungen mit der Heilsarmee, als Ausdruck gegenwärtiger Forderungen und damit als emanzipative Strategie gelesen werden können. Dies ist umso erstaunlicher, als die Autorin selbst einen deutlichen Hinweis auf die Verbindung der geschichtlichen Erzählungen mit gegenwärtigen Anliegen liefert. Im letzten und gleichzeitig entscheidenden Kapitel ihrer Monografie – und auch schon in der früheren Veröffentlichung – analysiert die Autorin eines der von der Heilsarmee über die von ihr initiierte Wandlung der Kriminellen Stämme verfassten Lieder ausführlich. Sie deutet es als Beleg für die erfolgreiche Manipulation des historischen Gedächtnisses der Yerukulas durch die Heilsarmee, die im vollständigen Vergessen der tatsächlichen, eigenen Vergangenheit gipfelte. Eine Strophe dieses Liedes, das Radhakrishna in verschiedenen Versionen untersucht, lautete:

„Sie [die Heilsarmee; Anm. d. V.] machen uns ein Arbeitsangebot, das wir annehmen.
Es ist Arbeit für die Kriminellen – ja, Arbeit für die Kriminellen;
Und bald werden wir in unserer Aufgabe recht geschickt,
Wir Stämme von krimineller Art.“[86]

Arbeit für die Kriminellen – bzw. für deren Abkömmlinge – zu schaffen ist nun aber genau das, wofür die Heilsarmee sich, nach Auffassung der Streikleitung, eigentlich auch heute einsetzen sollte, was sie jedoch nicht tue. Mit dem Singen dieses Liedes bzw. der Wiedererzählung inhaltlich verwandter Geschichtstraditionen könnten also die um ihre Arbeitsstellen und ihren Lebensunterhalt fürchtenden Yerukulas die Heilsarmee an ihre eigenen Erzählungen über frühere Leistungen und ihr darauf beruhendes Selbstbild mahnen. Aus Sicht der Streikenden, so wären deren Erzählungen dann zu deuten, leitet sich aus dieser Geschichtstradition die bleibende Verantwortung der Heilsarmee ab, sich auch heute für das Wohlergehen der Yerukulas einzusetzen. Besonders entscheidend ist dabei, ihnen verlässliche Möglichkeiten für selbstständig und ehrlich erwirtschafteten Lebensunterhalt zu bieten.

Wie bei Tolen kommen jedoch auch bei Radhakrishna die Angehörigen der Kriminellen Stämme nur als Opfer des Imperialismus in den Blick.

---

[86] Bei Radhakrishna auf englisch zitiert: „They give us an offer of work we accept./ Tis work for the Crim – yes, work for the Crim;/ And soon at our task we become quite adept,/ We tribes of a criminal kind.“ Radhakrishna 2001, 151; Radhakrishna 1997, 45.

Auch die von ihr in der Feldforschung gehörten Erzählungen der Nachkommen der Lagerinsassen beschreibt sie ausschließlich als Erweis von Unterdrückung und Entfremdung, übergeht damit die eigene Perspektive der indischen Heilsarmee-Mitglieder auf die Geschichte ihrer Kirche und übersieht die Funktion dieser Erzählungen in aktuellen Auseinandersetzungen. So bietet auch ihre Studie, obgleich sie ihren Ausgang bei Feldforschungen unter Heilsarmee-Mitgliedern im unabhängigen Indien in der zweiten Hälfte des 20. Jahrhunderts nimmt, keinen Ansatzpunkt, die Positionierung der Erforschten in aktuellen Debatten und die Rolle von in diesem Zusammenhang formulierter Heilsarmee-Identität zu untersuchen.

Fazit: Forschungsvorhaben

Bei der Untersuchung des Selbstverständnisses der RSSNA, für dessen Analyse auch die Frage nach der Position des Vereins in der weltweiten Heilsarmee ausschlaggebend ist, muss sich diese Arbeit mit erheblichen Verengungen des Forschungsstands zur Heilsarmee auseinandersetzen. Sie versteht sich daher auch als Beitrag zu deren Überwindung und schlägt eine neue Herangehensweise an diesen Forschungsstand vor.

Sie plädiert, erstens, für eine Erweiterung des stark begrenzten regionalen Fokus der Forschung. In diesem Sinne untersucht sie eine Gruppe aus der indischen Heilsarmee, aus deren Geschichte bisher nur wenige einzelne Aspekte Beachtung fanden. Sie begegnet, zweitens, der methodisch hoch problematischen zeitlichen Begrenzung der Forschung, die beinahe ausschließlich die Gründungsgeschichte der Heilsarmee behandelt. Diese suggeriert, dass die heutige Verfasstheit und das heutige Selbstverständnis der Organisation sich allein aus ihrer frühen Geschichte heraus erklären ließen. Im Gegensatz dazu wählt diese Arbeit mit der RSSNA eine Gruppe aus der heutigen Heilsarmee als Ausgangspunkt für die Analyse von Debatten um Heilsarmee-Identität. Sie verortet Geschichtserzählungen in der Gegenwart und untersucht, wie heutige Heilsarmee-Mitglieder die Geschichte ihrer Organisation erzählen und wie sie im Kontext historischer Narrative ihre Gruppen-Identität formulieren. Dazu muss der gegenwärtige Kontext der (Wieder-) Erzählung geschichtlicher Narrative untersucht werden. Sowohl das regionale Umfeld der Gruppe als auch weltweit geführte Debatten über Auftrag und Selbstverständnis der Heilsarmee, an denen die RSSNA-Mitglieder partizipieren, müssen in den Blick genommen werden. Dabei wird insbesondere nach dem emanzipativen Potenzial dieser Erzählungen und nach den in ihrem Rahmen artikulierten Gruppen-Identitäten gefragt. Es wird untersucht, wie auf diese Weise gegenwärtige Anliegen und Forderungen formuliert werden, insbesondere solche, die an die Heilsarmee-Leitung gerichtet sind.

Die Arbeit versteht also drittens, regionale Gruppen wie die RSSNA explizit als Teil der weltweiten Heilsarmee und damit als Stimme in global geführten Debatten. Sie untersucht daher nicht nur, welchen Einfluss globale Diskussionen auf regional geführte ausüben. Vielmehr fragt sie, wie die RSSNA-Mitglieder – wenn auch aus marginaler Position heraus – ein eigenes Verständnis von Heilsarmee-Identität entwickeln, auf diese Weise Kritik an der Organisation üben und Widerstand gegen bestimmte Entwicklungen und Positionierungen leisten. Sie untersucht damit auch Machtstrukturen in der Heilsarmee als globaler christlicher Bewegung. Insbesondere fragt sie natürlich, wie die Übernahme der Selbstbezeichnung Dalit durch die RSSNA in diesem Kontext zu verstehen ist und welcher Zusammenhang mit Debatten um Heilsarmee-Identität sowie mit der Positionierung der RSSNA besteht.

4. Die Frage nach Dalit-Identität in der Heilsarmee im Kontext der Globalen Religionsgeschichte

Vor dem Hintergrund des Forschungsstands verfolgt die Arbeit ein kritisches Interesse, das darin besteht, Identitätspositionierungen und Geschichtserzählungen heutiger Heilsarmee-Mitglieder im Kontext gegenwärtiger regionaler und globaler Debatten zu verstehen. Dies sind einerseits Aushandlungsprozesse um Dalit-Identität und andererseits Diskussionen um das Selbstverständnis der Heilsarmee. Dazu bietet sich der Ansatz der globalen Religionsgeschichte an, den Michael Bergunder folgendermaßen charakterisiert:

> *„Kurz gesagt, 'Globale Religionsgeschichte' ist ein Ansatz, der für die gesamte Religionswissenschaft relevant sein will. 'Global' bedeutet, dass alle seine allgemeinen Begriffe die globale Verfasstheit der heutigen Wissenschaft und Gesellschaft anerkennen müssen. 'Religiös' bedeutet, dass sie die Religionswissenschaft betrifft. 'Geschichte' bedeutet, dass sie genealogische Kritik durch Historisierung als ihr zentrales Forschungsinteresse vorschlägt.“*[87]

Genealogische Kritik, wie die Globale Religionsgeschichte sie im Anschluss an Foucault versteht[88], verortet Geschichtsschreibung in der Gegenwart. In diesem Sinne sucht sie, ihren Gegenwartsbezug zu reflektieren und offenzulegen und nimmt den aktuellen Stand der Forschungsdebatte als Ausgangspunkt. Sie kritisiert Ansätze von Geschichtsschreibung, die sich auf Ursprünge fixieren, um dort Wahrheit bzw. das wahre Wesen der untersuchten Gegenstände zu finden. In diesem Sinne untersucht die

[87] Bergunder 2021.
[88] Bergunder 2021, 447–451; Maltese 2021, 367; Hermann 2015, 138.

vorliegende Arbeit nicht – wie bisherige Arbeiten zur Geschichte der Heilsarmee – die Gründungsjahre bzw. die frühe Indienmission der Organisation und versucht auch nicht, deren heutige Verfasstheit teleologisch aus ihren Ursprüngen zu erklären. Vielmehr wählt sie als Ausgangspunkt das Selbstverständnis heutiger Heilsarmee-Mitglieder. Sie analysiert, wie die im Rahmen der Forschung befragten Personen, die Geschichte der Heilsarmee erzählen und setzt dies in Bezug zu anderen geschichtlichen Erzählungen innerhalb der Organisation und im Umfeld der untersuchten Gruppe. Sie fragt, welche dieser historischen Narrative dominant, welche eher marginal sind und auf welche Weise in Geschichtserzählungen Positionen zu heutigen Debatten um Heilsarmee-Identität formuliert werden. Vor allem aber untersucht sie, wie sich die im Rahmen der Forschung Befragten zu dominierenden Narrativen verhalten und wie dadurch Identitätspositionierungen markiert werden.

Sie untersucht zudem, wie die befragten Heilsarmee-Mitglieder zentrale Schlagwörter ihrer Erzählungen verstehen. Besonders wichtig ist dabei ihre Bestimmung von Dalit, aber auch ihr Verständnis von Religion. Ausgehend von diesen gegenwärtigen Positionierungen fragt sie im Sinne der genealogischen Kritik, wann, wo und wer entsprechende Auffassungen von Geschichte und Bestimmungen der zentralen Schlagwörter vornimmt bzw. bereits vorgenommen hat, im Kontext welcher Debatten das jeweils zu verstehen war und welche Allianzen oder Abgrenzungen damit formuliert wurden.[89] Damit greift die vorliegende Arbeit einen weiteren Impuls aus der Globalen Religionsgeschichte auf, der bereits von Nehring für die Untersuchung von Dalit-Konversionen vorgeschlagen wurde.[90] Sie stützt sich auf Laclaus Populismus-Theorie, die beschreibt, wie im Rahmen von Positionierungspolitik Bedeutung produziert wird. Laclau versteht Bedeutung so, dass sie nur durch differenzielle Beziehungen erzeugt werden kann. Allerdings müssen dafür den differenziellen Beziehungen Grenzen gesetzt werden. Dies geschieht durch einen „leeren Signifikanten", der hergestellt wird, indem sich verschiedene Gruppen der Signifikationen bedienen, um damit konkrete Anliegen zu artikulieren. Ein leerer Signifikant ist nicht leer im Sinne einer Bedeutungslosigkeit. Vielmehr wird er seiner ursprünglich partikularen Bedeutung entleert. Konkret bedeutet das, dass eine Artikulation oder eine Position als so mächtig und umfassend erachtet wird, dass sie beansprucht, alle Anliegen repräsentieren zu können. Diese Position verbindet dann aufgrund von Machtkämpfen, nicht aufgrund inhaltlicher Kriterien, eine Vielzahl unterschiedlicher Positionen. Als „leerer Signifikant" verspricht sie so, die Gesamtheit ihrer partikularen Interessen zu repräsentieren. Ein solcher Repräsentationsanspruch verbindet unterschiedliche Anliegen und Gruppen zu einer Äquivalenzkette. Die bisher

[89] Vgl. Maltese 2019b, 16; Maltese 2021, 367.
[90] Nehring 2004, 11.

differierenden Positionen werden nun mit einem gemeinsamen Namen bezeichnet. Inhaltliche Übereinstimmungen sind also erst das Ergebnis, nicht die Voraussetzung dieses Prozesses.[91] Ein leerer Signifikant ist daher auch nicht als Begriff aufzufassen, da die Positionen, die er zusammenhält, keine deskriptiven Merkmale teilen. In Anlehnung an Saul Kripke bezeichnet Laclau den leeren Signifikanten daher als „Namen", der den bezeichneten Positionen durch eine primäre Taufe zugeordnet wird.[92]

Die vorliegende Arbeit fasst die zentralen Schlagwörter der historischen Erzählungen – z.B. Dalit, Heilsarmee, Religion – als leere Signifikanten und damit als Namen auf. Damit begegnet sie den Problematiken, die essentialistische Begriffsbestimmungen aufwerfen und schlägt einen neuen Ansatz vor. Sie untersucht in diesem Sinne, wie unter solchen Namen unterschiedliche Gruppen Netzwerke bilden und wie spezifisch die RSSNA sie verwendet, um Bündnisse mit anderen Gruppen zu formen und um Unterstützung für ihre Anliegen zu werben. Sie analysiert, im Rahmen welcher gegenwärtigen Debatten und Konflikte die RSSNA Namen und historische Narrative aufgreift und inwiefern sie diese stützt oder aber verändert.

In diesem Zusammenhang soll insbesondere gefragt werden, inwiefern die RSSNA durch die Veränderung bzw. Neuerzählung von Namen und Erzählungen Kritik und Widerstand gegenüber dominanten Gruppierungen, insbesondere natürlich der Heilsarmee artikuliert. Dabei stützt sich die Arbeit auf Überlegungen von Judith Butler, die bereits für die Globale Religionsgeschichte rezipiert wurden. Laclau und Butler argumentieren, dass Bedeutung bzw. Namen im Diskurs sedimentiert und materialisiert werden. Bedeutung ist zunächst nur präsentisch gegeben und kann nur durch Wiederholung Kontinuität erlangen. Namen sind auf Wiederholung angewiesen, um machtvoll zu sein bzw. zu bleiben. Der entscheidende Punkt ist jedoch, dass gerade im Rahmen dieser Zitation Widerstand möglich ist. Dieser kann nicht unabhängig von bzw. jenseits der dominierenden Signifikationen und Narrative artikuliert werden, die von denen gebraucht werden, denen die Kritik gilt. Handlungsmacht liegt vielmehr in der Möglichkeit der Variation bei der Wiederholung von Namen bzw. Narrativen, durch die diesen neue Bedeutung verliehen werden kann.[93] Die RSSNA kann also gerade durch ihre Aneignung von Namen (z.B. Dalit) oder Narrativen (z.B. Geschichtserzählungen aus der Heilsarmee) ihre eigene Identität artikulieren und Kritik an bestehenden Machtverhältnissen formulieren. In diesem Sinne fragt die Arbeit, inwiefern die RSSNA versucht, sich durch die Übernahme und Veränderung bekannter Schlagwörter und Erzählungen in der weltweiten Heilsarmee Gehör zu verschaffen. Sie untersucht zudem, welche Dalit-Motive sie aus ihrem Umfeld aufnimmt und ob sie einen eigenen Dalit-Begriff formuliert.

---

[91] Vgl. Maltese 2019a, 78–82; Maltese 2021, 367–369.
[92] Laclau 2005, 101–110; Vgl. Bergunder 2011, 35–36.
[93] Bergunder 2021, 449; Maltese 2021, 369.

Entscheidend ist dabei – und das macht die Arbeit zu einer globalgeschichtlichen –, dass sie zwar eine konkrete Gruppe und ihr regionales Umfeld untersucht, gleichzeitig jedoch anerkennt, dass Bedeutung global ausgehandelt wird.[94] Das gilt gerade in einer weltweit aktiven Organisation wie der Heilsarmee und ebenso für zentrale Schlagwörter der untersuchten Debatten wie Dalit und „Religion“. Die Arbeit analysiert daher die Verflechtungen lokaler und globaler Debatten und fragt, wie die RSSNA an weltweit geführten Debatten partizipiert.

5. Methodik

Da die vorliegende Studie ihren Ausgangspunkt bei Identitätspositionierungen indischer Heilsarmee-Mitglieder setzt, wurde mit den Methoden der ethnografischen Feldforschung gearbeitet. Grundlegend für die Konzeption dieser Arbeit ist Daniel Münsters Konzept Postkolonialer Ethnografie, das einerseits die bleibende Bedeutung und Sinnhaftigkeit eines lokal definierten Feldes betont, andererseits aber die im Feld ansässigen Personen und Gruppen auf eine Weise darzustellen sucht, durch die ihre Partizipation an größeren Debatten sichtbar wird, auch wenn diese aus einer marginalen Perspektive heraus stattfindet.[95]

Das Datenmaterial, das dieser Arbeit zu Grunde liegt, wurde im Rahmen zweier Feldforschungsaufenthalte im Kanyakumari-Distrikt erhoben. Diese fanden von Ende Februar bis Mitte Mai 2016 und von Januar bis Anfang Mai 2017 statt. Ausgangspunkt für die Forschung war dabei überwiegend Nagercoil, die größte Stadt des Distrikts. Dort wohnten und arbeiteten auch wichtige Kontaktpersonen der Feldforschung. Erste wichtige Informanten, die die Feldforschung auch später kontinuierlich unterstützten, waren der ehemalige CSI-Pfarrer C. Rajamoni, der Principal der Christian Academy for Advanced Theological Studies, Dr. James Chellappa, der Principal des Concordia Theological Seminary, Dr. D. Monikaraj und insbesondere RSSNA-Präsident John Murray. Auch einige Heilsarmee-Offiziere wurden zu wichtigen Ansprechpartnern. Auch einige der im Zuge der Feldforschung Interviewten wohnten in Nagercoil.

Die Feldforschung beschränkte sich jedoch nicht auf das Stadtgebiet Nagercoil, sondern führte in die ganze Region. Entscheidend für neue Kontakte waren vor allem die Netzwerke der ersten Informanten, insbesondere des RSSNA-Präsidenten, der die überwiegende Anzahl der Gespräche mit RSSNA-Mitgliedern vermittelte. Diese waren im ganzen Distrikt, vor allem aber auf den Gebieten der westlich von Nagercoil gelegenen ländlichen

[94] Bergunder 2021, 445.
[95] Münster 2007, 39–40.

Heilsarmee-Divisionen Kulasekharam und Thuckalay ansässig. Besonders wichtig für neue Bekanntschaften waren auch die Vorstandssitzungen der RSSNA sowie die ebenfalls von John Murray geleiteten Treffen der Dalit Movement Federation (DMF). Zu beiden Treffen, die monatlich in Nagercoil stattfanden, kamen Teilnehmende aus dem ganzen Distrikt. Insbesondere für die erste Feldforschung waren auch persönliche Kontakte des damaligen Feldassistenten Anish N.R. zu Heilsarmee-Offizieren wichtig. Auch in vielen anderen Fällen kamen Gespräche durch persönliche Kontakte zu Stande, die in viele verschiedene Orte der Region führten.

Der größte Teil des für diese Arbeit entscheidenden Datenmaterials besteht in Interviews. Diese wurden bereits vor der Schwerpunktsetzung auf die Heilsarmee und die RSSNA geführt, die sich erst im Verlauf der Feldforschung ergab. Die Interviewten stammten aus verschiedenen Bereichen außerhalb der Heilsarmee und waren z.B. Hochschuldozierende oder Dalit-Aktivisten. Auch als sich die Recherche stärker auf die Heilsarmee fokussierte, kam es noch zu Gesprächen mit Kontaktpersonen aus anderen Zusammenhängen. Einige dieser Interviews sind wichtige Quellen für die vorliegende Arbeit, andere sind für ihr Thema im engeren Sinne von weniger entscheidender Bedeutung, hatten jedoch als Hintergrundwissen über die Region und über das weitere Umfeld des Vereins ebenfalls eine wichtige Funktion. Grundlage der Arbeit sind 67 Interviews. Davon wurden 22 mit Mitgliedern der RSSNA geführt und 12 weitere mit Vereinspräsident Murray, der ein zentraler Informant des Projekts war. Hinzu kamen 8 Gespräche mit Mitgliedern der DMF, 5 mit Offizieren der Heilsarmee, 10 weitere mit Heilsarmee-Mitgliedern, die nicht zur RSSNA gehörten, sowie 10 mit Personen aus dem regionalen Umfeld.

Die Interviews wurden überwiegend mit Einzelpersonen, gelegentlich auch als Gruppengespräche durchgeführt. Die Dauer war sehr unterschiedlich und lag zwischen zehn und neunzig Minuten. Viele Gespräche wurden in englischer Sprache, einige auch mit der Hilfe eines einheimischen Übersetzers auf Tamil geführt. Grundlage für die Gespräche waren meist vorbereitete Fragebögen mit halboffenen Fragen. Die Gespräche mit den RSSNA-Mitgliedern fanden mehrheitlich auf Grundlage eines Fragenkatalogs statt, dessen zentrale Themen sich aus den ersten Gesprächen mit Vereinsangehörigen ergeben hatten. Den Gesprächseinstieg bildeten dabei biografische Fragen zu Alter, Geburtsort, Ausbildung und Beruf sowie der Familie der Befragten. Überdies wurde gefragt, seit wie vielen Generationen die Familie zur Heilsarmee gehört und ob Gründe für die Konversion der Vorfahren zum Christentum bekannt seien. Daran anschließen wurde gefragt, woran sich die Kritik der Befragten an der Heilsarmee, die zum Vereinsbeitritt geführt hatte, entzündet hatte und welche Probleme sie heute besonders beschäftigten. Dann folgten Fragen zu ihrer Wahrnehmung des Vereins und seiner Aktivitäten sowie zu Kontakten zur regionalen Dalit-Bewegung. Das Gesprächsende bildeten Fragen zu positiven

Aspekten der Heilsarmee und ihrer Arbeit sowie zu Wünschen und Visionen der Befragten für die Zukunft der Heilsarmee. Der Interviewverlauf wurde jedoch stark vom Gesprächsverhalten und -Interesse der Befragten geprägt. Einige von ihnen gaben auf die gestellten Fragen jeweils nur kurze Antworten. Einige hatten zu bestimmten Fragen so viel zu erzählen, dass andere Themen nur am Rande oder gar nicht mehr vorkommen konnten. Wieder andere übernahmen weitgehend selbst die Gesprächsleitung und berichteten zu Themen, die sie selbst am stärksten beschäftigten. Die zahlreichen Gespräche mit RSSNA-Präsident John Murray behandelten zunächst ähnliche Themen wie die mit den anderen Vereinsmitgliedern. In den späteren Gesprächen ging es vermehrt um Hintergrundinformationen zu den von ihm zur Verfügung gestellten Dokumenten, vor allem Briefe von und an die RSSNA, und zu den auf den Vorstandssitzungen besprochenen Themen. Diese Gespräche boten eine wichtige Grundlage für die im ersten Hauptteil dieser Arbeit dargestellte Vereinsgeschichte. Die Interviews wurden überwiegend digital aufgezeichnet und im Nachgang der Feldforschung transkribiert. In einigen Fällen, etwa wenn sich die Gesprächssituation spontan ergab und vom Einsatz des Aufnahmegeräts gestört oder unterbrochen worden wäre, wurde auf den Mitschnitt verzichtet und stattdessen im Nachhinein ein Gedächtnisprotokoll verfasst.

Zu den Interviews kamen Veranstaltungsbesuche im Rahmen Teilnehmender Beobachtung hinzu. Dazu zählt insbesondere die regelmäßige Teilnahme an den Sitzungen der RSSNA und der DMF, der Besuch von Gottesdiensten in Heilsarmee-Gemeinden und gelegentlich auch in denen anderer christlicher Gemeinden. Der Ablauf dieser Veranstaltungen wurde in Notizen und im Anschluss in Gedächtnisprotokollen erfasst.

Zu den auf diese Weise erhobenen Daten kamen noch Schriften aus dem Bereich der grauen Literatur. Dazu zählte insbesondere die vierteljährlich erscheinende Vereinszeitschrift der RSSNA namens Ceyti Malar („Nachrichtenblatt"). Wichtige Quellen waren auch Briefe an den Verein sowie von ihm verfasste Schriftstücke, die John Murray über Jahre gesammelt und archiviert hatte, sowie mehrere Texte des RSSNA-Präsidenten, die nicht veröffentlicht, häufig aber im Rahmen von Treffen verteilt worden waren. Die Artikel des Ceyti Malar sind auf Tamil verfasst. Bei der Durchsicht der Zeitschriften war im Anschluss an die Feldforschungen Jospehine Tamilmani Joseph Doss behilflich, die auch die Übersetzung ausgewählter Artikel übernahm. Die Briefe und anderweitigen Texte waren überwiegend englischsprachig. Weitere Quellen aus dem Bereich der grauen Literatur waren Regionale Zeitungen sowie die indienweite englischsprachige Ausgabe des Heilsarmee-Magazins „The War Cry".

Da die Studie die Identitätspositionierungen der RSSNA-Mitglieder im Kontext globaler Debatten, insbesondere solcher um das Selbstverständnis der weltweiten Heilsarmee zu verstehen sucht und überdies gerade den Zusammenhang zwischen Identitätskonstruktionen und Geschichtserzählungen untersucht, arbeitet sie nicht nur ethnografisch, sondern auch historiografisch. Sie analysiert daher mit den Methoden der historischen Quellenanalyse das während der Feldforschung gesammelte Quellenmaterial. Darüber hinaus zieht sie Publikationen aus der Heilsarmee heran und untersucht auch Forschungsliteratur im Hinblick auf die dort entfalteten historischen Narrative.

6. Das Feldforschungsgebiet

Der Kanyakumari-Distrikt ist der südlichste Bezirk Indiens. Bei indischen Volkszählung 2011 ergab sich für die Region eine Bevölkerungszahl von 1.870.374. Das Christentum ist in der Region weit verbreitet. Der Census of India identifiziert 46,85 Prozent der Bevölkerung als Mitglieder einer christlichen Kirche und weist damit das Christentum als die zweitgrößte religiöse Gruppe der Region aus. 48,65 Prozent der Bevölkerung ordnet der Zensus dem Hinduismus zu, 4,2 Prozent dem Islam. Zu den Scheduled Castes, also denjenigen Kastengemeinschaften, die sich oft als Dalits identifizieren, gehören laut staatlicher Zählung 74.249 Menschen.[96] Dabei ist zu beachten, dass aus den bereits dargestellten Gründen[97] christliche und muslimische Mitglieder der gelisteten Kastengemeinschaften nicht mitgezählt werden. Es ist also von einer wesentlich höheren – vermutlich etwa doppelt so großen – Bevölkerungsgruppe auszugehen, die sich zu den „Dalits" zählt.

Die Region gehört seit 1956 zum Bundesstaat Tamil Nadu, ist aber sowohl geografisch als auch historisch eng mit den südlichen Gebieten des benachbarten Bundesstaates Kerala verbunden. Bis zur indischen Unabhängigkeit 1948 gehörte das Gebiet des heutigen Kanyakumari-Distrikts zu Travancore, das zur Zeit der britischen Kolonialherrschaft ein formal unabhängiges Fürstentum war. 1948 wurde Travancore mit dem nördlich angrenzenden ehemaligen Fürstentum Cochin zum Bundesstaat Travancore-Cochin zusammengeschlossen, dessen Gebiet heute zum größten Teil zu Kerala gehört. In Folge des State Reorganisation Acts von 1956 bei dem die Grenzen der Bundesstaaten auf der Basis linguistischer Identitäten neu gezogen wurden, wurde der Kanyakumari-Distrikt, dessen Bevölkerung mehrheitlich Tamil spricht, an Tamil Nadu angeschlossen. Dennoch blieben enge Verbindungen zu keralanischen Gebieten bestehen, zumal das Gebiet zwischen Nagercoil, der größten Stadt des Kanyakumari-Distrikts, und Trivandrum, der Hauptstadt Keralas, nahezu ununterbrochen besiedelt

96 https://www.census2011.co.in/census/district/51-kanniyakumari.html (zuletzt abgerufen am 01.09.2021).

97 Vgl. Kap. 2.1 dieser Arbeit.

ist. Die Kontaktpersonen der Feldforschung verstanden sich zwar selbstverständlich als Tamil Nadu zugehörig, viele von ihnen – gerade die älteren – bezeichneten die Region jedoch auch noch mit ihrem älteren Namen „Süd-Travancore“. Auf Grund dieser engen Verbindung sind für diese Arbeit auch historische, aber auch jüngere Entwicklungen in Kerala sowie Forschungsarbeiten mit regionalem Schwerpunkt auf die Gebiete dieses Bundesstaates von großer Bedeutung.

Für eine Studie über christliche Dalit-Identität und christliche Einflüsse auf Dalit-Aktivismus in Tamil Nadu, eignet sich der Kanyakumari-Distrikt besonders gut als Forschungsfeld. Dafür spricht zunächst seine große christliche Bevölkerungsgruppe, die sich auf eine Vielzahl sehr unterschiedlicher Konfessionen verteilt. Besonders einflussreich ist die protestantische Church of South India (CSI), deren Bistumssitz Nagercoil ist ebenso wie der der katholischen Kirche, die ebenfalls stark vertreten ist. Auch die christliche Pfingstbewegung ist vor Ort. Neben großen Denominationen wie „Assembly of God“ und „Church of God“ sind auch unabhängige Pfingstkirchen wie etwa die „Full Gospel Pentecostal Church“ oder „The Pentecostal Mission“ anzutreffen. Auch andere global verbreitete christliche Konfessionen, wie z.B. die Adventistische Kirche oder die Zeugen Jehovas sind vertreten. Hinzu kommen in der Region als Dalit-Kirchen identifizierte Konfessionen, zu denen neben der Heilsarmee auch die India Evangelical Lutheran Church (IELC) gezählt wird. Im Kanyakumari-Distrikt lassen sich daher sowohl christlich-religiöse Einflüsse auf die Dalit-Bewegung als auch innerchristliche Debatten um Dalit-Identität gut untersuchen. Obgleich die vorliegende Studie mit der RSSNA schwerpunktmäßig eine Gruppe innerhalb der regionalen Heilsarmee in den Blick nimmt, wird sich immer wieder zeigen, welch große Bedeutung auch die anderen christlichen Gruppen der Region auf die dort geführten Diskussionen um Heilsarmee- und damit verbunden um Dalit-Identität haben. Beides kann nur im Blick auf das vielfältige christliche Umfeld verstanden werden. Allianzen und Abgrenzungen, die im Blick auf andere christliche Gruppen formuliert werden, sind für das Selbstverständnis der RSSNA bzw. der Heilsarmee von entscheidender Bedeutung.

Auch für eine Untersuchung von Dalit-Identitäten jenseits der bekannten Zentren von Dalit-Theologie bzw. politischer Dalit-Bewegung eignet sich die Region. Schon vor Beginn der Feldforschung gab es Hinweise auf Aktivitäten mindestens kleinerer Dalit-Gruppierungen in der Region.[98] Im Laufe der Forschung zeigte sich, dass sich Dalit-Aktivismus vor Ort vor allem in solchen kleineren, häufig aus wenigen Mitgliedern bestehenden lokalen Gruppen organisiert. RSSNA-Präsident Murray sprach von 42 Dalit-Gruppen in der Region. Wahrscheinlich sind es jedoch weit mehr. Einen

---

98 https://www.thehindu.com/news/national/tamil-nadu/sc-population-records-negative-growth-in-rural-kanyakumari/article4797909.ece (zuletzt abgerufen am 09.08.2017); https://www.youtube.com/watch?v=WRTX3nJoSAk (zuletzt abgerufen am 09.08.2021).

entscheidenden Einfluss auf Debatten um christliche Dalit-Identität in der Region hat, wie sich im Zuge der Feldforschung bestätigte, das in Nagercoil angesiedelte Concordia Theological Seminary, das theologische Seminar der IELC. Dozierende dieses Seminars arbeiteten 1994 am Sammelband „Frontiers of Dalit Theology" mit, einem zentralen Werk der aufkommenden Dalit-Theologie. Zudem bestanden und bestehen noch immer Kontakte zu anderen theologischen Einrichtungen, die als dalit-theologische Zentren bekannt sind. Das gilt insbesondere für das Tamil Theological Seminary in Madurai. Da die Mitglieder der Heilsarmee und der IELC häufig miteinander verwandt und daher eng miteinander verbunden sind, haben Dalit-Debatten in der IELC auch für die Heilsarmee eine entscheidende Bedeutung. Das wird sich im Laufe dieser Arbeit noch vielfach zeigen. Überdies bestehen auch persönliche Kontakte zwischen der RSSNA und dem Concordia Seminary. So kam bereits der Hinweis auf RSSNA-Präsident John Murray als einflussreichen regionalen Dalit-Aktivisten und damit als wichtigen Informanten für die Feldforschung, der zum Erstkontakt mit dem Verein führte, vom damaligen Principal des Seminars, der persönlich mit John Murray bekannt ist und auch schon offizieller Gast bei Veranstaltungen der RSSNA gewesen war.

Ein weiterer Faktor, der den Kanyakumari-Distrikt als Feldforschungsregion für eine Studie zu Dalit-Identität besonders interessant macht, ist die große Anzahl christlicher Nadars in der Region. Nadars gelten zwar aus brahmanischer Sicht meist als Unberührbare, lehnen aber selbst eine solche Einordnung vehement ab.[99] Die starke Präsenz insbesondere christlicher Angehöriger dieser Gemeinschaft sprach dafür, dass Aushandlungsprozesse um Kasten- und (christlicher) Dalit-Identität in der Region besonders gut zu beobachten sein würden. Dies bestätigte sich im Zuge der Feldforschung. Es wurde deutlich, dass sich die Nadars dennoch als ehemals marginalisierte und unterdrückte Gruppierung verstehen und die Situation auf gleiche Weise beschreiben, wie diejenigen Gruppen, die sich heute als Dalits identifizieren. Eine solche gemeinsame Identität wird von diesen Gruppen jedoch inzwischen entschieden zurückgewiesen. Christliche Dalit-Identität wird von ihnen vielmehr gerade in Abgrenzung zur Nadar-Gemeinschaft formuliert. Dies wird sich auch an Debatten innerhalb der RSSNA zeigen.

Für die Untersuchung der südindischen Heilsarmee ist der Kanyakumari-Distrikt von besonderer Bedeutung. Auf dem Gebiet des Kanyakumari-Distrikts befinden sich sechs Divisionen des Heilsarmee-Territoriums[100]

---

[99] Hardgrave 1969; Schröder 2009.

[100] Die globale Heilsarmee ist in Territorien unterteilt, denen jeweils ein Ehepaar als Territorialleitung vorsteht. Meist wird jedoch der Ehemann als Territorialleiter (Territorial Commander) bezeichnet, während die Ehefrau besonders für die Frauenprojekte im Territorium verantwortlich ist. Territorien können je nach Mitgliederzahl und -dichte im weiteren Umfeld sehr unterschiedlich große Gebiete umfassen. In Südindien bilden die Gebiete der

Südostindien, das den größten Teil des Bundesstaates Tamil Nadu umfasst. Weitere vier Divisionen sind im benachbarten Tirunelveli-Distrikt angesiedelt. Im übrigen Tamil Nadu finden sich nur einzelne kleinere regionale Stützpunkte, die als Distrikte oder Extension Areas bezeichnet werden, aber keine eigenen Divisionen bilden.[101] Die große Mehrzahl der Mitglieder der tamilischen Heilsarmee findet sich also in den südlichsten Distrikten. Die Stadt Nagercoil war bereits früh ein regionaler Missionsstützpunkt der Heilsarmee. Seit 1892 war hier ein Divisionales bzw. Territoriales Hauptquartier angesiedelt.[102] Heute befindet sich das Hauptquartier des Territoriums Südostindien zwar in Tirunelveli, die Mehrzahl der Institutionen und sozialen Einrichtungen der Heilsarmee sind jedoch in Nagercoil verblieben. Dazu zählen das Training College for Officers, die regionale Ausbildungsstätte für den Offiziersdienst, zwei höhere Schulen, mehrere soziale Projekte, dessen größtes das Community Health and Development Programme ist, das am Catherine Booth Hospital (CBH) angesiedelt ist. Die 1893 erfolgte Gründung dieses Krankenhauses, an dem inzwischen auch eine Krankenpflegeschule angesiedelt ist, wird häufig als Geburtsstunde der weltweiten medizinischen Mission der Heilsarmee beschrieben.[103] Die genannten Einrichtungen, insbesondere das CBH, sind von großer Bedeutung für regionale Heilsarmee-Identität und spielen auch für die RSSNA eine erhebliche Rolle.

7. Aufbau der Arbeit

Die Arbeit gliedert sich in vier Hauptteile. In Teil I werden die Geschichte der RSSNA und die Biografien ihrer Mitglieder untersucht. Im Zentrum steht dabei die Frage nach Bedeutung und Funktion des Namens Dalit. Dabei wird sich zeigen, dass die Bezeichnung Dalit auf allen untersuchten Ebenen sowohl bestätigt als auch zurückgewiesen wird. Daraus wird ersichtlich, dass essentialistische Begriffsbestimmungen für die Analyse der RSSNA nicht hilfreich sind. Ausgangspunkt der Untersuchung muss daher das Selbstverständnis des Vereins sein. Dieses Selbstverständnis wird in Teil II untersucht. Dazu werden die Geschichtserzählungen der

---

Bundesstaaten Tamil Nadu und Kerala jeweils eigenständige Territorien. In Mitteleuropa gehören Deutschland, Litauen und Polen zu einem Territorium. Ebenso Österreich, Italien und die Schweiz. Die dem Territorium untergeordneten Verwaltungsbezirke sind die Divisionen, denen jeweils eine Divisionsleitung vorsteht.

[101] Eine Ausnahme bilden die nördlichsten Regionen Tamil Nadus, in denen die Heilsarmee ebenfalls stärker vertreten ist. Diese gehören jedoch zum Territorium Zentralindien, dessen Territoriales Hauptquartier seinen Sitz in der tamilischen Hauptstadt Chennai hat.

[102] Smith 1982, 59.

[103] Richards 1971, 2–3.

Vereinsmitglieder analysiert, innerhalb derer sie, wie sich zeigen wird, ihre Gruppenidentität formulieren. Dabei werden drei Kernmotive herausgearbeitet. Im zweiten Schritt werden dann historische Narrative untersucht, die im Umfeld des Vereins dominant sind und mit denen die RSSNA sich auseinandersetzen muss. Dabei wird deutlich, dass die Erzählung des Vereins als Positionierung in aktuellen Debatten verstanden werden muss. In Teil III und Teil IV erfolgt die genealogische Verortung der untersuchten historischen Erzählungen in der Gegenwart. Der dritte Teil untersucht in diesem Sinne global geführte Debatten um Heilsarmee-Identität und fragt nach der Position der RSSNA in diesen Diskussionen. Dabei zeigt sich, dass der Verein sein Selbstverständnis im Kontext der globalen Heilsarmee nicht artikulieren kann. Um seinen Anliegen Gehör zu verschaffen und Netzwerke etablieren zu können, braucht er daher andere Gruppen aus anderen Zusammenhängen als Bündnispartnerinnen. Dies plausibilisiert seine Hinwendung zur regionalen Dalit-Bewegung. Hier schließt Teil IV an. Er verortet die Geschichtserzählung der RSSNA in zeitgenössischen Debatten, die innerhalb des Christentums im Kanyakumari-Distrikt geführt werden. Damit führt der vierte Teil zur Ausgangsfrage zurück und analysiert die Bedingungen, die es ermöglichen und nahelegen, dass sich die Gruppe als Dalit-Bewegung präsentiert. Dazu wird im ersten Schritt untersucht, welche Konstellationen dies vornehmlich ermöglichen und inwiefern die RSSNA von regionalen Debatten geprägt ist. Im zweiten Schritt wird untersucht, mit welchen Themen Dalit in der Region vornehmlich verbunden wird und wie die RSSNA an diese Themen anknüpft. Schließlich wird analysiert, wie der Verein seine Dalit-Strategie gestaltet und ausbaut und gefragt, inwiefern er dabei eine inhaltliche Bestimmung von Dalit vornimmt. Dabei wird sich zeigen, dass die Positionierung als Dalit-Bewegung für die RSSNA zwar von entscheidender Bedeutung ist, dass sie aber selbst keinen eigenen Dalit-Begriff formuliert. Am Ende der Arbeit werden in einem Schlusskapitel die zentralen Ergebnisse zusammengefasst und Implikationen der Studie für künftige Forschungsarbeiten skizziert.

I

Die RSSNA

Der erste Teil dieser Arbeit nimmt das eingangs beschriebene Paradox – das öffentliche Auftreten der RSSNA als Dalit-Bewegung bei gleichzeitiger Zurückweisung von Dalit-Identität – näher in den Blick. In den folgenden Abschnitten wird dazu zunächst die Geschichte des Vereins dargestellt. Anschließend werden die Biografien der Mitglieder untersucht und insbesondere ihre Motivationen für die Mitarbeit im Verein analysiert. Im Zentrum steht dabei die Bedeutung und Funktion des Namens Dalit. Dazu wird untersucht, im Rahmen welcher Ereignisse der Vereinsgeschichte auf Dalit Bezug genommen wird und wann es unter diesem Namen zu Vernetzungen mit anderen Gruppen kommt. Zudem wird gefragt, was die Vereinsmitglieder mit Dalit verbinden, ob sie Verbindungen zwischen Verein und Dalit-Bewegung sehen und inwiefern diese Bezeichnung eine Rolle bei der Mitgliederwerbung der RSSNA spielt. Sowohl bei der Darstellung der Vereinsgeschichte als auch in den Selbsterzählungen der Mitglieder, das wird sich zeigen, wird der Name Dalit sowohl bestätigt als auch abgelehnt.

8. Die Geschichte der RSSNA

Zum Zeitpunkt der Feldforschung, die 2016 und 2017 stattfand, war die RSSNA ein in der Region weit bekannter Verein, an dessen Großveranstaltungen – Mitgliederversammlung und Staatskonferenzen (state level conferences) – über 500 Menschen teilnahmen. Neben diesen einmal jährlich stattfindenden großen Treffen tagte monatlich der Vereinsvorstand, zu dessen Sitzungen auch einfache Vereinsmitglieder dazukommen konnten. Die RSSNA gab eine vierteljährliche Zeitschrift mit dem Namen Ceyti Malar („Nachrichtenblatt“) heraus, die vor allem über den Vorstand an Vereinsmitglieder und Interessierte in der ganzen Region verteilt wurde. Die Gruppe war in der Dalit-Bewegung der Gegend gut vernetzt und hatte mehrfach als Veranstalterin von Demonstrationen die Aufmerksamkeit der regionalen Öffentlichkeit erregt. Sie hatte zudem bereits zahlreiche Petitionen an unterschiedliche staatliche Stellen verfasst.

Das heutige Profil der RSSNA, ihre Themenschwerpunkte und Aktivitäten, aber ebenso sein hoher Bekanntheitsgrad in der Region verdanken sich im Grunde zwei zentralen Ereignissen, entscheidenden Brüchen in der Vereinsgeschichte, in deren Folge der sie jeweils ihre Arbeitsweise änderte und sich neu positionierte. Das erste dieser Ereignisse war der Zusammenschluss zweier bis dahin unabhängig agierender Gruppen aus verschiedenen Gegenden des Kanyakumari-Distrikts. Das zweite war der Ausschluss des RSSNA-Präsidenten John Murray aus seiner Heilsarmee-Gemeinde und Entwicklungen in der Folgezeit.

Im Folgenden wird daher die Geschichte des Vereins mit einem Schwerpunkt auf diese beiden Ereignisse untersucht und gefragt, inwiefern der Name Dalit in ihrem Zusammenhang von Bedeutung ist. Es wird sich zeigen, dass in beiden Fällen die öffentliche Selbstdarstellung als Dalit-Bewegung entscheidender Teil der jeweils erneuerten Strategie des Vereins war.

8.1. Der Zusammenschluss der Gründungsgruppen – das erste entscheidende Datum der Geschichte der RSSNA

Im Jahr 2006 traten zwei Gruppen aus der Heilsarmee im Kanyakumari Distrikt in Kontakt. Bei der einen handelte es sich um einen losen Zusammenschluss von Mitgliedern der Booth-Tucker-Hall, der großen Heilsarmee-Gemeinde in der Stadt Nagercoil, die sich um den späteren RSSNA-Präsidenten John Murray gebildet hatte. Die andere war die bereits seit 1995 als Verein organisierte Kulasekharam Retchanya Senai Samudhaya Nala Amaippu (im Folgenden KRSSNA), eine kleine Gruppe aus der ländlichen Gegend Kulasekharam im Westen von Nagercoil. Beiden Gruppierungen sei es, so berichten die Mitglieder heute, um ähnliche Anliegen gegangen, beide hätten die Zustände in der Heilsarmee kritisiert und sich für deren Reform einsetzen wollen.

Der erste Impuls zum Kennenlernen ging offenbar von der KRSSNA aus. Damalige Mitglieder berichteten, die Gruppe habe gehört, dass John Murray in Nagercoil im Begriff gewesen sei, einen Verein zu gründen. Daraufhin habe man ihn zu einer Sitzung eingeladen.[104] Die Einladung wurde angenommen und das Treffen verstärkte offenbar auf beiden Seiten das Interesse aneinander. In Gesprächen im Rahmen der Feldforschung berichteten die KRSSNA-Mitglieder, man habe Programme und Zielvorstellungen beider Gruppen abgeglichen und sei zu dem Schluss gekommen, dass eine Zusammenarbeit unbedingt wünschenswert sei.[105] In der Folge schloss sich John Murray mit seinen Nagercoiler Mitstreitenden der Gruppe in Kulasekharam an und wurde bald Mitglied des Vorstands. In dieser Funktion initiierte er in der KRSSNA eine Reihe von Reformen, die deren Organisation und Vorgehensweise so erheblich veränderte, dass im Grunde eher von einer Neugründung als von einer Umgestaltung der Gruppe gesprochen werden muss. Dies drückte sich schon in der Änderung des

[104] Interview mit RSSNA-Vorstandsmitgliedern Nr. 2&3 am 18.01.2017.
[105] Interview mit RSSNA-Vorstandsmitgliedern Nr. 2&3 am 18.01.2017.

Vereinsnamens aus, aus dem die Ortsbezeichnung Kulasekharam gestrichen wurde, sodass die zusammengeschlossene Gruppe von da an Retchanya Senai Samudhaya Nala Amaippu (RSSNA) hieß.

Übereinstimmend erzählen alle Kontaktpersonen aus dem Verein – aus Nagercoil wie aus Kulasekharam –, die den Zusammenschluss der Gruppen miterlebten, der Beitritt John Murrays habe den Verein erst groß, bekannt und einflussreich gemacht. Kamen seine Mitglieder vorher ausschließlich aus den westlichen Divisionen – Kulasekharam, Marthandam und Thackalay –, habe er nach dem Zusammenschluss Unterstützung in allen Divisionen des Distrikts gefunden. Auch der Einfluss der Gruppe und ihre Position im Gegenüber zur Heilsarmee sei wesentlich stärker geworden.[106] John Murray, der zwei Jahre nach dem Zusammenschluss Präsident der RSSNA wurde, berichtete in Gesprächen gerne umfassend von den unter seiner Ägide vorgenommenen Reformen, die diesen Wandel ermöglicht hätten. Zunächst, so erzählte er, habe man Ordnung in die internen Angelegenheiten der Gruppe gebracht, einen Vereinsvorstand gebildet, die Satzung neu geschrieben und die Finanzen geordnet. In den Folgejahren fing der Verein an, öffentliche Vollversammlungen und andere Veranstaltungen abzuhalten. Zudem wurde 2008 das Vereinsmagazin Ceyti Malar ins Leben gerufen, das seitdem vierteljährlich erscheint. Die frühen Ausgaben der Zeitschrift waren dünne Hefte von kaum mehr als zehn Seiten. Zum Zeitpunkt der Feldforschung jedoch hatten die Ausgaben des Ceyti Malar zwischen 40 und 50 Seiten. Schon daran lässt sich erkennen, dass der Verein seine Außendarstellung kontinuierlich erweiterte. Schon in den Anfangsjahren des Vereins war John Murray zudem bemüht, Verbindungen zu anderen Gruppierungen zu knüpfen und ein Netzwerk zu etablieren. Dazu wandte er sich zunächst an andere Laiengruppen innerhalb der indischen Heilsarmee, an das Progressive Salvationist's Forum in Kerala und das Territorial Advisory Council of Salvation Army Laymen in Mizoram. Aus diesen Kontakten sollte einige Jahre später die Gründung der indienweiten Schwesterorganisation der RSSNA, der Salvation Army Community Welfare Organisation (SACWA) hervorgehen.

Diese beiden zentralen Anliegen, öffentliche Aufmerksamkeit für den Verein zu erringen und ein Netzwerk mit möglichen Verbündeten zu etablieren, waren auch entscheidend für die Übernahme der Selbstbezeichnung Dalit durch die RSSNA und ihr erstes öffentliches Auftreten als Dalit-Bewegung, das 2009 stattfand. In diesem Jahr trat die RSSNA das erste Mal als Veranstalterin einer Demonstration an die Öffentlichkeit. Sie tat das durch die Übernahme einer sozialpolitischen Forderung, die zwar die überwiegende Mehrzahl der regionalen Heilsarmee Mitglieder betraf, aber doch über die bisherige innerkirchliche Ausrichtung der RSSNA weit hinausführte. In der indischen Verfassung werden den Angehörigen bestimmter

[106] Interview mit RSSNA-Vorstandsmitglied Nr. 4 am 09.02.2017.

staatlich gelisteter Kastengemeinschaften besondere staatliche Fördermaßnahmen zuerkannt, wie etwa Quotenregelungen im öffentlichen Dienst und an staatlichen Bildungseinrichtungen. Bei den so genannten Scheduled Castes (SCs) handelt es sich um solche Kasten, die vormals als „Unberührbare" galten und sich heute vielfach als „Dalits" identifizieren. Als SCs werden jedoch nur diejenigen Mitglieder der gelisteten Kastengemeinschaften anerkannt, die den Religionen Hinduismus, Buddhismus oder Sikhismus angehören. Christlichen und muslimischen Mitgliedern der gelisteten Kastengemeinschaften bleiben die SC-Fördermaßnahmen versagt.[107] Indienweit argumentieren jedoch christliche und muslimische Gruppierungen, dass sie in gleicher Weise unter kastenbasierter Diskriminierung zu leiden hätten wie die Mitglieder der anderen Religionen. Sie fordern daher ihre Anerkennung als SCs und die Gewährung der damit verbundenen staatlichen Leistungen. Diese Forderung wird im Kanyakumari-Distrikt insbesondere von den christlichen Sambavars erhoben. Die Sambavars sind in der Region die größte derjenigen Kastengemeinschaften, deren hinduistische Mitglieder als SCs gelistet sind. Die Problematik ist hier insofern von besonderer Tragweite, als der Bevölkerungsanteil an christlichen und muslimischen Gruppen beinahe gleich groß ist wie der hinduistische. Daher wird auch etwa der Hälfte der Sambavars, nämlich der hinduistischen, SC-Status zuerkannt, während sie der anderen Hälfte versagt bleibt.[108] Die Forderung nach christlichen SC-Rechten wird vielfach von Gruppierungen erhoben, die sich als Dalit-Bewegungen bezeichnen. In der Feldforschung zeigte sich überdies, dass die meisten christlichen Kontaktpersonen mit Dalit vor allem die SC-Problematik assoziierten.[109]

Die RSSNA machte sich die in der Region wohlbekannte und bereits vielfach vorgetragene Forderung nach christlichen SC-Rechten zu eigen und plante eine Großdemonstration vor dem Sitz der regionalen Regierung. Sie beanspruchte damit erstmals, eine Gruppe zu repräsentieren, die über die Heilsarmee-Mitglieder weit hinaus geht. Zwar sind ausgesprochen viele Sambavars in der Heilsarmee und machen über neunzig Prozent ihrer regionalen Mitgliederschaft aus. Es finden sich aber auch Sambavars in anderen Kirchen der Region, insbesondere in der India Evangelical Lutheran Church (IELC). Die RSSNA präsentierte sich bei der von ihr veranstalteten Demonstration der Öffentlichkeit als Kämpferin für die Interessen aller christlichen Sambavars und erklärte sich so zur Vertreterin einer weit größeren Gruppe als der, für die sie bisher zu sprechen beansprucht hatte. Zudem wandte sie sich mit dieser Aktion einer neuen Adressatin zu: Nicht

---

[107] https://legislative.gov.in/sites/default/files/COI_1.pdf (zuletzt abgerufen am 03.07.2021). The Constitution of India, Artikel 15,16,330-342.

[108] Hinduistischer Bevölkerungsanteil 48,65%, christlicher 46,85%. Vgl. https://www.census2011.co.in/census/district/51-kanniyakumari.html (zuletzt abgerufen am 01.09.2021).

[109] Vgl. Kapitel 18 dieser Arbeit.

mehr nur die eigene Kirchenleitung, sondern auch die indische Regierung wird hier das erste Mal und seitdem mit zunehmender Häufigkeit vom Verein angesprochen. Gerade sie, so sollte die RSSNA in späteren Jahren in verschiedenen Zusammenhängen argumentieren, muss sich der Heilsarmee-Mitglieder und der christlichen Sambavars in ihrer Gesamtheit annehmen und ihnen zu ihren Rechten verhelfen. Von der Durchführung der Demonstration versprach sich die RSSNA, so John Murray, zweierlei: Einmal versuchte sie, soziale Vergünstigungen für diejenige Kastengemeinschaft zu gewinnen, der die überwiegende Mehrzahl ihrer Mitglieder angehörten. Darüber hinaus aber sollte die Aufnahme eines in der regionalen Debatte stets präsenten Themas die Aufmerksamkeit der Öffentlichkeit auf die Gruppe lenken, sie bekannt und für einen größeren Personenkreis interessant machen.

„Bei der ersten Protestveranstaltung forderten wir, dass die Sambavar-Gemeinschaft [eigentlich die christlichen Sambavars; Anm. d. Verf.] zu den Scheduled Castes gezählt werden sollten. Denn gegenwärtig gehören wir zu den BCs, den Backward Classes. Also haben wir 2009 einen Protest vor dem Kollektorat veranstaltet. Diese Protestveranstaltung war mein erster Auftritt in der Öffentlichkeit, nachdem ich Präsident geworden bin. Und ich war ein bisschen eingeschüchtert. Weißt du, ich war an solche Proteste vor dem Kollektorat, an öffentlichen Orten nicht gewohnt. Aber die Vorstandsmitglieder der RSSNA sagten „Nein, nein, nein. Wir müssen für diese Sache kämpfen! Das wird unserer Gemeinschaft wirklich helfen und auch der RSSNA einen Namen in der Öffentlichkeit geben.“[110]

Der Plan ging offenbar auf. Die RSSNA habe, so ihr Präsident, Mitglieder mehrerer politischer Parteien, viele regionale Prominente und überdies große Menschenmengen versammeln können.[111] Mit dem Protest gewann die RSSNA also tatsächlich breite Aufmerksamkeit und bereitete überdies den Boden für das Zustandekommen eines größeren Netzwerks, für Allianzen mit Personen und Gruppen auch außerhalb der Heilsarmee. In den kommenden Jahren sollte sich diese Tendenz insbesondere durch Ausbau der Kontakte in die regionale Dalit-Bewegung verstärken.

Die Übernahme der Selbstbezeichnung Dalit stand also im Zeichen der Reform der KRSSNA, aus der die RSSNA in ihrer heutigen Form erst hervorging. Schon beim ersten Anknüpfen an regionale Dalit-Themen in den ersten Jahren nach dem Zusammenschluss der beiden Gründungsgruppen zeigen sich wesentliche Aspekte der Strategie, die die RSSNA in den kommenden Jahren unter dem Namen Dalit weiterverfolgen und wesentlich ausbauen sollte. Indem sie sich die Forderung nach christlichen SC-Rechten zu eigen macht, setzt sie sich zwar einerseits konkret für Belange der Heilsarmee-Mitglieder ein, beansprucht aber gleichzeitig, für eine wesentlich größere Gruppe zu sprechen. Indem sie ihre Themen so mit einer

[110] Interview mit John Murray am 28.01.2017.
[111] Interview mit John Murray am 28.01.2017.

größeren und bekannteren Debatte verknüpft, plausibilisiert sie ihre Anliegen und verleiht ihnen Relevanz. Darüber hinaus sucht sie öffentliche Aufmerksamkeit und bemüht sich um potenzielle regionale Verbündete. Und schließlich spricht sie, nachdem sie sich bisher mit ihren Forderungen und Bittschriften an die Heilsarmee-Leitung gewandt hatte, hier erstmals einen neuen Adressaten, den indischen Staat an und verlangt von ihm, den Dalits ihre Rechte zu gewähren. Alle diese Punkte sind, wie sich noch zeigen wird, entscheidend.

8.2. Exkurs: Die Gründungsgruppen der RSSNA

Die Vereinsmitglieder sind sich, wie oben dargestellt, einig, dass sich die RSSNA in ihrer heutigen Form erst dem Zusammenschluss der KRSSNA mit der Nagercoiler Gruppe verdankt. Dennoch betont der Verein gerade seine Kontinuität zu KRSSNA und gibt als Vereinsgründer – etwa auf dem Titelblatt des Ceyti Malar – Gnanadhas, den Initiator der KRSSNA an, der zum Zeitpunkt der Vereinigung der Gruppen bereits verstorben war. Auch bezüglich der Themen und Forderungen des Vereins ist es allen Mitgliedern, besonders aber denjenigen, die bereits zu KRSSNA gehörten, ein Anliegen die Kontinuität zwischen KRSSNA und RSSNA zu betonen. Bei näherem Hinsehen zeigen sich trotz vieler tatsächlich bestehender Gemeinsamkeiten jedoch auch Unterschiede zwischen den beiden Gründungsgruppen, ihren Kernanliegen, Vorgehensweisen und ihrer Verbindung zur regionalen Heilsarmee-Leitung. Daher soll im Folgenden die Geschichte beider Gruppen vor dem Zusammenschluss skizziert werden. Hauptquellen dieser Darstellung sind die Rückblicke der Mitglieder beider Gruppen, wie sie in Interviews formuliert wurden.

8.2.1. Die Kulasekharam-RSSNA

Die heutigen RSSNA-Mitglieder, die bereits vor dem Zusammenschluss der Gruppen in der KRSSNA aktiv waren, erzählen die Geschichte ihrer Gruppe überwiegend als die des Engagements der Gründergestalt, E. Gnanadhas. Sie beschreiben den 1998 Verstorbenen als vorbildlichen Aktivisten mit großem Verständnis für die Sorgen und Nöte der einfachen Menschen. Er habe sich unermüdlich für die Belange der Gemeinschaft eingesetzt und auch andere dazu aufgerufen. Seine Aktivitäten, so berichtete ein langjähriger Mitstreiter, reichten bis in die 70er Jahre zurück. Schon damals habe Gnanadhas, der in seiner Heilsarmee-Dorfgemeinde[112] als

[112] Die Heilsarmee bezeichnet ihre lokalen Gruppen offiziell als „Korps". Die Kontaktpersonen in der Feldforschung benutzen sowohl diesen Begriff als auch „(lokale) Kirche" (local church) oder „Gemeinde" (congregation). Diese Begriffe werden daher auch in dieser

Lokaler Offizier, also als Laie in der Gemeindeverwaltung, wirkte, Missstände nicht nur in seinem, sondern auch in anderen regionalen Gemeinden bemerkt. Darufhin habe er viele Dörfer auf dem Gebiet der Heilsarmee-Division Kulasekharam besucht, um sich über die jeweils konkreten lokalen Probleme zu informieren und schließlich Kontakte zwischen Mitgliedern, insbesondere Lokalen Offizieren mehrerer Dorfgemeinden hergestellt. Im Austausch habe man schnell festgestellt, dass die vielfältigen Probleme an den verschiedenen Orten alle die gleichen Wurzeln hätten. Sie alle hätten ihre Wurzel in der Korruption und den illegalen Verhaltensweisen der Offizierinnen und Offiziere. Das sei insbesondere bei deren für die Gemeindemitglieder völlig undurchschaubaren Verwaltung der Spendengelder aufgefallen. Eine weitere entscheidende Problematik, so habe man damals erkannt, sei das völlige Fehlen demokratischer Strukturen in der Heilsarmee gewesen, sowohl auf Gemeindeebene als auch darüber hinaus.

Ziel der zunächst lose verbundenen Gruppe, die sich später als Verein enger zusammenschließen sollte, sei es daher gewesen, Korruption und Missmanagement aufzudecken und für die Entwicklung demokratischer Strukturen in der Heilsarmee einzutreten. Dabei ging es ihren Mitgliedern insbesondere um die Einführung demokratischer Gemeindestrukturen. Die Lokalen Offizierinnen und Offiziere, die Vertretung der Laienschaft in der Gemeindeverwaltung, das forderten sie, sollten nicht mehr von der Heilsarmee-Hierarchie eingesetzt werden. Vielmehr sollten sie, wie in anderen Kirchen auch, von den Gemeindemitgliedern gewählt werden. Auch bei der Verwaltung der in der Gemeinde gesammelten Spendengelder sollten sie mitbestimmen dürfen, dabei aber zu regelmäßigen Berichten an die Gesamtgemeinde verpflichtet sein, in denen sie Rechenschaft über die Verwendung der Gelder ablegen sollten. Die Gründungsmitglieder der KRSSNA dachten aber auch über die Gemeinde-Ebene hinaus. Auch auf territorialer Ebene forderten sie mehr Rechte für die Mitglieder der Heilsarmee. Diese sollten am Catherine Booth Hospital, dem Krankenhaus der Heilsarmee in Nagercoil, zu vergünstigten Preisen behandelt werden. Zudem sollte ihnen bei der Vergabe von Ausbildungs- und Arbeitsplätzen an Institutionen der Heilsarmee, vor allem an der Krankenpflegeschule und am Krankenhaus, aber auch an den Schulen, Vorrang gegenüber den Mitgliedern anderer Kirchen – und damit auch Kasten – gewährt werden. Der heutige Generalsekretär der RSSNA, der ebenfalls Gründungsmitglied der KRSSNA war, fasste im Gespräch die Anliegen der Gruppe folgender-

Arbeit synonym verwendet. Bei Termini aus dem Sprachgebrauch der Heilsarmee werden die deutschen Bezeichnungen gewählt. In der Regel sind das diejenigen, die in der deutschsprachigen Heilsarmee in Gebrauch sind, z.b. „Territorialleiter/-leiterin" statt des englischen Ausdrucks „Territorial Commander". Wenn für eine im Feld angetroffene englischsprachige Bezeichnung keine deutsche Entsprechung gefunden werden konnte, wurde diese übersetzt. Dies ist etwa bei der Bezeichnung „Local Officer" der Fall. Diese wird mit Lokaler Offizier/Offizierin wiedergegeben.

maßen zusammen: Ziel der KRSSNA sei es gewesen, die Heilsarmee weiterzuentwickeln und gleichzeitig den Armen zu helfen, die von der Heilsarmee nicht in angemessener Weise unterstützt worden seien.[113]

Um diesen schon lange Jahre vorher vorgetragenen Forderungen größeres Gehör und eine organisatorische Basis zu verschaffen, gründeten Gnanadhas und seine Mitstreiter dann 1995 die KRSSNA, die staatlich als Verein registriert wurde. Sie verstand sich, so die Berichtenden, wie später die RSSNA als Interessenvertretung der Heilsarmee-Laienschaft. Ihre Mitglieder kamen vor allem aus Gnanadhas' Heimat-Division Kulasekharam, aber auch aus den benachbarten Divisionen Marthandam und Thackalay. Ihren Protest gegen die Zustände in der Heilsarmee habe die KRSSNA, so berichteten Gründungsmitglieder, vor allem in Petitionen an die Heilsarmee-Leitung vorgetragen. Demonstrationen und Protestveranstaltungen, wie sie die RSSNA später veranstalten sollte, hätten nicht stattgefunden. Der Erfolg dieser Bittschriften, so berichteten sie, sei jedoch höchst begrenzt gewesen. Oft sei die KRSSNA schon an der Übergabe gehindert worden. Konnten sie eine Petition doch einmal an höherer Stelle einreichen, sei die Antwort ausgeblieben. De facto müsse man die Arbeit der KRSSNA als Programm zur Bewusstwerdung („awareness programme") auffassen. Obwohl es gelungen sei, Gemeindemitglieder auf die Missstände in der Heilsarmee aufmerksam zu machen, habe man doch sehr wenig daran ändern können.[114] Dennoch käme noch heute die aktive Basis des Vereins ganz überwiegend aus Kulasekharam. Das betonen nicht nur die KRSSNA-Mitglieder, sondern auch John Murray.

8.2.2. Die Nagercoiler Gruppe

Trotz der vielfach unterstrichenen Bedeutung der RSSNA-Mitglieder aus Kulasekharam sind die Mitglieder aus Nagercoil heute mindestens ebenso einflussreich im Verein. Die meisten Mitglieder der Gruppe, die sich mit John Murray gemeinsam der KRSSNA anschloss, sind heute als Vorstandsmitglieder tätig und waren offenbar auch schon in den frühen Jahren maßgeblich am Reformprozess beteiligt, in dessen Zuge die KRSSNA erheblich umgestaltet wurde.

Bei dieser Gruppe handelte es sich um Mitglieder des Heilsarmee Korps der Booth Tucker Hall, der großen Stadtgemeinde in Nagercoil, die ebenfalls zunehmend unzufrieden mit den Zuständen in der Heilsarmee waren. Ihre Kritik bezog sich hauptsächlich auf zwei Problemfelder – die Verwaltung und Machtstruktur in ihrem Korps sowie der zunehmende Verfall der sozialen Einrichtungen der Heilsarmee, der Schule und des Krankenhauses. Ein späteres RSSNA-Mitglied aus dieser Gruppe, erklärte im Ge-

---

[113] Interview mit RSSNA-Vorstandsmitglied Nr. 5 am 10.02.2017.
[114] Interview mit RSSNA-Vorstandsmitglied Nr. 5 am 10.02.2017.

spräch, der Auslöser für den Zusammenschluss der Gruppe habe auf Gemeindeebene gelegen. Er wie auch andere hätten sich dort zunehmend an der Konzentration der Macht auf wenige Personen bzw. Familien gestört, die alle wichtigen Posten, die Angehörige des Laienstandes in der Gemeindeverwaltung bekleiden konnten, für sich beanspruchten. Ebenso kritisierte die Gruppe Machtmissbrauch in den Leitungskreisen, mangelnde Transparenz in Finanzangelegenheiten sowie das völlige Fehlen demokratischer Strukturen und Partizipationsmöglichkeiten für die Gemeindemitglieder:

„Grundsätzlich hat alles in der Kirche angefangen. Das ganze Problem hat in der Kirche angefangen, in der eine Person für eine lange Zeit Sekretär der Kirche war. Eine Gruppe von Leuten aus unserer Kirche haben sich zusammengeschlossen und wir haben versucht, ein paar neue Leute in die Leitungsgruppe zu bekommen, damit die Kirche sich entwickeln kann. (...) Aber sie haben nicht darauf gehört und deshalb gab es Probleme. (...) Die Position über zwanzig Jahre besetzen. Warum sie nicht an andere Leute abgeben? (...) Warum sind von hundert Leuten nur fünf in der Kirche aktiv, während die anderen 95 still sind? Das war der Beginn. (...) und dann haben wir angefangen, ein Treffen der Soldatinnen und Soldaten zu fordern [d.h. eine Gemeindeversammlung; Anm. d. Verf.], in dem alle nach der Kirche zusammenkommen. Und dann haben wir verlangt, die Buchhaltung offenzulegen, sie vorzulesen, alle Mitglieder aktiv zu beteiligen. Und weißt du, das war der Startpunkt."[115]

Eine wichtige Rolle in den diesbezüglichen Auseinandersetzungen nahm bald der heutige RSSNA Präsident ein. John Murray ist Sohn eines Heilsarmee Offiziers und war in früheren Jahren offiziell Mitglied des Booth Tucker Hall Korps. Da er von 1975 bis 2000 in Saudi-Arabien arbeitete, hatte er lange Zeit nur sporadischen Kontakt zu seinem Korps. Seiner Darstellung zu Folge, wurde er jedoch schon bald nach seinem Eintritt in den Ruhestand und der damit verbundenen Rückkehr nach Nagercoil von reformwilligen Gemeindemitgliedern um die Unterstützung ihrer Anliegen gebeten, woraufhin er begann, sich für Reformen in der Heilsarmee einzusetzen. In den folgenden Jahren seien in der Gemeinde dann einige kleinere Fortschritte erzielt, das grundlegende Problem – die Machtkonzentration auf wenige Gemeindemitglieder – sei aber nicht behoben worden.[116] Die Situation in der Gemeinde war aber nicht die einzige Auseinandersetzung, in der John Murray eine führende Rolle einnahm. Viele Beschwerden derjenigen, die ihn für den Einsatz für ihre Sache gewinnen wollten, betrafen auch die sozialen Einrichtungen der Heilsarmee, insbesondere die Schule und das Krankenhaus in Nagercoil. Diese würden, so hätten sie ihm berichtet, zunehmend an Qualität verlieren, da sie von Offizieren der Heilsarmee geleitet würden, die keinerlei Ausbildung für administrative Tätigkeiten erhalten hätten. Auch Korruption sei ein großes Problem. Diese Sorge um die Institutionen und die allgemeine Situation des Territoriums teilte

[115] Interview mit RSSNA-Vorstandsmitglied Nr. 1 am 19.04.2016.
[116] Interview mit John Murray am 17.01.2017.

offenbar auch die regionale Heilsarmee-Leitung. Im Jahr 2005 berief der damals gerade neu ernannte Territorialleiter ein Treffen ein, in dessen Rahmen jede Division durch Abgesandte Schwierigkeiten, Beschwerden und Anregungen zur Sprache bringen konnte. Die Delegierten sollten aus den Reihen der Lokalen Offizierinnen und Offiziere bestimmt werden. Obwohl John Murray zu diesem Zeitpunkt solch einen Posten gar nicht innehatte, fungierte er – mit Sondererlaubnis des Territorialleiters – als Delegierter der Nagercoil Division. Thema seines Redebeitrags war der schlechte Zustand des Krankenhauses. Seine Rede, so John Murray, sei beim Publikum auf viel Zustimmung gestoßen. Der Verwalter des Krankenhauses habe keine Antwort darauf gewusst. Scharfen Widerspruch habe er vom Direktor des Community Health and Development Program (CHDP) bekommen, den er beschuldigt hatte, für den Verfall des Krankenhauses entscheidend verantwortlich zu sein.

„Also habe ich das Catherine Booth Hospital als Thema genommen. Denn das CBH war im Niedergang und es gab sehr viele Probleme. Deshalb kamen die Angestellten des CBH auf mich zu und sagten: ‘Das ist eine gute Gelegenheit. Du sprichst öffentlich.’ (...) Als ich anfing, über das Catherine Booth Hospital zu sprechen, kam aus dem Publikum großer Applaus, ‘sprich, sprich!’. Aber der Krankenhausverwalter fing an zu weinen. (...) Dann hat ihn der Territorialleiter gerufen und gesagt ‘Hast du eine Antwort auf John Murray?’. Er kam und er weinte. Er sagte: ‘Ich weiß, ich werde versetzt.’ (...) Ich sagte, der Niedergang des Catherine Booth Hospital hat wegen des CHDP angefangen. [Community Health and Development Programme, ein am CBH angesiedeltes Hilfsprogramm der Heilsarmee; Anm. d. Verf.]. Weißt du, das CHDP war eine Abteilung des CBH. Und die Gelder wurden ans CBH ausgegeben und dann hat das CHDP einen Anteil bekommen. Aber als der jetzige Direktor auf den Posten kam, hat es angefangen, dass die Gelder ans CHDP ausgegeben wurden. Und das CHDP hat eine Summe ans CBH gegeben. Und das ist der Niedergang des CBH. Denn alle Geldmittel wurden an den Direktor des CHDP gegeben. (...) Und deshalb konnten sie den Angestellten am CBH kein Gehalt zahlen. Schau, diese Informationen hatte ich gesammelt. Die Leute am CBH hatten mir gesagt, dass das die Wurzel des Problems sei. Das habe ich öffentlich angesprochen bei diesem ersten Treffen. Deshalb war der Direktor des CHDP... Direkt nachdem ich von dem Treffen kam, stürzte er auf mich zu und sagte: ‘Onkel, was du gesagt hast, ist falsch!’ Ich sagte: ‘Das sind die Informationen, die ich habe. Und wenn du irgendwas dagegen vorbringen kannst, kannst du mir Datenmaterial zukommen lassen.’ “[117]

Nach diesem Treffen erhielt John Murray – trotz des geschilderten Zusammenstoßes mit einer wichtigen Führungsfigur im Territorium – vom Territorialleiter die Erlaubnis, ein Treffen ausgewählter Heilsarmee-Mitglieder zu veranstalten, in dessen Rahmen Vorschläge zur Verbesserung und Neuorganisation des Catherine Booth Hospitals entwickelt werden sollten. John Murray wählte diese Mitglieder vor allem aus dem Umfeld der Booth-

[117] Interview mit John Murray am 31.01.2017.

Tucker-Hall-Gemeinde aus und lud sie zu einem Treffen ein, das am 01.11.2005 in einer Veranstaltungshalle stattfinden sollte, die der Familie eines Gemeindemitglieds gehörte. Im Vorfeld des Treffens kam es aber zu Vorfällen, die die Zusammenarbeit des Territorialleiters mit John Murray wesentlich erschwerten. Zum einen arbeitete, so schildert es John Murray, der Leiter des CHDP, den John Murray im Zuge seiner Rede kritisiert hatte, weiterhin gegen ihn und versuchte mit unlauteren Mitteln, den Territorialleiter unter Druck zu setzen. Zum anderen erregte John Murray selbst Anstoß mit einer Predigt, die er in der Booth Tucker Hall hielt.

„Tatsächlich war er es [der Leiter des CHDP; Anm. d. Verf.], der versucht hat, das Treffen zu verhindern. Er hat mich aufgesucht und gesagt: 'Du solltest solche Art von Treffen nicht abhalten.' Ich sagte: 'Ich werde es abhalten.' Dann ist er mit einer Bande von Leuten hier zum Divisionsleiter gegangen. Als er sich an den Divisionsleiter wandte, sagte der: 'Ich habe damit nichts zu tun, sprich mit dem Territorialleiter.' Also ist er mit der Bande zum Territorialen Hauptquartier gegangen. (...) Daraufhin hat der Territorialleiter mich angerufen, weil er nicht wusste, was er tun sollte. Er rief mich an, um zu sagen: 'Du musst dieses Treffen absagen, denn ich stehe hier unter großem Druck.' Aber ich sagte: 'Das geht nicht, denn das Treffen ist am Abend, am Nachmittag.' Ich sagte: 'Ich kann es nicht mehr absagen.' Wir alle versammelten uns dort. Und das war der Anfang. (...) Mit dem Protokoll sind wir zum Territorialen Hauptquartier gegangen. Aber in der Zwischenzeit gab es in der Booth-Tucker-Hall andere Komplikationen. An dem Sonntag hatte ich dort eine Predigt gehalten. Das führte zu einer Menge Komplikationen, weil ich die Heilsarmee und die Offizierinnen und Offiziere sehr stark kritisierte. Der Titel der Predigt war 'Wer kommt ins Königreich Gottes?'. Also habe ich sieben Kategorien aufgelistet. Diejenigen, die nicht ins Königreich Gottes kommen. Und in diese Kategorie habe ich auch die Offizierinnen und Offiziere der Heilsarmee eingeschlossen. Als ich die Predigt beendet hatte, gab es in der Kirche ein großes Problem, und sie haben gleich einen Bericht nach London geschickt. Denn die Gruppe, die für den Niedergang der Heilsarmee verantwortlich ist, hat diese Gelegenheit ausgenutzt. Und sie haben gesagt: 'Der Territorialleiter hat John Murray erlaubt, in der Kirche gegen die Heilsarmee zu predigen.' Deshalb war der Territorialleiter sehr ärgerlich. Dann sagte er: 'Wie kannst du es wagen, so eine Predigt zu halten? Ich werde dich dazu bringen, dich in der Kirche zu entschuldigen!' Ich sagte: 'Du kannst mich nicht zwingen, mich zu entschuldigen.'“[118]

Während John Murray auf diese Weise in immer stärkeren Konflikt mit der Heilsarmee Leitung geriet, drangen, so berichtete er, seine Mitstreitenden – Gemeindemitglieder aus der Booth Tucker Hall, von denen viele auch am Treffen zur Verbesserung des Krankenhauses teilgenommen hatten – immer stärker in ihn, einen Verein zu gründen. Auf diese Weise, so hätten sie argumentiert, könnten sie ihre gemeinsamen Anliegen – auf gemeindlicher wie territorialer Ebene – besser vertreten und umgesetzt. Statt einer eigenen Vereinsgründung erfolgte dann jedoch der Zusammenschluss mit der KRSSNA.

[118] Interview mit John Murray am 31.01.2017.

8.3. Der Ausschluss des Präsidenten aus der Heilsarmee – das zweite entscheidende Datum der Geschichte der RSSNA

Das Verhältnis der RSSNA zur offiziellen Heilsarmee war in den ersten Jahren nach dem Zusammenschluss der beiden Gründungsgruppen ambivalent. Trotz der Kritik, die der Verein an der Heilsarmee Leitung übte, gab es in deren Reihen offenbar mindestens einzelne Offiziere, die die Arbeit des Vereins schätzten und dessen Einfluss ausbauen wollten. So habe etwa, erzählt John Murray, ein früherer Divisionsleiter, mit ihm und seinem Amtsvorgänger über Strategien zum Ausbau der RSSNA gesprochen, ihnen Kontakte zur Verfügung gestellt und sie in vielerlei weiterer Hinsicht unterstützt. Später kam es in anderer Sache zum persönlichen Konflikt zwischen diesem Offizier und John Murray und zum Abbruch der Zusammenarbeit. Dennoch ist festzuhalten, dass es offenbar eine Zeit gegeben hat, in der es, wenn schon nicht gewöhnlich, so doch zumindest möglich war, dass ein Mitglied der Heilsarmee-Leitung offen mit der RSSNA kooperierte. Schon vor dem Ende der Amtszeit von Präsident Muttaiya, John Murrays Vorgänger, verhärteten sich aber offenbar die Fronten. Am 11. April 2008 sandte das Territoriale Hauptquartier ein Rundschreiben an alle Divisionsleiter, in dem vor den Aktivitäten der RSSNA gewarnt wurde:

„Lieber Major,
Unerlaubter Verein
Hiermit möchten wir Sie darüber informieren, dass einige der Soldatinnen und Soldaten den 'Wohlfahrtsverband' oder einen anderen unterstützen, der gegen die Prinzipien der Heilsarmee verstößt. Informieren Sie bitte die Korps-Offizierinnen und Offiziere, die Ihnen unterstellt sind, dass dieser Verein in keiner Weise zu unterstützen ist und nicht an irgendwelchen von ihm organisierten Treffen teilgenommen werden soll. Bitten Sie sie, wachsam zu sein gegenüber Aktivitäten, die sich gegen die Heilsarmee richten. (...)"[119]

Spätestens zu diesem Zeitpunkt erhob also die Heilsarmee die von RSSNA-Mitgliedern so viel zitierte und gleichzeitig heftig zurückgewiesene Anschuldigung, die Gruppe arbeite gegen die Heilsarmee und bestünde aus „Anti-Salvationists“. Es fällt auf, dass das Rundschreiben, das über die Divisionsleiter alle Offizierinnen und Offiziere, aber auch die Mitglieder aller Heilsarmee-Gemeinden erreichen sollte, kurz nach dem Erscheinen der zweiten Ausgabe des Ceyti Malars verschickt wurde. Es ist gut denkbar, dass es als Antwort auf das Erscheinen des RSSNA-Magazins gemeint war, das ja ebenfalls eine möglichst breite Öffentlichkeit anzusprechen suchte. Heilsarmee-Leitung und Verein konkurrieren offenbar schon zu dieser Zeit um die Sympathien der Heilsarmee-Angehörigen.

Die RSSNA erfuhr von dem Rundbrief offenbar erst mit Verzögerung. Am 23.06.2008, also über zwei Monate später, wandte sie sich jedoch mit

[119] The Salvation Army India South Eastern Territory 11.04.2008.

einem Antwortschreiben an das Territoriale Hauptquartier. Sie wies den Vorwurf, gegen die Heilsarmee zu arbeiten, entschieden zurück und beschuldigte ihrerseits deren Leitung, sich nicht um die tatsächlichen Probleme des Territoriums zu kümmern, Korruption und Missmanagement freien Lauf zu lassen. Sie habe, so der Verein, die Verpflichtung gegenüber der Gemeinschaft und damit das eigentliche Ziel der Heilsarmee aus den Augen verloren.[120] Das richtige Verständnis des Dienstes an der Gemeinschaft, das wird schon in diesem Brief deutlich, beansprucht die RSSNA für sich selbst, während sie es der Heilsarmee-Leitung abspricht. Dieser Anspruch, der sich immer weiter ausprägen sollte, ist entscheidend für das Selbstverständnis des Vereins und seiner Mitglieder.[121] Diese Konkurrenz zwischen Verein und Heilsarmee um die Sympathien von Heilsarmee-Mitgliedern und regionaler Öffentlichkeit sollte sich, wie im weiteren Verlauf dieser Arbeit gezeigt wird,[122] in den folgenden Jahren gerade im Zusammenhang mit der Dalit-Strategie der RSSNA erheblich verschärfen.

Im Dezember 2009 schickte die Territorialleitung abermals ein die RSSNA betreffendes Rundschreiben an die Divisionsleitungen. In diesem Schreiben, das zunächst einige allgemeine Anordnungen zur Ernennung Lokaler Offizierinnen und Offiziere in den Gemeinden formulierte, wurde ausdrücklich festgelegt, dass Mitglieder der RSSNA diese Posten in Zukunft nicht mehr bekleiden dürften. Auch hier lässt sich ein deutlicher Strategiewandel erkennen. Anfang der 2000er Jahre hatte der Territorialleiter noch mit John Murray zusammengearbeitet. Noch nach den Streitigkeiten um das von ihm organisierte Treffen zur Situation des Catherine Booth Hospitals und um seine Predigt in der Booth Tucker Hall war er Lokaler Offizier geworden und hatte also eine gemeindliche Position übernommen, deren Vergabe Gemeindeleitung wie Hauptquartier zustimmen mussten. Anfang 2009 jedoch wurde seine Wiederernennung, ebenso wie die einer Vereinskollegin und langjährigen Freundin, die bis dahin Leiterin der Frauengruppe gewesen war, vom Divisionsleiter untersagt. Ende desselben Jahres sollte mit dem oben genannten Schreiben an die Divisionsleitungen der Ausschluss des RSSNA-Präsidenten und seiner Mitstreiterin legitimiert und auf den Verein als Ganzen ausgeweitet werden: Kein RSSNA-Mitglied sollte mehr solche Posten bekleiden.[123] Wie sich zeigen wird, wurde diese Verordnung nie wirklich umgesetzt. Zwar hatten die aus Nagercoil stammenden Vorstandsmitglieder zur Zeit der Feldforschung schon länger keine Positionen in ihrer Gemeinde mehr inne, ihre Kollegen aus ländlichen Gebieten bekleiden jedoch, wie noch ausführlicher gezeigt wird, ausgesprochen häufig gemeindliche Leitungsposten.[124] Verein und

[120] RSSNA 23.06.2008.
[121] Vgl. Kap. 10.3 dieser Arbeit.
[122] Vgl. Kapitel 19.1 dieser Arbeit.
[123] Territorial Headquarter Salvation Army India South East 01.12.2009.
[124] Vgl. Kapitel 9.1 dieser Arbeit.

Heilsarmee-Leitung konkurrierten jedoch zweifellos zunehmend um Einfluss auf die Mitglieder der Gemeinden, sodass die Leitung zu verhindern suchte, dass Vorstandsmitglieder der RSSNA auch ein Amt innerhalb der offiziellen Gemeindestruktur innehatten und ihre Führungsansprüche durch diese legitimiert wurden. Trotz wachsender Spannungen war auch die Zeit der Rundschreiben John Murray zufolge noch nicht vom akuten Konflikt zwischen Heilsarmee und RSSNA bestimmt.

Dies sollte sich in Folge eines Konflikts, der seinen Anfang in der Booth-Tucker-Hall (BTH) nahm, also dem Heilsarmee-Korps im Zentrum Nagercoils, in dessen Einzugsbereich alle heutigen Nagercoiler Vorstandsmitglieder der RSSNA wohnen, entscheidend verändern. Durch diese Auseinandersetzung und ihre Folgen wurde das Verhältnis zwischen Verein und Heilsarmee-Leitung erheblich erschwert. Die unmittelbare Vorgeschichte des Konflikts begann mit John Murrays 2008 erfolgter Ernennung zum Lokalen Offizier der BTH-Gemeinde. Seine Aufgabe war die Leitung des „Over 60 Clubs", einer Gruppe in der Booth-Tucker-Hall, der unter anderem viele Offiziere im Ruhestand angehörten. Auf Grund seiner attraktiven und interessanten Programmgestaltung sowie seiner Geschenke an die Gruppenmitglieder, so berichtete John Murray, sei er derart beliebt in der Gruppe gewesen, dass die Heilsarmee-Leitung geargwöhnt habe, diese stünde völlig unter seiner Kontrolle. Daraufhin sei die Fortführung des Clubs verboten worden. Die Gruppe wollte sich aber dennoch weiter treffen und fand, da ihnen die gemeindlichen Räumlichkeiten nicht mehr zur Verfügung standen, eine neue Bleibe in einer Veranstaltungshalle, die einem RSSNA-Mitglied gehörte und in der 2005 bereits das Beratungstreffen über den Zustand des Krankenhauses stattgefunden hatte. Dort wurde der Over 60 Club, so schildert es John Murray, zu einem Forum, in dem massive Kritik an den Zuständen in der Gemeinde der Booth-Tucker-Hall geübt wurde, die auch von den Nagercoiler RSSNA-Mitgliedern schon länger beklagt worden waren. Im Zentrum stand auch hier Kritik an der für die Gemeindemitglieder nicht nachvollziehbaren Verwaltung der Spendengelder durch die Gemeindeleitung. Im Blick auf diese Praktiken wurde im Rahmen der Treffen des Over 60 Clubs ein Aktionsplan entwickelt, der zu jenem prägenden Konflikt führen sollte, den John Murray stets als „das Handgemenge" („the scuffle") bezeichnet: Einige Mitglieder des Clubs, so stellte es der RSSNA-Präsident dar, kamen überein, das Auszählen der Spendengelder nach dem Gottesdienst zu verhindern und ihre Kritik vorzutragen. Dieser Plan sei offenbar dem Offizierskollegium der Booth-Tucker-Hall hinterbracht worden.[125] Am kommenden Sonntag, dem 07.02.2010, standen sich, John Murrays Schilderung zufolge, unmittelbar nach dem Gottesdienst zwei Parteien gegenüber. Es kam zu einer großen Szene, Handgreiflichkeiten, Polizeieinsatz und harschen gegenseitigen

[125] Interview mit John Murray am 10.01.2017.

Anschuldigungen, die in gerichtlicher Auseinandersetzung münden sollten. John Murray und einige seiner Mitstreitenden wurden an diesem Tag für einige Stunden von der Polizei festgehalten.

„Und nach der Kirche gingen wir nach vorne. Wir sagten, zählt die Kollekte nicht, wir müssen reden! Und es war eine große Menschenmenge da. Und ein Typ, er ist ein Ex-Militär, gehörte auch zu unserer Gruppe. (...) Und wir standen in einem Kreis, Also ging er nach vorne und dort gab es heftige Auseinandersetzungen. Der Offizier und die Frau des Offiziers und da ist ein Junior-Offizier und seine Frau. Dieser Junior-Offizier ist wirklich ein Rowdy. (...) Sie alle haben geplant: Wenn etwas passiert, müssen wir ein Handgemenge machen und wir werden die Polizei rufen und die Polizei wird kommen und sie verhaften. Das ist es, was sie geplant hatten. Und dieser Ex-Militär ging dorthin. Also kam sie von der Plattform [vorne in den Heilsarmee-Hallen; Anm. d. Verf.] herunter. Und dieser Mann, sagte etwas zum Offizier, dem männlichen Offizier, und sie schubsten sich gegenseitig und die Offizierin spuckte ihn an, den Ex-Militär. Dann hat er ihr eine Ohrfeige gegeben. In dem Moment, in dem er ihr eine Ohrfeige gab, fiel sie zu Boden und er wurde auch zu Boden gestoßen und (...) Die anderen um ihn herum traten ihn, sie benutzten die Schuhe, und er wurde auch angegriffen. Und sofort gemäß ihrem Plan, haben sie die Offizierin auf die Plattform gelegt. Sie gaben ihr das schnurlose Mikrofon und baten sie zu weinen. Und es gab eine große Szene dort. (...) Die Leute schauten also zu, und vorher riefen sie die Polizei. Ich sah die Szene (...) ich nahm diesen Mann mit – er war auch geschlagen worden – und sagte: 'Komm, lass uns zur Polizei gehen.' Also begleiteten ich, meine Frau und seine Frau den Mann zur Polizeiwache. Aber bevor ich auf die Polizeiwache ging, kam die Polizei hierher. Und sie [die Offizierspaare; Anm. d. Verf.] sagten: 'Das ist alles wegen John Murray passiert.' 'Also, wo ist John Murray?' (...) Und die Polizei rief die Polizeiwache an und die Polizeiwache sagte, dass der Typ hier in der Polizeiwache sei. (...) Und wir wurden dort festgehalten."[126]

John Murray und die anderen konnten die Polizeistation zwar bereits nach wenigen Stunden wieder verlassen, die Geschehnisse des Tages zogen jedoch gerichtliche Auseinandersetzungen nach sich. In der Woche nach diesen Vorfällen wurde an der Anschlagtafel der Booth-Tucker-Hall der Ausschluss John Murrays und dreier seiner Mitstreiter aus der Gemeinde und mithin aus der Heilsarmee bekannt gegeben.

[126] Interview mit John Murray am 10.01.2017.

8.4. Neue Themen, neue Verbündete, neue Ansprüche
Die RSSNA in den Jahren nach dem Ausschluss des Präsidenten aus der Heilsarmee

Das „Handgemenge“ und die darauffolgende Exkommunikation als einschneidende Ereignisse im Leben des Präsidenten wurden bald auch für die RSSNA als Ganze relevant und bedingten, wie sich in den folgenden Abschnitten zeigen wird, entscheidende Erweiterungen ihrer Themen und Aktivitäten. Ihm sei, so berichtete John Murray in der Folgezeit nach und nach deutlich geworden, dass es sich bei seinem Ausschluss aus der Gemeinde eben nicht um ein persönliches, sondern um ein allgemeines und strukturelles Problem handele, dessen Umfang und Bedeutung erst im Lichte dieser Ereignisse erkennbar geworden sei. Diese Erkenntnis bedingte einen Strategiewechsel der RSSNA, in dessen Zuge sie sich nach neuen Adressen, bei denen sie ihre Anliegen vortragen konnten, und neuen Verbündeten umsah. Zeitgleich stand sie der Heilsarmee – trotz aller Beteuerung, die RSSNA arbeite nicht gegen, sondern gerade für sie – in verschiedenen Konstellationen als Gegnerin gegenüber.

8.4.1. Neue Verbündete
Indienweite Heilsarmee und regionale Dalit-Bewegung

In den Jahren nach dem „Handgemenge“ wurde also die Kluft zwischen RSSNA und Heilsarmee, deren Verhältnis schon in den Jahren davor immer angespannter geworden war, noch wesentlich größer. Umso entscheidender wurde es für den Verein, andere Verbündete zu finden. Dabei verfolgte der Verein bzw. der maßgeblich für diese Entwicklungen verantwortliche Präsident Murray eine doppelte Strategie. Zum einen suchte er die engere Zusammenarbeit mit den Laienbewegungen aus der indischen Heilsarmee, mit denen John Murray schon in den ersten Jahren der RSSNA in Kontakt getreten war. Zum anderen intensivierte er erheblich die Vernetzung mit der regionalen Dalit-Bewegung. Die Ereignisse in der Booth Tucker Hall wurden so zum Anstoß für die Gründung zweier weiterer Vereine, der Salvation Army Community Welfare Association (SACWA), der nationalen Schwestergruppierung der RSSNA, und der Dalit Movement Federation (DMF).

Zur Gründung der SACWA kam es Ende Oktober 2010 im District Club in Nagercoil. Dort trafen sich Abgesandte dreier Gruppen aus der indischen Heilsarmee, nämlich der RSSNA, des Progressive Salvatonist’s Forum (PSF) aus Kerala und des Territorial Advisory Council of Salvation Army Laymen (TACSAL) aus Mizoram. Es waren also Gruppen aus drei Territorien der Heilsarmee – aus Südostindien, Südwestindien und Ostindien – vertreten. Diese Gruppen waren verschiedener Art. Das PSF beschreibt

John Murray als südwestindische Parallele zur RSSNA. Sein Leiter habe sich ähnlichen Problemen stellen müssen wie er selbst, sich später aber von der Heilsarmee bestechen und kaufen lassen. Das TACSAL hingegen war ein vom General autorisiertes Gremium, das im Territorium Ostindien die Partizipation der Laienschaft auf allen Verwaltungsebenen ermöglichte. Jedes dortige Korps, so erzählt John Murray, entsandte damals demokratisch gewählte Vertreter in ein Gremium auf Divisionsebene, dieses wiederum Repräsentanten in ein weiteres auf Territorumsebene. Dieses Laiengremium hatte weitgreifende Kompetenzen und war unter anderem für die Finanzverwaltung von Gemeinden, Divisionen und Territorium verantwortlich. Gemeinsam riefen die Vertreter von TACSAL, PSF und RSSNA eine neue Gruppe ins Leben, die sie zunächst All India Lay Salvationists' Association (AILSA) nannten, die jedoch später in SACWA umbenannt werden sollte. Ihr Präsident wurde John Murray, zwei TACSAL-Mitglieder wurden Generalsekretär und Schatzmeister. In einem Brief an den General[127] stellten sie gemeinsam Gründungsmotive und Ziele des neuen Vereins vor. Auslöser für die Gründung seien das Fehlen von Demokratie, Transparenz sowie von Partizipation der Laienschaft in der Verwaltung der Heilsarmee. Überdies wurden Korruption, Missmanagement der Finanzen und die Visionslosigkeit der Führungskräfte beklagt. Die AILSA verpflichtete sich in einer dem Brief beigelegten Erklärung dem Kampf für die Partizipation der Laienschaft und formulierte elf Forderungen, die auf die Beseitigung der genannten Missstände und die soziale Förderung der Heilsarmee-Mitglieder zielten.

Ein Jahr nach diesem ersten Treffen wurde John Murray zum Gegenbesuch nach Mizoram eingeladen, wo er auf der Halbjahreskonferenz des TACSAL sprechen sollte. Aus diesem Anlass versandte der Territorialleiter von Südostindien ein Profil John Murrays an alle anderen indischen Hauptquartiere.[128] Darin beschuldigte er ihn, gegen die Heilsarmee zu arbeiten und ihr bereits viele Schwierigkeiten bereitet zu haben. Dabei erwähnte er den Vorfall in der Booth-Tucker-Hall, aber auch Petitionen, die die RSSNA im Nachgang dieser Ereignisse an staatliche Behörden geschickt hatte.[129] Daraufhin, so erzählte John Murray, verbot der Territorialleiter von Ostindien auf Weisung des Internationalen Hauptquartiers seinen Auftritt beim TACSAL. Er sprach aber dennoch – nicht nur auf der Konferenz, sondern in Absprache mit seinen Kontaktpersonen vom TACSAL auch im Rahmen eines Gottesdienstes, der in der Heimatgemeinde des Internationalen Sekretärs für Südostasien, also eines hohen Funktionärs der internationalen Heilsarmee, stattfand. In diesem Gottesdienst war eine Zeit für Zeugnispredigten aus der Gemeinde vorgesehen, die er ausnutzte, um zu sprechen. Nach diesem Vorfall, so erzählt es John Murray, habe der

---

[127] AILSA/SACWA 12.12.2010.

[128] M.C. James, Territorial Commander ISET 11.07.2013.

[129] Vgl. hierzu den folgenden Absatz 8.4.2 sowie Kapitel 19.3 dieser Arbeit.

General das TACSAL aufgelöst, woraufhin seine Verbündeten aus Mizoram die Heilsarmee verlassen und eine eigene Kirche gegründet hätten, in der sie nun – anders als es in der Heilsarmee üblich sei – auch Taufe und Abendmahl feierten.[130] Da John Murray jedoch auch berichtete, die Vertreter des TACSAL hätten sich nach der Kirchengründung aus der Zusammenarbeit mit der RSSNA verabschiedet[131], kann diese Gründung sich nicht unmittelbar im Anschluss an seinen Besuch in Mizoram zugetragen haben. Denn bei der nächsten Versammlung der nun in SACWA umbenannten AILSA, auf die im Mai 2013 die Registrierung des Vereins im Bundesstaat Kerala erfolgte, nahmen noch Delegierte aus Mizoram teil, die auch die offiziellen Gründungsdokumente der Gruppe unterschrieben. Es bleibt also unklar, welche Rolle John Murrays Rede von 2011 wirklich für die Auflösung des TACSAL und die Kirchengründung spielte und wie eng diese beiden Ereignisse zusammenhingen.

In der für die staatliche Registrierung verfassten Satzung der SACWA[132] verpflichteten sich deren Mitglieder erneut, im Geiste William Booths für die Armen und Unterdrückten einzutreten. In diesem Sinne wurden 26 Ziele formuliert. Diese betrafen auf der einen Seite ihren Einsatz für Demokratie und Transparenz in der Heilsarmee sowie für christliches Leben und Mission im Sinne ihrer Gründer. Auf der anderen Seite wurden – ausgesprochen ehrgeizige – Ziele für die bessere Bildung und medizinische Versorgung der Heilsarmee-Mitglieder sowie für die Verbesserung ihres sozialen Status formuliert. Nicht nur die Gründung lokaler Gruppen – etwa Debattierclubs und Sportkurse – sondern zum Beispiel auch Aufbau und Organisation von Krankenhäusern, Beratungszentren und Selbsthilfegruppen bis hin zur Eröffnung von Bibliotheken und Museen war vorgesehen. Des Weiteren entwarf die Satzung eine Struktur für ein indienweites Agieren des Vereins. Es sollten nationale, regionale und lokale Gruppen und Gremien entstehen, deren Mitglieder demokratisch gewählt werden und Abgesandte in das jeweils höhere Gremium schickten. Das anderswo so bedeutsame Schlagwort Dalit kommt in den Dokumenten der SACWA nicht vor.

Die Vision der SACWA ist niemals Wirklichkeit geworden. Schon deshalb nicht, weil über die Gründungsgruppen hinaus kaum neue Mitglieder gewonnen werden konnten und sich auch diese in der Folgezeit wieder voneinander entfremdeten. Zum Zeitpunkt der Feldforschung bezeichnete John Murray die RSSNA als die eigentliche personelle Basis der SACWA. Die SACWA-Mitglieder aus Mizoram hätten im Zuge ihrer Gründung einer neuen Kirche nicht nur die Heilsarmee, sondern auch die SACWA verlassen. Die PSF in Kerala habe sich nach einer Kehrwende ihres Präsidenten, in deren Folge er, so John Murray, nun für die Heilsarmee-Leitung

[130] Vgl. Interview mit John Murray am 10.01.2017.
[131] Vgl. Interview mit John Murray am 10.01.2017.
[132] Salvation Army Welfare Association (SACWA) 10.05.2013.

arbeite, gespalten. Von den RSSNA-Mitgliedern abgesehen, habe die SACWA nur einzelne weitere Mitglieder in Kerala, Andhra Pradesh und Mumbai. Es würden nur selten Treffen und Aktionen organisiert. Der Versuch, sich auf der Ebene der indienweiten Heilsarmee zu vernetzen, scheiterte also und es gelang der RSSNA nicht, starke und dauerhafte Verbündeten in der Laienschaft der eigenen Kirche zu finden.

Umso wichtiger wurde für den Verein seine andere, regionale, Vernetzungsstrategie, die in der Intensivierung seiner Kontakte zur regionalen Dalit-Bewegung bestand. Schon in den Jahren vor dem „Handgemenge" hatte die RSSNA, wie bereits gezeigt wurde, mit der Forderung nach christlichen SC-Rechten ein zentrales Thema regionaler Dalit-Debatten aufgegriffen. Bereits in diesem Zusammenhang hatte sie zudem die Zusammenarbeit mit anderen Gruppen und Personen aus der Region gesucht. In den Jahren nach dem Vorfall in der Booth-Tucker-Hall wurde auch für die Zusammenarbeit unter dem Namen Dalit eine organisatorische Basis geschaffen. 2012 gründeten John Murray, ein weiteres Vorstandsmitglied der RSSNA und mehrere lokale Dalit-Aktivisten gemeinsam die Dalit Movement Federation (DMF), in der John Murray den Posten des Generalsekretärs übernahm. Gründungsgeschichte und Aktivitäten dieser Gruppe, die zum Zeitpunkt der Feldforschung noch immer regelmäßige Sitzungen abhielt, werden im Rahmen dieser Arbeit noch ausführlicher untersucht. Dabei wird sich zeigen, dass entscheidende Anliegen der RSSNA auch für die DMF von großer Bedeutung sind. Überdies wird deutlich, dass John Murray mit der Gründung dieser Gruppe seine Repräsentationsansprüche noch einmal ausbaut. Hatte die RSSNA sich vorher vor allem als Stimme der christlichen Dalits verstanden, zielt er nun darauf ab, christliche und Hindu-Dalits in der DMF zusammenzuschließen. Der RSSNA-Präsident versucht also, durch die Verwendung der Selbstbezeichnung Dalit immer größere Netzwerke zu etablieren und Verbündete in immer größeren Kreisen zu finden.[133]

8.4.2. Neue Themen, neue Ansprüche
Die Apelle der RSSNA an nationale und internationale Adressen

Während die RSSNA in der indienweiten Heilsarmee-Laienschaft und der regionalen Dalit-Bewegung nach Verbündeten suchte, verschlechterte sich ihr Verhältnis zur Heilsarmee-Leitung erheblich. Dafür verantwortlich waren insbesondere die immer zahlreicher werdenden Gerichtsverfahren, die Verein und Heilsarmee-Leitung im Nachgang des „Handgemenges" gegeneinander anstrengten. Überdies änderte der Verein seit 2010 seine Vorgehensweise. Hatte er sich bisher mit seinen Anliegen bezüglich der geforderten Reform der Heilsarmee schwerpunktmäßig an die regionale

[133] Vgl. Kapitel 19 dieser Arbeit.

Heilsarmee-Leitung gewandt, richtete er sich nun in zahlreichen Petitionen an verschiedene externe Stellen, vor allem Behörden des indischen Staates, um diese zum Eingreifen in seinem Sinne zu bewegen. Gerade auch für die Argumentation in diesen Schreiben, die in dieser Arbeit noch ausführlich untersucht werden soll, war die Identifizierung der RSSNA als Dalit-Gruppe von großer Bedeutung.[134]

Der Strategiewechsel erfolgte allerdings nicht unmittelbar nach dem Vorfall in der Booth-Tucker-Hall. Zunächst wandten sich die vier Exkommunizierten in einem Brief an den bisherigen Hauptadressaten der RSSNA, den Territorialleiter. Als dieser jedoch nicht antwortete, so erzählte John Murray, entschlossen sich die vier und später die RSSNA als Ganze zu weiteren Schritten. Sie wandten sich daher an die Justiz auf der einen und staatliche Stellen auf der anderen Seite. Die Exkommunizierten zogen einen Anwalt hinzu und reichten eine Klage zunächst am Bezirksgericht (District Court) in Nagercoil, dann am Obersten Gerichtshof (High Court) in Madurai ein. Die RSSNA wandte sich am 18.05.2010 mit einem Schreiben an das Registeramt der indischen Zentralregierung. Da die Heilsarmee auf Anfragen und Beschwerden nie geantwortet habe, sei die RSSNA auf der Suche nach einer Autorität gewesen, die intervenieren und die Heilsarmee im Sinne der RSSNA zur Rechenschaft ziehen könne.

„Das war die Idee der RSSNA, was zu tun ist, wie wir weitermachen, bei wem wir uns beschweren. Denn jemand muss die Heilsarmee in Frage stellen. Und die Heilsarmee antwortet uns nicht. Obwohl sie sagen, dass es ein Beschwerdesystem (redressal system), einen Mechanismus gibt. Aber praktisch existiert er nicht. Wenn man sich an den Divisionsleiter oder den Territorialleiter wendet, wird das ignoriert. Und wenn man sich an das IHQ [International Headquarter, Sitz des Generals der Heilsarmee; Anm. d. Verf.] in London wendet, kommt die gleiche Beschwerde zurück zum Territorialleiter. Und die werfen sie in den Mülleimer. Also dachten wir, es ist an der Zeit, dass wir uns mit diesem Problem an die Regierung wenden. So erfuhren wir, dass die Heilsarmee gemäß dem Unternehmensgesetz registriert ist. Also lasst uns hingehen und unsere Beschwerden beim Registeramt vortragen.“[135]

Mit diesem Schreiben tritt die RSSNA in ihrer Auseinandersetzung mit der Heilsarmee in eine neue Dimension ein. Ging es dem Verein vormals vor allem um die Heilsarmee-interne Hierarchie und Machtverteilung, stellt er mit dem Schreiben an das Registeramt nun erstmals die Funktionsweise, die Verfassungskonformität und damit die Existenzberechtigung der indischen Heilsarmee als Ganzer in Frage. Gegenstand der Beschwerde ist die für die Verwaltung von Vermögen und Landbesitz der indischen Heilsarmee zuständige „The Salvation Army Property Company Limited“, die 1913 gegründet und im unabhängigen Indien 1953 unter dem indischen Gesellschaftsrecht staatlich registriert wurde. Diese Gesellschaft, so heißt

[134] Vgl. Kapitel 19 dieser Arbeit.

[135] Interview mit John Murray am 25.01.2017.

es im Brief der RSSNA, sei in ihrer Struktur und Organisationsweise gesetzeswidrig. Obwohl sie als indisches Unternehmen registriert sei, werde sie aus dem Ausland gesteuert. Der in London ansässige General, sein Stabschef und der Internationale Sekretär seien per Satzung Mitglieder der Gesellschaft und würden die anderen Mitglieder ernennen und entlassen. Es handle sich bei der Heilsarmee-Gesellschaft also keineswegs um ein indisches, sondern vielmehr um eine ausländisches Unternehmen.[136] Ihre Registrierung beim indischen Staat sei unter Vorspiegelung falscher Tatsachen geschehen und deshalb hinfällig. Eines ihrer Hauptziele, so argumentiert die RSSNA in ihrem Schreiben, sei es, für die Demokratisierung der Heilsarmee und für die Rechte ihre Mitglieder zu arbeiten. Auch in dieser Hinsicht versage die Heilsarmee-Gesellschaft, in der die Heilsarmee Mitglieder keine Mitbestimmungsrechte hätten:

„An dieser Stelle sei daran erinnert, dass die registrierte Gesellschaft nur 30 Mitglieder hat. Aber in einem Territorium, im Territorium Indien Südost allein hat sie mehr als 64648. Die Mitglieder werden als ‘Soldatinnen und Soldaten’ bezeichnet. Aber in der Gründungsurkunde und in der Satzung – nirgends findet sich das Wort Soldat (...). Nicht nur, werden in den dem Registeramt vorgelegten Erklärungen diese Mitgliederzahlen und die Höhe der von den Mitgliedern erhaltenen Beiträge und Zahlungen nicht erwähnt. Das Vorhandensein und die Identität der Mitglieder wird vielmehr völlig ausgeblendet. Deshalb verstößt das gegen das Grundrecht des Mitglieds. (...) Nicht nur werden Bürgerinnen und Bürger Indiens als Mitglieder in die Heilsarmee aufgenommen. Diese Mitglieder zahlen auch Mitgliedsbeiträge und andere Zahlungen, wie und wann die Heilsarmee es anordnet. [as and when the Salvation Army puts the indent] Da es keine Generalversammlung gibt und die Mitglieder keine Rechte haben, wie sie ihnen als Mitglieder der Gesellschaft zustehen und wegen des völligen Fehlens einer demokratischen Arbeitsweise in der Gesellschaft ist die Reg.-Nr. 9106 nichtig.“[137]

Die RSSNA setzt in ihrer Petition die Mitgliedschaft in den Gemeinden der Heilsarmee gleich mit derjenigen in der Heilsarmee-Gesellschaft. Dieser Darstellung widerspricht die Heilsarmee-Leitung in einem Antwortschreiben an das Registeramt im April 2011.[138] Die Gebäude der lokalen Gemeinden seien zwar Eigentum der Heilsarmee-Gesellschaft und würden von dieser verwaltet, die Mitglieder der Gemeinden seien aber nicht Mitglieder der Gesellschaft. Diese Argumentation wiederholte die Heilsarmee im Zuge gerichtlicher Auseinandersetzungen mit der RSSNA, die sich im Anschluss an den Vorfall in der Booth Tucker Hall ergaben. Für die RSSNA war dies, so berichtet Präsident Murray, verstörende wie bedeutende Erkenntnis, die neues Licht auf die Situation der Mitglieder der Heilsarmeegemeinden warf: Sein persönliches Problem – als Exkommunizierter aus der Heilsarmee ausgeschlossen zu sein – sei im Grunde das

---

[136] RSSNA 18.05.2010, 3.
[137] RSSNA 18.05.2010, 4–5.
[138] The Salvation Army Association 06.04.2011, 1–2.

gemeinsame Schicksal aller Heilsarmee Mitglieder: Sie alle seien rechtlos, sie alle seien „Fremde“:

„Die Antwort hat uns wirklich verblüfft. Sie sagen, dass diese Leute keine Mitglieder der Heilsarmee sind. Sie sind Mitglieder der jeweiligen Kirche und haben nichts mit der Heilsarmee-Gesellschaft zu tun. Diese anderen Dinge waren uns nicht bewusst. Und die Leute wollen diesen Brief nicht akzeptieren. (...) Aber wir wissen, dass sie rechtlich gesehen im Recht sind. Die Heilsarmee ist im Recht. Denn so ist sie registriert. Wir sind niemand in der Heilsarmee. Das ist uns jetzt bewusst. Jetzt wissen wir, wo wir stehen. Wir haben kein Recht in der Heilsarmee. Aber die Art und Weise, wie die Heilsarmee die Organisation präsentiert, ist völlig anders. Was sie tun und was sie in der Gründungsurkunde und der Satzung geschrieben haben ist völlig verschieden (...). Denn es wird nicht ein einziges Wort über einen Soldaten oder eine Offizierin der Heilsarmee erwähnt. Die Gesellschaft ist nur für 30 Personen. (...) Aber hier die Kirche, die Korps, die Offiziere hier, die in der Kirche arbeiten, die werden mit keinem Wort erwähnt in der Gründungsurkunde und der Satzung, die der Regierung vorgelegt wurden. Diese Art von Dingen haben wir angefangen zu analysieren.“[139]

„Sie sagen, er [die Heilsarmee-Leitung über John Murray, Anm. der Verf.] war in eine kriminelle Handlung in unserer Kirche verwickelt und er ist kein Mitglied der Heilsarmee. Später sagen sie dann, dass niemand ein Mitglied der Heilsarmee ist. (...) Diese anderen Leute sind nur Mitglieder des örtlichen Korps und haben nichts mit der Heilsarmee zu tun. (...) Der Territorialleiter der Heilsarmee gab vor dem Obersten Gerichtshof eine eidesstattliche Erklärung ab. Er sagte, dass diese Leute, die diese Klage eingereicht haben, der Heilsarmee fremd sind, sie sind keine Mitglieder der Heilsarmee, sie sind Fremde. Das ist ein großer Schlag für die Dalit-Gemeinschaft! Wir dachten, die Heilsarmee würde uns von anderen Gemeinschaften, den oberen Kasten, befreien. Aber jetzt, nach hundert Jahren, stehen die Dalits unter dem Regime der Heilsarmee und die Heilsarmee sagt: ‘Diese Menschen kennen wir nicht. Sie sind Fremde.‘ “[140]

Nicht nur in diesen Erzählungen John Murrays, sondern auch in der Korrespondenz mit dem Registeramt selbst identifiziert sich die RSSNA, wie noch ausführlich gezeigt wird, als Dalit-Gruppe, um ihre Anliegen zu plausibilisieren und ihnen zusätzlich Gewicht zu verleihen.[141] Die RSSNA versuchte auch auf anderen Wegen, den indischen Staat zum Eingreifen zu bewegen. So wandte sie sich ab 2013 in mehreren Schreiben an die Nationale Kommission für Menschenrechte (National Commission of Human Rights, NHRC). Ausschlaggebend hierfür war, John Murray zufolge, eine Erkenntnis, die sich im Zuge der Gerichtsverfahren bezüglich seiner Exkommunikation einstellte. Erst in deren Rahmen sei er auf die entscheidende Konsequenz seines Ausschlusses aus der Heilsarmee aufmerksam geworden, nämlich die, dass die Heilsarmee ihm das Begräbnis auf ihrem

139 Interview mit John Murray am 25.01.2017.
140 Interview mit John Murray am 09.04.2016.
141 Vgl. 19.3 dieser Arbeit.

Friedhof sowie die Durchführung anderer familiärer Rituale verweigern könne:

„Dann erst haben wir das erfahren. In ihrer Gegenerklärung sagte die Heilsarmee, dass diese Leute ausgeschlossen wurden, sie sind keine Mitglieder der Heilsarmee mehr (...). Und darin sagten sie, dass diese vier Leute kein Anrecht auf ihren Friedhof haben. Das war das erste Mal, dass ich den Ernst der Lage verstanden habe.“[142]

„Als sie mich aus der Kirche ausgeschlossen haben, hatte ich auch andere Probleme, wie z.B. dass ich ein Exkommunizierter bin und ich kein Privileg habe, die Hochzeit meiner Kinder in der Kirche durchzuführen. Und vor allem geht es um unser Bestattungsrecht. Denn ich habe keinen Friedhof. Es geht also darum, dass Indien uns die grundlegenden Rechte auf ein ehrenvolles Begräbnis zusichert, was uns von der Kirche von heute auf morgen verweigert wird.“[143]

Als am 07.09.2013 ein Repräsentant der NHRC Nagercoil besuchte, traten die vier nach dem „Handgemenge“ Exkommunizierten an ihn heran, um in dieser Sache ihre Beschwerde vorzutragen und eine Petition zu überreichen. Diese wurde auf dem Briefpapier der RSSNA abgedruckt. Spätestens zu diesem Zeitpunkt war die Sache der ausgeschlossenen Gemeindemitglieder der Booth-Tucker-Hall also zum Anliegen des gesamten Vereins geworden. Der Repräsentant leitete die Petition an die NHRC weiter, die den Fall jedoch an die lokalen Behörden in Nagercoil zurückverwies. Ein Jahr später trug die RSSNA ihr Anliegen in einem weiteren Schreiben an die NHRC noch einmal ausführlicher vor. Auf die Selbstbeschreibung als Dalit-Gruppe verzichtete die RSSNA in beiden Schreiben. Auch dies wird noch ausführlicher zu bedenken sein.[144] Das in diesen Schreiben zentrale Argument, dessen sich die RSSNA bedient, ist die Aufforderung an den Staat, die Grund- und Menschenrechte seiner Bürgerinnen und Bürger zu schützen. In der indischen Verfassung, so argumentierte der Verein, werde Organisationen religiöser Minderheiten das Privileg gewährt, das Personenstandsrecht ihrer Mitglieder zu verwalten. Der Staat delegiere damit Aufgaben, die eigentlich in seinen Bereich fielen, an die Religionsgemeinschaften. Die Heilsarmee missbrauche jedoch die ihr vom Staat gewährten Privilegien und setze sie ein, um Druck auf ihre Mitglieder auszuüben. Der Staat müsse daher gegen die Heilsarmee aktiv werden.

„Der Kern unserer Beschwerde ist die Verweigerung von Menschenrechten durch die Heilsarmee, durch eine religiöse Organisation, die sich hinter dem Minderheitengesetz versteckt. (...) Unser Argument ist, dass das Recht auf Eheschließung und das Recht auf Beerdigung fundamentale Grundlagen für die Menschen sind, um auf der Erde ein Leben in Würde zu führen. Diese beiden Aktivitäten geschehen mit Genehmigung der Gesellschaft. In unserer Verfassung weist der Staat diese beiden grundlegenden Tätigkeiten – Trauung und Bestattungsrecht – der

142 Interview mit John Murray am 25.01.2017.

143 Interview mit John Murray am 06.03.2016.

144 Vgl. Kapitel 19.3 dieser Arbeit.

religiösen Institution zu, der man angehört, und der Staat beschränkt sich darauf, die marginale Aufgabe der Aktenführung zu übernehmen. Die Eheschließung und die Beerdigung von Verstorbenen ist im Bereich der säkularen Aktivitäten. In einfachen Worten ausgedrückt, eine Vollzugsfunktion des Staates – und der Staat hat der religiösen Gemeinschaft routinemäßig erlaubt, diese Ereignisse in einem Stil durchzuführen, die den Bräuchen der jeweilige Religion entspricht und in Einklang mit den gesellschaftlichen Gepflogenheiten steht. Die Kernfunktion ist säkular und das ist der entscheidende Punkt."[145]

Auch auf dieses zweite Schreiben hin wurde die NHRC nicht aktiv. Ebenso erfolglos blieben zwei Reisen, die John Murray nach Delhi zum Sitz der NHRC unternahm. Die vergeblichen Appelle auf nationaler Ebene lenkten den Blick des Vereins schließlich über den indischen Kontext hinaus. 2015 wandte sich die RSSNA mit einer Petition an den damaligen britischen Premierminister, David Cameron. Da der indische Staat nicht eingreife, so heißt es in dem Schreiben, wende man sich nun an die britische Regierung, deren 1980 beschlossenem „Salvation Army Act" die Heilsarmee ihre Existenz in heutiger Form verdanke. Der Premierminister, so appellierte die RSSNA, möge die in Großbritannien ansässige internationale Leitung der Heilsarmee auf die Menschenrechtsverletzungen und allgemeinen Missstände in den indischen Territorien aufmerksam machen und sie zu einem Gespräch mit der RSSNA auffordern. Die Petition blieb unbeantwortet.

Lange Zeit ergaben sich aus diesen Aktivitäten der RSSNA keine direkten Konsequenzen für die Heilsarmee. Dennoch fühlte sich diese durch die Vorstöße der RSSNA ganz offenbar von Anfang an bedroht und geschädigt. Schon das bereits erwähnte Schreiben, das der Leiter des Territoriums Südostindien 2013 an seine indischen Amtskollegen schickte,[146] ist Ausdruck dessen, zumal darin die Appelle des Vereins an das Registeramt und weitere staatliche Stellen ausdrücklich erwähnt werden. Im Januar desselben Jahres hatten bereits die Divisionsleiter des Territoriums Südostindien gleichlautende Schreiben an John Murray geschickt, in denen sie ihn des Rufmordes an der Heilsarmee beschuldigten. Sie forderten in ihren Briefen deshalb die Veröffentlichung eines entschuldigenden, richtigstellenden Artikels in einer großen tamilsprachigen Tageszeitung und eine hohe Entschädigungszahlung.[147] Auch die immer zahlreicher werden gerichtlichen Streitigkeiten – im Jahr 2017, zum Zeitpunkt der Feldforschung, sollten sich RSSNA und Heilsarmee schließlich in sieben laufenden Gerichtsverfahren gegenüberstehen – verhärteten die Fronten.

Im Frühjahr 2020, drei Jahre nach dem zweiten Feldforschungsaufenthalt, ergaben sich Aussichten auf eine Wiederannäherung zwischen Verein und Heilsarmee-Leitung. Das Internationale Hauptquartier der Heilsarmee

---

[145] RSSNA 01.07.2014.

[146] M.C. James, Territorial Commander ISET 11.07.2013.

[147] Divisional Commander ISET 17.01.2013.

in London nahm Kontakt mit der Vereinsleitung auf. Im Oktober 2019 war es zu einem ersten Gespräch von Vertretungen beider Seiten in Delhi gekommen. Oktober 2020 kam es zu zwei weiteren Gesprächen, die als Videokonferenzen abgehalten wurden. Beide Seiten vereinbarten Stillschweigen über die Inhalte der Treffen. Nach dem dritten Treffen brach der Kontakt jedoch ab.

Zusammenfassung

In den vorausgegangenen Abschnitten wurde deutlich, dass sich weder die KRSSNA noch die RSSNA bei ihrer Gründung bereits als Dalit-Bewegung verstanden. Das zeigt sich nicht zuletzt daran, dass beim Zusammenschluss der KRSSNA mit der Nagercoiler Gruppe zwar eine Anpassung des Vereinsnamens erfolgte, dabei aber lediglich die Ortsangabe Kulasekharam gestrichen wurde. Die Bezeichnung Dalit wurde auch bei dieser Gelegenheit nicht integriert. Auch die ersten Vernetzungsversuche, die der Verein unter der Leitung John Murrays unternahm, richteten sich nicht an die Dalit-Bewegung. Vielmehr wurde zunächst versucht, Kontakte in die indienweite Heilsarmee zu etablieren und den Verein durch Zusammenschlüsse mit anderen Organisationen ihrer Laienschaft zu stärken. In diesem Zeichen stehen die Kontakte zum PSF und zum TACSAL sowie die später erfolgende Gründung der SACWA. Überdies zeigen Verein und Mitglieder kaum Merkmale, die von der Forschung gewöhnlich mit der Bezeichnung Dalit assoziiert werden – wie etwa die Nähe zu bestimmten politischen Parteien oder die Selbstbezeichnung als Dalit unter ausdrücklicher Zurückweisung anderer Bezeichnungen.

Andererseits zeigte sich jedoch ganz unverkennbar, dass Strategien, die die RSSNA mit dem Namen Dalit verknüpft, gerade für die prägenden Ereignisse bzw. Umschwünge der Vereinsgeschichte entscheidend sind. So griff die RSSNA nach dem Zusammenschluss der beiden Gründungsgruppen ein regionales Dalit-Thema auf, um sich öffentlich bekannt zu machen. Schon in diesem Fall suchte sie die Zusammenarbeit mit anderen regionalen Gruppen und Personen. Dies wurde in der Folgezeit durch das zunehmend gespannte Verhältnis zur Heilsarmee immer wichtiger. Nach dem Vorfall in der Booth-Tucker-Hall, der die RSSNA und die Heilsarmee-Leitung in verschiedenen Konstellationen zu direkten Gegnerinnen machte, intensivierte der Verein, insbesondere der Präsident, die Bemühungen um Allianzen mit regionalen Dalit-Bewegungen, was zur Gründung der DMF führte. Dies dürfte umso entscheidender gewesen sein, als die Vernetzungsversuche in die indische Heilsarmee, die dem Selbstverständnis der meisten Vereinsmitglieder vermutlich eher entsprochen hätte, sich als wenig erfolgreich erwiesen. Im Rahmen der SACWA ergab sich kaum intensivere Zusammenarbeit, die die Position der RSSNA gestärkt hätte.

Die zu Beginn dieser Arbeit beschriebene Diskrepanz zwischen dem Selbstverständnis des Vereins und seinem öffentlichen Auftreten ist also auch für die Vereinsgeschichte, wie sie die befragten RSSNA-Mitglieder darstellten, charakteristisch.

9. Die Mitglieder der RSSNA

Nach dem im vorigen Kapitel die Geschichte der RSSNA als Gruppe dargestellt wurde, untersuchen die folgenden Abschnitte die Biografien der Mitglieder und fragen nach ihren Beweggründen für die Mitarbeit im Verein.

In der RSSNA sind viele sehr unterschiedliche Menschen mit je individuellen Lebensgeschichten aktiv. Der Blick auf die Geschichte hat jedoch bereits gezeigt, dass es Gruppierungen im Verein gibt. Die Mitglieder dieser Gruppen teilen häufig entscheidende Merkmale und haben ähnliche Biografien. Das ermöglicht es, bei der folgenden Analyse gruppenweise vorzugehen. Zuerst werden die Biografien und Motivationen der Vorstandsmitglieder aus Kulasekharam und derjenigen aus weiteren ländlichen Gebieten untersucht, dann die der Nagercoiler Vorstände. Ein weiterer Abschnitt widmet sich der Basis des Vereins. Der letzte Abschnitt beschäftigt sich mit dem Präsidenten. Dieser äußert vielfach Ansichten und verfolgt Strategien, die ihn von der Mehrheit der Vereinsmitglieder unterscheiden. Dennoch prägt gerade er die Ausrichtung und das Vorgehen der RSSNA entscheidend.

Auch in den kommenden Abschnitten stehen die Fragen nach der Bedeutung der Bezeichnung Dalit und nach Verbindungen zur Dalit-Bewegung im Zentrum. Es wird sich zeigen, dass die Identifikation als Dalit für das Selbstverständnis der meisten Vereinsmitglieder kaum eine Rolle spielt. Auch für die Mitgliederwerbung der RSSNA hat der Name keine erkennbare Funktion. Dennoch ist ihnen die Bezeichnung gut bekannt und viele verbinden mit ihr durchaus persönliche Assoziationen.

9.1. Die Mitglieder der KRSSNA und weitere Mitglieder aus ländlichen Gebieten

Die Vereinsmitglieder aus Kulasekharam, so sagte John Murray einmal, seien das Rückgrat der RSSNA. Ihnen liege der Verein im Blut.[148] Viele Mitglieder der ehemaligen KRSSNA stammen aus dem direkten Umfeld ihres Gründers Gnanadhas und sind von ihm selbst zur Arbeit im Verein ermutigt worden. Andere, später Beigetretene, sind meist ebenfalls über persönliche Kontakte mit dem Verein in Verbindung gekommen. Wie Gnanadhas selbst stammen die meisten Mitglieder der ehemaligen KRSSNA aus einfachsten Verhältnissen. Ihre Eltern waren ganz überwiegend für Tageslohn in der Landwirtschaft tätig, sie selbst sind mithin die erste besser ausgebildete Generation ihrer Familien. Sie üben unterschiedliche Berufe aus. Ganz ähnliche Hintergründe haben auch Mitglieder aus anderen ländlichen Regionen des Kanyakumari-Distrikts, die sich dem Verein meist nach dem Zusammenschluss der KRSSNA und der Nagercoiler Gruppe anschlossen. Auch sie kommen häufig aus bescheidenen Verhältnissen und sind die ersten in ihrer Familie mit höherem Schulabschluss. Auf den Verein aufmerksam wurden sie meistens auf Grund persönlicher Kontakte mit Mitgliedern. Einige lernten die RSSNA aber auch im Zuge von Informationsveranstaltungen kennen, die die Gruppe an verschiedenen Orten abhielt und bei denen sie über Arbeit und Ziele des Vereins informierte.

Trotz der vehementen Kritik, die sie alle an der Heilsarmee äußern und die sie dazu veranlasste, dem Verein beizutreten, sind die Vorstandsmitglieder aus den ländlichen Regionen in ihren Dorfgemeinden ganz überwiegend sehr gut integriert. Sehr oft bekleiden sie Posten als Lokale Offiziere in der Gemeindeleitung, sind zentrale Figuren in ihren Gemeinden, üben erheblichen Einfluss aus und organisieren größere Projekte in den Gemeinden. So organisierte in den 90er Jahren Gnanadhas' Bruder, der ebenfalls Gründungsmitglied der KRSSNA war, eine Spendensammlung für den Neubau der Heilsarmee-Halle seines Dorfes. Auch andere Vereinsmitglieder nahmen und nehmen wichtige Funktionen bei solchen und anderen Projekten ein. Den Berichten seiner frühen Weggefährten zu Folge hatte sich Vereinsgründer Gnanadhas bei seiner Suche nach Mitstreitern und dem Versuch, kleine lokale Gruppen zu gründen, besonders an die Lokalen Offiziere gewandt. Auch heute nutzen diejenigen RSSNA-Mitglieder, die gleichzeitig gemeindliche Positionen bekleiden, Netzwerke und regionale Treffen der Lokalen Offizierinnen und Offiziere, um über den Verein zu informieren. Mithin werden auch offizielle Kommunikationsstrukturen der regionalen Heilsarmee zur Mitgliederanwerbung genutzt. Heute wie zur Gründerzeit wurden also die Kritiker der Heilsarmee aus deren lokaler Elite rekrutiert. Beide Gruppen sind aufs engste verzahnt.

---

[148] Interview mit John Murray am 10.01.2017.

Das Verhältnis dieser Elite der Laienschaft zu den gemeindeleitenden Korps-Offizierinnen und -Offizieren ist dabei ambivalent. Hin und wieder kam und kommt es zu Missstimmungen oder gar offenen Auseinandersetzungen zwischen der Heilsarmee-Hierarchie und den in den Gemeinden tätigen RSSNA-Mitgliedern. Als entscheidende Gegner in Konflikten zwischen sich und der Heilsarmee benennen die Vereinsmitglieder dabei allerdings überwiegend regionale Führungsfiguren, meist die Divisionsleiter. Ein RSSNA-Mitglied berichtet, ihm werde die von der ganzen Gemeinde gewünschte Ernennung zum Lokalen Offizier von der Divisionsleitung konsequent verweigert.[149] Ein anderer berichtet von einer ähnlichen Auseinandersetzung, die zum Zeitpunkt der Feldforschung erst einige Monate zurücklag: Obwohl seine ganze Gemeinde sich für seine Ernennung zum Lokalen Offizier stark gemacht habe, hätten der Korps-Offizier und der Divisionsleiter dies mit allen Mitteln zu verhindern gesucht. Da er, so berichtet er, jedoch die unbedingte Unterstützung der Gemeindemitglieder erhalten habe, hätten sie schließlich nachgeben und ihn ernennen müssen.[150] Gelegentlich finden solche Auseinandersetzungen sogar auf noch höherer Ebene statt. So berichtet ein RSSNA-Vorstand, der gleichzeitig einen gemeindlichen Posten innehat, er habe im Rahmen eines Treffens für Lokale Offizierinnen und Offiziere den Territorialleiter konfrontiert und sowohl die undurchsichtige Finanzverwaltung als auch das Fehlen demokratischer Strukturen offen kritisiert. Die Heilsarmee-Leitung sei darüber zwar ausgesprochen ärgerlich gewesen, seine Stellung in Dorf und Gemeinde sei aber derart gefestigt und sicher, dass er trotz der Konflikte mit dem Territorialleiter sein gemeindliches Amt halten könne. Überdies sei es ihm sogar möglich, regelmäßig nach dem Sonntagsgottesdienst, also in unmittelbarem kirchlichem Umfeld, zur Gemeinde über die Verfehlungen der Heilsarmee-Leitung zu sprechen.

„Und ich kann an den Treffen der Heilsarmee teilnehmen, die von der Heilsarmee veranstaltet werden. Ich war dort. Ich durfte mit anderen Mitgliedern aus den verschiedenen Schwestergemeinden zur Versammlung der Lokalen Offizierinnen und Offiziere. In dieser Versammlung (...) war ich das einzige Mitglied, das für die Rechte kämpfte. Ich habe alles erzählt, das hat ihnen nicht gefallen. Sie wollten mich rausschicken. (...) Ich habe einen Territorialleiter befragt, der gekommen war, um ein Treffen mit allen Lokalen Offizierinnen und Offiziere aus dem Staat Tamil Nadu zu leiten. Er hat so viele Zahlen präsentiert, dass wir so viele Beträge an London zahlen müssen. Das hat er einfach so gesagt (...) In der römisch-katholischen Kirche gibt es jetzt Befugnisse für die Mitglieder, Stimmrecht und alles. Sie haben das alles gewährt. So hat sich die katholische Kirche verändert, aber die Heilsarmee ist eine Ein-Mann-Armee. Ein Territorialleiter, der alles ist. Also habe ich in Anwesenheit des Territorialleiters gesagt: ‘Ihr habt euch nicht verändert. Wie können Sie dann Geld von ihnen [den Mitgliedern der Gemeinden; Anm. d.

[149] Interview mit RSSNA-Vorstandsmitglied Nr. 6 am 24.04.2016.
[150] Interview mit RSSNA-Vorstandsmitglied Nr. 7 am 23.04.2017.

Verf.] erwarten? Ich gebe es, aber wo es hingeht, wissen wir nicht. Sie haben keinerlei Rechenschaft abgelegt.' Bei dem Treffen habe ich ihm das alles gesagt. Also war er wütend auf mich. Er hätte dem gemeindeleitenden Offizierspaar gesagt, dass ich ausgeschlossen werden soll. Aber die können das nicht tun."[151]

„*Die RSSNA kämpft für Rechte. Sie finden die Probleme dort (...) alle werden den Menschen mitgeteilt. Ich selbst habe in der Kirche Einzelheiten über all diese Dinge erzählt. (...) Wenn irgendetwas passiert ist, habe ich es in der Kirche erzählt. Und die ganze Gemeinde steht hinter mir. Deshalb können die Offizierinnen und Offiziere der Heilsarmee nichts gegen mich unternehmen. (...) der Grund ist, dass ich jeden Sonntag nach dem Gottesdienst alles erklärt habe. Das sind die Dinge, die in der Heilsarmee gemacht werden. (...) Dann bieten wir den armen Leuten etwas Unterstützung an. Das ist auch einer der Gründe. Also stehen sie hinter mir, das ist der Grund. (...) Sie [die Offizierinnen und Offiziere, Anm. d. Verf.] waren immer gegen mich. Die können nichts machen. (...)Das ist eine kleine Gemeinde, aber alle stehen hinter mir. Das ist der Grund. Sie können mich nicht ausschließen.*"[152]

Eine solch nahezu unerschütterliche Machtposition mit weiterreichendem Handlungsspielraum ist jedoch eher die Ausnahme. Dennoch berichten viele RSSNA-Mitglieder, sie verdankten ihre Position und den damit verbundenen Einfluss dem Rückhalt ihrer Gemeinden. Trotz gelegentlich ausbrechender Konflikte scheint in den meisten Fällen ein stillschweigendes Arrangement zwischen ihnen und den gemeindeleitenden Offizierinnen und Offizieren vorzuherrschen. Bei meinem Besuch in dem oben erwähnten Heilsarmee-Korps in dem ein RSSNA-Mitglied auf Grund der Unterstützung der Gemeinde erst kürzlich gegen den Widerstand des Offiziers seine Ernennung zum Lokalen Offizier durchsetzen konnte, traten beide – der Korps-Offizier und der frisch ernannte Lokale Offizier – gemeinsam auf und fanden trotz des erst wenige Wochen zurückliegenden Konflikts lobende Worte über den jeweils anderen. Ähnliches zeigte sich auch bei weiteren Besuchen lokaler Gemeinden. Im direkten Umgang miteinander scheinen beide Seiten Meinungsverschiedenheiten und potenzielle Konflikte zu meiden. Die Mitarbeit der Lokalen Offiziere in der RSSNA, so wurde häufig berichtet, käme zwischen ihnen möglichst nicht zur Sprache. Beide Seiten sind offenbar zu sehr aufeinander angewiesen, als dass ein grundsätzlicher Konflikt ratsam wäre. Die Offizierinnen und Offiziere brauchen für die Leitung ihrer Gemeinden fähige Mitglieder der Laienschaft, die auch Großprojekte, wie etwa einen Kirchenbau organisieren und erfolgreich Gelder dafür einwerben können. Und auch wenn sich RSSNA-Mitglieder in lokalen Machtkämpfen offenbar zumindest gelegentlich gegen die Heilsarmee Hierarchie durchsetzen, ist es ganz offenbar auch in ihrem Interesse, Konflikte möglichst zu vermeiden. Auch ihre Position als

[151] Interview mit RSSNA-Vorstandsmitglied Nr. 8 am 11.02.2017.
[152] Interview mit RSSNA-Vorstandsmitglied Nr. 8 am 11.02.2017.

Anführer im Dorf dürfte unstrittiger und gefestigter sein, wenn die Offizierinnen und Offiziere nicht gegen sie arbeiten.

Dennoch sind es den Berichten dieser Vereinsmitglieder zufolge häufig gerade lokale Problematiken und gemeindliche Konflikte, die sie zur Kritik an der Heilsarmee und zum Beitritt zur RSSNA veranlassten. Sie kritisieren insbesondere das Fehlen demokratischer Strukturen auf allen Ebenen der Heilsarmee, die sich auf Korps-Ebene in der unbeschränkten Autorität der Korps-Offizierinnen und Offiziere ausdrückt. Diese dürften auch die Mitglieder der Lokalen Offiziersgruppe ernennen und wählten stets nur solche Gemeindemitglieder, die keine Kritik äußerten. Auf diese Weise werde systematisch verhindert, dass Gemeindemitglieder bzw. eine gewählte Vertretung der Laienschaft die Amtsführung der Offizierinnen und Offiziere kritisch begleiten bzw. hinterfragen könnten. Aus dieser Situation ergebe sich auch völlige Intransparenz hinsichtlich der Verwaltung gemeindlicher Finanzen, die im Wesentlichen aus den Spenden der Mitglieder bestünden. Die gemeindeleitenden Offizierspaare seien der Gemeinde keinerlei Rechenschaft über die Verwendung der Kollekten schuldig, die sie, so die Anschuldigung der RSSNA-Mitglieder, unsachgemäß verwalteten oder gar für private Ausgaben verwendeten. Kampf für Demokratie, Kritik an der ineffizienten und korrupten Leitung der Heilsarmee sind also die Themen, die für die früheren KRSSNA-Mitglieder im Zentrum der Vereinsarbeit stehen.

Besonders wichtig ist ihnen jedoch auch, der Einsatz für die Mitglieder der Heilsarmee. Im Zusammenhang mit der Verwaltung gemeindlicher Finanzen kritisierten die Vereinsmitglieder daher häufig besonders die aus ihrer Sicht unzureichende Fürsorge der Heilsarmee für die Bedürftigen ihrer Gemeinden. Das Engagement für die Armen ist ihrer Auffassung nach der wichtigste Auftrag und das zentrale Identitätsmerkmal der Heilsarmee. In Gesprächen verwiesen die Vereinsmitglieder auf die Pioniertaten der frühen Heilsarmee. Ihre Vorfahren, so die Vereinsmitglieder, seien durch den vorbildlichen, aufopferungsvollen Einsatz der Offizierinnen und Offiziere aus Unterdrückung und Armut befreit worden. Ein solches Engagement ließe die heutige Heilsarmee jedoch völlig vermissen. Viele RSSNA-Mitglieder engagieren sich daher auf Dorfebene für die Unterstützung armer Familien. Seit der Verein größer und – insbesondere durch Spenden seiner häufig wohlhabenden Nagercoiler Mitglieder – finanziell besser ausgestattet ist, leiten sie Bitten um Unterstützung auch an den Vereinsvorstand weiter. Hilfe für die Armen ist für viele von Ihnen zentrale Motivation für ihr Engagement in der RSSNA. Ein wichtiger Teil dieses Einsatzes für die Gemeinschaft ist ihrer Auffassung nach auch das Hinwirken auf bessere Bildungschancen für die Heilsarmee-Mitglieder. Einige von ihnen kamen in diesem Zusammenhang auch auf die Problematik um die den christlichen Sambavars vorenthaltenen SC-Rechte zu sprechen, also auf das Thema, das die RSSNA nutzte, um sich öffentlichkeitswirksam in regionale Dalit-Debatten einzuschreiben.

Die zahlreichen in jüngerer Zeit abgefassten Briefe an Regierungsstellen und die gerichtlichen Streitigkeiten zwischen RSSNA und Heilsarmee, die ebenfalls im Zeichen der Dalit-Strategie der RSSNA stehen, erwähnten sie in den Gesprächen hingegen kaum und wenn, dann nur am Rande. Mit der regionalen Dalit-Bewegung, mit der John Murray insbesondere durch die DMF in engeren Austausch zu treten sucht, haben sie eher lose Verbindungen. Einige von ihnen berichten, sie hätten Freunde, die in Dalit-Gruppen aktiv seien und sie zu deren Veranstaltungen einlüden. Durch solche Besuche aber auch über Informationen, die John Murray im Rahmen der Vorstandssitzungen gibt, erfahren sie von Diskussionen und Anliegen der regionalen Dalit-Bewegung. Die RSSNA ist ihrer Auffassung nach jedoch keine Dalit-Bewegung, und auch unabhängig vom Verein verstehen sich nur sehr wenige von Ihnen als Dalit-Aktivisten. Auch als Selbstbezeichnung spielt Dalit für sie kaum eine Rolle. Die meisten von ihnen identifizieren sich als Sambavars. Dalit ist für sie lediglich eine übergreifende Sammelbezeichnung für mehrere Kastengemeinschaften.

9.2. Die Vereinsmitglieder aus Nagercoil

Ein Verwandter John Murrays, ein Hobby-Historiker, der sich viel mit lokaler Kirchengeschichte beschäftigt, sagte einmal, in der Heilsarmee habe es viele Jahre lang ein klassisches Schema für sozialen Aufstieg gegeben: Töchter und Söhne armer Bauernfamilien seien Offizierinnen und Offiziere geworden, deren Kinder, also die zweite besser ausgebildete Generation, hätten dann am Catherine Booth Hospital eine Ausbildung im medizinischen Bereich erhalten, ihre Kinder wiederum seien – oft auch mit medizinischer Ausbildung – ins Ausland, meist in die Golfstaaten, gegangen und seien nach ihrer Rückkehr nach Indien so vermögend gewesen, dass sie wiederum ihren Kindern eine ausgezeichnete Erziehung, oft auch ein Studium im Ausland finanzieren könnten. Dieses Schema trifft auf viele Nagercoiler RSSNA-Mitglieder zu, wobei in ihren Kreisen die Merkmale der zweiten und dritten Generation, also die erste medizinische Ausbildung in der Familie und berufliche Tätigkeit im Ausland, oft in einer Generation zu finden sind. Anders als ihre Mitstreiter aus ländlichen Gebieten sind sie aber bereits die zweite oder gar dritte besser ausgebildete Generation ihrer Familien. Viele stammen aus Offiziersfamilien und beinahe alle sind im medizinischen Bereich tätig, arbeiten in Apotheken, in der Krankenpflege oder im ärztlichen Dienst. Die meisten haben entweder selbst im Ausland gearbeitet oder sind auf Grund der Auslandstätigkeit ihrer Eltern im Ausland aufgewachsen.

Anders als ihre Vorstandskollegen aus Kulasekharam sind die RSSNA-Vorstandsmitglieder aus Nagercoil in ihrer Gemeinde – sie alle gehören der Booth-Tucker-Hall an – keine zentralen Figuren und haben keine Posten inne. Einige von ihnen waren vor Beginn der in das „Handgemenge" mündenden Auseinandersetzungen Lokale Offizierinnen und Offiziere. Doch auch zu dieser Zeit sahen sie sich bereits gegenüber einer alteingesessenen Elite aus der Laienschaft, die zentrale Posten in der Gemeinde besetzte, benachteiligt und strebten deren Absetzung an. Seit dem „Handgemenge" bleiben RSSNA-Mitgliedern einflussreiche Posten in der Booth-Tucker-Hall endgültig versagt. Ihr Verhältnis zur Gemeinde beschreiben sie unterschiedlich. Einige empfinden die Gemeinde noch immer als gespalten, andere berichten, es gebe eine stille Übereinkunft in der Gemeinde nicht über die RSSNA zu sprechen, um das Aufkeimen von Konflikten zu vermeiden.

Ihre Kritik an der Heilsarmee und damit ihre Motivation zur Mitarbeit in der RSSNA formulierten sie oft mit ausdrücklichem Verweis auf ihren familiären Hintergrund, indem sie das Engagement der Heilsarmee-Angestellten zur Zeit ihrer Eltern mit dem heutiger Offizierinnen und Offiziere verglichen und damit verbunden einen zunehmenden Verfall der Heilsarmee beschrieben. Wie die Vorstandsmitglieder aus Kulasekharam hoben auch sie die Verdienste der frühen Heilsarmee hervor und beklagten die Abkehr der heutigen Heilsarmee von diesem Vorbild. Den Verfall der Heilsarmee thematisierten sie besonders mit Blick auf deren in Nagercoil angesiedelten Einrichtungen und insbesondere auf das Catherine Booth Hospital, in dem viele von ihnen, auch RSSNA-Präsident John Murray, in medizinischen Berufen, ausgebildet wurden und einige andere Vereinsmitglieder auch arbeiteten. Eine ebenfalls große Rolle in den Erzählungen der RSSNA-Mitglieder – nicht ausschließlich, aber besonders derjenigen aus Nagercoil – spielen die Aktivitäten der Heilsarmee nach dem Tsunami, der 2004 große Teile der Küstengebiete des indischen Ozeans verwüstet hatte. Die Heilsarmee habe damals erhebliche Geldspenden aus dem Ausland erhalten, über deren Verwendung erhebliche Unklarheiten bestünden.

Beide Themen – die Tsunami-Spenden und der Zustand des Krankenhauses – spielten eine entscheidende Rolle in der Rede, die John Murray 2005 bei der Versammlung der Abgesandten der Divisionen hielt. Mehrere der heutigen Nagercoiler RSSNA-Mitglieder nahmen an dem von John Murray kurze Zeit später organisierten umstrittenen Treffen teil, auf dem Vorschläge zur Verbesserung des Catherine Booth Hospitals erarbeitet werden sollten. Andere Mitglieder schlossen sich im Zuge der Gemeindekonflikte in der Booth Tucker Hall zu einer Interessengemeinschaft zusammen. Ihre Hauptkritikpunkte an der Gemeindeleitung – den Korpsoffizierspaaren und den zu mächtigen Lokalen Offiziersfamilien – ähnelten sich, hatten jedoch unterschiedliche Schwerpunktsetzungen. Für manche ging es primär um Demokratie, Verantwortlichkeit und Transparenz in

Kirchenleitung und Verwaltung der Einrichtungen sowie konkret um die Absetzung einiger aus ihrer Sicht übermächtiger Lokaler Offiziere. Für andere stand die Frage nach dem Profil der Gemeinde im Zentrum. Sie forderten, so berichtet eine frühe Mitstreiterin John Murrays verstärkten Einsatz für sozial schwache Heilsarmeemitglieder auch und gerade über Gemeindegrenzen hinaus. Diejenigen, die sich unter John Murrays Führung zusammenschlossen und später der KRSSNA beitraten, sind für sie vor allem durch ihren Wunsch nach sozialem Engagement charakterisiert:

„Also wollten wir karitative Aufgaben einführen und die Leute nach oben bringen. Eine Person, der Sekretär – die letzten dreißig, fast vierzig Jahre hat er diesen Posten... Und er nimmt das meiste Geld und alles. Er ist niemandem Rechenschaft schuldig. (...) Wenn du den armen Leuten etwas Gutes tun willst, sagt er 'Nein, nein, nein, das können wir nicht, macht das nicht so, fangt sowas nicht an.' Damals waren wir rund um John Murray nur etwa zwölf Mitglieder im Komitee. (...) Also haben wir diskutiert, was wir in der Kirche wollen. Denn die guten Sachen, wollte er [der Sekretär; Anm. d. Verf.] nicht akzeptieren, und er hat sofort nein geschrien. Er wollte das Geld zu seiner Verfügung behalten und es nicht für die armen Leute ausgeben. Also hat John Murray, haben wir ihn so oft so dringend gebeten und wir haben immer wieder gefragt. (...) Auch General William Booth war für die armen Leute da!“[153]

Die Bemühung, den Armen zu helfen, steht auch heute im Zentrum ihrer persönlichen Aktivitäten für die RSSNA. Gemeinsam mit einer Vereinskollegin besucht sie regelmäßig Frauengruppen in Dörfern, betet mit ihnen und hilft armen Familien mit Geld- oder Sachspenden. Wie für ihre Mitstreitenden aus Kulasekharam und anderen ländlichen Gebieten ist also auch für viele Nagercoiler Vereinsmitglieder Unterstützung der sozial Schwachen ein entscheidender Aspekt der Vereinsarbeit. Allerdings nehmen sie deren Empfänger aus einer anderen Position wahr, setzen im Gespräch oft „die Armen“ mit „den Menschen in den Dörfern“ („the village people“) gleich. Anders als im Falle ihrer Vorstandskollegen vom Land leben die Bedürftigen nicht in ihrer unmittelbaren Nachbarschaft und sind auch nicht Angehörige ihrer Ortsgemeinschaft. Hilfeleistungen finden daher nicht in ihrem eigenen Wohnumfeld statt.

Die Vorstandsmitglieder aus Nagercoil teilen also zentrale Anliegen ihrer Kollegen aus Kulasekharam. Sie ähneln diesen auch bezüglich ihrer Haltung zur Dalit-Bewegung. Auch ihre Verbindung zu Dalit-Gruppen besteht vor allem auf der Basis inoffizieller Kontakte, auch ihre Hauptinformationsquelle sind überwiegend John Murrays Berichte bei Vorstandssitzungen. An den Treffen der DMF nehmen sie, obgleich sie im Umfeld wohnen, nicht teil. Die größeren Zusammenhänge, in die vor allem ihr Vereinspräsident die Aktivitäten und Themen der RSSNA einträgt, spielen für

153 Interview mit RSSNA-Vorstandsmitglied Nr. 9 am 07.02.2017.

sie – wie auch für die Vereinsmitglieder aus den Dörfern – offenbar nur eine untergeordnete Rolle.

9.3. Die Basis

Bei den monatlichen Sitzungen des Vereinsvorstands, dem die bisher Portraitierten – die Nagercoiler Mitglieder der Booth Tucker Hall sowie die Local Officer und dörflichen Anführer – angehören, versammeln sich etwa fünfzig Personen. Zu den Jahresversammlung und anderen Großveranstaltungen des Vereins versammle die RSSNA, so John Murray, inzwischen über 500 Menschen. Diese übrigen Vereinsmitglieder werden offenbar vor allem in Dorfgemeinden angeworben, in denen Vorstandsmitglieder der RSSNA als Anführer, häufig als Lokale Offiziere wirken. Zwar nannten viele Befragte aus dieser Gruppe zahlreiche Hinderungsgründe für eine erfolgreiche Mitgliederanwerbung und beschrieben die Gemeindemitglieder als durch die Heilsarmee eingeschüchtert, dennoch haben sie offenbar immer wieder Erfolg. In manchen Fällen unterstützen sogar ganze Dorfgemeinden geschlossen die RSSNA. John Murray zu Folge gibt es einige Umstände, die Mitgliederanwerbung durch die Vorstandsmitglieder in ihren Gemeinden begünstigen. Dazu gehöre ein gewisses Bildungsniveau, ökonomische Unabhängigkeit und die Möglichkeiten, das eigene Heilsarmee-Korps mit Gemeinden anderer Konfessionen zu vergleichen. Neben all diesen Faktoren müssten die RSSNA-Mitglieder ihre lokale Führungsrolle gut etablieren. Dazu sei es unabdingbar, bei allen wichtigen Ereignissen im Dorf, aber auch bei Familienfesten oder bei Beerdigungen der Ortsansässigen zugegen zu sein. Dies vermittle diesen das Gefühl, jemand sei stets an ihnen interessiert und stünde für sie zur Verfügung.[154]

Im Dorf des Vorstandsmitglieds, das zum Zeitpunkt der Feldforschung gerade seine Ernennung zum Lokalen Offizier durchgesetzt hatte, ist dies John Murray zufolge ausgesprochen gut gelungen. Auch der Lokale Offizier selbst sieht das so. Es gelinge ihm, so berichtet er, tatsächlich immer wieder, Menschen aus seiner Gemeinde für die RSSNA zu gewinnen. Bis zu fünfzig von ihnen, so erzählte er, begleiteten ihn inzwischen zu den großen Versammlungen oder Protestveranstaltungen der RSSNA. Einer aus dieser Gruppe, ein Autorikscha-Fahrer aus dem Dorf, bestätigte dies und berichtete, der Lokale Offizier habe ihn mit der RSSNA in Verbindung gebracht. Der Verein, so habe er dabei argumentiert, setze sich für die Belange der Gemeinschaft ein. Dadurch angeregt sei er dann zu Vorstandssitzungen mitgekommen und habe dort von den Missständen in der Heilsarmee erfahren. Seitdem unterstütze er die RSSNA. RSSNA-Mitglieder werben offenbar in persönlichen Gesprächen für ihren Verein. Interessierte aus

[154] Vgl. Interview mit John Murray am 01.03.2017.

ihren Dörfern bekommen jedoch auch die Möglichkeit, sich einen eigenen Eindruck von Themen und Arbeit des Vereinsvorstands zu machen.[155]

Im Dorf des Vorstandsmitglieds, das bei einem regionalen Treffen den Territorialleiter konfrontiert hatte, engagiert sich die Frauengruppe der Gemeinde geschlossen für die RSSNA. Trotz ihrer Kritik an der Heilsarmee, die sie dazu veranlassen, war es den Frauen jedoch auch sehr wichtig zu betonen, wie zufrieden sie mit der Arbeit der Heilsarmee-Offizierin vor Ort seien. „Sie macht sehr gute Arbeit. Dank ihr sind wir alle eins!“[156], sagten sie gleich zu Beginn des ersten Treffens, das im Anschluss an den Gottesdienst stattfand, über die Offizierin. Einige Frauen, die sich später für ein ausführlicheres Gespräch zu Verfügung stellten[157], begründeten diese das Lob mit den gemeindlichen, seelsorgerlichen und missionarischen Leistungen der Offizierin, die sich diesbezüglich viel stärker engagiere als ihr Mann. Einzig problematisch in dieser Hinsicht sei, dass die Offizierin, wie in der Heilsarmee üblich, nach wenigen Jahren versetzt werde. Es sei also völlig offen, ob die Gemeinde in Zukunft ebenso gut geleitet werden würde wie das aktuell der Fall sei. Anders als andere der RSSNA nahestehenden Gruppen und Einzelpersonen waren also die Frauen dieses Dorfes mit der momentan für sie zuständigen Repräsentantin der Heilsarmee vor Ort völlig einverstanden. Diese, so berichteten sie, habe sogar gewisses Verständnis für das Engagement der Gruppe in der RSSNA und höre sich ihre Begründungen dafür an.

Die Frauen berichteten, es sei der Lokale Offizier gewesen, der sie alle zur Unterstützung des Vereins ermutigt habe. Er, aber auch John Murray, dessen Heimatdorf in der Nähe liege, hätte sie über die Aktivitäten der RSSNA und ihrer Kritik an der Heilsarmee informiert. Besonders zentral für die Frauen ist die Erklärung der RSSNA für die – trotz der aus westlichen Ländern eintreffenden Spendengelder – schlechte finanzielle Situation der Heilsarmee. Korruption und schlechte Administration seien dafür verantwortlich, dass diese großen Geldsummen nie bei den Bedürftigen in den Dörfern ankämen. Außerdem, so kritisierten sie, stünden von der Heilsarmee gebotene Ausbildungsmöglichkeiten, wie etwa in der Krankenpflegeschule am Catherine Booth Hospital, heute nur noch den Kindern der Offiziere offen. Deshalb gebe es für einfache Menschen keine Chance für sozialen Aufstieg mehr. Auch auf Probleme auf Dorfebene kamen die Frauen zu sprechen. Vor allem aber kritisieren sie, dass die Heilsarmee auch an arme Gemeindemitglieder, die sich das eigentlich nicht leisten könnten, finanzielle Forderungen richte, indem sie Spenden fordere. Der Lokale Offizier sorge für stetigen Kontakt zwischen Gemeinde und

---

155 Interview mit RSSNA-Mitglied im Dorf von Vorstandsmitglied Nr. 7 am 23.04.2017.

156 Interview mit Frauengruppe (RSSNA-Mitglieder) im Dorf von Vorstandsmitglied Nr. 8 am 12.03.2017.

157 Interview mit drei RSSNA-Mitgliedern im Dorf von Vorstandsmitglied Nr. 8 am 27.04.2017.

Vereinsvorstand, indem er im Dorf über die Missstände in der Heilsarmee und bei RSSNA-Sitzungen wiederum über konkrete Herausforderungen im Dorf berichte. Bei solchen lokalen Problemsituationen habe die RSSNA in weit größerem Ausmaß zu helfen versuchte als die Heilsarmee. So habe der Verein beispielsweise eine hohe Geldsumme für den Wiederaufbau abgebrannter Häuser armer Familien gespendet, während die Heilsarmee nur eine kleine Summe beigetragen habe. Der Lokale Offizier steht also als Mittelsmann zwischen Dorfgemeinschaft und Verein und vermittelt ersterer das Gefühl, mit ihren Problemen von einer Organisation gehört zu werden, die sich dieser auch annimmt. Er sammle, so die Frauen, aber nicht nur bei anderen RSSNA-Mitgliedern Geld für die Bedürftigen seines Heimatdorfes, sondern gebe auch selbst große Summen „seines eigenen Geldes" an sie weiter. Aus diesen Gründen sei er im Dorf als zentrale Führungsfigur anerkannt.

Menschen auf Dörfern, das zeigte sich, schließen sich der RSSNA meist dann an, wenn sie von einem Vorstandsmitglied des Vereins, das gleichzeitig hohes Ansehen im Dorf genießt und oft auch ein gemeindliches Amt innehat, informiert und zum Engagement ermutigt werden. Sie entwickeln eine kritische RSSNA-Identität also meist durch Anschluss an eine lokale Führungsfigur aus der Laienschaft, die wesentlich längerfristig vor Ort bleibt als die häufigen Versetzungen unterworfenen Offizierinnen und Offiziere. Sie schließen sich diesem Anführer entweder einzeln oder als Gruppe an. Inhaltliche Auslöser sind oft die von der RSSNA formulierte Kritik an der Heilsarmee in Verbindung mit eigenen Beobachtungen problematischer Situationen vor Ort, die sich gegenseitig verstärken. Ausgesprochen wichtig für das Ansehen sowohl des lokalen Anführers als auch der RSSNA als Ganzer ist für sie – auch und gerade finanzielles! – Engagement für die Gemeinschaft und insbesondere für deren sozial besonders schwachen Mitglieder. Die Vernachlässigung eben dieses Engagements werfen sie der Heilsarmee vor und werden darin von ihren lokalen Anführern bestärkt. Die karitative Dimension der Vereinsarbeit ist für sie – wie auch für die Mehrzahl der Vorstandsmitglieder der RSSNA – offenbar entscheidend. Die von Dorfbewohnern geäußerte Kritik, kann sich direkt gegen die lokale Repräsentation der Heilsarmee richten. Dies ist aber, wie sich am Beispiel der oben geschilderten Frauengruppe zeigt, nicht zwingend der Fall. Unterstützerinnen der RSSNA können durchaus auch gut integrierte, überzeugte und stolze Mitglieder ihrer Gemeinden sein.

9.4. Der Präsident der RSSNA

Die umfangreiche regionale Vernetzung der RSSNA, die Vielfalt ihrer Themen und insbesondere die Anbindung ihrer Anliegen an die Dalit-Debatte sowie ihre Interaktionen mit staatlichen Stellen sind nur mit Blick auf die Anliegen und Aktivitäten ihres Präsidenten John Murray zu verstehen. Die Vereinsmitglieder beschreiben ihn einstimmig als prägende Gestalt und talentierten Anführer. Sein Führungsanspruch scheint ebenso unhinterfragt zu sein wie seine Agenda. Dennoch zeigt sich bei näherem Hinsehen schnell, dass seine Motivation für die Vereinsarbeit, seine Schwerpunktsetzung dabei und auch seine Perspektive auf die Heilsarmee in vielen Punkten durchaus erheblich von derjenigen der übrigen Vereinsmitglieder abweicht. Im Folgenden soll daher ein kurzer Blick auf die Biografie John Murrays gerichtet werden.

John Murray wurde 1950 als Sohn eines Heilsarmee-Offizierspaares geboren und lebte – auf Grund ihrer häufigen, in der Heilsarmee sehr üblichen, Versetzungen – während seiner Kindheit und Jugend in verschiedenen Orten im Kanyakumari Distrikt und schließlich in Nagercoil. Mit finanzieller Unterstützung der Heilsarmee absolvierte er am Catherine Booth Hospital eine Ausbildung zum Apotheker und wechselte von dort ans Christian Medical College in Vellore. Eigentlich hätte er nach Ende seiner Ausbildung zwei Jahre im CBH arbeiten müssen. Diese so genannte bond period war für alle an der Nursing School des CBH Ausgebildeten verpflichtend. Spannungen zwischen Personal und Krankenhausverwaltung wie auch familiäre Streitigkeiten, so berichtete er, bewogen ihn jedoch dazu, Nagercoil zu verlassen. Danach arbeitete er zweieinhalb Jahre an einem staatlichen Gesundheitszentrum in einem Dorf im Tirunelveli-Distrikt. Durch die Vermittlung eines Onkels bekam er dann eine Stelle am Krankenhaus der Arabian-American Oil Company (ARAMCO) in Saudi-Arabien, die er 1975 im Alter von 25 Jahren antrat. Zwei Jahre später heiratete er eine Cousine, die ebenfalls aus einer Heilsarmee-Familie im Kanyakumari Distrikt stammte und nach ihrer Heirat ebenfalls in Saudi Arabien zu arbeiten begann. Im Jahr 2000 ging John Murray in den vorzeitigen Ruhestand und kehrte mit seiner Frau und ihrem gemeinsamen Sohn nach Nagercoil zurück.

Im Rahmen der ersten Interviews begann John Murray seine Selbsterzählung stets im Jahr 2000, also mit seiner Rückkehr aus Saudi-Arabien nach Nagercoil. Erst nach seinem Eintritt in den Ruhestand sei er auf die Themen gestoßen, die jetzt sein Leben bestimmen. Er habe nie den Ehrgeiz gehabt, ein Kirchenkritiker oder ein Anführer der Dalit-Bewegung zu werden. Die längste Zeit seines Lebens habe er auch gar nicht die Veranlassung dazu gesehen, sich mit sozialen Fragen zu beschäftigen. Sein früheres Verhältnis zur Heilsarmee, die zu kritisieren und zu reformieren er heute als Hauptziel seines Denkens und Handelns versteht, beschrieb er als oberflächlich. In seiner Selbstdarstellung waren es niemals eigene Erlebnisse, die ihn zur Beschäftigung mit einem Problem veranlassten, sondern stets Bitten, Rufe von außen. Vielfach sei er, so schilderte er es, von Hilfe- oder Ratsuchenden aufgesucht und zu ihrem Wortführer gemacht worden – nicht nur im Fall seiner gemeindlichen Aktivitäten und des sich daraus ergebenden Beitritts zur KRSSNA, sondern auch später, etwa bei der Gründung der DMF. Entscheidend für diese und alle weiteren sozialen Aktivitäten sei aber seine zunehmend kritische Einstellung zur Heilsarmee gewesen. Im gemeindlichen und kirchlichen Kontext wandelte er sich, seiner Selbstdarstellung zufolge, vom kultivierten Ruheständler zum sozialen Aktivisten.[158]

Obgleich John Murray seinem eigenen Verständnis nach kein prädestinierter Anführer ist, übernahm er diese Rolle allem Anschein nach sehr schnell und – so erzählten es auch alle befragten Vereinsmitglieder – unter allgemeiner Zustimmung. Nach ihrem Beitritt zur KRSSNA im Jahr 2006 stießen John Murray und seine Nagercoiler Mitstreitenden im Verein einen Wandlungsprozess an, der einer völligen Neugestaltung sehr nahekam. Obwohl John Murray in Gesprächen immer wieder betonte, es habe sich um eine Zusammenarbeit aller Gruppenmitglieder gehandelt, wurde schließlich doch deutlich, dass John Murray die heutige Größe und Bedeutung der RSSNA dem Einfluss seiner Gruppe bzw. seinem eigenen zuschreibt. Diese Sichtweise vertritt jedoch nicht nur er selbst. Auch alle anderen Mitglieder der heutigen RSSNA, die 2006 bereits dabei waren, schreiben die Wandlungsprozesse vor allem dem Einfluss John Murrays zu. Sie haben dabei zumeist noch wesentlich weniger Hemmungen, ihn als alleinigen Initiator zu beschreiben. Wo John Murray „wir" sagt, sagen sie oft „er, Mr. John Murray". In allen Interviews wurde John Murray als fähiger und offenbar völlig unumstrittener Anführer dargestellt. Sollte es doch Anfragen an seine Person, seine Handlungsweisen oder Ziele geben, so wurden diese zumindest nicht offen kommuniziert. Der Einzige, der eine kleine Einschränkung hinsichtlich der Fähigkeiten des Präsidenten einräumte, war der Generalsekretär. John Murray, so erklärte er, kenne die Situation und die Sorgen der Menschen in den Dorfgemeinden nicht oder zumindest nicht aus eigener Anschauung und bräuchte daher Mittelspersonen.[159] Damit kontrastierte er ihn faktisch mit dem Gründer der KRSSNA, Gnanadhas, als dessen zentrale Eigenschaft und Kompetenz stets sein Verständnis für die Nöte und Bedürfnisse der einfachen Menschen und sein fortdauerndes Bemühen, mehr darüber zu erfahren, beschrieben wurde. Aber auch der Generalsekretär stellte damit in keiner Weise John Murrays Eignung für das Präsidentenamt in Frage. Ihm ging es lediglich darum zu erklären, warum er selbst, der aus ländlicher Gegend kommt und weniger gebildet und

[158] Interview mit John Murray am 06.03.2016.
[159] Interview mit RSSNA-Vorstandsmitglied Nr. 5 am 10.02.2017.

weltgewandt ist als John Murray, eine wichtige Ergänzung des Vereinsvorstands darstellt. Er, der noch zu Gnanadhas Zeiten der KRSSNA beitrat und unter dessen Leitung mit den einfachen Heilsarmee-Mitgliedern über deren Anliegen sprach, so erklärte er, sei viel unmittelbarer mit deren Sorgen und Nöten konfrontiert und verstehe sie besser. Präsident und Generalsekretär ergänzen sich seiner Auffassung nach in ihren Kompetenzen optimal.

John Murrays Führungsstil changiert heute wie schon zur Zeit seines Beitritts zwischen Betonung demokratischer Grundlagen der RSSNA einerseits und weitgehender Eigeninitiative andererseits. Auf die Fragen, wer etwa Briefe an die Regierung, die er als ein Kernstück der heutigen Arbeit der RSSNA versteht, tatsächlich schreibe, räumte er ein, dass diese im Wesentlichen von ihm selbst und gelegentlich dem Generalsekretär verfasst würden. Nur die Briefe an besonders wichtige oder einflussreiche Adressaten würden in der Vorstandssitzung besprochen. Wenn es einmal schnell gehen müsse, berichte er manchmal auch erst nach dem Absenden der Briefe über deren Inhalt.[160] Dennoch äußerte kein RSSNA-Mitglied Kritik an Führungsstil und Entscheidungen des Präsidenten. Niemand schilderte seine eigenen – oder Anderer – Meinungen und Interessen als übergangen oder unberücksichtigt. Im Gegenteil: Gerade John Murrays demokratische Gesinnung wurde hervorgehoben. So äußerte ein Vereinsmitglied, in der RSSNA fühlten die Leute sich im Gegensatz zur Heilsarmee ernst genommen, da John Murray stets über seine Arbeit berichte, die Vorgehensweise des Vereins erkläre und darüber abstimmen lasse. Ein Heilsarmee-Mitglied empfange immer nur Befehle. Ein RSSNA-Mitglied hingegen sei stets informiert und involviert.

Obwohl der Präsident also offenbar als anerkannter Repräsentant der Interessen aller Vereinsmitglieder gilt, zeigte sich doch, dass seine Agenda – oder mindestens seine Schwerpunktsetzung innerhalb der gemeinsamen Ziele – in einigen Punkten entscheidend von derjenigen seiner Mitstreitenden abweicht. Dies betrifft insbesondere den Aspekt der Wohltätigkeit und die Themen, die Hauptgegenstände der Petitionen an die Regierung sind – die Menschenrechtsfrage und den rechtlichen Status der Heilsarmee in Indien. Viele Mitglieder des Vereinsvorstands sehen, wie dargestellt wurde, Unterstützung für die Armen als zentrale Aufgabe der RSSNA. Mitglieder von Dorfgemeinden der Heilsarmee, die Mitglied im Verein sind oder ihn unterstützen, hoben immer wieder hervor, wie viel die RSSNA für ihre Dörfer, für die Armen, für die Gemeinschaft getan habe und bezogen sich dabei meist auf großzügige finanzielle Spenden, die sie häufig besonders John Murray zuschrieben. Auch einige Offiziere und sogar Außenstehende, die nicht in unmittelbarem Kontakt zur Heilsarmee standen, beschrieben es als allgemein bekannten und bewundernswerten Zug des

[160] Interview mit John Murray am 06.05.2016.

RSSNA-Präsidenten, dass dieser viel Geld für Hilfsbedürftige ausgebe. John Murray selbst hingegen thematisierte bei unseren ersten Begegnungen diese Dimension seines Wirkens überhaupt nicht. Auch später kam er erst auf Nachfrage darauf zu sprechen, wollte aber auch dabei seine Rolle nicht hervorheben, sich selbst nicht als reichen Geldgeber beschreiben. Fürsorge für die Armen ist für ihn weder die Hauptmotivation für sein persönliches Engagement noch ist sie aus seiner Sicht zentral für das Profil des Vereins.

Im Falle der Gerichtsverfahren der RSSNA, ihrer Petitionen an den indischen Staat und der damit verbundenen Themen, die John Murray unter den Schlagworten Mitgliedschaft und Menschenrechte diskutiert, sah es hingegen genau umgekehrt aus. Für John Murray sind gerade diese, von den anderen Vorstandsmitgliedern kaum erwähnten Aktivitäten die entscheidenden und prägenden Themen der Vereinsarbeit. Ausschlaggebend hierfür ist sicherlich die von ihm häufig formulierte Gleichsetzung seines persönlichen Schicksals als Exkommuniziertem mit dem aller Heilsarmeeangehörigen: Sie alle seien letztlich "Fremde" ohne Mitbestimmungsrechte, denen nicht einmal ihre Grund- und Menschenrechte verlässlich gewährt würden. Gegen diese Zustände vorzugehen ist aus seiner Sicht daher der entscheidende Auftrag des Vereins, der sich ja – darin stimmen alle überein – für die Rechte und den sozialen Aufstieg der Heilsarmee-Mitglieder einsetzen soll. Bei denjenigen Vereinsaktivitäten, die im Zusammenhang mit diesen Themen stehen – insbesondere die Kommunikation mit dem Registeramt und der Nationalen Kommission für Menschenrechte – tritt John Murray häufig als einziger Akteur oder mit nur wenigen weiteren Vereinsvorständen auf. Das liegt sicher unter anderem an Aufwand und Kosten, die mit den Reisen zu den Sitzen der Behörden oder zu überregionalen Gerichten verbunden sind, aber gewiss auch daran, dass die übrigen Mitglieder der RSSNA die Hauptaufgabenbereiche des Vereins auf lokaler bzw. regionaler Ebene sehen. Es geht ihnen vor allem um die Situation in Gemeinden und sozialen Einrichtungen und um die Ausweitung der Rechte und Kompetenzen der Laienschaft bzw. einer gewählten Vertretung in diesen Kontexten. An diesem Punkt liegt nun ein entscheidender Unterschied zwischen dem Präsidenten und der überwiegenden Zahl der Vereinsmitglieder: Obwohl auch John Murray weiterhin an der Agenda zur Stärkung der Laienschaft festhält, könnte er als Exkommunizierter selbst im Falle ihrer Erfüllung nicht mehr davon profitieren. Anders als die überwiegende Mehrzahl seiner Mitstreitenden hat er heute keine Möglichkeit mehr, als offiziell akzeptiertes Mitglied der Heilsarmee von Innen auf Veränderungen hinzuarbeiten. Rücksichtnahme und Konfliktvermeidung, die denjenigen RSSNA-Vorständen, die in ihren dörflichen Gemeinden als lokale Anführer gelten, teils erhebliche Einflussnahme und den Mitgliedern aus Nagercoil immerhin Teilnahme am Gemeindeleben ermöglichen, sind für ihn nicht zielführend. Auch aus diesem Grund hat er sicherlich weniger

Bedenken, die Existenzberechtigung der Heilsarmee in Indien grundsätzlich in Frage zu stellen, als seine Mitstreitenden, die teilweise Positionen innerhalb der Heilsarmee zu verlieren hätten. Offenbar wird im Rahmen der Vorstandssitzungen hin und wieder durchaus die Sorge geäußert, der vor allem vom Präsidenten verantwortete Kurs des Vereins könne die Heilsarmee stärker als wünschenswert gefährden. Von solchen Bedenken berichtete in den Gesprächen allerdings ausschließlich John Murray selbst. Die übrigen Vorstandsmitglieder kamen darauf nie zu sprechen.

Auch bei John Murray selbst bleiben letztlich verschiedene Strategien und Ziele nebeneinander stehen: Einerseits nimmt er bewusst in Kauf, dass die Petitionen des Vereins die Heilsarmee bei der Regierung in Misskredit bringen und ihre Existenz in Indien erheblich bedrohen können. Andererseits sieht er selbst die Heilsarmee als etwas unbedingt Bewahrenswertes. Sie ist für ihn nicht nur unverzichtbares Werkzeug für den sozialen Aufstieg seiner Kastengemeinschaft, vielmehr stellen ihre Gründungsvision und ihre theologischen Grundlagen – denen die indischen Leitungskreise, seiner Auffassung nach, allerdings in keiner Weise mehr gerecht werden – für ihn auch die Basis für richtig verstandenes Christentum dar. Die Beschäftigung mit theologischen Themen und der damit verbundenen Frage nach dem Profil der Heilsarmee ist für ihn daher wesentlich entscheidender als für viele andere Vereinsmitglieder. Überdies wird immer wieder auch seine starke persönliche Bindung an die Heilsarmee deutlich. So betonte er immer wieder, er selbst stamme aus einer Offiziersfamilie. Dass er mit der Exkommunikation das Recht verloren hat, familiäre Ereignisse von der Heilsarmee rituell begleiten zu lassen, wiegt vor diesem Hintergrund sicherlich umso schwerer. Die maßgeblich von ihm bestimmte Agenda des Vereins bewegt sich daher zwischen zwei Polen – der Bindung an die Heilsarmee und dem Kampf gegen sie.

Zusammenfassung

In den vorausgegangenen Abschnitten ist deutlich geworden, dass der Name Dalit für die Mehrheit der Vereinsmitglieder keine große Relevanz hat. Sie entwickeln keine Selbsterzählungen, in denen eine Identifizierung als Dalit bedeutsam wäre. Sie beschreiben sich eher über den Kastennamen „Sambavar" und verstehen sich viel mehr als Mitglieder der Heilsarmee, denn als Angehörige der Dalit-Bewegung. Auch die Mitgliederanwerbung der RSSNA setzt nicht auf Dalit-Netzwerke. Der Verein nutzt dazu vornehmlich die Strukturen der regionalen Heilsarmee.

Dennoch ist die Bezeichnung allen bekannt. Dalit ist in ihrem Umfeld offensichtlich ein sehr wirksames Schlagwort, unter dem zahlreiche Gruppen ihre Anliegen vortragen. Überdies bestehen häufig inoffizielle Kontakte zur regionalen Dalit-Bewegung, häufig durch Personen aus dem

Freundeskreis, die in entsprechenden Gruppen aktiv sind. Die gegenseitigen Einladungen zu Veranstaltungen, von denen mehrere Vereinsmitglieder berichteten, legen nahe, dass die Beteiligten von gewissen gemeinsamen Interessen und Anliegen ausgehen, bei denen sie sich gegenseitig unterstützen können. Es existierten also offenbar Anknüpfungspunkte, die die öffentliche Identifizierung des Vereins als Dalit-Bewegung für die Vereinsmitglieder mindestens soweit plausibel machten, dass sie keine explizite Kritik an dieser Strategie für nötig hielten. Die ambivalente Beziehung der RSSNA zur Bezeichnung Dalit zeigt sich also auch in den Selbsterzählungen der Vereinsmitglieder.

Fazit Teil I

Die in den vorausgegangenen Kapiteln vorgenommene nähere Analyse der Vereinsgeschichte sowie der Selbstbeschreibungen der Mitglieder, löst das zu Beginn dieser Arbeit beschriebene Paradox nicht auf. Vielmehr zeigt sich es gerade dadurch erst in seiner ganzen Tiefe. In allen untersuchten Zusammenhängen wird der Name „Dalit“ sowohl affirmiert wie auch zurückgewiesen. Er ist einerseits von entscheidender Bedeutung für das Vorgehen des Vereins, andererseits jedoch inhaltlich wenig gefüllt.

Essentialistische Bestimmungen von Dalit stoßen damit an ihre Grenzen. Auf ihrer Basis ist es nicht möglich, die RSSNA als Dalit-Bewegung zu beschreiben. Das ist aus mehreren Gründen hoch problematisch. Zum ersten wird sie von ihrem Umfeld als Dalit-Bewegung wahrgenommen und ihr Präsident von manchen gar als einer der einflussreichsten Dalit-Aktivisten der Region beschrieben. Überdies spielt die öffentliche Selbstbeschreibung als Dalit an den entscheidenden Umbrüchen der Vereinsgeschichte jeweils eine bedeutende Rolle und prägt die strategischen Neuausrichtungen. Solche Strategien und Identifizierungen müssen daher zum Ansatzpunkt für die Analyse der Positionierung der RSSNA als Dalit-Bewegung genommen werden.

II

Die Gruppenidentität der RSSNA in den historischen Erzählungen der Vereinsmitglieder

Im bisherigen Verlauf der Arbeit hat sich gezeigt, dass die Dalit-Forschung einer neuen Herangehensweise bedarf, die beim Selbstverständnis der untersuchten Gruppen einsetzt. In diesem Sinne wird in Teil II untersucht, wie sich der Verein versteht und seine Identität formuliert. Bereits im vorigen Kapitel ist deutlich geworden, dass geschichtliche Erzählungen bzw. Verweise auf die Pionierleistungen der frühen Heilsarmee eine entscheidende Rolle spielten, wenn die Vereinsmitglieder ihre Kritik an der heutigen Heilsarmee-Leitung formulierten. Dieser Aspekt wird in den folgenden Kapiteln näher untersucht. Es wird sich zeigen, dass die Vereinsmitglieder gerade im Rahmen dieser geschichtlichen Erzählungen das Selbstverständnis und den Anspruch ihrer Gruppe formulieren. Identität wird also über Geschichte bestimmt.

Im Folgenden wird daher zunächst das historische Narrativ der RSSNA analysiert. Dieses zeichnet ein ähnlich positiv-verherrlichendes Bild von der Frühzeit der indischen Heilsarmee wie die von Radhakrishna untersuchten Yerukulas.[161] Anders als in Radhakrishnas Studie, ist es jedoch ein zentrales Anliegen dieser Arbeit, solche geschichtlichen Erzählungen nicht einseitig ausschließlich als Unwissen und koloniale Überfremdung zu deuten. Vielmehr wird die Perspektive heutiger indischer Heilsarmee-Mitglieder auf die Geschichte ihrer Organisation ernst genommen. Das bedeutet, dass im Sinne des genealogischen Ansatzes gefragt wird, inwiefern sich die RSSNA mit ihrem historischen Narrativ in aktuellen Debatten positioniert und wie sie in deren Rahmen eigene Ansprüche und Forderungen formuliert. Die entscheidende Frage ist dabei, welches Potenzial die Erzählungen für soziale Mobilisierung haben.

In diesem Sinne wird im zweiten Schritt untersucht, wie sich das Narrativ des Vereins zu historischen Erzählungen verhält, die in seinem Umfeld verbreitet und dominant sind. Von entscheidender Bedeutung sind dabei die regionale christliche Geschichtsschreibung, Forschungsbeiträge zum Zusammenhang von Mission und sozialem Wandel in Travancore sowie die Missionsgeschichtsschreibung der Heilsarmee. Dabei wird sich zeigen, dass das Selbstverständnis des Vereins in keiner dieser drei Historiografien artikulierbar ist. Es ist daher zu fragen, ob und wie die RSSNA Widerspruch gegen dominante Narrative formuliert. Butler und Laclau zufolge kann Widerstand durch Bedeutungsverschiebung bei Zitationen geleistet werden. Es wird sich zeigen, dass die RSSNA genau auf diese Weise vorgeht. Sie setzt sich mit den in ihrem Umfeld verbreiteten Erzählungen

---

[161] Vgl. Kapitel 3.2.2 dieser Arbeit.

auseinander, indem sie sie aufgreift und neu erzählt. Dabei verfolgt sie eine doppelte Strategie der Einschreibung und Abgrenzung, mit der sie ihren Positionen Gehör zu verschaffen sucht.

10. Die zentralen Motive der historischen Erzählung der RSSNA

In diesem Kapitel werden die historischen Erzählungen der RSSNA-Mitglieder untersucht und auf das darin geäußerte Selbstverständnis der Gruppe befragt. Grundlage hierfür sind vor allem die mit den Vereinsmitgliedern geführten Gespräche, aber auch schriftliche Verlautbarungen der RSSNA. In den Interviews sprachen die Kontaktpersonen vor allem dann über die Vergangenheit der Heilsarmee, wenn sie ihre Kritik an deren heutiger Situation erklärten, ihre Motivation für den Beitritt zur RSSNA begründeten oder ihre Vision für eine künftige, bessere Heilsarmee schilderten. Die verschiedenen Kontaktpersonen aus dem Verein argumentierten dabei auf die gleiche Weise: Die frühere Heilsarmee-Mission sei ebenso vorbildlich wie erfolgreich gewesen, die jetzige sei hingegen von Missmanagement und Niedergang geprägt. Dagegen müsse protestiert und dem Verfall entgegengearbeitet werden. Was eine vorbildliche, ihrem Auftrag gerecht werdende Heilsarmee zu leisten habe, zeige der Blick in ihre Geschichte. Historische Argumentationen sind also von ganz entscheidender Bedeutung für das Selbstbild und die Argumentation des Vereins. Seine Mitglieder erzählen von der Vergangenheit der Heilsarmee, um ihre Vorstellungen für deren Zukunft zu illustrieren und ihre Forderungen an die Heilsarmeeleitung zu begründen. Geschichtliche Verweise sind daher in Gesprächen mit ihnen allgegenwärtig.

Bei näherer Analyse der Aussagen der Vereinsmitglieder fällt jedoch auf, dass – bei aller Bedeutung der historischen Erzählungen – diese doch häufig extrem kurz ausfallen. In den meisten Fällen formulierten die Vereinsmitglieder lediglich kurz und allgemein den oben skizzierten Negativ-Vergleich, boten aber keinerlei illustrierenden Darstellungen oder Beispiele. Konkrete Daten fehlten dabei ebenso wie Personennamen oder Schilderungen wichtiger Ereignisse. Das war auch dann der Fall, wenn die häufig aus Offiziersfamilien stammenden Nagercoiler Vereinstvorstände auf die Dienstjahre ihrer Eltern als vorbildliche Frühzeit verwiesen. In den schriftlichen Verlautbarungen des Vereins, namentlich dem Vereinsmagazin Ceyti Malar, sieht es kaum anders aus. Auch hier finden sich zahlreiche kurze Verweise auf die vorbildliche Frühzeit der Heilsarmee, verbunden mit stark negativen Beurteilungen der Gegenwart, aber kaum je ausführliche Geschichtsschreibung. Historische Darstellungen wichtiger Ereignisse oder Persönlichkeiten finden sich in den inzwischen bereits zwölf Jahrgängen des Magazins nur in sehr seltenen Ausnahmefällen. Dies überrascht angesichts der hohen Bedeutung, die der historische Vergleich als Ausdruck der Kritik und der Verweis auf den Vorbildcharakter der frühen Heilsarmee für die Vereinsmitglieder haben. Es erstaunt umso mehr, als in anderen Kirchen der Region durchaus Geschichten über konkrete missionarische Gestalten bekannt sind, die als Vorbildfiguren beschrieben werden.[162] Das folgende Kapitel untersucht deshalb die Geschichtserzählungen der Vereinsmitglieder und nimmt dabei auch diese auffällige Diskrepanz in den Blick.

Dabei wird sich zeigen, dass die RSSNA, wie auch viele andere regionale Heilsarmee-Mitglieder, ihre Identität über Geschichte zu bestimmen suchen. Ebenso wird jedoch deutlich werden, dass sie im Grunde keine Geschichte haben, da es Quellenmaterial bzw. ausführlicheren Erzählungen über die Vergangenheit weitgehend fehlt. Dennoch formulieren die Vereinsmitglieder, wie sich zeigen wird, über ihre kurzen und häufig stereotypen Geschichtserzählungen drei zentrale Momente ihres Selbstverständnisses. Die folgenden Abschnitte analysieren daher diese Kerninhalte der Erzählung. Sie fragen zudem nach den Voraussetzungen, unter denen die RSSNA Geschichte erzählt und nach damit verbundenen Strategien und Positionierungen.

10.1. Soziales Engagement als Kern von Religion

Im Eid der RSSNA, der auf der Webseite der Organisation sowie auf der ersten Seite jeder Ausgabe des Ceyti Malar zu lesen ist und der zu Beginn jeder Sitzung des Vorstands gesprochen wird, geloben die Vereinsmitglieder: „Ich werde der Heilsarmee für meinen sozialen Aufstieg dankbar sein!"[163] Im Eid findet sich damit ein entscheidendes Motiv des historischen Narrativs der RSSNA: Die – frühe – Geschichte der Heilsarmee in der Region wird als Geschichte des sozialen Aufstiegs ihrer Anhängerschaft erzählt. Dies wird auch in Gesprächen und im Vereinsmagazin immer wieder berichtet:

„General William Booth gründete die perfekte Heilsarmee – Suppe, Seife, Seelenheil (Soap, Soup, Salvation). Damals war sie in ganz Indien erfolgreich, besonders bei unseren Leuten hier. Diese armen Menschen haben sie vorangebracht. Die Heilsarmee kam zu diesen ganz Armen, zu den Armen in den Dörfern. Die meisten

---

[162] Als solche können u.a. die Missionsehepaare Mead und Mault aus der London Missionary Society (LMS) gelten, von deren Leistungen mündlich wie schriftlich viel berichtet wird. Sehr bekannt ist in der Region auch der erste Missionar der LMS in Travancore, William Tobias Ringeltaube. Diese Gestalten werden auch in einigen Werken gewürdigt, die in Kapitel 11 dieser Arbeit untersucht werden. Vgl. z.B. Gnanadason 1994. und den Blog Milestones of Kanyakumari von Babu Manoharan: http://milestonesofkanyakumari.blogspot.com/2013/10/welcome.html (zuletzt abgerufen am 14.11.2019)..

[163] https://rssna.wordpress.com/ (zuletzt abgerufen am 01.10.2019).

von ihnen arbeiteten in der Landwirtschaft. Landwirtschaft unter sehr ärmlichen Bedingungen. Aber nachdem die Heilsarmee zu diesem Ort kam… Sie arbeiteten hart und damals haben sie sich diesen Menschen geweiht. Damals waren auch die Offizierinnen und Offiziere der Heilsarmee kaum gebildet, dennoch wurden sie vorangebracht, sie sind gegangen und haben sehr hart mit den Menschen gearbeitet, das bedeutet: Medizin, Bildung, dann das Heil.“[164]

„Die Heilsarmee wurde von den Gefährten der Armen, dem Ehepaar General William Booth, in England gegründet. Sie wurde dann in alle Erdteile verbreitet. nach Südindien kam sie durch Commissioner Booth-Tucker. Zu dieser Zeit waren die Dalits, die auf soziale Befreiung hofften, hoffnungslos. Denn da war niemand, der sie von der diskriminierenden Grausamkeit der Kastendiskriminierung befreite. Sie hatten außerdem mit Armut zu kämpfen, an den Ufern von Flüssen und Teichen und in den Slums. Am Anfang gingen die Offizierinnen und Offiziere zu den Dalits, boten ihnen Unterstützung und predigten die Liebe Gottes. Die Menschen waren inspiriert von der selbstlosen, auf Dienst ausgerichteten Einstellung der Offizierinnen und Offiziere und traten alle in die Heilsarmee ein. Die erzieherische, medizinische und soziale Arbeit funktionierte gut in dieser Region in der Zeit, in der die englischen Offizierinnen und Offiziere die Leitungsverantwortung hatten.“[165]

In diesen beispielhaft ausgewählten Zitaten werden die wichtigsten Maßnahmen genannt, mit denen die Heilsarmee aus Sicht der RSSNA sozialen Aufstieg ermöglichte, nämlich ihr Bemühen um Bildung und medizinische Versorgung ihrer Mitglieder und deren Befreiung aus kastenbasierter Unterdrückung. Neben diesen am häufigsten angesprochenen Arbeitsfeldern der Heilsarmee wurden in den verschiedenen Gesprächen auch noch andere Aspekte genannt, wie etwa die Schaffung von Arbeitsplätzen für die Bekehrten. Dieses umfangreiche soziale Programm ist aus Sicht der RSSNA keineswegs ein Betätigungsfeld der Heilsarmee neben anderen, sondern der eigentliche Kern recht verstandener Heilsarmee-Identität und -Mission. Dies habe die heutige indische Heilsarmee-Leitung zwar vergessen, Gründer William Booth, so argumentierten viele Vereinsmitglieder, habe dies jedoch unmissverständlich formuliert. Insbesondere Vereinspräsident Murray trägt dieses Argument immer wieder vor:

„Der Gründer, General William Booth hatte eine Mission mit einer Vision und er gründete diese religiöse Organisation, die Heilsarmee (TSA). (…) Die Mission und Vision – deren Quintessenz wird hier ausgedrückt durch: ‘So lange Frauen weinen, wie sie es jetzt tun, werde ich kämpfen. So lange kleine Kinder hungern, wie sie es jetzt tun, werde ich kämpfen. So lange Männer ins Gefängnis gehen, hinein und hinaus, werde ich kämpfen, solange ein armes Mädchen auf den Straßen verloren ist, werde ich kämpfen, solange auch nur eine dunkle Seele ohne das Licht Gottes bleibt, werde ich kämpfen – ich werde kämpfen bis zum Ende!’ Diesen glücklosen und hilflosen Menschen zu dienen ist Gottesdienst – Dienst und Glaube sind die beiden Beine zum Gehen – das ist die Vision und Mission des Gründers. Matthäus

[164] Interview mit RSSNA-Vorstandsmitglied Nr. 9 am 07.02.2017.
[165] Kumari Thayalan 2012, 5.

Kapitel 25, Verse 35 und folgende sind der Reichtum der Heilsarmee. Das gegenwärtige Szenario der Heilsarmee in Indien: Der Dienst an der Gemeinschaft, das sine qua non der Organisation, ist verschwunden (...).“[166]

„‘Denn ich bin hungrig gewesen und ihr habt mir zu essen gegeben. Ich bin durstig gewesen und ihr habt mir zu trinken gegeben. Ich bin ein Fremder gewesen und ihr habt mich aufgenommen. Ich bin nackt gewesen und ihr habt mich gekleidet. Ich bin krank gewesen und ihr habt mich besucht. Ich bin im Gefängnis gewesen und ihr seid zu mir gekommen.’ (Mt. 25,35-36). Das ist der Kern des Christentums und die Worte aus der Schrift, mit denen wir leben sollen.“[167]

Soziales Engagement, so sieht es die RSSNA, ist letztlich nicht nur Gründungsimpuls und bleibender Auftrag der Heilsarmee, sondern unverhandelbarer Kern des Christentums als Ganzem. Es ist nicht bloß ein wichtiger Ausdruck von Religion, sondern ihr „sine qua non“, da der Dienst an den Armen der eigentliche Gottesdienst ist. Dieses Christentumsverständnis prägt auch die wenigen Artikel im Ceyti Malar, die über konkrete historische Ereignisse und Personen berichten, insbesondere in einem 2014 erschienenen Artikel des Generalsekretärs der RSSNA, der das Leben Frederick Booth-Tuckers, des Indienpioniers der Heilsarmee schildert.[168] Hauptanliegen des Artikels ist die Deutung von Booth-Tuckers Leben als sozialer Mission. Dieses Motiv zieht sich durch den Text und prägt die Beschreibung aller wichtiger Ereignisse und Themen im Leben des Indienpioniers. Schon vor seinem Beitritt zur Heilsarmee, als er noch in Diensten des Indian Civil Service stand, so heißt es im Artikel, habe er sehr stark das Bedürfnis gehabt, den Armen zu helfen. Die Lektüre eines Artikels in der Heilsarmee Zeitschrift „The War Cry“ sei der Wendepunkt in seinem Leben gewesen. Auf Grund dieses Artikels habe er den Entschluss gefasst, „Gott und den Menschen zu dienen“. Daraufhin habe er den Regierungsdienst verlassen. Für den Beitritt gerade zur Heilsarmee habe er sich entschieden, weil diese sich um die unteren Gesellschaftsschichten bemüht habe. Unter diesem Zeichen stand auch sein Einsatz für eine Ausweitung der Heilsarmeemission nach Indien. Aus seiner Zeit im indischen Regierungsdienst sei Booth-Tucker nämlich die durch das Kastensystem bewirkte Unterdrückung in Erinnerung geblieben. Sein missionarisches Motiv für die Arbeit in Indien war deshalb, so der Ceyti Malar, sich auch hier den aus der Gesellschaft Ausgeschlossenen zu widmen und insbesondere gegen Kastendiskriminierung zu kämpfen. Aus seiner Zeit im indischen Regierungsdienst sei Booth-Tucker nämlich die durch das Kastensystem bewirkte Unterdrückung in Erinnerung geblieben. Sein missionarisches Motiv für die Arbeit in Indien war deshalb, so der Ceyti Malar, sich auch hier den aus der Gesellschaft Ausgeschlossenen zu widmen und insbesondere gegen Kastendiskriminierung zu kämpfen. Kern seines Christentums

[166] Murray 2016, 1.
[167] Murray 2016a, 1.
[168] Inba Yesurajan 2014b.

und seines missionarischen Strebens war, aus Sicht der RSSNA das Bedürfnis, gegen soziale Ungerechtigkeit zu kämpfen. Gottesdienst und Dienst an den Menschen wird also auch in diesem Artikel gleichgesetzt.

Auch in den wenigen weiteren Fällen, in denen die RSSNA historische Figuren aus der Heilsarmee ausdrücklich würdigt, geht es um die Würdigung sozialen Engagements als Kern christlicher Mission. In diesem Zusammenhang sind vor allem noch zwei Artikel aus der Herbstausgabe des Ceyti Malar von 2015 zu nennen.[169] Diese porträtieren Henry Andrews, der der Gründer des Nagercoiler Krankenhauses war und als Initiator der medizinischen Mission der Heilsarmee insgesamt gilt, sowie zwei weitere Heilsarmee-Ärzte, die ebenfalls zu verschiedenen Zeiten im Catherine Booth Hospital arbeiteten: Charles Steibel und Harry Williams. Alle drei werden als beispielhafte Vertreter der sozialen Mission gewürdigt, auf deren Vorbild sich die heutige Heilsarmee-Leitung besinnen solle. Historische Figuren werden in den Geschichtsdarstellungen der RSSNA so zu Garanten recht verstandener Religion, deren Kern soziales Engagement ist. In diesem Sinne verstehen die Vereinsmitglieder auch ihre eigene Arbeit. Das religiöse Selbstverständnis des Vereins tritt besonders deutlich in der Frühjahrsausgabe des Ceyti Malar von 2016 hervor. Auf dem Titelblatt des Magazins ist Jesus zu sehen, der die Händler aus dem Jerusalemer Tempel vertreibt. Der Leitartikel nimmt auf das Bild Bezug und erklärt im Titel „Die Retchanya Senai Samudhaya Nala Amaippu ist die Peitsche in Jesu Hand“.[170] Dieser Artikel, so Präsident John Murray im Gespräch, sei ein Meilenstein der Suche nach dem Selbstverständnis des Vereins gewesen. Jesus, so heißt es im Artikel, setze die RSSNA gegen die korrupte und ausschließlich profitorientierte Heilsarmee-Leitung ein wie die Peitsche gegen die Händler im Tempel.[171] Die RSSNA Mitglieder deuten also ihren Einsatz für eine Reform der Heilsarmee als religiöses Engagement.

10.2. Die Heilsarmee als Mission für die Sambavars. Die Gleichsetzung von Kirche und Kaste

Die Vereinsmitglieder erzählen aber nicht nur deshalb aus der Vergangenheit der Heilsarmee, um ihr Religionsverständnis und ihre damit verbundene Auffassung vom zentralen Auftrag der Heilsarmee zu formulieren. Ebenso wie die gewünschten Schwerpunkte ihrer Tätigkeit wird im Rahmen historischer Erzählungen auch die Zielgruppe der Heilsarmee bestimmt. Diese habe sich bereits in ihrer Londoner Anfangszeit den Armen verschrieben. Als notwendige Konsequenz dieser Grundentscheidung habe

[169] Herausgebergruppe Ceyti Malar 2015; Vetriseelan 2015.
[170] Anon. E 2016.
[171] Interview mit John Murray am 06.05.2016.

sie sich in Indien den Kastenlosen, den Dalits zugewandt, denn hier seien es diese Gruppen gewesen, die am weitaus stärksten von materieller Not und gesellschaftlicher Benachteiligung, wie etwa dem Ausschluss von Bildung und medizinischer Versorgung, betroffen gewesen seien.

„Da den untersten Schichten der Gesellschaft in England der Zutritt zu der etablierten Kirche verweigert wurde, gründete William Booth, ein Pastor der christlichen methodistischen Kirche 1865 in London die Heilsarmee-Bewegung (TSA). Auf der Grundlage „Dienst an den Bedürftigen ist Dienst an Gott" erregte sein Slogan 'Suppe, Seife Seelenheil' ('Soap, Soup, Salvation') die Aufmerksamkeit der Welt. Die Heilsarmee kam 1882 in Indien an. Am Anfang halfen die Missionarinnen und Missionare den Armen, ihren Lebensstandard zu verbessern. Die unterdrückte Gemeinschaft, die Dalits, waren mehr als andere Gemeinschaften von ihrer Lehre und dem Dienst, den sie leistete, beeindruckt. Sie wurden Christinnen und Christen in der Heilsarmee."[172]

Im Kanyakumari Distrikt sei die Heilsarmee deshalb die Mission für die Sambavars als der dortigen Dalit-Gemeinschaft geworden und habe sich in ihrer Frühzeit ganz der Förderung dieser Kaste verschrieben. Aus Sicht der RSSNA ist die Geschichte der Heilsarmee in der Region damit die Geschichte der Sambavars. Diese Verbindung hebt der Generalsekretär der RSSNA in seinem bereits zitierten Artikel über Booth-Tucker ausdrücklich hervor und in einem Schreiben an den General der Heilsarmee aus dem Jahr 2014 weist auch Vereinspräsident Murray auf das Engagement für die untersten Kasten hin und beschreibt sie als prägend für die frühe südindische Heilsarmee-Mission.

„Der Dienst der Heilsarmee wurde auch in Südindien begonnen. 1887 begann die Heilsarmee ihren Dienst in den nördlichen Distrikten Tamil Nadus. Die Heilsarmee, die nur in den Städten diente, weitete ihren Dienst 1892 dann auch in die südlichen Regionen Tamil Nadus aus und begann ihre Arbeit im Kanyakumari-Distrikt. Anfangs richtete sie sich an die Nadar-Gemeinschaft. Da diese nicht empfänglich waren, wandte sich die Heilsarmee an die Sambavar Gemeinschaft, die von den Hindus auf der Basis von Kaste diskriminiert wurden. Die Heilsarmee gab den Menschen, die als Unberührbare diskriminiert und vernachlässigt wurden, Gleichheit und sozialen Status und machte sie zu normalen Menschen in der Gesellschaft."[173]

„Die Unberührbaren (jetzt nennen sie sich Dalits) sind auf der Suche nach ihrem täglichen Brot, sie kämpfen darum, ihre Lebenssituation zu ändern, die von Unterdrückung, Armut, Ungerechtigkeit, Analphabetismus und Verweigerung von Identität geprägt ist. Das sind die Menschen, unter denen große Seelen wie Booth-Tucker, Yesuretnam (William Stevens) und Porumaiammal (Elizabeth Gaiky) [Elizabeth Geiki; Anm. d. V.] sich abmühten, um die Botschaft und die Mission von William Booth zu verbreiten. Ihre Geschichte ist zu tränenreich, um sie in Worten zu

---

[172] https://rssna.wordpress.com/presidents-desk/ (zuletzt abgerufen am 02.03.2021).
[173] Inba Yesurajan 2014b, 30.

berichten. Ihr Blut, ihre Mühen, ihre Tränen und ihr Schweiß sind die indische Heilsarmee."

Die Zielgruppe der Heilsarmee wird von der RSSNA also als Kastengemeinschaft beschrieben. Das zentrale Problem, das sich aus kastenbasierter Diskriminierung ergibt, ist dabei die Armut der Dalits, ihr „Kampf um das tägliche Brot". Das Engagement gegen Kastendiskriminierung in Indien, die Hinwendung zu den Sambavars als der untersten Kaste der Region in der Frühzeit der Mission sei daher die notwendige, ja, zwingende Fortsetzung des Gründungsimpulses der Heilsarmee gewesen. Zu dieser besonderen Verpflichtung den Sambavars gegenüber, so argumentieren die RSSNA-Mitglieder, müsse sich die regionale Heilsarmee auch heute bekennen. Dies sei deshalb so wichtig, weil eben nicht nur im Falle der Heilsarmee und der Sambavars eine weitgehende Übereinstimmung von kastenbasierten und konfessionellen Grenzen bestehe. Vielmehr, so argumentieren sie, entsprächen sich in der Region Kasten- und Kirchengrenzen überhaupt weitgehend. Jede Missionsgesellschaft und jede Kirche habe ihre Anhängerschaft ganz überwiegend aus den Reihen je einer spezifischen Kastengemeinschaft gewonnen und widme sich dementsprechend jeweils schwerpunktmäßig der Förderung dieser jeweils spezifischen Gemeinschaft.

„Ich sehe das so: Da sind ausländische Menschen gekommen. Einige sind zur Küste gegangen und die haben katholisch gepredigt. Einige Leute sind zu den Nadars gegangen. Und die Heilsarmee ist zu den Dalits gekommen. Ich denke, wenn die Leute, die an die Küste gegangen sind zu den Dalits gekommen wären, wären die Dalits jetzt aufgestiegen und sehr reich. Denn diese Heilsarmee hat keine Dynamik. Die katholische Kirche hat eine ganze Anzahl Schulen, Colleges, Ingenieursschulen, alles haben sie eingerichtet. Es gibt da Jobmöglichkeiten. Viele Leute aus deren Gemeinschaft arbeiten da als Lehrkräfte, im Professorium oder auf offiziellen Posten. Die haben alles gemacht. Wenn diese Leute zu den Dalits gekommen wären, würde es uns nun gut gehen. So ist das auch bei der London Mission, die zur CSI wurde. Die sind zu den Nadars gegangen. Aber hier [in der Heilsarmee; Anm. d. V.] gibt es nur ein Krankenhaus und nur eine höhere Schule. (...) Also, diese Leute [die in der katholischen Kirche und der CSI; Anm. d. V.] sind gekommen, um zu entwickeln, um voranzubringen. Also sage ich: Dass die Heilsarmee zu unserer Gemeinschaft gekommen ist, ist der Grund, warum wir das nicht können."[174]

Verbunden mit der hier formulierten Gleichsetzung von Kirche und Kaste stellt das zitierte Vereinsmitglied – wie viele seiner Vereinskollegen – auch in diesem Zusammenhang einen kritischen Vergleich an. Wichtiger als der Kontrast zwischen Vergangenheit und Gegenwart ist hier also derjenige zwischen der Heilsarmee und anderen Kirchen, die in der Region aktiv sind. Diese, so wird vielfach argumentiert, bemühten sich noch heute

[174] Interview mit RSSNA-Vorstandsmitglied Nr. 8 am 11.02.2017.

umfänglich und erfolgreich um ihre Anhängerschaft. Häufig berichten die Vereinsmitglieder in diesem Zusammenhang ausführlich über die vergangenen wie gegenwärtigen Verdienste anderer Kirchen und dem daraus resultierenden erheblichen sozialen Aufstieg der diesen Kirchen angehörenden Kastengemeinschaften. Das vielzitierteste und wichtigste Beispiel ist dabei die Arbeit der Church of South India und der damit verbundene Aufstieg der Nadar-Gemeinschaft. Die zur Heilsarmee gehörenden Sambavars, so wird in der RSSNA argumentiert, seien anderen Kastengemeinschaften, insbesondere den Nadars gegenüber, noch immer benachteiligt, da sich ihre eigene Kirche, die Heilsarmee, nicht um ihre Besserstellung bemühe während andere Kirchen ihre eigenen Mitglieder – etwa bei der Vergabe von Plätzen an ihren Bildungseinrichtungen – bevorzugten. Dies wiege umso schwerer, da ihnen als Christinnen und Christen auch die den Hindu-Sambavars zustehenden staatlichen Fördermaßnahmen für Angehörige der Scheduled Castes versagt blieben. Mitglieder der Heilsarmee genössen also anders als alle anderen keine hauptsächlich ihnen vorbehaltene, spezifisch auf sie ausgerichtete Unterstützung:

„Das Problem ist: Im Kanyakumari-Distrikt, oder man kann sagen, in Indien, gibt es die Church of South India und die römisch-katholische Kirche. Die haben mehr Institutionen, Bildungseinrichtungen. Aber in der Heilsarmee hat nur William Booth so etwas angefangen, danach hat niemand mehr etwas getan. Wenn ich also an anderen Einrichtungen studieren will, fragen sie nach meiner Konfession. Das ist mein Problem. Ich bekomme die Zulassung nicht, denn sie haben Prozentsätze. Fünfzig Prozent der Plätze sind für ihre eigenen Leute. Nur zehn oder zwanzig Prozent sind für andere Gemeinschaften oder Konfessionen. In diesem Fall stehen wir vor Problemen.“[175]

Während also andere Kirchen sich noch heute umfassend und erfolgreich für die ihre Anhängerschaft jeweils konstituierende Kastengemeinschaft einsetzten, habe die Heilsarmee ihre Verpflichtung den Sambavars gegenüber vergessen. Die RSSNA fordert deshalb die Rückbesinnung auf das vorbildliche Engagement zur Zeit der frühen Mission. Auch in diesem Fall entsprechen sich also die Erzählungen der Vereins-Mitglieder über die Vergangenheit und ihre Forderungen für die Gegenwart: Die Heilsarmee habe sich einmal als Kirche der Sambavars und als Förderin des sozialen Aufstiegs dieser Gemeinschaft verstanden. In jüngerer Zeit habe sie sich jedoch von dieser Gemeinschaft, die aus historischen wie theologischen Gründen noch immer ihre Zielgruppe sein sollte, abgewandt. Auch hier ist das Selbstverständnis des Vereins ein reformatorisches. Seine Mitglieder setzen die von ihnen angestrebte Reform der Heilsarmee weitgehend gleich mit dem Einsatz für die eigene Kastengemeinschaft. Der Wunsch, sich für die Sambavars einzusetzen, ist für die meisten von ihnen eine entscheidende Motivation für die Mitarbeit im Verein. Die Heilsarmee sei nämlich

[175] Interview mit Brüdern aus der Reformgemeinde am 19.02.2017.

notwendiges und unverzichtbares Mittel für den sozialen Aufstieg der Sambavar Gemeinschaft. Das sei auch der Grund, aus dem sie – bei aller Kritik – auf keinen Fall aus der Heilsarmee austreten wollten. Diese zu verlassen liefe nämlich darauf hinaus, der Kastengemeinschaft der Sambavars die Unterstützung zu entziehen, auf die diese so dringend angewiesen sei. Der Einsatz für die Sambavars sei auch heute grundlegend für recht verstandene indische Heilsarmee-Identität. Einsatz für die Kaste ist Einsatz für die Kirche, Heilsarmee-Identität ist Sambavar-Identität.

10.3. Die RSSNA als wahre Heilsarmee

In den vorigen Abschnitten ist bereits deutlich geworden, dass Vergleiche zwischen früherer und heutiger Zeit zentrale Elemente historischer Erzählungen der RSSNA-Mitglieder sind, die vor allem dazu dienen, die Forderungen des Vereins an die Heilsarmee-Leitung zu erklären und zu untermauern. Der schwarz-weiß-Kontrast, der, den Vereinsmitgliedern zufolge, zu der Frühzeit der südindischen Heilsarmee besteht, wird in ihren Berichten v.a. an zwei entscheidenden Punkten festgemacht. Erstens zeugten die Pioniertaten der Heilsarmee in Indien von einem richtigen Verständnis von Christentum bzw. Religion. Dieses drückte sich in einem umfangreichen sozialen Engagement aus, das sich, zweitens, insbesondere an die Kaste der Sambavars richtete und ihren sozialen Aufstieg zum Ziel hatte, da es sich bei dieser Gemeinschaft um die ärmste und sozial benachteiligste Gruppe in der Region handelte. Diese entscheidenden Charakteristika der frühen Mission seien jedoch verloren gegangen und in der heutigen Arbeit der regionalen Heilsarmee nicht mehr zu erkennen. Die frühe Heilsarmee war, den Vereinsmitgliedern zu Folge, von vorbildlichem Engagement gekennzeichnet, die heutige hingegen von Pflichtvergessenheit und Niedergang.

Wie kam es nun aber zu einem Verfallsprozess, dessen Ergebnis in einem so markanten Kontrast besteht? Wann endete die Zeit, in der die Heilsarmee noch vorbildlich arbeitete, und welche Ereignisse führten zu ihrem Niedergang? Auch hier lässt sich ein entscheidendes Motiv ausmachen, dass sich in den Berichten aller interviewten Vereinsmitglieder findet: Der Verfall der Heilsarmee, darin sind sie sich einig, wurde vom Rückzug der ausländischen Missionsangestellten und der Übergabe der Leitungsverantwortung an Einheimische ausgelöst, die sich, so berichten die RSSNA-Mitglieder, als völlig unfähig erwiesen, dieser Verantwortung gerecht zu werden.

„(...) jetzt nimmt der Dienstgeist langsam ab und alle Institutionen, die sie für diese Gemeinschaft geschaffen haben, sterben. Hauptsächlich haben wir hier eine höhere Schule hier und das Catherine Booth Hospital in Vadasery. Aber beide Institutionen sind im Niedergang. Die Schule hatte einmal 1400 Schülerinnen und Schüler, nun sind es ungefähr 400. Das Krankenhaus, das beinahe 300 Betten hat,

hat nur zwanzig Patientinnen und Patienten, weniger als zwanzig. Und das liegt hauptsächlich an den Offizierinnen und Offizieren, die von der Heilsarmee ernannt werden. Sie sind selbstsüchtig, sie sind nicht auf Dienst ausgerichtet. (...) Christliche Dalits bekommen keine Privilegien vom Staat, das musst du unbedingt beachten. (...) Aber zumindest in der Heilsarmee müssen sie uns erziehen und müssen sie Arbeitsplätze für uns schaffen. Und das hat die Heilsarmee versäumt zu tun, seit die europäischen Leute Indien verlassen haben und die Heilsarmee indisch wurde. (...) Der Niedergang begann, weil das alles selbstbezogene Menschen sind, selbstsüchtige Leute, die keine Vision in ihrem Kopf haben, wie sie diese Gemeinschaft fördern können. Sie haben keine Vision. Sie arbeiten nur für Gehalt und sie veruntreuen das Geld der Heilsarmee.“[176]

„Das Catherine Booth Hospital ist das einzige Krankenhaus für Heilsarmee-Mitglieder, ein Krankenhaus für arme Leute. Aber was jetzt geschieht... Zu der Zeit, als die ausländischen Ärzte dort arbeiteten, florierte es. Ich kenne das Catherine Booth Hospital seit meiner Kindheit. Meine Verwandten arbeiteten dort, meine Eltern und alle. Aber heute kümmern sie sich kein bisschen darum. Außerdem gibt es keine engagierten Ärztinnen und Ärzte, sie arbeiten nur und bekommen Gehalt. Aus diesem Grund. Ihr Engagement ist verloren gegangen. Auch das Pflegepersonal ist so. Damals haben wir nichts bezahlt. Freie Bildung, Krankenpflege, alles umsonst.“[177]

Auffällig ist allerdings, dass die Berichtenden zwar in der Bestimmung desjenigen Ereignisses übereinstimmen, das den Wandel verursacht hat, bei dessen Datierung jedoch ganz erheblich voneinander abweichen. Einige beschreiben den Rückzug der europäischen Leitung als Reaktion auf die indische Unabhängigkeit. Diese wurde 1947 erklärt. Andere berichten, zur Zeit des geeinten Territoriums Südindien sei die Leitung noch europäisch gewesen, erst nach der im Jahr 1970 erfolgten Teilung in die Territorien Südost- und Südwestindien sei sie an Einheimische übergegangen und habe der Verfall begonnen. Ein befragtes Ehepaar aus dem Umfeld der RSSNA datierte im Verlauf desselben Interviews diesen den Niedergang der regionalen Heilsarmee einleitenden Leitungswechsel einmal auf die Zeit nach 1970. An anderer Stelle berichteten sie, die von ihnen kritisierten Verfallserscheinungen seien erst in den letzten zehn oder 15 Jahren – und das würde bedeuten, erst seit Anfang der 2000er Jahre – aufgetreten. Wie bei den anderen Kernelementen des RSSNA-Narrativs fehlen offenbar auch für die jüngere Geschichte der Heilsarmee, die die Vereinsmitglieder als Verfallsgeschichte erzählen, ganz weitgehend ausführlichere historische Quellen. Auch hier nennen sie kaum jemals konkrete Personen oder Vorkommnisse.

Allerdings bringen sie ihre Auffassung vom Niedergang der Heilsarmee gerade auch in den wenigen Texten zum Ausdruck, in denen bekannte Einzelgestalten der Heilsarmee-Geschichte vorgestellt werden. Dies tun sie, indem sie den Vorbildcharakter der Porträtierten herausstreichen und dann

[176] Interview mit John Murray am 06.03.2016.
[177] Interview mit RSSNA-Vorstandsmitglied Nr. 9 am 07.02.2017.

den Abfall der heutigen Heilsarmee-Mitglieder von den von ihnen vorgelebten Idealen beklagen. Auffällig ist, dass die RSSNA auch im Falle dieser Artikel im Grunde nicht selbst Geschichte schreibt, sondern Heilsarmee-Traditionen aufgreift und ihnen eine kritische Stoßrichtung verleiht. Dies zeigt sich besonders deutlich an den beiden 2015 erschienenen Artikeln über berühmte Heilsarmee-Ärzte. Der unter dem Namen „Vettriseelan" in tamilischer Sprache verfasste Artikel über Andrews und Steibel ist eine nur leicht bearbeitete Übersetzung eines unveröffentlichten Textes, den ein Mitglied der Heilsarmee-Stadtgemeinde von Nagercoil im Frühling desselben Jahres bereits auf Englisch verfasst hatte.[178] Der Autor der englischen Version ist kein RSSNA-Mitglied, jedoch mit vielen der in Nagercoil ansässigen Vorstandsmitgliedern gut bekannt. Er beschäftigt sich in seiner Freizeit mit der Geschichte der Heilsarmee und des regionalen Christentums und veröffentlichte einmal auch in der gesamtindischen Ausgabe des Heilsarmee-Magazins „The War Cry". Die einzige markante Veränderung, die die tamilische Textfassung der RSSNA gegenüber der englischen aufweist, findet sich am Ende des Artikels. Die englische Fassung resümiert:

„Dr. Andrews und Dr. D. Steibel hatten nicht nur für die Menschheit die Stethoskope in ihren Händen, sondern auch 'SEIN KREUZ' in ihren Herzen für Gott. (Matthäus 10,38 – Und wer nicht sein Kreuz auf sich nimmt und folgt mir nach, der ist meiner nicht wert.)"[179]

Die Fassung der RSSNA übernimmt zwar die Formulierung über das Stethoskop in der Hand und dem Kreuz im Herzen, wendet den Artikel dann jedoch in Kritik, indem sie behauptet, die Heilsarmee habe die Erinnerung an diese herausragenden Ärzte nicht bewahrt: „Während die ganze Welt sich (2014 bis 2018) dankbar derjenigen erinnert, die im ersten Weltkrieg ihr Leben verloren und geopfert haben, ist es traurig und zu kritisieren, dass wir nicht der Doktoren der Heilsarmee gedenken."[180]

Auch für den Artikel über Harry Williams, der aus Anlass von dessen 102. Geburtstag im Ceyti Malar erschien, verwendete die Herausgebergruppe des Ceyti Malar, die als Autorin des Artikels angegeben ist, offenbar einen anderen Text als Vorlage. Der Artikel ähnelt sehr stark einem Bericht über Harry Williams, der zwei Jahre zuvor anlässlich seines hundertsten Geburtstags auf der Webseite des Internationalen Hauptquartiers erschienen war.[181] Die RSSNA verbindet die auch dort formulierte Würdigung jedoch auch hier mit einem kritischen Seitenhieb am Ende des Artikels: „Sein Leben ist ein Beispiel für alle pensionierten Offizierinnen und

[178] Jayaseelan 15.03.2015.

[179] Jayaseelan 15.03.2015.

[180] Vetriseelan 2015, 14.

[181] https://www.salvationarmy.org.uk/forward-thinking-missionary-celebrates-centenary (zuletzt abgerufen am 5.3.2020).

Offiziere in Indien und auch für diejenigen die noch für die Heilsarmee arbeiten, aber für niemanden hilfreich sind."[182]

In biografischen Texten, das macht der Generalsekretär des Vereins in seinem Artikel über Booth-Tucker deutlich, gehe es der RSSNA auch gar nicht schwerpunktmäßig um die Beschreibung vergangener Zeiten, sondern eben gerade um Gegenwartsreflexion, um einen kritischen Blick auf die heutige Situation der Heilsarmee. Diesen Umgang mit Geschichte wolle das Vereinsmagazin seiner Leserschaft ermöglichen und damit eine andere Form der Geschichtserzählung betreiben als die Heilsarmee-Leitung.

> *„Grüße im Namen Jesu an alle, die das Magazin lesen. Das Magazin mit Artikeln, Versen und göttlichen Botschaften, wurde veröffentlicht, um die Verwahrlosung der Offizierinnen und Offiziere der Heilsarmee aufzuzeigen, denen es an sozialen Gedanken und vorwärts gerichtetem Denken fehlt. Die Heilsarmee sollte mit anderen Kirchen wetteifern und sich entwickeln. Wir wissen nicht, inwieweit dieses Magazin euch voranbringt, aber es sollte euch zumindest ein bisschen zum Denken bringen. Obwohl die Offizierinnen und Offiziere uns die Geschichte der Offizierinnen und Offiziere der frühen Zeit gelehrt haben, erzählen sie mehr reißerische Geschichten über die verstorbenen Führungskräfte, statt zu erklären, was die Leute daraus lernen sollen. Die Geschichten lehren uns, unsere Lebensführung zu hinterfragen und unser Leben der Gemeinschaft zu widmen, indem wir durch dieses Magazin Gedanken über das Beispiel Booth-Tuckers teilen, der von der Heilsarmee als Apostel Indiens gepriesen wird. Er war wie ein Sohn Gottes, der die Selbstlosigkeit, die sozialen und religiösen Dienste der Heilsarmee von den westlichen in die asiatischen Länder gebracht hat."*[183]
>
> *„Gegenwärtig haben die Offizierinnen und Offiziere, die uns anführen eher mehr Interesse an ihrem eigenen Fortkommen als an dem der Menschen. Hätten sie Weitblick und Menschlichkeit wie Booth-Tucker, könnten sie staatliche Programme haben und verschiedenartige Entwicklungspläne umsetzen. Da die Heilsarmee von Offizierinnen und Offizieren beherrscht wird, die keine Furcht vor Gott haben und die Gewinnung von Seelen als Geschäft betreiben, hat die Heilsarmee ihre Einzigartigkeit in der christlichen Welt verloren. (...) Die heutigen Offizierinnen und Offiziere und die Menschen sollten im Gedächtnis behalten, dass wir von den Opfern und der harten Arbeit der frühen Offizierinnen und Offizieren. Dadurch können wir ihnen Respekt erweisen. Lasst uns unsere Stimmen erheben damit unser Gott uns eine gute Zeit schenkt, lasst uns ausharren, lasst die Renaissance Gestalt annehmen!"*[184]

Hinsichtlich der Frage nach der Vergabe von Leitungsverantwortung besteht die von der RSSNA geforderter „Renaissance" jedoch nicht einfach in einer Rückkehr zu früheren Verhältnissen, wie das bei den anderen zentralen Motiven ihres historischen Narrativs der Fall ist. Der Verein fordert zwar eine Rückbesinnung auf das Religionsverständnis der frühen

[182] Herausgebergruppe Ceyti Malar 2015.
[183] Inba Yesurajan 2014b, 26.
[184] Inba Yesurajan 2014b, 32.

Heilsarmee, das soziales Engagement ins Zentrum stellt, und fordert die heutige Leitung auf, sich wieder den Sambavars zuzuwenden, da diese die ursprüngliche Zielgruppe der südindischen Mission gewesen seien. Er fordert jedoch an keiner Stelle die Rückkehr ausländischer Heilsarmee-Mitglieder und die Rückgabe der Verantwortung an sie. Besonders deutlich wird dies in der von John Murray verfassten Darstellung der Geschichte des Vereins auf der Vereinshomepage. Dort bricht er mit der von den anderen Berichtenden stets konsequent vertretenen Dichotomie zwischen engagierter, fähiger ausländischer und inkompetenter, selbstsüchtiger einheimischer Leitung und berichtet von den Leistungen des ersten Territorialleiters des 1970 geschaffenen Territoriums Südostindien. Dieser tamilische Offizier übernahm die Leitungsverantwortung, nachdem das frühere Territorium Südindien anhand der bundesstaatlichen Grenze zwischen Tamil Nadu und Kerala geteilt worden war.[185]

„Dann gab es eine Auseinandersetzung hier, weil wir Tamil sprechen und sie [einheimische Führungskräfte der Heilsarmee aus Kerala; Anm. d. V.] Malayalam. Und da gab es einen Konflikt und sogar Kämpfe. Wenn sie herkamen, gab es leichte Unruhen. Ich erinnere mich, ich war hier in diesen Jahren 1969 und 1970. Und dann schließlich wurde es [das Territorium; Anm. d. V.] geteilt. Und da war ein Commissioner, der wirklich eine Vision hatte. Er verlegte das Territoriale Hauptquartier nach Tirunelveli und er sagte, wir müssen das Territorium in die nördlichen Distrikte wie Madurai, Coimbatore, Trichy und Pondicherry ausweiten. Er hatte eine Vision. (...) Er ist derjenige, der entwickelte. Wir hatten eine Schule, die bis zur fünften Klasse ging und von der Regierung geführt wurde. Er widmete sich dieser Schule, weil das Grundstück der Heilsarmee gehört und er machte eine englischsprachige Mittelschule daraus. Und die Oberschule wurde zu einer höheren Schule. In Valliyoor war auch eine Mittelschule, die er zu einer Oberschule machte. Schau, er hatte eine Vision. Er hat die Gemeinschaft vorangebracht. Danach hatte kein Territorialleiter mehr eine Vision.“[186]

„Ein neues und eigenständiges Territorium wurde geboren (...). Oberst V.J. Chelliah übernahm das Kommando als erster Territorialleiter des Territoriums Südostindien. Er führte die tamilische Geschwisterschaft und die Soldatinnen und Soldaten der Heilsarmee im Geiste der Nation [wörtl.: the spirit of the soil, gemeint ist die tamilische Nation im Sinne des Tamil Nationalismus; Anm. d. V.] als erster Territorialleiter aus dem Tamil-Land.“[187]

Kompetente, visionäre Leitung, diesen Anspruch erhebt John Murray hier, könne also keineswegs ausschließlich von ausländischen Führungskräften ausgehen, auch Einheimische seien dazu grundsätzlich in der Lage. Den heutigen Offizierinnen und Offizieren spricht die RSSNA jedoch auf vielen Gebieten die Leitungskompetenz ab. Sie seien gerade im Hinblick auf Verwaltung und Ausbau sozialer Projekte ihrer Verantwortung oft nicht

[185] Zu diesem Teilungsprozess und seinem Zusammenhang mit sprachbasierten regionalen Nationalismen in Südindien siehe auch Kapitel 17.1 dieser Arbeit.
[186] Interview mit John Murray am 06.05.2016.
[187] https://rssna.wordpress.com/about/ (zuletzt abgerufen am 30.09.2019).

gewachsen. Dafür ist aus der Sicht des Vereins nicht nur ein verfehltes Religionsverständnis und das daraus resultierende mangelnde soziale Engagement verantwortlich, sondern auch das völlige Fehlen der für solche Aufgabenbereiche erforderlichen Kompetenzen. Den daraus resultierenden Missständen, zu denen insbesondere der Niedergang der sozialen Einrichtungen gehört, müsse die Heilsarmee mit genau denjenigen Strategien begegnen, die in anderen Kirchen längst Modernisierungsprozesse ermöglich hätten:

„Was passiert ist, dass die Offizierinnen und Offiziere der Heilsarmee nur zwei Jahre lang ausgebildet werden. Und sie werden ausgebildet, Bibelverse zu predigen, zu beten, Zeugnis zu geben, zu singen, aber nicht für administrative Tätigkeiten. Sie sind nicht qualifiziert. Sie sind keine Professionellen. Aber in der Heilsarmee wird das Krankenhaus von einem Offizier verwaltet und der Korrespondent der Schule ist ein Offizier, der nicht gebildet ist, der vielleicht nicht einmal graduiert ist. Und ein ITA, ein Industrielles Areal wird von einem Offizier verwaltet. Der hat nur 24 Monate Ausbildung, damit er ein paar Bibelverse predigen kann. Die Organisation der Strukturen muss bei den Offiziersrängen liegen und die anderen Institutionen müssen von qualifizierten Leuten aus der Gegend geleitet werden, von Leuten aus der Gemeinschaft. Weißt du, das muss der erste Schritt sein.“[188]

„Organisationen, die nicht darauf vorbereitet sind, sich mit der Zeit zu wandeln, werden schlicht verkümmern. Die römisch-katholische Kirche und die Church of South India sind die besten Beispiele für die Initiierung positiven Wandels, mit denen sie ihre Gemeinschaften auf eine höhere gesellschaftliche Ebene heben. Während der letzten hundert Jahre war das Wachstum anderer christlicher Konfessionen in den Bereichen von Bildung, Geschäften, Gewerbe und Gesundheit bemerkenswert. Sie machten dies möglich durch Transparenz in der Verwaltung und die Beteiligung der Laienschaft an der Leitung.“[189]

Nur auf die von den anderen Konfessionen bereits vorgelebte Weise, so argumentieren sie, könne auch die Heilsarmee ihre Zukunft gestalten und ihrem Auftrag wieder so gerecht werden, wie sie es ihm in ihrer Frühzeit geworden sei. Anstelle der damals amtierenden ausländischen Führungsfiguren seien es gebildete und für administrative Aufgaben qualifizierte Fachkräfte aus der Laienschaft, denen die Schlüsselrolle bei der angestrebten Rückkehr zum eigentlichen Auftrag der Heilsarmee zukommt. Insofern trägt die RSSNA in ihrer historischen Erzählung nicht bloß Forderungen hinsichtlich der Gestaltung einer zukünftigen Heilsarmee vor, sondern formuliert gerade auch einen Führungsanspruch, um den sie, wie sich im weiteren Verlauf dieser Arbeit zeigen wird, immer wieder gegenüber der Heilsarmee formuliert und gegen diese durchzusetzen versucht.[190] Sie erzählt die oben skizzierte Verfallsgeschichte, um ihrer Forderung nach einem umfangreichen Machtverzicht der Offizierinnen und Offiziere

[188] Interview mit John Murray am 09.04.2016.
[189] Murray 21.08.2014.
[190] Vgl. Kapitel 19.1 dieser Arbeit.

Ausdruck zu verleihen. Die Nachfolge der vorbildlichen frühen Leitung kann und soll aus Sicht des Vereins genau diejenige soziale Gruppe innerhalb der südindischen Heilsarmee antreten, aus der die Mehrheit der Mitglieder des Vereins oder zumindest dessen Vorstand entstammen. Heute, so schreibt John Murray es auch an den General, sei es die RSSNA, die eine Vision, einen Fahrplan für die Förderung der Heilsarmee-Gemeinschaft habe, der den Pioniertaten der frühen Heilsarmee entspreche:

„Erst in diesem sozialen Millenium kam die Heilsarmee nach Indien. In dem Bestreben, dem Stigma der Kaste zu entkommen, haben Unberührbare die Heilsarmee angenommen, die religiöse und karitative Werke zu ihrer Befreiung leistete. (...) Das Territorium Südostindien ist stolz darauf, 50.728 erwachsene Soldatinnen und Soldaten zu haben. Aber alle von ihnen sind aus der Dalit-Gemeinschaft. 'Suppe, Seife, Seelenheil' sind die Waffen, mit denen der Kampf gewonnen werden kann, der die Heilsarmee ausmacht. Wir haben diese Dinge gesagt, um den General in Kürze wissen zu lassen, was die Heilsarmee in Indien ist und was die großen Werke sind, die auf die Heilsarmee warten. Dalit-spezifische Probleme anzugehen, ihre Bildung, ihre Gesundheit (Krankenhäuser), technische Ausbildungszentren, Arbeitsplätze schaffende Programme, Fragen der Existenzsicherung und andere Maßnahmen für ihre soziale Sicherheit und ihren Aufstieg. Tatsächlich hat die RSSNA einen Strategieplan für dieses Programm und Projekt. Wahrhaftig, er ist mit 'Operation William Booth Phase II in Indien' zu betiteln, was er für die Ärmsten, Kleinsten und Geringsten in London getan hat.“[191]

Die RSSNA versteht sich also in doppeltem Sinne als Erbin der frühen Heilsarmee: Sie bewahrt nicht nur deren Geist und mahnt beständig zur Rückbesinnung darauf. Ihre Mitglieder wären außerdem in der Lage, Leitungsverantwortung so auszuüben, dass auch an die umfangreichen Erfolge der frühen sozialen Arbeit der Heilsarmee wieder angeknüpft werden könnte. Die RSSNA sei daher nicht, wie es von der Heilsarmee-Leitung behauptet werde, die Gegnerin der Heilsarmee, sondern formuliere wahre Heilsarmee-Identität.

Zusammenfassung

In den vorausgegangenen Abschnitten wurden die zentralen Motive des historischen Narrativs der RSSNA analysiert und die Eckpunkte von Heilsarmee-Identität, wie der Verein sie auffasst, herausgearbeitet. Diese Kernelemente des Selbstverständnisses sind ein soziales Verständnis von Religion, die Zugehörigkeit zur Kastengemeinschaft der Sambavars und der Anspruch, den wahren Geist der Heilsarmee bewahrt zu haben und vertreten zu können.

Neben diesen zentralen Inhalten zeichneten sich jedoch auch einige wichtige Charakteristika dieser Geschichtserzählung ab: Erstens muss sich

[191] Murray 21.08.2014.

die RSSNA der Problematik stellen, dass die Geschichte der regionalen Heilsarmee, durch die sie Identität formulieren will, im Grunde eine nicht vorhandene Geschichte ist. Zweitens sind historische Erzählungen für den Verein deshalb unverzichtbar, weil in ihrem Rahmen eine Gegenposition formuliert wird. Drittens wurde deutlich, dass die RSSNA mit dieser Problematik des Fehlens von Geschichte einerseits und ihrer Unverzichtbarkeit andererseits umgeht, indem sie das wenige vorhandene historische Material aufgreift und neu deutet, also eine Strategie der Wieder-Erzählung verfolgt. Sie leistet also Widerstand, indem sie im Zuge von Wiederholung Bedeutung verschiebt.

Diese Gesichtspunkte müssen in den folgenden Kapiteln noch eingehender untersucht werden, einige grundlegende Erkenntnisse zeichneten sich jedoch bereits ab. Bezüglich des ersten Aspekts, der fehlenden Geschichte der Heilsarmee, konnte bereits festgestellt werden, dass sich diese Problematik bei der Formulierung aller zentralen Motive zeigte. In allen Fällen fiel auf, dass kaum je konkrete Beispiele, Personen und Ereignisse genannt wurden. Quellenmaterial aus der Heilsarmee-Geschichte, auf deren Grundlage die RSSNA ausführlichere Geschichtsschreibung in ihrem Sinne betreiben könnte, ist offenbar für den Verein kaum greifbar.[192] Die folgenden Kapitel nehmen die Effekte dieses Fehlens von Geschichte näher in den Blick und fragen dabei nicht nur nach ihren Auswirkungen innerhalb der Heilsarmee – etwa für den Konflikt zwischen regionaler Heilsarmee-Leitung und RSSNA – sondern auch nach seiner Bedeutung für die Position der Heilsarmee-Mitglieder bzw. der Sambavars gegenüber anderen Kirchen und Kastengemeinschaften der Region.

Das zweite Merkmal des historischen Narrativs, sein Charakter als Gegenerzählung, zeigte sich in den zurückliegenden Abschnitten daran, dass die Vereinsmitglieder mit ihren Erzählungen nicht nur den Blick der Heilsarmee-Leitung auf Geschichte kritisieren, sondern auch deren Führungsanspruch in der Gegenwart in Frage stellen und für sich selbst Leitungsverantwortung beanspruchen. Im weiteren Verlauf dieser Arbeit wird sich zeigen, dass die RSSNA auch noch andere regionale Gruppen und deren historische Narrative kritisieren will, in denen ihre eigene Perspektive auf Geschichte und die darin ausgedrückte Identitätspositionierung ebenfalls nicht thematisiert werden.

---

192 Diese Problematik thematisierten im Laufe der Feldforschung auch andere Kontaktpersonen, wie etwa der Leiter und der Bibliothekar des in Nagercoil angesiedelten Salvation Army Training College. Beide beklagten, dass über die Heilsarmee-Mission in der Region weit weniger Quellenmaterial und historische Arbeiten vorlägen als das bei anderen Kirchen der Fall sei, deren Geschichte viel umfangreicher aufgearbeitet werden konnte. Auch über die RSSNA hinaus besteht also offenbar das Problem der nicht vorhandenen Geschichte der Heilsarmee. Interview mit dem Leiter und dem Bibliothekar des Salvation Army Training Colleges am 04.05.2017.

Das dritte Charakteristikum, das strategische Wiedererzählen, trat besonders deutlich in den untersuchten Artikeln aus dem Vereinsmagazin zu Tage. Die Texte über die Heilsarmee-Ärzte Andrews, Steibel und Williams gehören zu den wenigen Fällen, in denen die RSSNA ausführlicher über Gestalten und Ereignisse der Vergangenheit berichtet. Statt selbst Geschichte zu erzählen, greift die RSSNA in beiden Fällen vorhandene Erzähltraditionen und Texte weitgehend wörtlich auf und interpretiert sie in ihrem Sinne. Das tut sie, indem sie die rezipierten Texte mit kurzen Einleitungen oder Schlussworten versieht, in denen sie ihre Leserschaft auf das kritische Potenzial von Geschichtserzählungen aufmerksam macht und sie auffordert, die Berichte von Leistungen aus der Vergangenheit als Maßstab für die Gegenwart zu betrachten.

In den folgenden Kapiteln wird diese Taktik des Aufnehmens und Umdeutens vorhandener historischer Traditionen zu Gegenerzählungen näher untersucht werden. Dazu werden historische Erzählungen analysiert, die im Umfeld des Vereins verbreitet und bestimmend sind.

11. Die Geschichtserzählung der Heilsarmee im Kontext regionaler christlicher Historiografie

In den folgenden drei Kapiteln wird der zweite Schritt vollzogen, der zur Analyse des Selbstverständnisses der RSSNA entscheidend ist. Es werden historische Erzählungen untersucht, die im Kontext des Vereins von Bedeutung sind und zu denen er sich ins Verhältnis setzen muss. Bei allen diesen Erzählungen wird untersucht, inwieweit sie der RSSNA die Möglichkeit bieten, die Kernmotive ihres Selbstverständnisses – soziale Religion, kastenbasierte Identifizierung als Sambavars, wahre Nachfolge der frühen Heilsarmee – zu entfalten. Außerdem wird gefragt ob und wie die RSSNA diese Narrative nutzt, um einen Umgang mit dem Fehlen der Heilsarmee-Geschichte zu finden. Vor allem aber ist die Frage nach dem Widerstandspotenzial der historischen Erzählung des Vereins zu stellen. Diesbezüglich hat sich bereits gezeigt, dass der Verein Heilsarmee-Tradition aufgreift und neu erzählt, um seine Position gegenüber der Heilsarmee-Leitung zu formulieren. Im Folgenden ist daher zu klären, ob die RSSNA seine Strategie der Wiedererzählung auch bei der Auseinandersetzung mit dominanten Geschichtserzählungen in seinem Umfeld einsetzt. Im Sinne des globalgeschichtlichen Ansatzes dieser Arbeit wird Kontext nicht ausschließlich geografisch-regional verstanden, sondern es kommen auch weltweit geführte Debatten in den Blick.

Das folgende Kapitel hat seinen Schwerpunkt jedoch im regionalen Umfeld der RSSNA. Es untersucht die regionale christliche Historiografie als erste wichtige weitere Perspektive auf Geschichte, die im Umfeld der

RSSNA verhandelt wird. Die Geschichtserzählungen anderer christlicher Gruppen und die darin vertretenen Auffassungen von regionaler christlicher Identität sind für die RSSNA wichtig, weil sie sich in diesem Kontext positionieren muss. Sie sind aber auch deshalb von entscheidender Bedeutung, weil die RSSNA-Mitglieder, wie in den vorigen Kapiteln deutlich wurde, immer wieder darauf Bezug nehmen. Dies geschieht vor allem dann, wenn sie auf die Verdienste anderer Kirchen hinweisen und die Heilsarmee – zu deren erheblichem Nachteil – daran messen.

Es werden also die Geschichtserzählungen von Mitgliedern anderer christlicher Gruppen in der Region analysiert, die entweder im Rahmen persönlicher Gespräche, die im Laufe der Feldforschung mit regionalen Kontaktpersonen geführt wurden, oder in zentralen Werken regionaler Christentumsgeschichtsschreibung formuliert wurden.

11.1. Soziale Religion als Kernelement christlicher Identität im Kanyakumari-Distrikt

„Das ist unsere Geschichte, die Geschichte der Menschen aus Süd-Travancore, das heute der kleine und doch dynamische Kanyakumari-Distrikt an der südlichsten Spitze Indiens ist. Diese Region mit ihrer geografischen Isolierung hat es über die Jahrhunderte hinweg vermocht, eine eigene, einzigartige Subkultur zu entwickeln. Dieser kleine Band handelt von den Strapazen und Triumphen der Menschen des Kanyakumari-Distrikts in den letzten 250 Jahren. Durch die Gnade Gottes und die unermüdlichen Bemühungen der christlichen Missionen sind wir heute ein aufgeklärtes und befreites Volk geworden, das nicht mehr unterdrückt und geschlagen wird. Unsere Geschichte ist eine Geschichte der Kraft und Vitalität, eines Volkes, das mit Hoffnung und Entschlossenheit immer weiter voranschreitet. (...) Dieses Buch versucht, die Geschichte der Befreiung eines Volkes zu beschreiben, das auf dem Weg ist aus der Knechtschaft zu einem Leben in Freiheit und Würde.“[193]

So beginnt Joy Gnanadason ihre 1994 erschienene Monografie „A Forgotten History. The story of the Missionary Movement and the liberation of people in South Travancore“. Die Autorin war Mitglied der Church of South India, Gründerin des heute renommierten Women's Christian College in Nagercoil und verheiratet mit dem ersten Bischof des eigenständigen CSI-Bistums Kanyakumari. Die ersten Sätze ihres Werks fassen das regionale Selbstverständnis vieler christlicher Gruppen und Kirchen beispielhaft zusammen. Sie beschreiben die Geschichte des regionalen Christentums als Prozess der Befreiung, in dessen Verlauf vorbildliche Missionarinnen und Missionare gemeinsam mit den von ihnen Bekehrten auf deren Emanzipation hinarbeiteten. Die Mitglieder der Missionsgemeinden werden als Angehörige der unterdrückten Kastengemeinschaften beschrieben. Im Verlauf des Buchs beschreibt die Autorin die Maßnahmen und

[193] Gnanadason 1994, V.

Programme, die diese Befreiung ihrer Auffassung nach ermöglicht haben. Ausführlich berichtet sie unter anderem von den medizinischen und den Bildungsinitiativen der LMS bzw. der CSI und vom Aufbau von Schulen, Ausbildungsstätten und höheren Bildungseinrichtungen. Hier finden sich also viele Elemente, die auch in den Erzählungen der RSSNA-Mitglieder zentral waren. Diese rühmten die frühe Heilsarmee gerade für ihre sozialen Einrichtungen und kritisierten die heutige Leitung für deren Vernachlässigung. Wie die Heilsarmee-Mitglieder aus der RSSNA stellt also auch Joy Gnanadason, eine Führungsfigur aus der regionalen CSI, einen engen Zusammenhang zwischen Mission und gesellschaftlichem Wandel in Travancore her und sieht im sozialen Engagement ein wesentliches Merkmal des Christentums. Auch in anderen, jüngeren Werken regionaler Geschichtsschreibung wird an dieser Schwerpunktsetzung und Deutung festgehalten. Ein Beispiel hierfür ist etwa die 2016, also im Zeitraum der Feldforschung erschienenen Monografie „Christianity through India's Political History" des Historikers N. Martin Daniel Dhas. Wie auch Gnanadason stammt der Autor aus dem Kanyakumari Distrikt und ist Mitglied der CSI. Sein Werk behandelt zwar die gesamtindische politische Geschichte im Zeitraum von 52 bis 2015, ein Kapitel ist jedoch der regionalen Geschichte des 19. und frühen 20. Jahrhunderts gewidment. In diesem Abschnitt unter dem Titel „Travancore Politics and Christians"[194] beschreibt Daniel Dhas den Einsatz christlicher Mission – und insbesondere des in der London Missionary Society (LMS) angestellten Missionars Samuel Mateer – als entscheidende Impulsgeber für umfangreiche gesellschaftliche und politische Reformen sowie soziale Entwicklungen in Travancore und bekräftigte so ein weiteres Mal diese christliche Perspektive auf regionale Geschichte:

„Das Christentum, das sich so unter den Menschen der unterdrückten Schichten fest etabliert hatte, eröffnete ihnen neue Möglichkeiten, in allen Lebensbereichen aufzusteigen. Wo immer Menschen das Christentum angenommen hatten, gründeten die Missionen Schulen und boten kostenlose Bildung an. (...) Da die einheimische Regierung der christlichen Bevölkerung unter Berufung auf die Varnashramadharma-Gesetze Beschäftigungsmöglichkeiten versagte, begannen die Missionen selbst, Mittel und Wege zu erkunden, um den Bekehrten Beschäftigung zu verschaffen. (...) Der erste, der offen seine Stimme gegen die Ausgrenzung der christlichen Bevölkerung und anderer Menschen aus niederen Kasten von staatlichen Arbeitsstellen erhob, war Samuel Mateer, ein LMS-Missionar in Travancore. (...) Mateers zweites Buch, 'Native Life in Travancore', erschien 1883. (...) Was er in dem Kapitel dieses Buchs geschrieben hat, das mit 'Further Reforms Needed' betitelt war, kann als die allererste Charta von Forderungen an die Regierung angesehen werden, die auf soziale Gerechtigkeit für die unterdrückten und die christlichen Gruppierungen des Volkes drängt."[195]

[194] Daniel Dhas 2016, 165–203.
[195] Daniel Dhas 2016, 166.171-172.

Diese christliche Geschichtserzählung wird jedoch längst nicht nur in historischen Monografien aus akademischen oder kirchlichen Leitungskreisen propagiert, sondern in ganz verschiedenen Zusammenhängen, von ganz unterschiedlichen Personen und über verschiedene Kommunikationswege verbreitet. Ein gutes Beispiel für einen alternativen Weg der Verbreitung ist der Blog „Milestones of Kanyakumari“ des Hobby-Historikers Babu Manoharan.[196] Dieser stammt aus einer Heilsarmee-Familie, konvertierte bei seiner Heirat jedoch zur Kirche seiner Frau, der IELC.

Seit Oktober 2013 verfasst er für diesen Blog meist mehrere Beiträge monatlich über „wichtige Persönlichkeiten aus verschiedenen Bereichen, wie Religion, Politik, Literatur oder Wissenschaft“[197], die aus dem Kanyakumari Distrikt stammen. Obwohl er sich dabei keineswegs auf christliche Personen beschränkt, widmete er die überwiegende Zahl seiner frühen Beiträge aus dem Jahr 2013 Gestalten aus der Christentumsgeschichte Travancores. Gleich im Oktober schrieb er einen Beitrag über C.M. Agur, den Verfasser der 1903 erschienenen Church History of Travancore sowie dessen Vater und Schwiegervater, den britischen Missionar Charles Mead. Letzteren würdigt er folgendermaßen:

„Charles Mead gründete viele Kirchen und Schulen und erreichte viele bemerkenswerte Dinge in der sozialen und erzieherischen Landkarte der westlichen Gebiete. Mead setzte sich mit der Hilfe derjenigen, die in der Mission mit ihm zusammenarbeiteten, und der Hilfe Mrs. Meads für soziale Gerechtigkeit im Kayakumari-Distrikt ein.“[198]

Im November und Dezember folgte dann ein vierteiliger Artikel unter dem Titel „Der erste protestantische Christ Travancores, Maha Rasan Vethamanickam Desikar“. Der Beitrag stützt die verbreitete Erzählung, es sei der Inder Vethamanickam gewesen, der die Verbreitung des protestantischen Christentums in Travancore initiiert habe. Auch er wird im Blog als entscheidende Figur für die Geistes- und Sozialgeschichte der Region beschrieben:

„Maharasan Vethamanickam war ein bemerkenswerter Mensch, eine facettenreiche Persönlichkeit, ein sozialer Denker, Visionär, Missionar und Leistungsträger. Definitiv war er einer der Pioniere der sozialen, kulturellen, intellektuellen, spirituellen und pädagogischen Renaissance und Revolution des Staates Travancore. Maharasan Vethamanickam war der Mann, der die London Missionary Society 1806 nach Travancore gebracht hat.“[199]

---

[196] http://milestonesofkanyakumari.blogspot.com/2013/10/welcome.html (zuletzt abgerufen am 14.11.2019).

[197] http://milestonesofkanyakumari.blogspot.com/2013/10/welcome.html (zuletzt abgerufen am 14.11.2019).

[198] http://milestonesofkanyakumari.blogspot.com/2013/10/cmagur-revcmasiollamani-and-charles.html (zuletzt abgerufen am 14.11.2019).

[199] http://milestonesofkanyakumari.blogspot.com/2013/11/ (zuletzt abgerufen am 14.11.2019).

Die zahlreichen in den nächsten Jahren gewürdigten „Meilensteine" in der Entwicklung des Kanyakumari Distrikts fußen für Babu Manoharan, wie er im Blog und in Gesprächen[200] wiederholt deutlich machte, entscheidend auf christlichen Pionierleistungen. Gesellschaftlichen Wandel, soziale Gerechtigkeit und intellektuelle Errungenschaften hätte es ohne sie nicht in gleicher Weise geben können. Der Blogger macht dies schon durch die – auch bei ihm häufig stereotyp formulierten – Wertungen der Einzelgestalten deutlich. Noch offensichtlicher wird dieser Zusammenhang dadurch, dass Gestalten der christlichen Missionsgeschichte die lange Reihe der Würdigungen wichtiger Persönlichkeiten eröffnen, von denen viele aus dem Bereich des Bildungs- und Gesundheitswesens stammen. In seinem Blog finden sich also ebenfalls Themen, die zentral für das historische Narrativ der RSSNA sind. Auch in zahlreichen im Zuge der Feldforschung geführten Gesprächen wurde immer wieder auf die enge Verbindung von Mission und sozialem Wandel in der Region verwiesen. Häufig wurde in kirchlichen Kreisen sogar die Meinung vertreten, es sei überhaupt das Christentum gewesen, das Bildung, ökonomische Entwicklung und soziale Gerechtigkeit in der Region erst initiiert und ermöglicht hätte. Mehrere Kontaktpersonen – unter anderem D. Monikaraj, der zur Feldforschungszeit Principal des Concordia Seminary, des theologischen Seminars der IELC war – bestimmten christliche Identität über missionarisch inspirierte, überlegene Lebensführung und Bildung.

„Auf diese Weise habe ich also angefangen, für die Dalit-Gemeinschaft zu arbeiten. Ich habe mich zwei oder drei Dörfern gewidmet, meiner Nachbarschaft. Und ich habe sie zusammengebracht, weil ich wollte, dass sie sehen, wie sich christliche Leute von nicht-christlichen unterscheiden. Denn nur wegen des Christentums waren wir in der Lage, im Leben aufzusteigen. (...) Wir können einen deutlichen Unterschied sehen zwischen diesen beiden Gruppen. Und die christliche Gruppe ist aufgestiegen. Als die ersten Missionare in unser Dorf kamen, kamen sie auf Pferden. (...) Seit dieser Zeit sind wir aufgestiegen, weil wir alle zu unseren Missionsschulen gebracht wurden. (...) Unsere Erzfeinde sind die Hindu Dalits. Denn die Regierung ist auch sehr parteiisch. Die Regierung hat die Dalits in christliche und nicht-christliche geteilt. Und sie unterstützt nur die nicht-christlichen. Denn wenn alle Privilegien, die den Hindus gegeben werden, auch den christlichen Leuten gegeben würden, gäbe es in Indien keine Hindus mehr. Deswegen sagen sie, wir geben den christlichen Leuten keine bevorzugten Optionen für irgendwas. Nur den Hindus, nur damit sie Hindus bleiben. Aber wenn sie sich mit den christlichen Dalits vergleichen, liegen sie weit zurück. Aber die christlichen Dalits sind aufgestiegen."[201]

Die Geschichtserzählungen der RSSNA-Mitglieder, in denen sie die Forderungen des Vereins an die Heilsarmee-Leitung begründen, stimmen also

[200] Interview mit Babu Manoharan am 14.02.2017; Interview mit Babu Manoharan am 03.03.2017.

[201] Interview mit D. Monikaraj am 03.04.2016.

in einigen entscheidenden Punkten mit denen von Angehörigen anderer christlicher Kirchen der Region überein. Mit diesen teilen sie ein Verständnis von Christentum und Kirche, dem zufolge es deren Leistung, aber auch deren primäre Aufgabe ist, sich für Bildung, soziale Gerechtigkeit und ökonomische Entwicklung einzusetzen. Christliche Identität wird also nicht nur von der RSSNA sondern auch in ihrem Umfeld entscheidend über gesellschaftlichen Aufstieg bestimmt. Verweise auf das Prestige der heute noch bestehenden missionarischen Einrichtungen sind von nicht zu unterschätzender Bedeutung. Wenn die RSSNA-Mitglieder also argumentieren, die „anderen Kirchen“ machten vor, was auch die Heilsarmee leisten müsse, bringen sie nicht nur eigene Erwartungen zum Ausdruck, sondern geben auch das Selbstverständnis dieser anderen zutreffend wieder. Eine entscheidende Säule ihrer Identitätspositionierung teilen sie mit vielen anderen christlichen Personen und Gruppen der Region. Sie alle verstehen sich als Anhängerschaft einer sozialen Religion.

Auf Grund dieser Übereinstimmung sind die Forderungen des Vereins für weite Kreise innerhalb und außerhalb der Heilsarmee zugänglich und nachvollziehbar. In der Heilsarmee selbst sympathisieren weite Kreise zumindest mit den grundliegenden Anliegen des Vereins, auch wenn sie diesem nicht angehören oder seine Arbeitsweise kritisch sehen. Dass Heilsarmee-Mitglieder von ihrer Kirche umfangreiche Unterstützung und Förderprogramme erwarten, dass sie stolz sind auf die sozialen Einrichtungen der Heilsarmee oder doch zumindest gerne stolz wären, ist über deren Grenzen hinaus auch für die Anhängerschaft anderer christlicher Kirchen ausgesprochen plausibel. Auch den Bestrebungen des Vereins, für seine Anliegen Unterstützung zu finden und Zusammenarbeiten mit anderen christlichen Gruppen zu etablieren, ist das geteilte Verständnis von christlicher Identität häufig dienlich. Wie sich im vierten Teil dieser Arbeit zeigen wird, ist dies auch für Zusammenschlüsse mit anderen Gruppen unter dem Schlagwort Dalit von entscheidender Bedeutung.[202]

Der Blick in das weitere christliche Umfeld der RSSNA macht auch verständlich, warum die RSSNA-Mitglieder ihre Forderungen über Geschichte begründen können, ohne diese Geschichte ausführlich erzählen zu müssen. Dass es einen unmittelbaren Zusammenhang zwischen der Ausbreitung des Christentums und gesellschaftlichem Wandel in Travancore gegeben hatte, gilt im Umfeld ganz offenbar als unbestrittene, allgemein bekannte Tatsache, die nicht mehr bewiesen oder illustriert werden muss und auf die deshalb auch in kurzer Form verwiesen werden kann. Die Vereinsmitglieder müssen, um ihre Forderungen zu plausibilisieren, also letztlich gar nicht notwendiger Weise Geschichte erzählen. Es reicht aus, wenn sie mit ihren häufig kurzen und stereotypen Formulierungen auf Geschichte verweisen, da sie so auf ein historisches Narrativ rekurrieren, das

[202] Vgl. Kap. 19 dieser Arbeit.

entscheidend für das christliche Selbstverständnis in der Region ist und dort geradezu als Gegenstand des Allgemeinwissens gilt. Der Verweis auf „die anderen Kirchen" und das Anknüpfen an das regionalgeschichtliche Missionsnarrativ ist also eine wichtige und in einigen Kontexten auch erfolgreiche Strategie der RSSNA im Umgang mit dem Fehlen der Geschichte der südindischen Heilsarmee. Zudem wird ein entscheidender Aspekt der vom Verein betriebenen Strategie der Wiedererzählung von Heilsarmee-Tradition deutlich. Die RSSNA erzählt Heilsarmee-Geschichte auf der Grundlage des christlichen Regionalerzählung neu und deutet sie anhand des darin formulierten Religionsverständnisses. Regionale christliche Identität wird gegen die von deren Leitung formulierten Heilsarmee-Identität in Stellung gebracht und dient als Instrument der Kritik.

11.2. Heilsarmee und Sambavars als unbeachteter Teil der regionalen christlichen Erzählung

Im vorigen Abschnitt wurde die Bedeutung regionaler christlicher Geschichtserzählungen und darin formulierter christlicher Identität dargestellt Sie bietet der RSSNA Widerstandspotenzial in ihrer Auseinandersetzung mit der regionalen – und auch der globalen – Heilsarmee. Entscheidend dafür ist, wie sich zeigte, ein gemeinsames Verständnis von Religion als im Kern sozial. Die RSSNA muss jedoch ihre Position nicht ausschließlich gegenüber der Heilsarmee-Leitung behaupten. Diese ist nicht das einzige Gegenüber, mit dem sich der Verein bei der Formulierung seiner Identität auseinandersetzen muss. Auch andere Gruppen übergehen in ihren Geschichtserzählungen entscheidende Aspekte der von der RSSNA formulierten Gruppen-Identität. Auch ihnen gegenüber versucht der Verein daher seine Taktik der Gegengeschichte und Neuerzählung. Ebenso wichtig wie der Blick auf die in den Geschichtserzählungen zum Ausdruck kommenden Auseinandersetzungen und Interessenskonflikte mit der Heilsarmee-Leitung sind solche mit anderen christlichen Gruppen der Region, insbesondere der überwiegend zur Kastengemeinschaft der Nadars gehörenden Anhängerschaft der CSI. Dabei geht es aus der Sicht der RSSNA nicht, wie bei der Auseinandersetzung mit der Heilsarmee, um das rechte Verständnis von Religion, sondern um den Anspruch, als Heilsarmee und als Sambavar-Gemeinschaft relevanter und eigenständiger Teil des regionalen Christentums zu sein. Dies ist insofern von entscheidender Bedeutung, als sich trotz des zu Grunde liegenden gemeinsamen Religionsverständnisses auch und gerade in der regionalen Christentumsgeschichte das Fehlen der Heilsarmee-Geschichte zeigt bzw. deutlich wird, dass andere christliche Gruppen eigenständige Identitätspositionierungen der Heilsarmee-Mitglieder bzw. der Sambavars nicht berücksichtigen. Ein entscheidender Grund dafür ist sicher, dass diese Positionen der Sambavars potenziell die Macht-

und Repräsentationsansprüche anderer christlicher Gruppen ins Wanken brächten.

Dies gilt insbesondere für die Mitglieder der CSI bzw. für die Kastengemeinschaft der Nadars. Ein neuerlicher Blick auf die im vorigen Abschnitt bereits untersuchten regionalen Geschichtsdarstellungen zeigt, dass Regionalgeschichte häufig von Mitgliedern der CSI geschrieben wird und überdies die Geschichte dieser Kirche gegenüber anderen privilegiert wird. Dies zeigt sich besonders an Gnanadasons Schrift, die in Titel und Vorwort den Anspruch erhebt, die Geschichte der Missionarischen Bewegung bzw. „unsere Geschichte, die Geschichte der Menschen von Süd-Travancore“ zu schreiben, im weiteren Verlauf des Werks aber beinahe ausschließlich die Geschichte der LMS schreibt und andere christliche Missionen kaum je erwähnt. Auch ihrem vierten Kapitel, das der Rolle der konvertierten Einheimischen gewidmet ist und den Titel „A People's Response and the Breaking of the Bonds“ trägt, privilegiert sie eine bestimmte Gruppe dieser Bevölkerung. Als Ausdruck der Antwort der Neubekehrten auf die Bestrebungen der christlichen Mission schildert sie ausführlich die Upper-Cloth Disturbances in der ersten Hälfte des 19. Jahrhunderts.[203] Hierbei handelt es sich um eine Auseinandersetzung der Nadars mit der in der regionalen Kastenhierarchie höhergestellten Gemeinschaft der Nairs und der Unterstützung christlicher Missionsangestellter, die sich gerade auch bei staatlichen Stellen für die Belange der Nadars einsetzten. Erzählungen über diesen Konflikt waren auch noch zum Zeitpunkt der Feldforschung ein zentrales Moment bei der Formulierung von Nadar-Identität. Obwohl Gnanadason zu Beginn ihres Buchs verschiedene Kastengemeinschaften, unter ihnen auch die Sambavars, vorstellt, verschiebt sich ihr Blickwinkel schnell auf diese Kaste. Die Autorin legt diesen spezifischen Fokus jedoch nicht offen, sondern beschreibt die von der christlichen Mission aus der Unterdrückung Befreiten als einheitliche Gruppe, indem sie sie mit Sammelbezeichnungen wie etwa „die Unterdrückten“ („the oppressed people“)[204] bezeichnet. Kastenkonflikte innerhalb der LMS-Gemeinden oder Wechsel von Angehörigen bestimmter Kastengemeinschaften zu anderen Missionen, wie sie in einigen anderen Geschichtsdarstellungen zumindest erwähnt werden[205], thematisiert sie nicht. Die durch das Christentum befreiten Unterdrückten der Region werden als Einheit dargestellt. Was aus Sicht der RSSNA die Geschichte der Nadars ist, wird so zur Geschichte aller. Der Fokus liegt auf einer spezifischen Kastengemeinschaft, die zur Repräsentantin aller wird.

Auch der Blogger Babu Manoharan, der selbst zur Sambavar-Gemeinschaft gehört, schreibt bevorzugt über Personen aus dem Umfeld der LMS. Zwar berichtete er im Gespräch, einige von ihm ausführlich porträtierte

---

[203] Gnanadason 1994, 100–118.
[204] Vgl. z.B. Gnanadason 1994, 66.
[205] Vgl. z.B. Kooiman 1989, 178.

Gestalten, wie etwa Vethamanickam oder C.M. Agur, seien Sambavars gewesen.[206] In seinem Blog jedoch erwähnt er deren Kastenzugehörigkeit, wie auch diejenige anderer Porträtierter nicht. Sein Programm ist also ein anderes als das der RSSNA. Dem Verein und auch anderen Gruppen aus der regionalen christlichen Dalit-Bewegung geht es darum, gerade auch durch den Verweis auf historisch bedeutende Gestalten aus der Sambavar-Gemeinschaft, Kastenidentitäten zu profilieren. Der Blogger hingegen will zwar gleichfalls deren Verdienste hervorheben, aber gerade keine Kastengeschichte schreiben und offenbar auch selbst nicht als Historiker der Sambavars und ihrer Kirchen wahrgenommen werden, sondern Leistungen ganz unterschiedlicher Personen des Kanyakumari Distrikts würdigen. Er formuliert somit eine regionale Identität, bei deren Darstellung er zwar immer wieder die besonderen Verdienste des Christentums um den sozialen Fortschritt in der Gegend betont, die aber doch religions- und kastenübergreifend gedacht ist.[207] Statt also die Sambavars, insbesondere Vethamanickam, wie es andere Geschichtserzählungen aus den Reihen dieser Kastengemeinschaft inzwischen vermehrt tun[208], als zentrale Figuren (christlicher) Dalit-Identität zu gestalten, behandelt er sie ausdrücklich als Teil der Geschichte der CSI, die nicht nur von der RSSNA, sondern auch von vielen anderen Dalits der Region als Nadar-Kirche beschrieben wird. So schreibt er am Ende seines fünfteiligen Beitrags zu Vethamanickam:

„Obwohl die Geschichte des großen Vethamanickam aus Mylaudy zu einem gewissen Grad vergessen ist, lebt er noch immer weiter in den aus der LMS hervorgegangenen Kirchen der CSI, in den Schulen, den Missionsgrundstücken und in der sozialen, religiösen, pädagogischen und kulturellen Renaissance und der Geschichte des Kanyakumari Distrikts, Tamil Nadus, Keralas und Indiens."[209]

Sehr ähnlich liest sich diesbezüglich das Werk von Daniel Dhas. Sein Travancore-Kapitel bietet viele Motive, die für das missionsgeschichtliche Narrativ der Region typisch sind. Gleich zu Beginn seines Kapitels rühmt er das Engagement der Missionen für die unterdrückten Gruppen der Region. Auch er beschreibt diese Gruppen als Einheit, indem er sie unter einem Sammelbegriff – „depressed classes" – zusammenfasst. Wie schon Gnanadson berichtet er dann aber beinahe ausschließlich von der LMS,

---

[206] Interview mit Babu Manoharan am 14.02.2017.

[207] Babu Manoharans Position erinnert stark an solche, die von christlicher Übernahme tamil-nationalistischen Gedankenguts geprägt sind. Vgl. Kap. 17.1 dieser Arbeit. Auch bei ihm entspricht überdies die historische Erzählung Positionen in Fragen gegenwärtiger Politik. So lehnt er die Forderung nach einem SC-Status für christliche Sambavars, die sich die RSSNA zu eigen machte und immer wieder vorträgt, entschieden ab, da dies eine höchst problematische Stigmatisierung dieser Gruppe bedeuten würde. Stimmen in seinem Umfeld werfen ihm daher vor, sich seiner Zugehörigkeit zur Sambavar-Gemeinschaft zu schämen und diese verschleiern zu wollen.

[208] Vgl. Kap. 18.1 dieser Arbeit.

[209] http://milestonesofkanyakumari.blogspot.com/2013/11/ (zuletzt abgerufen am 14.11.2019).

nimmt deren Schulen als Beispiel für christliche Bildungsinitiativen[210] und illustriert den Einsatz der Missionen am Beispiel des LMS-Missionars Samuel Mateer, dessen 1883 erschienene Schrift „Native Life in Travancore“[211] er als „den allerersten an die Regierung gerichteten Forderungskatalog, der soziale Gerechtigkeit für die unterdrückten und die christlichen Bevölkerungsgruppen anmahnte“[212] charakterisiert. Im späteren Verlauf des Kapitels beschreibt Daniel Dhas dann die Emanzipationsbestrebungen verschiedener Gruppen im Travancore des späten 19. und frühen 20. Jahrhunderts. Auch hier fasst er die christliche Bevölkerung als einheitliche Gruppe auf und verwendet die Bezeichnung „die Christen“ auf der gleichen Ebene wie Kastennamen wie etwa Ezhavas und Nairs. Kastenunterschiede oder divergierende Interessen innerhalb des regionalen Christentums werden so schon auf der Ebene der verwendeten Gruppennamen negiert und auch an keiner Stelle besprochen. An einer Stelle verwendet er die Bezeichnung Dalit, aber auch hier spricht er von „Dalits und anderen Unterdrückten“[213], lässt also die Vorstellung eines Interessenskonflikts zwischen christlichen Dalits und anderen Gruppen innerhalb des regionalen Christentums nicht zu. Dennoch wird bei ihm deutlich, dass LMS-Mitglieder federführend bei Emanzipationsbestrebungen und politischen Betätigungen waren, die der Autor als gemeinsame christliche Aktionen verstanden wissen will. So fand 1932 die Gründungsveranstaltung der „All Travancore Political Conference“, die der Autor als Interessenvertretung aller christlichen Gruppen Travancores beschreibt und bei der ihm zufolge Vertretungen mehrerer Kirchen anwesend waren, in einer Versammlungsstätte der LMS statt.[214] Auch andere christliche Zusammenschlüsse, wie etwa der 1921 gegründete „South Travancore Young Men's Retreat“, wurde offenbar weitgehend von LMS-Vertretern geleitet, auch wenn „einige Männer mit ähnlichen Ideen in der Heilsarmee und unter den lutherischen Christen zu finden waren“ und wohl auch an Treffen teilnahmen.[215] Die LMS und damit die in dieser Kirche dominante Nadar-Gemeinschaft erhob offenbar schon früh einen Führungsanspruch für das Christentum im Travancore. Dieser Anspruch wird, wie sich bereits gezeigt hat, auch in der heutigen regionalen Missionsgeschichtsschreibung vertreten.

Das in der Region dominante Narrativ über christliche Mission und gesellschaftlichen Wandel, auf das sich die RSSNA-Mitglieder bei ihren historischen Erzählungen beziehen, privilegiert also die Geschichte der LMS und der Nadars. Da die regionale Geschichtserzählung mithin den Führungsanspruch der Nadars bzw. der CSI über das gesamte Christentum in

---

[210] Daniel Dhas 2016, 166–167.
[211] Mateer 1991b.
[212] Daniel Dhas 2016, 171–172.
[213] Daniel Dhas 2016, 184.
[214] Daniel Dhas 2016, 182.
[215] Daniel Dhas 2016, 194.

der Region formuliert, werden andere Gruppen, wie etwa die Heilsarmee und die Sambavars, in dieser Geschichte unsichtbar gemacht. Die RSSNA widerspricht diesem Anspruch, indem sie die LMS bzw. die CSI ausdrücklich als Kastenkirche der Nadar-Gemeinschaft charakterisiert und die Geschichte von der Emanzipation der Dalits losgelöst davon erzählt. Sie erzählt die Geschichte der Sambavars als die der Heilsarmee und damit als die einer eigenständigen Mission und kirchlichen Gemeinschaft. Christliche Dalit-Identität wird über Zugehörigkeit zur Heilsarmee bestimmt. Auf diese Weise begründet der Verein also nicht nur eine seiner zentralen Forderungen, die nach bevorzugter Behandlung der Sambavars in den Einrichtungen der Heilsarmee gegenüber deren regionaler Leitung, sondern profiliert sich auch den Nadars gegenüber als eigenständige, sprachmächtige Kastengemeinschaft, die sich selbst vertreten kann und als eigenständige Stimme in der Debatte um regionale christliche Identität. Ihre Strategie der Wiedererzählung setzen sie als auch ein, um soweit als möglich gegen das Fehlen der Heilsarmee-Geschichte anzugehen bzw. um gegen deren Ausschluss aus der regionalen Christentumsgeschichte zu protestieren.

Zusammenfassung

In den vorigen Abschnitten hat sich gezeigt, dass die regionale christliche Historiografie die drei Kernmotive der RSSNA-Identität – soziale Religion, kastenbasierte Identifizierung als Sambavars, wahre Nachfolge der frühen Heilsarmee – nicht in ihrer Gesamtheit zulässt. Die Erzählungen privilegieren nicht nur die Geschichte der Nadargemeinschaft und der CSI, sondern präsentieren sie vielfach auch als Geschichte aller Unterdrückten der Region. Sie übergehen damit das Selbstverständnis der Vereinsmitglieder als Angehörige einer eigenen Kaste und eigenen Kirche, deren Geschichte als eine eigenständige zu erzählen ist. Im Rahmen des in der Gegend dominanten christlichen Narrativs kann die RSSNA ihr Selbstverständnis also nicht artikulieren.

Dennoch ist diese Erzählung für den Verein insofern von großer Bedeutung, als die Bezugnahme darauf eine entscheidende Strategie der RSSNA-Mitglieder im Umgang mit dem Fehlen der Heilsarmee-Geschichte darstellt. Bereits im zehnten Kapitel hatte sich gezeigt, dass RSSNA-Mitglieder im Rahmen ihrer Kritik an der Heilsarmee oft auf die Situation in anderen Kirchen zu sprechen kommen. Dabei wurden Fördermaßnahmen, mit denen diese Anderen ihre Anhängerschaft unterstützen, ausführlich thematisiert und im Grunde viel mehr deren Geschichte und Gegenwart dargestellt als die der eigenen Denomination. Letztere ist dann vor allem Gegenstand des negativen Vergleichs. Die RSSNA nutzt also diese bekannten und akzeptierten Erzählungen, um ihre eigenen Forderungen an die Heilsarmee zu plausibilisieren. Sie schreibt sich in diese Narrative ein und knüpft insbesondere an Beschreibungen von christlicher Mission als im Kern auf sozialen Wandel ausgerichtetes Unternehmen und das damit verbundene Religionsverständnis an.

Allerdings zeigt sich auch wieder, dass die RSSNA beim Umgang mit diesem Narrativ jene doppelte Strategie verfolgt, die sich schon im vorigen Kapitel bei ihrer Rezeption von Heilsarmee-Tradition abzeichnete: Sie übernimmt diese Erzählungen nämlich nicht bloß, um damit eigene Anliegen zu untermauern, sondern formuliert auch Widersprüche. Dies zeigt sich im vorliegenden Fall insbesondere daran, dass die RSSNA die Heilsarmee und die Sambavars als wichtige und eigenständige Gruppen der regionalen Christentumsgeschichte beschreibt, während diese anderswo auf Grund der Dominanz der Nadar-Gemeinschaft kaum Erwähnung finden. Daher ist das historische Narrativ der RSSNA auch als Gegenerzählung zur regionalen christlichen Historiografie zu verstehen, in deren Rahmen die Gruppe den Repräsentationsanspruch der Nadargemeinschaft bestreitet und eine eigene Identität der Sambavars und der Heilsarmee formuliert. Sie bedient sich hierbei insofern ihrer Strategie der Wiedererzählung, als sie zwar von den Leistungen der anderen Kirchen berichtet, diese aber als Einsatz für eine bestimmte Kastengemeinschaft und gerade nicht für alle Unterdrückten der Region beschreibt.

Der vierte Teil dieser Arbeit wird zeigen, dass die RSSNA damit Teil einer in den 1980er Jahren beginnenden Emanzipationsbewegung der Sambavars ist. Diese wurde in den 1990er Jahren wesentlich stärker. Seit dieser Zeit identifizierte sich zunehmend mit dem Namen Dalit und macht die Bezeichnung zum Schlüsselwort einer eigenen regionalen Geschichtsschreibung. Diese wurde allerdings vor allem von Sambavars aus der IELC initiiert. Die Heilsarmee spielte eine vergleichsweise geringe Rolle. Allerdings findet diese Position der Sambavars in internationalen Debatten wenig Gehör. Dies wird sich bereits im nächsten Kapitel zeigen.

12. Mission und sozialer Wandel in Südindien in der internationalen Forschungsdebatte

Als zweites Narrativ, zu dem sich die RSSNA verhalten muss, wird im Folgenden die Geschichte der christlichen Mission in Travancore untersucht, wie sie in Werken aus der internationalen Forschung dargestellt wird. Auch diese beschäftigt sich mit dem Zusammenhang von christlicher Mission, Emanzipationsbestrebungen niedriger Kasten und sozialem Wandel in Südindien. Im Falle des Fürstenstaats Travancore ist diese Verbindung besonders intensiv diskutiert worden. Die genannten Themen wurden nicht nur im Rahmen von Missionsgeschichtsschreibung behandelt, sondern darüber hinaus von Forschenden ganz verschiedener Disziplinen diskutiert. Für die RSSNA ist diese Debatte wichtig, da Werke aus der Forschungsdebatte im Umfeld des Vereins bekannt sind und darauf Bezug genommen wird. Überdies teilen sie zentrale Themen und charakteristische Verengungen mit der in der Region dominanten christlichen Historiografie. Regionale und globale Debatte stehen also im Austausch und bestätigen sich vielfach gegenseitig. Im Zentrum der Forschungsdebatte steht die Frage, ob und auf welche Weise die christlichen Missionen eine wesentliche Rolle für den sozialen Aufstieg marginalisierter Kastengemeinschaften spielten. Diese Frage wurde von den verschiedenen Studien sehr unterschiedlich beantwortet, wie der folgende kurze Abriss einiger der wichtigsten Werke zeigen wird.

Positiv wurde diese Frage von Dick Kooiman entschieden, dessen Studie „Conversion and social equality in India. The London Missionary Society in south Travancore in the 19th century"[216] 1989 erschienen ist. Der Autor untersucht auf Grundlage missionarischer Quellen den Zusammenhang zwischen christlicher Mission und dem gesellschaftlichen Aufstieg der Kastenlosen. Er behandelt dabei insbesondere die Bedeutung missionarischer Bildungseinrichtungen, die Schaffung von Arbeitsplätzen für Bekehrte in christlichen Institutionen sowie in den entstehenden Kaffeeplantagen und missionarische Unterstützung für die niedrigen Kasten bei deren Protesten gegen gesellschaftliche Diskriminierung. Auf Basis dieser Untersuchungen schreibt Kooiman der christlichen Mission eine bedeutende Rolle für die Emanzipation der niedrigen Kasten zu.

Zum gegensätzlichen Schluss kommt Koji Kawashima. Anliegen seiner 1998 erschienenen Monografie „Missionaries and a Hindu State. Travancore 1858-1936" ist es zu zeigen, „wie sich im Laufe der zweiten Hälfte des neunzehnten Jahrhunderts und im frühen zwanzigsten ein selbsterklärter Hindu-Staat in einen modernen Staat wandelte, wie der Staat christliche Missionen (…) in diesem Prozess der Staatsbildung nutzte und wie die britischen Autoritäten an diesem Prozess beteiligt waren".[217] Dafür stützt sich Kawashima wie zuvor schon Kooiman entscheidend auf missionarische Quellen. Für ihn ist es sehr fraglich, ob die Missionen tatsächlich insgesamt förderlich für den sozialen Aufstieg der Kastenlosen waren bzw. ob sie überhaupt die gesellschaftliche Emanzipation dieser Gruppen anstrebten. Während Kooiman berichtet, wie Konvertierte Anstellungen in den Missionsgesellschaften oder – durch deren Vermittlung – auf Kaffeeplantagen fanden, argumentiert Kawashima, die Mehrheit der zum Christentum Bekehrten, hätten ihre Beschäftigung – überwiegend als Angestellte in der Landwirtschaft – nach der Konversion nicht gewechselt und seien weiterhin praktisch Versklavte der höheren Kasten geblieben.[218] Es sei kaum je dazu gekommen, dass Konvertitengruppen sich zu sozialen Bewegungen

[216] Kooiman 1989.
[217] Kawashima 1998, 1.
[218] Kawashima 1998, 157–158.

zusammengeschlossen hätten.[219] Weit häufiger als auf das Entstehen sozialer Emanzipationsbewegungen hinzuwirken, hätten die Missionen – namentlich die Church Missionary Society (CMS) – zunehmend eine ausgesprochen konservative Einstellung entwickelt. Aus diesem Grund seien sie für den Staat, den die Emanzipationsbewegungen der niedrigen Kasten zunehmend beunruhigt hätten, auch in diesem Bereich wichtige Partnerinnen gewesen.[220]

Auf noch andere Weise nimmt P. Sanal Mohan die Debatte um Mission und sozialen Wandel in Travancore auf. Zentrales Anliegen seiner 2015 erschienenen Studie „Modernity of Slavery. Struggles against caste inequality in colonial Kerala“ ist die Korrektur der seiner Auffassung nach bisher verengten und herabwürdigenden Perspektive, die die Forschungsliteratur im Hinblick auf die Konversionen der niedrigsten Kasten einnehme. Der Autor verwendet für diese Gruppen im historischen Kontext die Sammelbezeichnung Sklavenkasten („slave castes“) und setzt sie mit den heute als „Dalits“ bezeichneten Kastengemeinschaften gleich. Den Angehörigen dieser Gemeinschaften, so Sanal Mohan, sei bisher kaum jemals eigene Handlungsmacht zugestanden worden. Religiöses Bewusstsein sei ihnen abgesprochen worden oder ihre religiösen Erfahrungen als nicht authentisch disqualifiziert worden.[221] Diese Sichtweise sei Bestandteil dominanter Narrative, die die indische bzw. keralanische Geschichtsschreibung tief prägten. Die Geschichte Keralas sei bisher entweder vom Gedankengut der nationalen Bewegung oder von marxistischer Ideologie geprägt gewesen. Während die marxistische Geschichtsschreibung der christlichen Mission vorwerfe, sich vor allem deshalb für die Befreiung der Sklavenkasten eingesetzt zu haben, um diese als billige Arbeitskräfte für die entstehenden großen Kaffee- und Teeplantagen zu gewinnen, beschreibe aus nationaler Perspektive dargestellte Geschichtsschreibung die Sklavenkasten als kolonial fremdbestimmt.

Keine der beiden Perspektiven thematisiere hingegen, dass die Sklavenkasten die Möglichkeiten, die ihnen die koloniale Moderne im Allgemeinen und die Missionen im Besonderen geboten hätte, nutzen mussten, um sich aus der Unterdrückung durch die höheren Kasten zu befreien. Dadurch dass verschiedene Bevölkerungsgruppen in Travancore die durch die Kolonialmacht ausgelösten gesellschaftlichen Wandlungsprozesse für ihre Emanzipationsstrategien nutzten, hätten diese Gruppen, so Sanal Mohan, diese Prozesse mitgestaltet und dadurch auch die Formen wie die Ergebnisse kolonialer Machtpraktiken selbst verändert.[222] Dies werde jedoch in beiden dominanten Varianten der keralanischen Geschichtsschreibung in keiner Weise mit bedacht. In beiden Fällen seien die Konversionsmotive

219 Kawashima 1998, 170.
220 Kawashima 1998, 187.
221 Sanal Mohan 2015, 29.
222 Sanal Mohan 2015, 26.

der Sklavenkasten systematisch ausgeblendet worden und diese dadurch als passive, im besten Fall durch unmittelbare materielle Vorteile gelockte Objekte missionarischer Projekte dargestellt worden. Die internationale Forschungsliteratur schreibe diese Geschichtsauffassung fort und schließe die Selbstdeutungen der Sklavenkasten bzw. der Dalits grundsätzlich aus.[223] Sanal Mohan widerspricht dem von ihm so aufgefassten Forschungskonsens und argumentiert, entscheidende Konsequenz der Interaktion zwischen Missionen und Sklavenkasten sowie der daraus resultierenden Emanzipation der letzteren sei der Erwerb einer neuen religiösen Sprache und Praxis gewesen. Diese habe die bisher Unterdrückten zur Ausprägung einer neuen Subjektivität befähigt, sie Bewusstsein für ihre menschliche Würde und Selbst-Respekt entwickeln lassen. Biblische Kategorien und Konzepte, wie etwa das der Erlösung, seien dabei entscheidend gewesen.[224] Missionarische Initiativen sind für Sanal Mohan auch die Vorläuferinnen der heutigen Dalit-Bewegungen, da sie entscheidende ideologische Grundlagen für diese geschaffen hätten.

Es wird sich zeigen, dass diese Beiträge zur Forschungsdebatte – trotz ihrer sehr unterschiedlichen Sichtweisen und Schlussfolgerungen – alle die verengte Perspektive der regionalen christlichen Historiografie im Kanyakumari Distrikt fortschreiben. Bei allen fehlt weitgehend die Geschichte der Heilsarmee und der Sambavar-Gemeinschaft. Darüber hinaus weist die internationale Forschungsdebatte auch noch ein weiteres zentrales Motiv der RSSNA-Identität, die Bestimmung von Religion als im Kern sozial, zurück.

12.1. Der Fokus auf Nadar-Gemeinschaft und LMS in der internationalen Forschungsdebatte

Entscheidend für den im historischen Narrativ der RSSNA formulierten Widerspruch gegen die dominante Version regionaler Missionsgeschichtserzählung ist, wie gezeigt wurde, die Auffassung der Vereinsmitglieder, bei der LMS bzw. der CSI handele es sich um eine Kastenkirche. Diese habe sich im Wesentlichen um die in ihrer Anhängerschaft dominierenden Nadars bemüht und deren sozialen Aufstieg ermöglicht. Dalit-Gemeinschaften wie die Sambavars hingegen seien in der LMS diskriminiert worden und hätten auch heute noch keinen Platz in der CSI gefunden. Ihr sozialer Aufstieg sei erst durch andere Missionen, im Kanyakumari-Distrikt maßgeblich durch die Heilsarmee, ermöglicht worden. Kooiman stützt diese Auffassung insofern als er einen – sich am Ende des 19. Jahrhunderts abzeichnenden – Statusunterschied zwischen den verschiedenen

[223] Sanal Mohan 2015, 84.
[224] Sanal Mohan 2015, 84.

Gemeinschaften innerhalb der LMS beschreibt und in knapper Form von Konversionen von „Pariahs und Pulayas" zur Heilsarmee berichtet, die er mit der Privilegierung der Nadars in den LMS Gemeinden erklärt.[225] Bei ihm findet sich also in Ansätzen eine Verknüpfung von Kasten- und Kirchenmitgliedschaft. Obgleich er diesen Zusammenhang mit Blick auf die Heilsarmee thematisiert, berichtet er jedoch nicht ausführlicher von deren Mission in Travancore oder ihren sozialen Initiativen. Ihre Geschichte und die ihrer Mitglieder bleibt unberücksichtigt.

Hinzu kommt, dass Kooiman die im erwähnten Zusammenhang getroffene Unterscheidung zwischen den Pariahs und Pulayas einerseits und den Nadars andererseits überwiegend nicht durchhält, sondern sie in den meisten Fällen unter Sammelbegriffen wie etwa „niedrigere Kasten" (lower castes") zusammenfasst. Besonders deutlich wird diese Tendenz zu Beginn der Monografie, wenn Kooiman seinen Forschungsgegenstand umreißt. Sein Interesse, so der Autor im Vorwort, gelte den Unberührbaren („Untouchables"). In diese Kategorie bezieht er die Kastengemeinschaft der Nadars explizit mit ein, obwohl ihm bewusst ist, dass zeitgenössische Stimmen – auch aus der Nadargemeinschaft selbst – dieser Zuordnung in großer Mehrheit widersprechen würden.[226] Oft werden bei ihm wie in den regionalen Historiografien dann die Nadars, die er mit dem älteren Kastennamen „Shanars" bezeichnet, zum konkreten Beispiel für eine mit einem Sammelbegriff bezeichnete größere Gruppe.[227] Das drückt sich in Formulierungen wie „niedrigere Kasten wie die Shanars"[228] aus. Besonders stark ist diese Tendenz im siebten Kapitel „The fight against Civil Disabilities". Der missionarische Einsatz für die Abschaffung von Kastendiskriminierung wird hier wie bei Gnanadason beinahe ausschließlich am Beispiel der „Upper Cloth Disturbances" thematisiert. Die Nadargemeinschaft wird also auch bei Kooiman zur Repräsentantin aller niedrigen Kasten. Gruppen, die sich heute als „Dalits" identifizieren, werden also nur selten eigenständig behandelt. Die Sambavar-Gemeinschaft wird gar nicht erwähnt.

Kawashima behandelt die Heilsarmee insofern etwas ausführlicher, als er ihrer medizinischen Mission einen eigenen Abschnitt von vier Seiten widmet. Abgesehen davon konzentriert er sich auch auf die Aktivitäten der CMS und vor allem der LMS. Die Beschäftigung mit der Heilsarmee bleibt also exkursartig. Die Kastenthematik behandelt er sehr ähnlich wie Kooiman. Wie dieser thematisiert er kurz Kastenproblematiken in den

[225] Kooiman 1989, 172–178.

[226] Kooiman 1989, 8.

[227] Die in dieser Arbeit verwendete Kastenbezeichnung „Nadar" ist die heute gebräuchliche, die auch die Kontaktpersonen in der Feldforschung verwendeten. Im 19. Jahrhundert wurde die Gruppe jedoch meist als „Shanars" bezeichnet. Dieser Terminus findet sich gelegentlich auch noch in der Forschungsliteratur. Für eine ausführlichere Geschichte der Kaste und der verschiedenen Kastenbezeichnung vgl. Hardgrave 1969.

[228] Vgl. z.B. Kooiman 1989, 148.

Missionskirchen[229]. Kirchenwechsel bestimmter Kastengemeinschaften erwähnt er jedoch nicht. Auch er nennt zwar vielfach die Namen einzelner Kasten, wie etwa Pulayas und Nadars, fasst sie aber ebenfalls häufig mit der Sammelbezeichnung „niedrigere Kasten" („lower castes") zusammen. Stellenweise findet sich eine Differenzierung zwischen „niedrigeren" und „niedersten Kasten" („lower" bzw. „lowest" castes), die aber nicht stringent durchgehalten oder zumindest nicht im Sinne einer kategorialen Unterscheidung der genannten Kastengemeinschaften zu verstehen ist. So werden die Pulayas stellenweise als „niedrigere" und teilweise als „niederste Kasten beschrieben". Grundsätzlich fokussiert sich Kawashima wesentlich stärker auch auf das Verhältnis zwischen Missionsgesellschaften, Kolonialmacht und Fürstenstaat als auf das Verhältnis der Missionen zu ihrer Anhängerschaft oder auf die Beziehungen unterschiedlicher Gruppen in deren Kreisen. Als ausführliches Beispiel für diese Interaktionen dienen auch bei ihm die Upper-Cloth Disturbances.[230]

Sanal Mohan kritisiert in seiner Monografie zwar den Fokus auf bestimmte Kastengemeinschaften. Die Privilegierung bestimmter Missionsgesellschaften, der auch von Kooiman und Kawashima schwerpunktmäßig behandelten LMS und CMS, behält er jedoch nicht nur bei, sondern stärkt sie sogar. Bei ihm werden weder die Heilsarmee noch andere Konfessionen, die heute als Dalit-Kirchen identifiziert werden, erwähnt.

Die Fokussierung älterer Studien auf die Nadar-Gemeinschaft sieht er gerade in der Wahl der Beispiele für die Emanzipationsbewegungen der unter Sammelbegriffen zusammengefassten unteren Kasten Travancores gegeben. Anders als andere Geschichtsschreibende unterscheidet er dabei kategorisch zwischen „Backward Castes", zu denen er Nadars und Ezhavas zählt, einerseits und Dalits – hier nennt er als Kastengemeinschaften konkret die Pulayas und Paraiyas – andererseits. Letztere seien an den von der Geschichtsschreibung privilegierten Bewegungen kaum beteiligt gewesen:

„Die traditionellen keralanischen Geschichtsschreibungen befassten sich mehr mit der Mobilisierung der rückständigen Kasten [backward castes; Anm. d. V.], die mit den Agitationen für Oberbekleidung [breast cloth agitations, Anm. d. V.] von 1828-29 begannen. Die Mobilisierung für das Recht der unteren Kasten, Hindu-Tempel zur Anbetung zu betreten, wurde zu einem Hauptthema der nationalistischen Mobilisierung im zwanzigsten Jahrhundert. (...) In keiner dieser Bewegungen finden wir eine große Beteiligung von Dalits in Kerala."[231]

[229] Kawashima 1998, 116–171.

[230] Kawashima verwendet die Bezeichnung „Breast-Cloth Disturbance", Sanal Mohan spricht von „Breast-Cloth Agitations". Zur bessern Verständlichkeit wird in dieser Arbeit dennoch einheitlich der Begriff „Upper-Cloth Disturbances" verwendet. Sie orientiert sich dabei am Sprachgebrauch J. Gnanadasons, da bei der Analyse ihres Werks zum ersten Mal von diesen Ereignissen die Rede war. Gnanadason 1994, 110–118.

[231] Sanal Mohan 2015, 315.

Obwohl Sanal Mohan auf diese Weise den Ausschluss von Dalit-Gemeinschaften aus der regionalen (Christentums-)Geschichtsschreibung kritisiert, thematisiert er deren Emanzipationsbewegung aber gerade nicht anhand eines Konfessionswechsels von der LMS zu anderen Missionen, der für das Narrativ der RSSNA grundlegend und bei Kooiman zumindest angedeutet ist. Anders als die RSSNA setzt er Kastenidentität also nicht mit konfessioneller Identität gleich, sondern schreibt mit seiner Monografie die Dalits in die Geschichte der in der bisherigen Historiografie bevorzugten Missionsgesellschaft ein. Zentrale Figuren der bekannten Erzählung, besonders LMS-Missionare wie z.B. Samuel Mateer, bleiben somit die gleichen. Es verschiebt sich vornehmlich der Schwerpunkt auf deren Interaktion mit den Sklavenkasten bzw. den Dalits.

Da Werke aus der internationalen Forschung – so auch die Kooimans und Kawashimas – in akademischen Kreisen der Region bekannt sind, ist davon auszugehen, dass die regionale und die internationale Historiografie Travancores sich gegenseitig beeinflussen und der problematische Fokus auf die Nadar-Gemeinschaft gerade auch durch diesen Austauschprozess verstärkt wird. Wie viele andere Werke drücken daher auch diejenigen Kooimans und Kawashimas den Repräsentationsanspruch der Nadar-Gemeinschaft aus und lassen eine eigenständige Dalit-Identität, wie die RSSNA sie anstrebt, kaum zu. Sanal Mohan fordert eine solche Dalit-Identität zwar ein, versteht sie aber nicht, wie die RSSNA, gleichzeitig als separate konfessionelle Identität. Kastengrenzen sind für ihn nicht gleichbedeutend mit Kirchengrenzen. Christliche Dalit-Identität ist bei ihm nicht von der LMS bzw. CSI losgelöste Heilsarmee-Identität. Die von der RSSNA formulierte Identitätspositionierung kommt dabei weder bei Kawashima und Kooiman noch bei Sanal Mohan vor, der zudem die Sambavars kaum als Teil der Dalit-Bewegung erwähnt.

12.2. Die Ablehnung sozialer Religion in der internationalen Forschungsliteratur

Wie sich in den vorausgegangenen Kapiteln gezeigt hat, teilt die RSSNA mit anderen regionalen christlichen Gruppen die Beschreibung von Mission als schwerpunktmäßig auf gesellschaftlichen Wandel ausgelegt und ein Verständnis von Religion als wesentlich sozial bestimmt. Mitglieder der verschiedenen christlichen Kirchen der Region illustrieren diese Auffassung, indem sie immer wieder auf das Engagement der Missionen für Bildung und medizinische Versorgung, auf die Errichtung von Schulen, Ausbildungsstätten und Krankenhäusern verweisen. In der internationalen Forschungsliteratur findet sich dieses Kernmotiv insofern wieder, als auch hier schwerpunktmäßig die Bedeutung missionarischer Bildungseinrichtungen, medizinischer Projekte und Arbeitsvermittlung sowie der Einfluss der Missionen auf staatliche Politik diskutiert werden. Interessanter Weise wird hier nun aber diese thematische Schwerpunktsetzung problematisiert und sehr kontrovers darüber diskutiert, ob und wieso ein sozialpolitischer Fokus bei der Darstellung christlicher Mission bzw. der sich ihr anschließenden Konvertitengruppen überhaupt angemessen und sachgemäß ist. Dabei stellt sich die Frage, ob die genannten sozialen und politischen Betätigungen tatsächlich Kern missionarischen Wirkens und – das vor allem! – Hauptmotiv für die Konversionen der niedrigen Kasten waren oder ob andere, häufig mit dem Schlagwort „spirituell“ bezeichnete Gesichtspunkte dabei ausschlaggebend waren. Vor allem aber wird diskutiert, ob soziale und politische Aspekte grundsätzlich als legitime Aspekte missionarischen Wirkens und insbesondere von Konversion gelten können. Dies läuft, wie sich zeigen wird, auf eine grundsätzliche Debatte um die Bestimmung von Religion hinaus. Im Zentrum steht dabei die Frage nach dem Verhältnis von „spirituellen“ Aspekten einerseits und „sozialen“, „politischen“ und „ökonomischen“ Gesichtspunkten andererseits. Können soziale und politische Aspekte als konstitutive Bestandteile von Religion gelten, oder müssen sie mit einer entscheidend durch „Spiritualität“ bestimmten Religion kontrastiert werden? Diese Debatte lässt sich besonders gut an Kooimans Werk und Sanal Mohans kritischer Bezugnahme darauf zeigen.

Kooiman setzt sich gleich zu Beginn seines Werks grundsätzlich mit der Debatte um die Bestimmung von Religion auseinander. In seinem Vorwort plädiert er im Anschluss an Forrester für einen umfassenden Religionsbegriff, da dieser bei der Betrachtung der Konversionsbewegungen in Travancore am angemessensten und weiterführendsten sei:

„Da diese Shanars, Pariahs und Pulayas zu den ärmsten Schichten der Gesellschaft Travancores gehörten, können wir davon ausgehen, dass materielle Belange eine wichtige Rolle bei ihrer Entscheidung spielten, eine andere Religion anzunehmen. Das bedeutet aber nicht, dass die Perspektive der Bekehrten aus diesen Gemeinschaften notwendigerweise auf die Erwartung einer materiellen Verbesserung beschränkt war. Ein Religionswechsel ist ein viel komplexerer Prozess. (...) Duncan Forrester hat zu Recht darauf hingewiesen, dass die Massenkonversionen des 19. Jehrhunderts so etwas wie eine Gruppenidentitätskrise waren, in der soziale, ökonomische, psychologische und spirituelle Motive zu einem komplexen Ganzen verschmolzen. Für die unberührbaren Gemeinschaften in Travancore umfasste Religion früher alle Aspekte des Lebens. Wenn wir also die Frage aufwerfen, warum Menschen eine Verbindung mit der christlichen Mission eingegangen sind, sollten wir wirtschaftliche Überlegungen nicht als Gegensatz zur Hinwendung zur Religion betrachten, sondern vielmehr als einen wesentlichen Teil davon.“[232]

Im weiteren Verlauf seines Werks bleibt der Autor jedoch hinter seinem umfassenden Verständnis von Religion insoweit selbst zurück, als er materielle und immaterielle, soziale und spirituelle Aspekte, die er eigentlich in seinem Religionsbegriff zu verbinden beansprucht, doch wieder klar

[232] Kooiman 1989, 8.

voneinander abgrenzt und „tatsächlichen“ kulturellen bzw. religiösen Wandel an Faktoren festmacht, die er deutlich von Anzeichen des sozialen Wandels unterscheidet. Dies zeigt sich unverkennbar bereits am Aufbau seiner Studie. Nachdem er nämlich in den ersten Kapiteln die Geschichte Travancores und den Beginn missionarischer Aktivitäten behandelt hat, widmet Kooiman drei Kapitel den Themen, die er als entscheidende ökonomische Aspekte bei der Betrachtung von Mission und Konversion betrachtet. Das sind vor allem die Gründung von Bildungseinrichtungen, die Schaffung von Arbeitsplätzen für die Anhängerschaft der Mission sowie dem Kampf gegen gesellschaftliche Benachteiligung der unteren Kasten. In allen diesen Punkten bescheinigt er den Missionen großen Einfluss und Erfolg sowie ihrer Anhängerschaft großes Interesse an diesen Entwicklungen. Sein letztes Kapitel widmet er dann der Frage „in welchem Ausmaß die Konversion zum Christentum tatsächlich einen erkennbaren Wandel im täglichen Leben, in den Gebräuchen und der Kultur der indischen Anhängerschaft bewirkte.“[233] Dieser Fragestellung geht er dann anhand von vier Themen nach. Er fragt nach bleibender Kastentrennung in den Gemeinden, nach der Befolgung missionarischer Vorstellung von Ehe, nach dem Einfluss von „Volksreligion“ und nach der Einhaltung der Sonntagsruhe durch die Bekehrten. Hinsichtlich aller dieser Aspekte kommt er zu dem Schluss, dass die Missionen nur geringen Einfluss auf ihre Anhängerschaft gehabt hätten und deren Leben und Vorstellungen nicht grundlegend hätten verändern können. Eine tatsächliche Konversion hat für Kooiman deshalb nicht stattgefunden, weil sich „wahres Christentum“ für ihn an grundsätzlichen Veränderungen der Einstellung zu Kaste und Ehe, an einer totalen Abkehr von bisherigen religiösen Praktiken und an der Einhaltung der Sonntagsruhe zeigt. Soziale und ökonomische Faktoren, für deren Einbeziehung in den Religionsbegriff er sich eingangs so deutlich ausgesprochen hatte, können dieser späteren Argumentation zu Folge also nicht zum eigentlichen Kernbereich von Religion zählen. Überdies kommt Kooiman zu dem Schluss, auch aus den Berichten der Missionsangestellten lasse sich schließen, dass eine tatsächliche Konversion, also eine Veränderung in denjenigen Punkten, die er als zentral für Religion auffasst, kaum stattgefunden habe.[234]

Eine sehr ähnliche Bewertung von Konversionen der untersten Kasten findet sich bei Rupa Viswanath, die zur Interaktion christlichen Missionen und Kastengemeinschaften, die sie als „Pariah“ bezeichnet, in der Madras Presidency und insbesondere im Chingleput-Distrikt geforscht hat. Viswanath identifiziert die als Pariah bezeichneten Kasten mit den heute als Dalits bezeichneten Gemeinschaften, widmet sich also in besonderer Weise denjenigen Gruppen, die bei Kawashima und Kooiman eher am

[233] Kooiman 1989, 168.
[234] Kooiman 1989, 168.

Rande vorkommen. In ihrer Studie „The Pariah Problem"[235] von 2014 argumentiert sie für einen engen Zusammenhang zwischen den Debatten um Kaste und Religion im 19. und frühen 20. Jahrhundert. Diesen Zusammenhang macht sie insbesondere an missionarischen Debatten über Massenkonversionen von Pariahs fest, die ab 1870 zunehmend erfolgten. Die Angestellten der christlichen Missionen, so Viswanath, diskutierten ausführlich über die Bekehrungsmotive der Pariahs und damit zusammenhängend über das rechte Verständnis von Konversion und Religion.[236] In diesem Zusammenhang sei eine Beschränkung von Religion auf die Sphäre spiritueller Innerlichkeit ausgehandelt worden. Die Missionsangehörigen hätten „echte Konversion" als innerliche Umkehr aufgefasst, aber gleichzeitig stark angezweifelt, dass eine solche den Ausschlag für die Bekehrungsbewegungen der Pariahs gegeben habe. Problematisch sei insbesondere gewesen, dass die Bekehrten von den Missionen vielfältige Unterstützung erwarteten und auch erfuhren. Dies und nicht etwa ein spirituelles Erweckungserlebnis, so wurde Viswanath zufolge bereits in Missionskreisen befürchtet, sei das entscheidende Motiv für die Massenbekehrungen der Pariahs gewesen.[237] Auch Viswanath selbst möchte aus diesen Gründen im Zuge ihrer Argumentation nicht von „Konversionen" der Kastenlosen sprechen. Sie kritisiert zwar den ihrer Meinung nach sowohl in der missionarischen Debatte als auch in der Forschung vorherrschenden Fragefokus auf die Motive der Pariahs und argumentiert, es seien vielmehr die Effekte der Konversion zu untersuchen. Als Effekte beschreibt sie dann aber v.a. den Bau von Missionsschulen oder auch missionarische Unterstützung bei Konflikten der Pariahs mit höheren Kasten.[238] Da dies die entscheidenden Auswirkungen des Verhältnisses zwischen Pariahs und Missionen gewesen seien, sei der Konversionsbegriff unzutreffend bzw. müsse zunächst erheblich erweitert werden.[239] Sie schlägt daher für die Beschreibung des Verhältnisses von Missionen und Pariahs die Bezeichnung „Pariah-Missionary Alliance" vor.[240] Es ist erstaunlich, dass Viswanath das Verständnis von Religion als „spirituell" bzw. „rein innerlich" an zentralen Punkten ihrer Argumentation selbst übernimmt. Zeigt sie doch in ihrer Studie ausführlich und überzeugend, dass sich dieses Religionsverständnis gerade im Zusammenhang mit der Kasten-Debatte erst entwickelt hat. Statt die missionarische Argumentation zu brechen und im Lichte ihrer eigenen Historisierung des Religionsbegriffs auch nach Möglichkeiten der Neubestimmung von Konversion bzw. Mission zu fragen, schreibt sie diese also letztlich weitgehend unkritisch fort.

---

235 Viswanath 2014.
236 Viswanath 2014, 72.
237 Viswanath 2014, 58–59.
238 Viswanath 2014, 73–79.
239 Viswanath 2014, 72.
240 Viswanath 2014, 72.85.89.

Sanal Mohan widerspricht in seiner Studie Positionen, die den konvertierenden niedrigen Kastengemeinschaften spirituelle Motive absprechen. Er kritisiert dabei insbesondere Kooiman vehement. Dieser schätze das religiöse Bewusstsein der Konvertitengruppen gering bzw. wolle es ihnen ganz absprechen, indem er die Beweggründe, aus denen Mitglieder der unterdrückten Kasten konvertierten, auf materielle Motive beschränke.[241] Sanal Mohan begegnet dieser aus seiner Perspektive herabwürdigenden Betrachtung der konvertierten Sklavenkasten, indem er umfangreiche Argumente für deren Befähigung zur intensiven Beschäftigung mit christlichen Inhalten und den bei ihnen erfolgten inneren Wandel präsentiert. Überdies argumentiert er, es sei dieser innere Wandel gewesen, der überhaupt erst die Voraussetzung für sozialen Wandel und gesellschaftliche Emanzipation geschaffen habe.[242] Auf diese Weise begegnet er nun zwar der seines Erachtens einseitigen und abwertenden Perspektive vieler Forschungsbeiträge auf die Konversion der Sklavenkasten, überwindet aber selbst in keiner Weise die solchen Positionen zu Grunde liegende Unterscheidung und Hierarchisierung sozialer und spiritueller Aspekte von Religion. Sozialer Wandel und gesellschaftliche Emanzipation sind für ihn zwar – erwartete und zu begrüßende – Folgen religiöser Neuorientierung, deren eigentlicher Kern bleibt jedoch „innere Transformation", die durch die Begegnung und Auseinandersetzung mit biblischen und theologischen Motiven erfolgt. Dadurch, dass Sanal Mohan, im Interesse seiner Argumentation für die religiöse Empfänglichkeit der Sklavenkasten „materielle" Aspekte wie etwa medizinische Versorgung oder die Vermittlung von Arbeitsplätzen nur am Rande abhandelt, verstärkt er sogar noch die Bestimmung von Religion und Konversion über „innere", „spirituelle" Aspekte. Den sozialen Einrichtungen der Kirchen und Missionen, die für das im Kanyakumari Distrikt vorherrschende Verständnis von christlicher Identität so wichtig sind, widmet er nur sehr wenig Raum. Das im Rahmen der dortigen regionalen Geschichtserzählung formulierte Religionsverständnis, das die RSSNA mit vielen anderen christlichen Gruppen teilt, lässt also auch Sanal Mohan letztlich nicht zu. Mithin bieten– trotz ihrer sehr unterschiedlichen Positionierungen – letztlich weder Kooiman noch Sanal Mohan eine Lesart der Christentumsgeschichte Travancores, die der regional vorherrschenden tatsächlich entspricht. Diese Geschichte wurde in der Forschung also umfangreich diskutiert, ohne dass ein zentraler Aspekt des lokalen christlichen Selbstverständnisses dabei berücksichtigt worden wäre. Damit ist nicht nur die Stimme der RSSNA in der Debatte unhörbar, sondern in diesem entscheidenden Punkt auch die der von der Forschung bevorzugt untersuchten und anderen Kastengemeinschaften

---

241 Sanal Mohan 2015, 29.84.

242 Vgl. z.B. Sandall 1955, 29-30,33, 105.

gegenüber privilegierten Nadar-Gemeinschaft, die das Religionsverständnis der RSSNA teilt.

Zusammenfassung

In diesem Kapitel ist deutlich geworden, dass die regional dominante Version der Christentumsgeschichte Travancores und die internationale Forschungsdebatte zentrale Inhalte und Merkmale teilen. Sie bestätigen sich darin gegenseitig, wodurch es zu einer Verschärfung von Ausschlussmechanismen kommt. In den Werken aus der internationalen Forschung setzt sich die Problematik der fehlenden Geschichte fort. Heilsarmee und Sambavars werden auch hier bestenfalls am Rande erwähnt. Auch der problematische Fokus auf die Nadar-Gemeinschaft bleibt bestehen. Diese wird auch in den Werken vieler internationaler Forschender zur Repräsentantin aller unterdrückter Kasten Travancores, ohne dass dies konsequent offengelegt wird. Der Widerspruch gegen diesen Repräsentationsanspruch der Nadars, der regional, wie sich noch zeigen wird, in zunehmendem Maße formuliert und wahrgenommen wird, bleibt auf internationaler Ebene offenbar ungehört. Bereits dieses eine der drei Kernmotive des Selbstverständnisses der RSSNA – der Anspruch, einer eigenständigen Kaste und Kirche anzugehören, kann mithin nicht artikuliert werden.

Die Position der RSSNA ist in der internationalen Forschungsdebatte sogar noch weniger zu hören als in regionalen Debatten um christliche Identität. Ihre Stimme wird hier gänzlich unhörbar. Neben den bereits genannten kommt nämlich noch eine besonders schwerwiegende Problematik hinzu, da die Forschungsdebatte ein weiteres Kernmotiv zurückweist. Das von der regionalen Christenheit vertretene Verständnis von Religion als im Kern sozial. Das gilt ebenfalls für Studien wie die Sanal Mohans und Viswanaths, die sich explizit auf die Geschichte der Kastengemeinschaften fokussieren, die sich heute als Dalits identifizieren und ihre Geschichte von der anderer Kastengemeinschaften abgrenzen. Auch sie lassen die für christliche Identitätspositionierungen im Kanyakumari Distrikt so entscheidende Bestimmung von Religion nicht zu. Statt das regionale Religionsverständnis aufzugreifen, grenzen diese Werke soziale und spirituelle Aspekte gegeneinander ab und privilegieren die letzteren als eigentliche und echte Kennzeichen von Religion. Hier zeigt sich erneut die schon bei Radhakrishna aufgezeigte Problematik.[243] Die Forschung übergeht allzu häufig das Selbstverständnis derjenigen, die sie doch eigentlich erforschen will. Im vorliegenden Fall entsteht diese Problematik wie so oft daraus, dass die Forschung vorgefasste essentialistische Konzepte – hier insbesondere „Religion" – unhinterfragt auf ihre Forschungskontexte anwendet.

[243] Vgl. Kapitel 3.3.2 dieser Arbeit.

Dabei übergeht sie völlig die Fragestellungen, die doch eigentlich grundlegend sein müsste, nämlich wie solche Konzepte vor Ort bestimmt werden und welche aktuellen Debatten dafür ausschlaggebend sind.

Im weiteren Verlauf der Arbeit wird sich zeigen, dass gerade die Problematik verschiedener Religionsverständnisse, die bei der Analyse der Forschungsdebatte zu Tage getreten ist, auch für den Konflikt zwischen RSSNA und Heilsarmee entscheidend ist.

13. Das historische Narrativ der RSSNA im Kontext der Geschichtsschreibung der Heilsarmee

Nachdem der enge Zusammenhang zwischen sozialem Religionsverständnis und kastenbasierten Identifizierungen analysiert worden ist, soll im Folgenden das dritte Kernmotiv der RSSNA ausführlich untersucht werden. Entscheidend für die Forderungen an die regionale Heilsarmee-Leitung ist der Anspruch der Gruppe, die wahre Nachfolgerin der vorbildlichen Gründungsgeneration der Heilsarmee zu sein. Auch und gerade dies drückt sich in ihren idealisierten Erzählungen über die frühe Mission aus. Aus diesem Grund sollen in den nächsten Abschnitten Darstellungen der indischen Mission, insbesondere der in Travancore, untersucht werden, die von Personen aus der internationalen Heilsarmee verfasst wurden.

Die Geschichte der Travancore-Mission wird insbesondere in drei Bereichen der Heilsarmee-Literatur behandelt: In geschichtlichen Darstellungen der globalen bzw. der indischen Mission, in Biografien und Autobiografien einzelner Gestalten dieser Missionsgeschichte und darüber hinaus in Werken zur Geschichte der medizinischen Mission der Heilsarmee. Als deren Anfang wird das Wirken von Harry Andrews in Nagercoil dargestellt. In der fünf Bände umfassenden Geschichte der Heilsarmee von Robert Sandall und Arch R. Wiggins wird die Indienmission kurz dargestellt. Wesentlich ausführlicher wird sie jedoch in Solveig Smiths 1982 erschienener Monografie „By Love Compelled. The Salvation Army's 100 years in India and adjacent lands."[244] behandelt. Wichtige Quelle für Smith sind die vom Indienpionier der Heilsarmee, Frederick Booth-Tucker, verfasste Geschichte der ersten 40 Jahre indischer Mission[245] sowie die Biografie Booth-Tuckers aus der Feder des ebenfalls lange Jahre in Indien tätigen Heilsarmee-Offiziers und Arztes Harry Williams.[246] Alle diese Werke sollen im Folgenden untersucht werden. Darüber hinaus werden die

[244] Smith 1982..
[245] Booth-Tucker 1923.
[246] Williams 1980.

Autobiografie von Harry Williams[247] sowie die Biografien des ersten Divisional Commanders in Travancore, William Stevens[248], und des ersten indisch-stämmigen Territorialleiters der Heilsarmee, Narayana Muthiah[249] kurz vorkommen. Über die weltweite medizinische Mission der Heilsarmee sind zwei Gesamtdarstellungen erschienen. Die erste wurde 1971 von der britischen Heilsarmee-Offizierin Miriam M. Richards vorgelegt[250], die zweite, von Harry Williams verfasste[251], erschien im Jahr 2009. Diese sind insofern von entscheidender Bedeutung, als sie den Beginn der weltweiten medizinischen Mission der Heilsarmee in Nagercoil verorten.

Leitende Fragestellung wird auch in diesem Fall sein, inwieweit diese Texte die Kernmotive der RSSNA – soziale Religion, kastenbasierte Identifizierung als Sambavars, wahre Nachfolge der frühen Heilsarmee – zulassen oder zurückweisen. Damit verbunden ist die Frage, welche Deutungs- und Leitungsansprüche innerhalb der Heilsarmee im Rahmen ihrer Geschichtsschreibung verhandelt werden. Darüber hinaus ist zu klären, ob die bereits beschriebene Problematik der fehlenden Geschichte der Heilsarmee durch Texte aus der Organisation selbst behoben werden kann. Von besonderem Interesse ist, inwiefern das Wiedererzählen von Tradition, die der Verein praktiziert, gerade im Blick auf die Heilsarmee als Widerstand gegen dominante Deutungsansprüche zu verstehen ist.

13.1. Das Fehlen der Geschichte Travancores in der Heilsarmee-Literatur

Bevor in den folgenden Abschnitten die Perspektive der Heilsarmee-Literatur auf die Schwerpunkte der historischen Argumentation der RSSNA untersucht wird, soll hier zunächst gefragt werden, welche Ereignisse in dieser Literatur als entscheidend für Aufbau und Entwicklung der Travancore-Mission beschrieben werden. In diesem Zusammenhang wird gefragt werden, ob die oben genannte Literatur Möglichkeiten bietet, dem in den Erzählungen der RSSNA und anderer Heilsarmee-Mitglieder in der Feldforschungsregion so deutlich zu Tage tretenden Mangel an Heilsarmee-Geschichte zu begegnen.

Den Anfang des Wirkens der Heilsarmee, so schildern es die genannten Werke, stellten die Aktivitäten einer kleinen Offiziersgruppe auf der Plantage des ehemaligen LMS-Missionars Charles Cox dar. Dieser hatte, so wird berichtet, den Offizierinnen und Offizieren der Heilsarmee angeboten, sich dort im Bedarfsfall zu erholen. Dieses Angebot wurde unter anderem vom Offizier William Johnston, der sich den indischen Namen Jeya

[247] Williams 1990.
[248] Baird 1944.
[249] Wheaton 1960.
[250] Richards 1971.
[251] Williams 2009.

Kodi gab, angenommen. Während einer Genesungszeit, die er auf der Plantage verbrachte, bot er Gottesdienste für die Plantagenarbeiter an, von denen sich einige bekehrten und ihren neuen Glauben auch in ihre Heimatdörfer brachten. Die Heilsarmee schickte daraufhin die Offiziere Keil (Yesu Patham) und Stevens (Yesu Retnam), der zum ersten Divisional Commander in Travancore ernannt wurde, in die Gegend, um die Arbeit fortzusetzen.[252] In größerem Rahmen, darin stimmen die genannten Werke ebenfalls überein, habe die Travancore-Mission jedoch erst mit den seit 1892 unter der Leitung von William Stevens organisierten so genannten „Boom Marches" begonnen. Die so bezeichnete Missionsstrategie wurde in Indien erstmals in Gujarat eingesetzt und von William Stevens für Travancore übernommen.[253] In ihrem Rahmen zogen Offiziersgruppen in teilweise spektakulären Umzügen durch Dörfer. Es wurden Flaggen und Banner mitgeführt, Musik gespielt und Lieder gesungen. Auch Bekehrungserzählungen gehörten zum Programm. Wenn dies möglich war, ritten die führenden Offizierinnen und Offizieren auf Pferden oder Kamelen. „Farbenpracht, Aufregung und Reden in den Lokalsprachen", so resümiert Williams, seien wesentlich für diese Kampagnen gewesen.[254]

Einige der oben genannten Publikationen beschreiben darüber hinaus die Vision eines indischen Offiziers auf dem im Umland von Nagercoil gelegenen Medicine Hill als weiteres entscheidendes Eckdatum der Travancore-Mission.[255] Beunruhigt von zunehmender Opposition und Verfolgung, die die Arbeit der Heilsarmee zu gefährden drohten, so berichtet etwa Smith, hätte sich eine Offiziersgruppe auf diesen Berg zurückgezogen, um einen Tag und eine Nacht lang zu beten und zu fasten. Während dieser Zeit habe der Offizier Deva Sundaram eine Vision gehabt, in der er eine riesige Armee gesehen habe – Seelen, die für Gott gewonnen werden konnten. Ermutigt von dieser Vision habe er sich dann in das nahegelegene Dorf Attakulam begeben, dessen gesamte Einwohnerschaft sich nach seiner Predigt bekehrte.[256] Einige andere Werke berichten von einer von Deva Sundaram initiierten Bekehrung eines gesamten Dorfes als Ausgangspunkt erfolgreicher Mission ohne die Geschichte von der Vision zu erzählen.[257] Alle genannten Werke thematisieren zudem, auch über die Erzählung über Medicine Hill hinaus, die zahlreichen und bedrohlichen Anfeindungen und Verfolgungen, denen die Offizierinnen und Offiziere der Heilsarmee ausgesetzt gewesen seien. Diese seien von Angehörigen höherer Kasten

---

252 Vgl. z.B. Smith 1982, 60–61; Booth-Tucker 1923, 101; Baird 1944, 23; Williams 1980, 119.

253 Vgl. z.B. Smith 1982, 64; Baird 1944, 23–24; Booth-Tucker 1923, 102–105; Williams 1980, 119; Wiggins 1964, 119–120.

254 Williams 1980, 103–104.

255 Vgl. z.B. Smith 1982, 61; Wheaton 1960, 51–52.

256 Smith 1982, 61.

257 Vgl. z.B. Baird 1944, 24–25.

ausgegangen, die den Einfluss der Heilsarmee auf die zu den untersten Kasten gehörenden landwirtschaftlichen Arbeitskräfte gefürchtet hätten. Beinahe in allen Schilderungen der Heilsarmee-Mission in Travancore werden diese Verfolgungen exemplarisch an einem nächtlichen Angriff auf William Stevens und den ihn begleitenden indischen Offizier Subadar Gnanathesiger geschildert.[258] Auch weitere Angriffe auf Stevens – etwa im Rahmen eines Tempelfests in Suchindram – und andere Offiziere werden geschildert. In allen Fällen werden die „höheren Kasten" als Antagonistinnen der Heilsarmee beschrieben.[259] Diese vier Themen – die Arbeit auf Cox's Plantage, die Boom Marches, die Vision auf dem Medicine Hill bzw. Deva Sundarams Mission und die Bedrohung durch höhere Kasten – sind die Kernelemente, die sich in unterschiedlicher Gewichtung und Ausführlichkeit in beinahe jeder Darstellung der Travancore Mission in der Heilsarmee-Literatur finden und offenbar als die wichtigsten und prägendsten Ereignisse gelten. Einzelne Werke bieten darüber hinaus noch einige ergänzende Aspekte. So berichtet Smith vom Besuch General Booth's in Travancore im Jahr 1895 und Booth-Tucker erwähnt die Ernennung von Clara Case (Nurani) zur Territorialleiterin in Travancore 1905 und würdigt kurz ihre Verdienste um die Region. Die Heilsarmee-Literatur schildert die Travancore-Mission sehr häufig anhand exemplarischer Würdigungen der Leistungen besonders verdienter Offizierinnen und Offiziere. Die meisten von ihnen stammen aus Europa, mit William Stevens ebenfalls attackiertem Begleiter Subadar Gnanathesiger und insbesondere mit Deva Sundaram werden jedoch auch indische Konvertiten genannt. Die entstehenden Heilsarmee-Gemeinden und ihre Mitglieder kommen – von einzelnen Bekehrungserzählungen abgesehen – kaum vor.

Die Geschichte der Heilsarmee in Travancore wird zudem im Wesentlichen als Ursprungsgeschichte erzählt. Die als entscheidend beschriebenen Ereignisse liegen überwiegend noch im späten 19. Jahrhundert. Spätere Entwicklungen spielen keine nennenswerte Rolle. Über die genannten vier Hauptmotive hinaus wird also schon aus der Zeit der frühen Mission sehr wenig berichtet. Noch viel begrenzter sind die Informationen hinsichtlich der weiteren Entwicklung der südindischen Heilsarmee im Verlauf des 20. Jahrhunderts. Smith erwähnt aus diesem Zeitraum im Wesentlichen die 1970 erfolgte Teilung des Territoriums in Südindien, thematisiert aber weder die Auslöser dieser Entscheidung noch den Teilungsprozess. Auch die weiteren Entwicklungen der neuen Territorien Südost- und Südwestindien schildert sie nicht, obwohl ihre Monografie erst zwölf Jahre später erschien. Einzig in der Autobiografie von Harry Williams, der von 1969-1970 als letzter Leiter des Territoriums Südindien den Teilungsprozess organisierte, finden sich ein paar wenige Informationen dazu. Williams

---

[258] Vgl. z.B. Smith 1982, 60; Baird 1944, 26, 28; Booth-Tucker 1923, 106–109; Wiggins 1964, 120.

[259] Vgl. z.B. Baird 1944, 28; Booth-Tucker 1923, 106–109; Wiggins 1964, 120–121.

berichtet kurz, dass nach der indischen Unabhängigkeit die Bundesstaaten auf der Basis sprachlicher Zugehörigkeit eingeteilt und auch kirchliche Bezirke auf diese Weise neu organisiert wurden. Er fasst das Streben der indischen Christenheit nach einer auf linguistischer Identität beruhenden Verwaltungsstruktur als zerstörerische Kraft auf und nennt als eine weitere solche Kraft die zunehmende Mobilisierung anhand von Kastenzugehörigkeit auch in den Kirchen. Williams zu Folge verlief die Teilung des Territoriums letztlich jedoch im Großen und Ganzen zufriedenstellend und brachte sogar steigende Mitgliederzahlen in Tamil Nadu und einen Ausbau der sozialen Dienste in Kerala mit sich. Genaueres über Gründe, Verlauf und Nachwirkungen der Teilung findet sich jedoch auch bei ihm nicht.

Die Werke zur Geschichte der medizinischen Mission bzw. des Catherine Booth Hospitals (CBH) sind also schon deshalb interessant, weil sie gegenüber der allgemeinen missionsgeschichtlichen Literatur einen etwas größeren Zeitraum abdecken. Ihr Thema ist jedoch für diese Arbeit vor allem deshalb besonders wichtig, weil die RSSNA-Mitglieder in ihren Erzählungen auf das Catherine Booth Hospital immer wieder Bezug nehmen, zumal mehrere Vorstandsmitglieder – einschließlich des Präsidenten – dort eine Ausbildung absolviert oder gearbeitet haben. Gerade das Krankenhaus wird immer wieder als zentrales Beispiel für das vorbildliche Engagement der frühen Travancore-Mission angeführt. Seine aktuelle Situation zeigt aus Sicht des Vereins jedoch auch besonders deutlich den gegenwärtigen Verfall der Heilsarmee. Im Folgenden sollen daher auch die zentralen Ereignisse der Geschichte des CBH – wie sie in der Heilsarmee-Literatur geschildert werden – kurz dargestellt werden. Einzelne Aspekte dieser Geschichte – besonders das Wirken Harry Andrews' werden auch in Darstellungen der Travancore-Mission thematisiert, besonders ausführlich wird sie jedoch in den Werken von Richards und Williams über die weltweite medizinische Mission der Heilsarmee beschrieben.

Sowohl Williams als auch Richards, die im ersten und zweiten Teil ihrer Monografie Kurzbiografien der wichtigsten Gestalten der Medizinischen Mission bietet, beschreiben ausführlich das Wirken von Harry Andrews in Nagercoil, das zur Gründung des CBH führte. Andrews sei als kleiner Junge von seiner sterbenden Mutter in die Obhut von Bramwell Booth gegeben worden. Dessen Schwester Emma habe die Sorge für den Jungen übernommen, der sie und ihren Mann, Frederick Booth-Tucker 1888 im Alter von 15 Jahren nach Indien begleitet habe. Zwei Jahre später wurde er Assistent von William Stevens in Nagercoil. Wie schon vorher in Bombay habe er sich auch hier – noch völlig ohne formale medizinische Kenntnisse – um Kranke und Verletzte gekümmert und habe dabei viel Begabung gezeigt. Elizabeth Stevens habe ihm daraufhin ein Badezimmer auf ihrer Veranda zur Verfügung gestellt, damit er dort eine Apotheke eröffnen konnte. Diese wurde 1893 eröffnet. Bald darauf habe er auf Grund einer Cholera-Epidemie auch Dörfer besucht, um dort Kranke zu versorgen und

Sterbende zu begleiten. Bramwell Booth habe ihm daraufhin eine medizinische Grundausbildung in London ermöglicht. 1896 kehrte Andrews nach Nagercoil zurück, wo er 1897 die Catherine Booth Apotheke eröffnete. Diese konnte auf einem mit Spendengeld erworbenen Grundstück errichtet werden. Während seiner Zeit in London hatte Andrews Percy Turner, der Heilsarmee-Mitglied und damals noch Medizinstudent war, für die Arbeit in Nagercoil gewinnen können.[260] Dieser begann seine Arbeit am CBH im Jahr 1900 und blieb dort bis 1923. Unter der Leitung Turners entwickelte sich das Krankenhaus, und mehrere Zweighospitäler wurden gegründet.[261] Mrs. Turner, selbst Krankenschwester, engagierte sich in der Ausbildung von Pflegepersonal, während Turner Assistenzärzte ausbildete. Beide Ausbildungen wurden vom Staat Travancore anerkannt.[262] Von 1912 bis 1914 arbeiteten zudem der – auch von der RSSNA gewürdigte – Arzt Charles Steibel und seine Ehefrau Agatha, die ebenfalls Krankenschwester war, am CBH. Beide beteiligten sich an der Ausbildung medizinischen Personals und arbeiteten mit den Turners auch während der Choleraepidemie von 1912/13 zusammen.[263] Ausführlich schildern sowohl Richards als auch Williams den Einsatz des aus den USA stammenden Offiziers und Arztes William Alexander Noble, der gemeinsam mit seiner Frau von 1919-1961 erst als Assistent und später als Nachfolger Turners am CBH arbeitete.[264] An sein Wirken erinnern sich, das wurde während der Feldforschung deutlich, auch heute noch viele ältere Heilsarmeemitglieder in der Region. Gemeinsam mit den Nobles hätten, so Williams, eine ganze Reihe medizinischer Fachkräfte aus den USA, aber auch aus anderen Ländern – etwa Kanada und England – am Krankenhaus gearbeitet.[265] Harry Williams selbst arbeitete von 1952 bis zur seiner Ernennung zum Territorialleiter 1969 an verschiedenen indischen Krankenhäusern und übernahm, nachdem Dr. Noble 1961 in den Ruhestand gegangen war, die Leitung des CBH.[266] Über die Biografien der bisher genannten Ärzte hinaus bietet Richards noch einige weitere biographische Skizzen von Ärztinnen und Ärzten, die zu verschiedenen Zeiten am CBH arbeiteten. Geschildert werden Leben und Wirken der britischen Ärztin Margaret Round (am CBH 1927-1932), des Schotten William McAllister (1940-45) und der aus einer Offiziers-Familie stammenden, am Christian Medical College in Vellore ausgebildeten indischen Ärztin Sara Daniel (1937-1964). Von allen diesen Ärztinnen und Ärzten wird berichtet, dass sie ausgesprochen engagiert für das Krankenhaus arbeiteten und Entscheidendes für dessen Entwicklung leisteten –

[260] Richards 1971, 3–5; Vgl. auch Williams 2009, 23–24.
[261] Richards 1971, 12–15.
[262] Williams 2009, 49.
[263] Richards 1971, 19.
[264] Richards 1971, 41–44; Williams 2009, 37–38.
[265] Williams 2009, 37, 68.
[266] Richards 1971, 67–71.; Vgl. auch Williams 1990; Williams 2009.

etwa durch die Einrichtung und den Ausbau neuer Spezialabteilungen. So spezialisierten sich etwa Turner und Noble auf die Bekämpfung der Cholera und auf Augenchirurgie und richteten entsprechende Abteilungen bzw. Zweigstellen ein[267], und Sara Daniel baute die Gynäkologie und die Kindermedizin wesentlich aus.[268] Sowohl Richards als auch Williams schildern zudem die diversen Ausbildungsmöglichkeiten, die am CBH im Laufe der Jahre geboten wurden.[269] Auch die Geschichte der medizinischen Mission der Heilsarmee wird also vor allem anhand der Leistungen herausragender Einzelpersonen erzählt. Über deren Biografie und die damit direkt verbundenen Entwicklungen im Krankenhaus, wie etwa die Etablierung neuer medizinischer Schwerpunkte, hinaus, erfährt die Leserschaft von Richards und Williams sehr wenig. Insbesondere über das Umfeld des CBH, über politische und gesellschaftliche Entwicklungen in der Region schweigen sie sich aus, obgleich sich aus Williams Autobiografie schließen lässt, dass zumindest er das regionale Umfeld sehr genau und aus unmittelbarer Nähe im Blick hatte. Selbst über die regionale Geschichte der Heilsarmee, über die Entwicklung ihrer Gemeinden, die Lebensumstände und Ansichten ihrer Mitglieder finden sich keine Informationen.

Überdies fällt auf, dass sowohl Richards als auch Williams die Geschichte des CBH nur bis in die späten sechziger Jahre hinein erzählen. Das jüngste diesbezüglich bei Richards genannte Datum ist die Leitung des Krankenhauses durch Harry Williams 1961-69. Da ihre Monografie 1971 erschien, ist dies leicht zu erklären, allerdings fällt auf, dass auch Harry Williams, der seine Geschichte der globalen medizinischen Mission erst 2009 veröffentlichte, die Geschichte des CBH ebenfalls nur bis zum Ende der sechziger Jahre erzählt. Die weitere Entwicklung des Krankenhauses wird nicht mehr geschildert. Zwar berichtet Williams von globalen Herausforderungen, bringt dabei Beispiele aus verschiedenen Regionen und thematisiert auch Herausforderungen, die sich spezifisch in Indien stellen. Er stellt aber nicht dar, wie konkret am CBH damit umgegangen wurde. Beide schreiben die Geschichte des Krankenhauses als eine Erfolgsgeschichte, berichten, wie über die Jahre immer mehr medizinische Fachrichtungen abgedeckt wurden, wie sich das medizinische Personal sowohl um das körperliche als auch um das spirituelle Wohl der Patientinnen und Patienten sorgte. Diese Erfolgsgeschichte – oder doch zumindest deren ausführliche Schilderung – endet jedoch etwa 1970, also weit vor dem Abfassungsdatum des jüngeren Standardwerks zur medizinischen Mission der Heilsarmee. Der Zeitraum, den die RSSNA als Periode des Verfalls beschreibt, wird darin also kaum berücksichtigt.

Sogar die heilsarmee-eigene Missionsgeschichtsschreibung kann also bezüglich der Entwicklungen in Travancore den Mangel an Geschichte

---

[267] Williams 2009, 60, 137.

[268] Richards 1971, 76; Williams 2009, 49.

[269] Richards 1971, 127–131.

letztlich nicht beheben. Bezüglich der Frühgeschichte werden zwar ein paar zusätzliche Informationen geboten, eine ausführliche Geschichtsschreibung ist auf Basis der untersuchten Werke jedoch nicht möglich. Deshalb kann auf ihrer Grundlage die von der RSSNA vorgenommene Deutung der jüngeren Geschichte der südindischen Heilsarmee als Verfallsgeschichte auch nicht ausführlich und begründet bestritten werden. Die Situation der Heilsarmee-Gemeinden – früherer wie heutiger – spielt in den Berichten keine Rolle. Auch auf diese Weise ist eine bessere und kritische Einordnung der Perspektive der RSSNA also nicht möglich. Angesichts dieses Mangels an Geschichte selbst in der Historiografie der Heilsarmee ist es umso entscheidender, andere Funktionen der untersuchten missionsgeschichtlichen Werke in den Blick zu bekommen. Das betrifft insbesondere die darin verhandelten Zukunftsvisionen, Führungsansprüche und Auffassungen von Religion. Dies soll im Folgenden geschehen.

13.2. Das spirituelle Religionsverständnis in der Missionsgeschichtsschreibung der Heilsarmee

Prägend für das historische Narrativ der RSSNA und die regionale Missionsgeschichtserzählung ist, wie sich gezeigt hat, die Charakterisierung christlicher Mission als auf gesellschaftlichen Wandel hinwirkende Kraft und damit verbunden ein Verständnis von Religion als im Kern sozial. Im folgenden Abschnitt soll untersucht werden, inwiefern Berichte über soziales Engagement für die in diesem Kapitel bereits vorgestellten geschichtlichen Texte aus der Heilsarmee wichtig sind und welches Verständnis von Mission und Religion darin formuliert wird. Dabei wird sich zeigen, dass der soziale Einsatz der Indien-Mission zwar auch hier umfangreich gewürdigt wird, dass er aber nicht in gleicher Weise ausschlaggebend für das in den Texten formulierte Verständnis von Religion ist, die in wesentlich stärkerem Maße über „spirituelle“ Aspekte bestimmt wird.

In Smiths Geschichte der Heilsarmee in Indien nimmt die Würdigung des umfangreichen sozialen Engagements der Mission tatsächlich großen Raum ein. Besonders ausführlich – und vielfach auch mit Beispielen aus Travancore – schildert sie dieses in drei Kapiteln ihrer Monografie mit den Titeln „Famine and plague (1895-)“, „The Healing Ministry (I) (1895-)“ und „The Healing Ministry (II) (1926-)“. Darin beschreibt sie den indienweiten Einsatz der Heilsarmee während Hungersnöten, berichtet kurz von der Einrichtung von Schulen und schildert ausführlich die Anfänge des CBH unter Andrews, Turner und Noble. All diese Entwicklungen haben für die Autorin also ganz offensichtlich hohe Relevanz und stellen unzweifelhaft wichtige Errungenschaften der indischen Heilsarmee dar. Auf den zweiten Blick fällt jedoch auf, dass Smith diese Sozialprogramme der Mission in gesonderten thematischen Kapiteln beschreibt, statt sie in die regionalgeschichtlichen Darstellungen zu integrieren. So finden sich in den oben genannten Kapiteln zu den sozialen und medizinischen Programmen der Heilsarmee zwar Beispiele aus Travancore, im regionalgeschichtlichen Abschnitt „Turning to Travancore and the Telugus (1892-)“ wird diese Thematik jedoch kaum berührt. Smith schildert die frühe Geschichte der Heilsarmeemission in Travancore auf Basis der im vorigen Abschnitt genannten Hauptmotive. Als eigentlichen Beginn der erfolgreichen Arbeit in Travancore fasst sie – wie auch viele andere Geschichtsschreibende aus der Heilsarmee – den auf Deva Sundarams Vision auf dem Medicine Hill folgenden Missionserfolg auf. Diesen beschreibt sie als die „erste spirituelle Erweckung“ in der Region, der zahlreiche weitere gefolgt seien.[270] Im Anschluss an den Bericht über durch die Predigt Deva Sundarams ausgelöste Gruppenkonversionen ganzer Dörfer schildert Smith dann die Einzelbekehrung des einstmaligen hochkastigen Hindus und Heilsarmee-Gegners Narayana Muthiah, der schließlich der erste indisch-stämmige Territorialleiter werden und im Dienste der Heilsarmee zahlreiche Länder bereisen sollte. Seine Biografie stellt für die Autorin ganz offenbar ein Paradebeispiel für einen durch spirituelle Erweckung ausgelösten frommen und vorbildlichen Lebenswandel dar. Smith beschreibt also die Regionalgeschichte Travancores im Wesentlichen als Geschichte spiritueller Erweckungen, Bekehrungen und Seelenrettung, in der die an anderer Stelle beschriebenen sozialen Errungenschaften der Heilsarmee nicht vorkommen.

Der Blick auf Werke, die vor Smiths Monografie erschienen und von ihr teilweise als Quellen genutzt wurden, zeigt, dass sie mit dieser Erzählstruktur und der damit verbundenen Bestimmung von Mission und Religion in der Heilsarmee-Literatur keineswegs allein ist. Sie findet sich vielfach auch in deren prominentesten Werken wieder. In der fünfbändigen Geschichte der Heilsarmee von Sandall und Wiggins etwa werden den sozialen Projekten separate Bände gewidmet. Im vierten und letzten Teil dieses Bands unter dem Titel „Development oft he Social Reform and Welfare Work of The Salvation Army Outside the Darkest England Scheme“ wird stellenweise auch die Arbeit in Indien erwähnt. Vor allem geht es dabei um den Einsatz während Epidemien und Hungersnöten[271], die Organisation der Lager für Kriminelle Stämme[272] und die Augenmedizin am CBH.[273] Den Anfängen der Mission in Indien und dann in Travancore sind im zweiten und vierten Band einige wenige kurze Passagen gewidmet. So wird im zweiten Band die Ankunft der ersten Offiziersgruppe in Bombay geschildert und im vierten ein kurzer Blick auf die frühe Mission in Travancore geworfen. Im Wesentlichen werden dabei zwei der vier im vorigen

[270] Smith 1982, 61.
[271] Sandall 1955, 256–257.
[272] Sandall 1955, 274–278.
[273] Sandall 1955, 283.

Abschnitt genannten Hauptmotive der Heilsarmee-Geschichte in Travancore angerissen – die Boom-Märsche und die Bedrohung durch Verfolgungen.

Auch eine der frühen und besonders prominenten Beschreibungen der Indien-Mission, die Schrift „Mukti Fauj. Or, Forty Years with The Salvation Army in India and Ceylon"[274] aus der Feder des Indienpioniers Booth Tucker, in der sowohl die Travancore-Mission als auch die indischen Sozialprojekte ausführlich dargestellt werden, ist nach diesem Gliederungsprinzip aufgebaut. Die Travancore-Mission schildert der Autor in zwei Kapiteln unter den Überschriften „The Boom March" und „Persecutions and Prosecutions". Hier zeigen sich also wieder die Kernelemente der Heilsarmee-Erzählung. Auch Booth-Tucker schildert im Rahmen der Darstellung der Travancore-Mission eine Vielzahl von Konversionen sowohl von Einzelpersonen als auch von ganzen Gruppen oder Dörfern. Er berichtet von jährlichen Massenversammlungen, die die Heilsarmee für ihre Anhängerschaft angeboten habe, die früher zu Hindu-Tempeln gepilgert sei und bezeichnet diese als „spirituelle Niagarafälle".[275] Die sozialen und medizinischen Programme in Travancore spielen in diesen Kapiteln kaum eine Rolle, lediglich am Beginn des dreizehnten Kapitels wird kurz die Einrichtung je einer Ausbildungsstätte für Offiziersanwärterinnen und -anwärter sowie zahlreicher Schulen erwähnt. Ausführlich schildert Booth-Tucker diese Aspekte des Wirkens der Heilsarmee erst wesentlich später, in den Kapiteln 20-26. Sie berichten von Siedlungsprojekten, dem Aufbau von Heimindustrie, der medizinischen Arbeit, dem Einsatz für Bettler auf Sri Lanka und besonders ausführlich von den Projekten mit den „Kriminellen Stämmen". Dabei fällt auf, dass der Autor bei den sozialen Projekten von seiner ansonsten im Wesentlichen regional und chronologisch geordneten Gliederung abweicht. Wie später Smith widmet er den verschiedenen indischen Missionsgebieten jeweils regionalspezifische Kapitel, wohingegen die Kapitel 20-26 regionsübergreifend angelegt sind und jeweils einen spezifischen Aspekt des Sozialprogramms behandeln. Überdies behandelt er in diesen Kapiteln u.a. Geschehnisse aus den letzten Jahren des 19. Jahrhunderts, wie etwa die Gründung des CBH durch Andrews, obwohl er in den vorherigen Kapiteln die Geschichte der Indienmission bereits bis zum Besuch General Bramwell Booths, der in den Jahren 1922-23 stattfand[276], nachgezeichnet hatte. Im Anschluss an die den Sozialprojekten gewidmeten Abschnitten schließt der Autor sein Werk mit den Kapiteln „A Passion for Souls" und „Bism Illah: In the Name of God!". Zu Beginn dieser beiden letzten Passagen resümiert Booth-Tucker:

[274] Booth-Tucker 1923.
[275] Booth-Tucker 1923, 112.
[276] Booth-Tucker 1923, 149–159.

„Wenn ich nach der bedeutendsten Eigenschaft der Offizierinnen und Offiziere in Indien, ob europäisch oder indisch, gefragt würde, würde ich sagen, dass es ihre Leidenschaft für Seelen ist. Der Slogan für alle, ob sie im Korps oder im Lager arbeiten, ob sie mit Kindern zu tun haben oder mit von Kriminalität durchdrungenen Grauköpfen, lautet: 'Herr, gib uns Seelen!'“[277]

Booth-Tucker geht es im Anschluss an seine umfassende Darstellung des Sozialprogramms der Heilsarmee also darum, ausdrücklich zu betonen, dass der primäre Fokus der indischen Heilsarmee-Mission und auch ihre entscheidende Motivation die Seelenrettung war und ist. Das entsprechende Gliederungsprinzip, das regionale Missionsgeschichte und Darstellung der Sozialprojekte trennt, setzt sich auch bei Booth-Tuckers Biographen Harry Williams fort. Nachdem er im Kapitel „The imperialist dream 1882-1887“[278] von der Ankunft der Heilsarmee in Bombay 1882 berichtet hat, bietet er im folgenden Abschnitt „Embracing the Untouchables. 1884-1891“[279] eine Gründungsgeschichte, für die Konversionserzählungen zentral sind. Der genannte Zeitraum deckt im Wesentlichen die erste indische Wirkungszeit Booth-Tuckers ab, der im 1891 in die USA versetzt wurde. Soziale Projekte der Heilsarmee werden ausführlicher erst in den späteren Kapiteln der Biografie thematisiert. Diese Abschnitte – „The fruitful years 1904-1919“[280] und „The bubbles that were not pricked. 1907-1919"[281] – sind dem zweiten missionarischen Aufenthalt Booth-Tuckers gewidmet. Hier wird der Darstellung sozialer und medizinischer Projekte viel Raum gegeben.

Die Darstellung und Würdigung der Sozialprogramme der Heilsarmee in Indien bzw. der in diesen Projekten wirkenden Offizierinnen und Offiziere ist also auch für die Autorinnen und Autoren aus der internationalen Heilsarmee wichtig und nimmt in ihren Werken großen Raum ein. Auch ihnen ist es wichtig, darzustellen, wie umfangreich sich die Heilsarmee gerade auch in Indien sozial engagiert hat, und auch sie behandeln diesen Einsatz als wichtigen Aspekt von Heilsarmee-Identität. Insofern bieten sich hier durchaus Anknüpfungspunkte für die RSSNA, die diese – obgleich selten – auch nutzt, indem sie in ihrem Magazin missionsgeschichtliche Texte anderer Heilsarmee-Mitglieder aufgreift. Dennoch bewertet das in der Heilsarmee dominante Narrativ das Thema des sozialen Engagements sehr anders. Was für die RSSNA der Kern der Geschichtserzählung, das zentrale Verdienst der frühen Mission ist, ist für die hier untersuchten Werke aus der Heilsarmee lediglich ein – wenn auch ausgesprochen wichtiges – Zusatzkapitel. Der Kern von Mission und Konversion ist für sie spirituell bestimmt. Wie schon in der im vorigen Kapitel dargestellten

[277] Booth-Tucker 1923, 241.
[278] Williams 1980, 71–99.
[279] Williams 1980, 100–134.
[280] Williams 1980, 170–191.
[281] Williams 1980, 192–208.

internationalen Forschungsdebatte über Mission in Südindien wird auch hier eine Unterscheidung zwischen sozialen und spirituellen Aspekten von Religion vorgenommen, die letzteren privilegiert und der Kern von Religion so als ein spiritueller bestimmt. Auch im Falle der Heilsarmee-Geschichtsschreibung lässt das dominante Narrativ einen grundlegenden Aspekt der von der RSSNA formulierten Identität nicht zu.

13.3. Das spirituelle Verständnis von Kaste in den Geschichtserzählungen der Heilsarmee

Ein weiterer grundlegender Aspekt der von der RSSNA formulierten Gruppen-Identität ist die Selbstidentifikation der Vereinsmitglieder als Sambavars und die Gleichsetzung von Kirchen- und Kastengemeinschaft. Die indische Heilsarmee, so fordern sie immer wieder, müsse sich als Kirche der Dalits, die regionale entsprechend als die der Sambavars verstehen, da diese Gruppen noch immer anderen Gemeinschaften gegenüber benachteiligt seien. Diese Kastenbasierte Diskriminierung bestimmt der Verein über materielle und soziale Problematiken: Das entscheidende Kennzeichen der Dalits ist ihre Armut und gesellschaftliche Exklusion. Im Bewusstsein des besonderen Auftrags der globalen Heilsarmee den Armen gegenüber hätten sich die vorbildlichen Führungsfiguren der Frühzeit ganz der Unterstützung der Kastenlosen verschrieben. Im folgenden Abschnitt soll daher der Frage nachgegangen werden, inwiefern auch die Heilsarmee-Geschichtsschreibung eine Charakterisierung als Mission für die Kastenlosen vertritt. Dabei wird deutlich werden, dass die besondere Verbindung der Heilsarmee mit den untersten Kasten auch von diesen Werken ausführlich beschrieben und als zentrales Kennzeichen der indischen Mission aufgefasst wird. Dennoch wird sich auch hier eine erhebliche Diskrepanz zur Geschichtsdeutung der RSSNA zeigen, da die betrachteten Autorinnen und Autoren Kastendiskriminierung als religiöse, d.h. spirituelle Problematik auffassen. Auf Grund dieser Bestimmung kastenbasierter Diskriminierung stellen die untersuchten Werke im Zuge der auch von ihnen vertretenen Ansicht, die Heilsarmee habe gegen die durch Kaste ausgelösten Benachteiligung gekämpft, völlig andere Themen in den Vordergrund als die RSSNA. Das zentrale Kennzeichen der niedrigsten Kasten ist der Heilsarmee-Literatur zufolge die von diesen Gruppen praktizierte Dämonenverehrung, die ihren Ausdruck insbesondere im Ritual des so genannten Teufelstanzes findet. Kastenidentität wird mithin über religiöse Praktiken bestimmt. Die entscheidende Leistung der Heilsarmee, so die in den genannten Werken vertretene Ansicht, sei es deshalb gewesen, die Kastenlosen aus diesem Aberglauben zu befreien und ihnen eine neue religiöse Identität zu geben. Das Religions- und das Kastenverständnis der Heilsarmee-Literatur, das wird deutlich werden, stützen sich gegenseitig. Durch ihre

Behandlung der Dämonolatrie-Thematik nimmt die Heilsarmee an einer missionarischen Debatte um rituelle Praktiken der Kastenlosen teil, in der gerade auch der Zusammenhang von Kaste und Religion verhandelt und ein religiöses Kastenverständnis formuliert wurde. Diese missionarische Debatte soll im Folgenden zunächst skizziert werden und wesentliche Aspekte der Rezeptionsgeschichte nachgezeichnet werden, um ein besseres Verständnis der Verwendung des Motivs in den Heilsarmee-Texten zu ermöglichen.

13.3.1. Exkurs: Die missionarische Debatte um die Dämonolatrie der Kastenlosen und den „Teufelstanz"

Auslöser sowie Hauptquelle der intensiven missionarischen Debatte über die Dämonenverehrung der unteren Kasten im Allgemeinen und das Ritual des so genannten Teufelstanzes im Besonderen war die Monografie „The Tinnevelly Shanars. A Sketch of Their Religion, and Their Moral Condition and Characteristics, as a Caste; with Special Reference to the Facilities and Hindrances to the Progress of Christianity amongst them."[282] des britischen Missionars Robert Caldwell, der zum Zeitpunkt der Abfassung für die Society for the Propagation of the Gospel Mission (SPG) im südindischen Missionsfeld Tirunelveli tätig war. Sein Werk über die dort ansässige Kastengemeinschaft der Shanars (später als Nadars bekannt) erschien erstmalig 1849 in Madras und wurde nur ein Jahr später in zweiter Auflage in London verlegt und in der SPG-Reihe „Missions to the Heathens" veröffentlicht. Das Werk ist in zwei Hauptteile gegliedert, in denen Caldwell zunächst die Religion, dann die Moral der Shanars bespricht. Es bediente, so Ulrike Schröder, das steigende Interesse an sich als wissenschaftlich verstehenden Darstellungen fremder Kulturen und ethnographischen Studien über die Zielgruppen der Mission, die in Missionsgesellschaften und ihren Unterstützerkreisen sowohl in den Missionsgebieten als auch in den Herkunftsländern der Missionierenden zu verzeichnen war. Das Werk erfuhr sowohl in Indien als auch in Großbritannien eine rasante Rezeption und nahm in den kommenden Jahren nahezu einen kanonischen Rang in der Missionsliteratur über Indien ein. Caldwells Annahmen über die religiösen Praktiken der Shanars wurden in der Folgezeit von nahezu allen missionarischen Autoren übernommen.[283] Trotz dieses großen Erfolgs in Missionskreisen zog Caldwell das Buch in den 1880er Jahren aus dem Verkehr und versuchte, seine weitere Verbreitung zu verhindern. Schröder zufolge war der Grund hierfür heftige, teils auch gewaltsame Kritik der Shanars an der stereotypen Darstellung ihrer Gemeinschaft und ihrer religiösen

[282] Caldwell 1849.
[283] Schröder 2009, 169–170.

Praktiken, die bereits schwelende Konflikte zwischen den Missionsgesellschaften und indischen Gemeindemitgliedern erheblich verschärft hätten.[284]

Das in der Folge in der missionarischen Literatur breit rezipierte Teufelstanz-Motiv, das eine ausschlaggebende Bedeutung für missionarische Bestimmungen von Kaste entfalten sollte, hat seine entscheidende Quelle im ersten Teil der Monografie, der der Religion der Shanars gewidmeten ist. Dort beschreibt Caldwell die Shanars als dämonenverehrende Kaste und schildert ausführlich zwei Rituale, das blutige Tieropfer und den „Teufelstanz“, die er als zentrale Praktiken des Dämonenkults versteht. Gerade seine Schilderungen des Teufelstanzes wurden in der späteren missionarischen Literatur und damit auch in Schriften der Heilsarmee vielfach wiedergegeben. Zahlreiche Motive wurden dabei häufig wiederholt, sodass sich eine stereotype Darstellung dieses Rituals entwickelte und große Verbreitung erfuhr. Caldwell schildert den Teufelstanz folgendermaßen:

> *„Die Musikinstrumente, oder vielmehr die Instrumente des Lärms, die beim Teufelstanz hauptsächlich verwendet werden, sind das Tom-Tom, oder die gewöhnliche indische Trommel, und das Horn. (...) Wenn die Vorbereitungen verrichtet sind und der Teufelstanz beginnen soll, ist die Musik zunächst vergleichsweise langsam und der Tänzer wirkt teilnahmslos und verdrossen, und entweder steht er still oder bewegt sich in düsterer Stille. Allmählich, während die Musik schneller und lauter wirkt, beginnt seine Erregung zu steigen. Manchmal, um sich in einen Rausch zu versetzen, benutzt er medizinische Tränke, schneidet und zerfleischt sein Fleisch, bis das Blut fließt (...) trinkt das Blut, das aus seinen eigenen Wunden fließt, oder trinkt das Blut des Opfers, indem er die Kehle der geköpften Ziege an seinen Mund führt. Dann, als ob er neues Leben erlangt hätte, beginnt er, mit Glocken zu schwingen und mit einem schnellen, aber wilden, unsicheren Schritt zu tanzen. Plötzlich steigt die Inspiration herab. Dieser starrende Blick oder diese wahnsinnigen Sprünge sind nicht misszuverstehen. Er schnaubt, er starrt, er wirbelt herum. Der Dämon hat nun Besitz von seinem Körper ergriffen. (...) Die Nacht ist die Zeit, die normalerweise den Orgien des Teufelstanzes gewidmet ist. Und da in manchen Gegenden die Zahl der angebeteten Teufel gleich der Zahl der Anbetenden ist und jeder Akt der Anbetung von dem monotonen Getöse der Trommeln und dem Schmettern der Hörner begleitet wird, so wird die Stille der Nacht, besonders während die Cholera oder eine andere epidemische Krankheit grassiert, oft durch ein düsteres Getöse durchbrochen, das wegen der damit verbundenen Vorstellungen noch schmerzhafter anzuhören ist als wegen seiner unangenehmen Wirkung auf das Ohr und die Nerven.“*[285]

Die von ihm als „Dämonen“ bezeichneten Gottheiten der Shanars, die Caldwell an anderer Stelle ausführlicher beschreibt, spielen im Rahmen der Schilderung des Rituals kaum eine Rolle, da Caldwell der Frage nach tatsächlichem dämonischem Einfluss skeptisch gegenübergestand und versuchte, das Phänomen rationalistisch zu erklären, indem er den Tanz

[284] Schröder 2009, 141.178.
[285] Caldwell 1849, 19–20.

lediglich als Imitation von Besessenheit auffasste.[286] Der zweite Teil seiner Schrift ist der Moral der Shanars gewidmet. Caldwell argumentiert zu Beginn für einen engen Zusammenhang von Religion und Moral, der bedinge, dass das Praktizieren einer „niederen" Religion, wie derjenigen der Shanars, zwangsläufig auch moralischen Verfall bedeute.[287]

In ihrer Studie „Religion, Kaste und Ritual" charakterisiert Ulrike Schröder Caldwells Monografie als Beitrag zur missionarischen Debatte, um das Schlagwort Kaste, das, so Schröder, „den wohl sensibelsten und umstrittensten Konfliktpunkt der Missionspraxis"[288] darstellte und 1850, also ein Jahr nach dem Erscheinen von „The Tinnevelly Shanars", zum so genannten Kastenstreit führte, der sowohl innerhalb der angelsächsischen Mission als auch zwischen dieser und den lutherischen Missionsgesellschaften ausgetragen wurde. In britischen Missionskreisen habe Kaste als zentraler Bestandteil des Hinduismus und als unvereinbar mit dem Christentum gegolten.[289] Missionsangestellte und insbesondere die Bischöfe gingen daher vehement gegen verschiedene Praktiken vor, die sie als Ausdruck der Kastenordnung verstanden. Andere Missionsgesellschaften hätten diesbezüglich eine duldsamere Haltung vertreten. Der Kastenstreit endete 1850 mit einem Konsens, der rituelles Kastenbrechen beim Eintritt in eine christliche Gemeinde verpflichtend machte.[290] Insofern entstand Caldwells Schrift in einem Kontext, in dem missionarische Deutungen von „Kaste" als religiös ausgesprochen verbreitet und bedeutsam waren. Diese Deutung wird auch in der scharfen Polemik gegen die Brahmanen deutlich, die Caldwells Werk durchzieht. Kritik an Brahmanen bzw. am Brahmanismus, als dessen konstitutiver Bestandteil das Kastenwesen gegolten habe, sei, so Schröder, in britischen Missionskreisen stark verbreitet gewesen und habe auch Caldwell beeinflusst. Von diesem heftig kritisierten Brahmanismus, den er weitgehend mit Hinduismus gleichgesetzt habe, habe Caldwell nun die lokalen religiösen Praktiken der Shanars abgrenzen wollen.[291] „The Tinnevelly Shanars" wird also nicht nur von einer Beschreibung von Kaste als religiöser Einrichtung geprägt. Es verstärkt diese vielmehr insofern erheblich, als Kastengrenzen bzw. die Zugehörigkeit zu den hohen oder den unterdrückten Kasten über die Zugehörigkeit zu zwei hier strikt unterschiedenen Religionen bestimmt wird. Obgleich sich Caldwells Werk in erster Linie als die Studie einer bestimmten Kaste, der der Nadars, und ihrer spezifischen Eigenschaften versteht, beschränkt sich ihre Aussagekraft und Wirkung keinesfalls auf diese Kastengemeinschaft. Schröder sieht bereits bei Caldwell die Konzeption einer globalen Unterschicht

[286] Schröder 2009, 155.
[287] Vgl. z.B.Caldwell 1849, 32.
[288] Schröder 2009, 118.
[289] Schröder 2009, 127–128.
[290] Schröder 2009, 130–131.
[291] Schröder 2009, 152–153.

angelegt. In der Rezeptionsgeschichte setzte sich diese Tendenz, wie sich noch zeigen wird, immer mehr durch.[292]

Wichtige Werke aus der Rezeptionsgeschichte der Teufelstanz-Thematik, die entscheidend dazu beitrug, dass die Dämonolatrie-Thematik auch im Blick auf die Kastenlosen Travancores diskutiert wurde, sind zwei Studien des LMS-Missionars Samuel Mateer. Die erste der beiden mit dem Titel „The Land of Charity"[293] erschien 1871, die zweite, „Native Life in Travancore"[294] 1883. Das Titelbild des ersten Buchs zeigt – wie die Bildunterschrift erklärt – einen „Teufelstänzer mit Instrumenten und Opfergaben". Offensichtlich setzte also Mateer bei seiner Leserschaft eine Kenntnis der Teufelstanz-Thematik und ein großes Interesse an ihr voraus. Ein großer Teil dieses Werks dient der kapitelweisen Darstellung der in Travancore vorkommenden Religionsgemeinschaften. Zwei seiner Kapitel sind der „Teufelsverehrung" gewidmet.[295] Mateers zweites Werk fokussierte, so der Autor in der Einleitung[296], nicht primär auf Religionen und Religionsgemeinschaften, sondern war vor allem der Darstellung der sozialen Situation der Bevölkerung gewidmet. Entsprechend unterscheidet sich auch die Kapiteleinteilung von der des vorherigen Werks, sodass den Religionen und damit auch der „Teufelsverehrung" in diesem zweiten Werk kein eigenständiges Kapitel gewidmet ist. Sie findet aber auch hier häufig Erwähnung.

Im Vergleich mit Caldwells Schrift lassen sich bei Mateer vor allem zwei entscheidende Entwicklungen feststellen. Sie betreffen zum einen das religiöse Umfeld, in dem der Teufelstanz praktiziert wird, und zum anderen

---

[292] Schröder 2009, 162.: Caldwells Konzept der „Dämonolatrie" basiert daher auch auf der Verbindung von sozialen und historischen Annahmen zu einer Religionstheorie, in der „primitive" Religion als ein Phänomen der sozialen Unterschicht konzeptionalisiert ist: „Dämonolatrie"' war somit nicht nur die älteste Religionsform in Indien, sondern zugleich auch paradigmatischer Ausdruck für den sozialen und religiösen Verfall der (indischen) Unterschicht. Es ist daher nicht verwunderlich, dass Caldwell nicht wirklich konsequent zwischen den Shanars/Nadars und anderen Kastengruppen, denen ein ähnlicher Rang innerhalb der indischen Gesellschaft zugeschrieben wurde, unterschied. (…) Dass er dann wiederum den Begriff „demonolatry" gelegentlich durch „Shanarism" ersetzt, verdeutlicht noch einmal mehr die paradigmatische Funktion, die die Shanars/Nadars in Caldwells Theorie der ‚Dämonolatrie' als Religion der Unterschicht („lower class religion") einnahmen. (…) An zweiter Stelle, aber nicht weniger entscheidend stehen die Implikationen von Caldwells Religionstheorie für die Entstehung und Funktionsweise komparativer Religionstheorien im 19. Jahrhundert: Indem Caldwell die „Religion" der Shanars/Nadars als „Dämonolatrie" konstruiert, separiert er sie zugleich auch von ihrem religiösen und kulturellen Kontext in Südindien und macht sie zu einer abstrakten Religionsform, die auf globaler Ebene mit anderen primitiven Religionsformen verglichen werden kann, z.B. dem „Fetischismus" in Westafrika. Gleiches gilt für die Shanars/Nadars: Auch sie können nun als distinkte Gruppe (…) der Idee einer globalen Komparation „primitiver" Völker verfügbar gemacht werden.

[293] Mateer 1991a.

[294] Mateer 1991b.

[295] Mateer 1991a, 189–226.

[296] Mateer 1991b, iv.

die Gruppen, denen diese Praxis zugeschrieben wird. Caldwell hatte Brahmanen und Brahmanismus in seiner Schrift zwar immer wieder scharf kritisiert, ihren tatsächlichen Einfluss in Tirunelveli aber als sehr gering geschildert. Tirunelveli habe, so Schröder, in der zeitgenössischen missionarischen Literatur als Land ohne Religion gegolten.[297] Ganz anders beschreibt Mateer sein Missionsfeld. Travancore wird in seinen Werken als Bastion des brahmanischen Hinduismus charakterisiert. Wie Caldwell setzt er dabei Hinduismus, Brahmanismus und Kastenwesen im Wesentlichen gleich.[298] Den Einfluss der brahmanischen Elite auf nahezu alle Bereiche des öffentlichen wie des privaten Lebens und die gesellschaftlichen und sozialen Übel, die der Hinduismus als Staatsreligion auslöse, kritisiert er immer wieder scharf.[299] Im Kontext seiner Hinduismuskritik stellt Mateer auch die religiösen Praktiken der Niedrigkastigen als Ergebnis ihres Ausschlusses von der staatlichen Religion dar.[300] Die Verehrung minderwertiger Gottheiten ist demnach eine von vielen Folgen brahmanischer Dominanz und sozialer Exklusion. Mateer geht ebenfalls über Caldwell hinaus, wenn er die Gruppen bestimmt, die Dämonolatrie bzw. Teufelstanz praktizieren. Dies zeigt sich besonders in seiner zweiten Publikation „Native Life in Travancore". Der Themenstellung und dem entsprechenden Gliederungsprinzip gemäß widmete Mateer darin der Verehrung von Teufeln und Dämonen kein eigenständiges, separates Kapitel, wie dies in „The Land of Charity" der Fall war. Dennoch durchzieht die Thematik auch dieses Werk. In beinahe allen Kapiteln, die Mateer den Kastengemeinschaften widmet, die er in seinem ersten Kapitel („The people and their Classification") als am unteren Ende der Kastenhierarchie stehend klassifiziert,[301] kommt er auf Teufels- bzw. Dämonenverehrung zu sprechen und beschreibt sie als wichtiges Kennzeichen der jeweiligen Kaste.[302] Der Teufelstanz wird Mateers Darstellung zu Folge also keineswegs ausschließlich von den Shanars, sondern vielmehr von all denjenigen Kastengemeinschaften praktiziert, die von der hochkastigen Hindu-Gesellschaft ausgeschlossen sind. Was bei Caldwell lediglich angelegt ist, wird hier durchgeführt: Dämonolatrie ist nicht mehr kastenspezifische Religion der Shanars, sondern wird zur Unterschichtenreligion ausgeweitet. Der Teufelstanz wird so zum entscheidenden Kennzeichen sozialer Exklusion und Benachteiligung. Mateer stimmt mit Caldwell dahingehend überein, dass Gruppen, die den Teufelstanz praktizieren, durch ein erhebliches moralisches Defizit gekennzeichnet seien. Auch er beschreibt einen unmittelbaren und notwendigen

---

[297] Schröder 2009, 160–161.
[298] Vgl. z.B.Mateer 1991a, 159–160.
[299] Vgl. Insbesondere Kap. 22 „Hindu Caste and Pollution" Mateer 1991b, 330–352.
[300] Mateer 1991b, 333.
[301] Mateer 1991b, 31–32.
[302] Vgl. z.B. Mateer 1991b, 47–55.

Zusammenhang von Teufelsverehrung und Immoralität[303], der auf Grund seiner Auffassung von Dämonolatrie als kastenübergreifender Unterschichtenreligion alle niedrigen Kasten betrifft. Die Darstellung dieses Zusammenhangs, der Caldwell den gesamten zweiten Teil von „The Tinnevelly Shanars" gewidmet hatte, wird in Mateers Werken jedoch weit weniger umfangreich abgehandelt. Wesentlich stärker ausgeprägt als bei Caldwell ist hingegen – trotz der Kürze der Darstellung – das Bemühen, die religiösen und moralischen Mängel der dämonenverehrenden Angehörigen der niedrigen Kasten zu entschuldigen, indem er sie als Folge der Unterdrückung durch die Hochkastigen darstellt. Dämonolatrie wird bei Mateer zum Kennzeichen aller Kastenlosen und zu einem entscheidenden Aspekt kastenbasierter Diskriminierung. Diese Deutung ist für die Rezeption durch die Heilsarmee entscheidend.

Die ausführlichste Auseinandersetzung mit Dämonenverehrung unter Kastenlosen im Kontext der Heilsarmee-Mission findet sich im Werk Harold Begbies, insbesondere in seiner erstmals 1911 erschienenen, mehrfach aufgelegten Monografie „Other Sheep". Diese stellt eine wichtige Schnittstelle zwischen der missionarischen Literatur des 19. Jahrhunderts und der Heilsarmee-Literatur – auch jüngeren Datums – dar und beeinflusst erheblich deren Darstellung und Konzeption von Dämonolatrie und Kaste. Mehrere der in dieser Arbeit bereits untersuchten Publikationen aus den Reihen der Heilsarmee verweisen ausdrücklich auf Begbie als Informationsquelle. Harold Begbie war selbst kein Mitglied der Heilsarmee, war dieser jedoch eng verbunden und stand im persönlichen Kontakt mit mehreren ihrer Leitungsfiguren. Der Journalist und Autor wurde 1871 in Fornham geboren und starb 1929 in London. 1920 veröffentlichte er die im Auftrag des zweiten Heilsarmee-Generals, Bramwell Booth, verfasste zweibändige Biografie William Booths. In „Other Sheep" beschreibt sich Begbie als Indienreisenden sowie als Begleiter und Gesprächspartner Frederick Booth-Tuckers, den er in Travancore getroffen habe.[304] Das Werk, so Begbie im Vorwort, basiere auf seinem Reisetagebuch sowie Aufzeichnungen über Unterhaltungen mit indischen Gesprächspartnern.[305] Zu diesen gehörten, wie er im Verlauf des Buchs berichtet, auch Teufelstänzer[306] und Teufelspriester[307]. Begbie widmet der Dämonolatrie-Thematik drei Kapitel seines Werks und bespricht sie anhand mehrerer sehr ausführlich geschilderter Lebensgeschichten indischer Heilsarmee-Mitglieder, die früher Dämonenverehrung praktiziert hätten und von bösen Geistern besessen gewesen seien. Er stellt sie seiner Leserschaft in den Kapitelüberschriften als

[303] Mateer 1991a, 225.
[304] Begbie 1912, 59.
[305] Begbie 1912, 57.
[306] Begbie 1912, 77–87.
[307] Begbie 1912, 99–126.

„der Teufelstänzer“[308], „die Hexe“[309] und „die Teufelspriester“[310] vor. All diesen Personen, so behauptet Begbie, sei er selbst begegnet.

Gegenüber der Behandlung der Dämonolatrie-Thematik bei Caldwell und Mateer lassen sich mehrere entscheidende Veränderungen feststellen. Zunächst einmal bedient sich Begbie einer ganz anderen Form der Darstellung. Die Berichte über Teufelstänze bzw. über diejenigen, die sie durchführen, sind nicht als wissenschaftlich-ethnographische Beschreibungen gestaltet, als die Caldwell und Mateer ihre Berichte auffassten. Vielmehr handelt es sich um – mehr oder weniger dramatische – Bekehrungserzählungen. Dieser verschobene Fokus wird insbesondere dadurch deutlich, dass Begbie auf die Schilderung des Rituals, das Caldwell und Mateer ausführlich beschrieben hatten, fast gänzlich verzichtet. Umso ausführlicher berichtet er stattdessen von Begegnungen zwischen Mitgliedern der Heilsarmee und Dämonolatrie Praktizierenden, die zu gemeinsamen Gebeten – ja, gelegentlich Gebetskämpfen – und Bekehrungserlebnissen führten. Diese stehen im Zentrum seiner Darstellung. Zum zweiten weicht Begbie bezüglich der Frage nach der realen Existenz von Dämonen erheblich von Caldwells und Mateers skeptischer Haltung ab. In seinen Berichten bezweifelt er an keiner Stelle ausdrücklich, dass die von der Heilsarmee Bekehrten vor ihrer Konversion tatsächlich unter dämonischem Einfluss gestanden hatten. Ausführlich gibt er die Schilderungen seiner Informanten über ihre frühere Besessenheit wieder, ohne sie in Zweifel zu ziehen. Er versucht keine von der ihm gebotenen Darstellung abweichende Interpretation der als Besessenheit aufgefassten Erlebnisse von Betroffenen. Deren Deutungen, so argumentiert Begbie, müssten unbedingt ernst genommen werden. Die Frage, ob die geschilderten Phänomene auch anderweitig erklärbar wären, seien daher zweitrangig, wenn nicht irrelevant.[311] Er erklärt sogar, dass er selbst die Existenz einer teuflischen Macht, die vom Menschen Besitz ergreift, für sehr wahrscheinlich hält.[312]

---

308 Begbie 1912, 77.

309 Begbie 1912, 88.

310 Begbie 1912, 99.

311 Begbie 1912, 89.

312 Begbie 1912, 99–100.: Das ganze Thema der Dämonologie ist voll von Schwierigkeiten für den Gelehrten, der gleichermaßen rechtgläubig in seiner Forschung ist und in seinem Urteil unvoreingenommen (sic!) von den einfachen Verdikten der Wissenschaft des 19. Jahrhunderts. Er schreckt natürlich vor der Vorstellung zurück, dass unsichtbare und körperlose Wesen die Erde heimsuchen. (…) Die große These Frederic Myers löst das Problem nicht. (…) Er räumt ein, dass die weitaus größte Zahl der Menschen immer noch an teuflische Besessenheit glauben. Er versteckt sich aber vor dem Glauben an eine solche irrationale und beängstigende Theorie hinter dem soliden Zeugnis aufgeklärter und fortschrittlicher Nationen, dass Teufelsbesessenheit nicht vorkommt. Und doch muss der Gelehrte in einem Land wie Indien, in dem der Glaube an Teufel allgemein verbreitet ist und wo er viele seltsame und erschütternde Dinge unter den Teufelsverehrenden sehen kann, manchmal versucht sein zu glauben, dass es zumindest irgendeine Macht im Universum gibt, die definitiv böse ist und deren Werk in der Welt, wie auch immer, durch menschliche Instrumente vollbracht

Wie schon bei Caldwell ist auch bei Begbie die Verknüpfung von Dämonolatrie und Immoralität zentral. Dennoch begründen die beiden Autoren diesen Zusammenhang sehr unterschiedlich. Während sich für Caldwell unmoralischer Lebenswandel aus theologischen Defiziten ergibt, schildert Begbie ihn als unmittelbare Folge dämonischer Besessenheit. Nicht mangelhafte Theologie, sondern eine tatsächliche teuflische Macht bewirkt unmoralisches Verhalten. Die vielfältigen Laster, die das Leben der dämonisch Besessenen geprägt hätten, hätten diese jedoch mit ihrer Konversion zum Christentum überwunden. Auffällig an solchen Bekehrungsgeschichten bei Begbie ist, dass er bei der Beschreibung der Konversion und ihrer Wirkung sehr stark von den Darstellungen früherer missionarischer Schriften abweicht. In vielen dieser Publikationen, so auch in der Caldwells, wurde argumentiert, eine Wandlung hin zu einem besseren Leben – sowohl auf religiöser wie moralischer Ebene – sei Bekehrten aus niedrigen Kasten erst am Ende eines lang andauernden Prozesses möglich und setze intensive christliche Unterweisung voraus. Begbie hingegen beschreibt die Konversion seiner Kontaktpersonen ganz überwiegend als „unmittelbaren Wandel der Seele“[313], als momentanes Geschehen, in dessen Folge auch der Charakter des Bekehrten unmittelbar verändert wird. Bekehrung ist in Begbies Darstellungen ein spirituelles und individuelles Erlebnis, stellenweise spricht er auch von einer „neuen Geburt“.[314] Bei Begbie ist das Dämonolatrie-Motiv also umgestaltet zu einem Kerninhalt von Konversionserzählungen. Die in Begbies Erzählungen auftretenden Bekehrten werden als Niedrigkastige vorgestellt. Die Kastenlosen sind für Begbie also deshalb eine wichtige Zielgruppe für die christliche Mission, weil diese sich mit der Verantwortung konfrontiert sieht, den unheilvollen Einfluss böser Mächte über sie zurückzudrängen. Dies geschieht im Rahmen persönlicher Begegnungen zwischen Missionsangehörigen und Einheimischen und durch den gemeinsamen Vollzug christlich-religiöser Praktiken, die zur Konversion führen. Diese Umgestaltung der missionarischen Dämono-

---

wird. Und seine Neigung zu diesem Glauben mag ihn dazu verleiten, sich zu fragen, ob die zahlreichen Fälle bei den zivilisierten Völkern, Fälle von vernünftigen Männern und Frauen, die gegen ihren Willen zum Alkoholismus, zur Kleptomanie und zu unerklärlichen Gewalttätigkeiten (...) und geistigen Entwürdigungen unintelligenter Vulgarität getrieben werden, nicht auf die eine oder andere Weise Ausdruck des Wirkens derselben bösartigen Macht sind, deren Erscheinungsformen bei den Wilden zwar leichter zu definieren, aber nicht leichter zu erklären sind. Nach vielen eingehenden und sorgfältigen Gesprächen mit teufelsverehrenden Menschen in Indien bin ich weniger geneigt, über dieses Thema zu dogmatisieren, als ich es noch vor einem Jahr war. Aber ich bin davon überzeugt, dass sich in zivilisierten Nationen ebenso leicht verblüffende Fälle finden lassen, in denen der Wille durch ein äußeres Böse außer Kraft gesetzt und gesteuert wird, wie in Indien Fälle von Besessenheit von Dämonen, die den Betroffenen selbst, auch nach der reinigenden und erhebenden Erfahrung des Christentums, nicht auf andere Weise erklärlich erscheinen.

[313] Begbie 1912, 85.

[314] Begbie 1912, 112.

latrie-Motivik zur Konversionserzählung sind für die Rezeption durch die Heilsarmee von entscheidender Bedeutung.

13.3.2. Die Beschreibung von Dämonenverehrung der Kastenlosen als Grundlage eines spirituellen Missions- und Religionsverständnisses in den Heilsarmee-Texten

Nachdem im letzten Abschnitt die für diese Arbeit wichtigsten Aspekte der Rezeptionsgeschichte des Teufelstanz-Motivs skizziert worden sind, soll im Folgenden dargestellt werden, wie die Heilsarmee-Literatur dieses Motiv aufgreift und zum Kernthema ihres Kastenverständnisses und ihrer Darstellungen kastenbasierter Diskriminierung macht. Dabei werden die bereits untersuchten Werke noch einmal mit Fokus auf dieses Thema untersucht.

Smith bespricht in ihrer indischen Geschichte der Heilsarmee das Thema Kastendiskriminierung zwar nicht sehr ausführlich, hält es aber offenbar gerade in Bezug auf die Arbeit in Travancore dennoch für ausgesprochen wichtig. Gleich zu Beginn des Kapitels über diese Region beschreibt sie sowohl Kastenunterdrückung als auch Armut als die zwei großen Übel, die das Schicksal weiter Teile der dortigen Bevölkerung bestimmten, gerade derjenigen, denen sich die Heilsarmee zuwandte. Als zentrale Problematik der Kastengesellschaft, beschreibt sie dann aber nicht die materielle Not der Kastenlosen, sondern das für sie geltende Verbot, Tempel zu betreten, und die auf Grund dieses Ausschlusses praktizierte Dämonen- und Teufelsverehrung. Den Einsatz der Heilsarmee für die unterdrückten Kasten charakterisiert sie als religiöse Befreiung, ihr entscheidender Verdienst sei die Verkündigung der Freiheit in Jesus Christus gewesen:

> *„Den Menschen aus den unteren Kasten war es nicht gestattet, die Hindu-Tempel zu betreten, also beteten sie die Kräfte der Natur an, und auch Teufel. Sie glaubten an Hexerei und bei jedem wichtigen Fest war der Teufelstanz ein zentraler Programmpunkt und Tieropfer wurden dargebracht, um den Gottheiten zu gefallen. (...) Gandhi agitierte gegen die Idee der Unberührbarkeit. (...) Aber praktisch gesehen war es die christliche Kirche und insbesondere die Heilsarmee mit ihrer Mission für die Ärmsten der Gesellschaft, die den unterdrückten Klassen eine neue Vision ihrer selbst in der Gemeinschaft, einen Lebenssinn und eine neue Freiheit in Christus Jesus gegeben haben.“*[315]

Auch Williams beginnt sein Travancore-Kapitel mit einem solchen Hinweis auf die besondere Anziehungskraft, die die Heilsarmee auf die Kastenlosen ausübte, und auch er kritisiert sie gleich zu Beginn als dämonenverehrende Gruppe und schickt dabei den im späteren Verlauf des Kapitels folgenden Bekehrungsgeschichten schon an dieser Stelle den Hinweis

---

[315] Smith 1982, 59–60.

voraus, dass die Heilsarmee bei der Bekämpfung des Dämonenglaubens große Erfolge erzielt habe.

„Frederick Tucker hatte eine bedeutsame Entdeckung gemacht. Sein Evangelium der Befreiung hatte eine besondere Anziehungskraft auf Indiens ärmste Bürgerinnen und Bürger, die Kastenlosen – wenn das nur ganz deutlich gemacht werden könnte. (...) Sie waren die Enteigneten von Hindustan; unrein für die Angehörigen von Kasten; ein Schicksal, das sie dauerhaft zu niedrigsten Dienstboten machte. Es verwehrte ihnen sogar den Zugang zu religiösem Trost in Form von Tempelanbetung. (...) Sie suchten die Beziehung zur Geisterwelt in ihren eigenen Schreinen am Wegesrand und sie bewahrten insbesondere den Rest eines früheren vorarischen animistischen Glaubens, mit seinem besonderen Fokus auf bösartige Kräfte, die besänftigt werden mussten. In Südindien sollten die Pionierinnen und Pioniere der Heilsarmee viel über den Teufelstanz lernen, und einige der Schreine, die die Kastenlosen benutzten, wurden durch Hallen der Heilsarmee ersetzt, während ihre Priester – die Teufelstänzer – auf den Listen der bemerkenswerten Bekehrten auftauchen.“[316]

Nicht nur Williams, sondern alle untersuchten Heilsarmee-Publikationen, mit Ausnahme der Schrift von Smith, bieten im Rahmen ihrer missionsgeschichtlichen Darstellungen über Travancore Geschichten über den Teufelstanz, die als Konversionserzählungen gestaltet sind oder doch zumindest die große Frömmigkeit von Heilsarmee-Mitgliedern würdigen. Bei näherem Hinsehen handelt es sich bei den entsprechenden Passagen um eine recht begrenzte Anzahl von Geschichten, die jedoch mit einigen Abweichungen immer wieder auftauchen. Es gibt offenbar ein kleines Corpus an Heilsarmee-Erzählungen über Teufelsverehrung. Booth-Tucker bietet in „Mukti Fauj“ zwei längere Abschnitte zu diesem Thema. Im ersten gibt er den Bericht eines Heilsarmee-Offiziers wieder, der das Ritual des Teufelstanzes schildert und daran anknüpfend von einer Konversion berichtet:

„(...) die folgende Beschreibung, geschrieben vom Fähnrich Jeya Thebam wird einen guten Eindruck eines Teufelstanzes vermitteln: ‘Hast du jemals einen Mann gesehen, der vom Teufel besessen ist? Die Tom-Toms schlagen, die Zimbeln klirren und ein seltsames, unheimliches Lied wird gesungen. Jetzt beginnt der Teufelstänzer sich zu bewegen, sein Körper schwankt, und er beginnt zu schreien, und der Tanz nimmt an Vehemenz und Intensität zu, bis er in eine unglaubliche Höhe springt und mit einer Geschwindigkeit tanzt, dass einem beim Zusehen schwindelig und schlecht wird. Unbezweifelbar ist er vom Teufel besessen. In Kadacheri wurde in der letzten Nacht ein Versuch unternommen, die oben genannten Riten vor dem Tempel durchzuführen, der vor einiger Zeit an die Heilsarmee übergeben wurde. Eine große Menge von Hindus versammelte sich, und die Musik begann. Ein Teufelstänzer aus einem anderen Dorf wurde gebracht und für seinen Auftritt vorbereitet. Einige Mitglieder der Heilsarmee, die anwesend waren, beteten sehr ernsthaft zu Gott, dass er den Teufel besiegen möge. Und so kam es dann auch. Trotz

[316] Williams 1980, 100–101.

all ihrer Anstrengungen und ihres Geschreis wollte kein Teufel über den Mann kommen, und nach ein oder zwei Stunden zogen sie sich entmutigt zurück.' "[317]

Einige Seiten weiter berichtet er von weiteren Bekehrungen, unter anderem von einem ehemaligen Teufelsverehrer, der auf dem Sterbebett darum bat, in seine Heilsarmee-Uniform gekleidet zu werden.[318] Beide Geschichten werden in den späteren Heilsarmee-Schriften, so etwa bei Williams und in der Muthiah-Biografie Rosalie Wheatons, aufgegriffen. Darüber hinaus findet sich in Catherine Bairds Biografie über William Stevens eine längere Erzählung über dessen spätere Ehefrau, die Heilsarmee-Offizierin Elizabeth Geiki (Puramai) und ihre Intervention bei einem Teufelstanz, die in der Bekehrung eines ganzen Dorfes resultierte[319]. Williams gibt diese Erzählung wieder[320] und auch Wheaton erwähnt den Schauplatz des Geschehens, das Dorf Alady, kurz als Ort der Konversion von Teufelstänzern.[321] Es sind also drei Erzählungen, nämlich der Bericht Jeya Thebams und die Geschichten über Elizabeth Geiki und den sterbenden Konvertiten, die die Basis der Auseinandersetzung mit der Dämonolatrie-Thematik in den Heilsarmee-Schriften bilden. Sie werden häufig durch andere, kürzere Berichte oder Erwähnungen von Bekehrungen ergänzt. In allen diesen Werken wird der Teufelstanz als spezifische Praxis der Kastenlosen gekennzeichnet. Insbesondere in Williams Biografie Booth-Tuckers und in dessen eigener Schrift „Mukti Fauj" ist das Vorgehen gegen Dämonenverehrung ein – wenn nicht *das* – zentrale Thema der Kapitel, die der Travancore-Mission gewidmet sind. Die Bekehrung von Kastenlosen, die das Ritual des Teufelstanzes praktizieren, wird bei ihnen zum Erweis des Erfolgs der Heilsarmee in dieser Region. Dass es ihr gelingt, wie Booth-Tucker schreibt, zahlreiche Seelen von Boshaftigkeit und Dämonenglauben zu heilen und zu bekehren[322], ist für sie das zentrale Verdienst der Heilsarmee um die unterdrückten Kasten dieser Region.

Die Erzählungen über Dämonolatrie in den Heilsarmee-Schriften, ihre Darstellung als spezifische Praktik der Kastenlosen und als Erweis ihres gesellschaftlichen Ausschlusses deuten Kastendiskriminierung als primär religiöse Exklusion. Gegen diesen Ausschluss der Unterdrückten von Religion, so deuten es die untersuchten Schriften, ging die Heilsarmee vor, indem sie das Evangelium verkündete und denjenigen, die bisher notgedrungen Aberglauben praktizieren mussten, Teilhabe an der wahren Religion gewährten. Diese Argumentationsstrategie ermöglicht es den missionsgeschichtlichen Darstellungen, die Heilsarmee-Mission als Einsatz für die Kastenlosen zu beschreiben und sie als Überwinderin kastenbasierter

[317] Booth-Tucker 1923, 107; Williams 1980, 105–106.
[318] Booth-Tucker 1923, 111.
[319] Baird 1944, 39–40.
[320] Williams 1980, 117–118.
[321] Wheaton 1960, 92.
[322] Booth-Tucker 1923, 105.

Diskriminierung zu würdigen, ohne damit notwendiger Weise den Fokus auf das soziale Engagement der Mission zu legen. Die Bekehrungen von Teufelstänzern haben in ihren Werken die Funktion, die im regionalgeschichtlichen Narrativ der christlichen Gruppen des Kanyakumari-Distrikts und in den Geschichtserzählungen der RSSNA die Schilderung des sozialen Engagements der Missionen und ihr Einsatz für gesellschaftlichen Wandeln haben. So teilen zwar RSSNA und Heilsarmee-Literatur durchaus die Beschreibung der Heilsarmee als insbesondere für das Wohl der Kastenlosen agierende Mission, die Position der RSSNA wird von der dominanten Erzählung jedoch auch hier wieder zum Schweigen gebracht, da die dort formulierten Auffassungen von „Religion“ und „Kaste“ sich gegenseitig stützen und beide als im Kern spirituell – und nicht sozial – bestimmt werden.

Zusammenfassung

Der Blick auf die Heilsarmee-Literatur zeigt deutlich, dass auch in ihrem Rahmen die von der RSSNA formulierte Heilsarmee-Identität nicht artikuliert werden kann. Wie die internationale Forschungsdebatte zu Travancore bietet auch die Missionsgeschichtsschreibung der Heilsarmee keinen Raum für eine Bestimmung von Religion als im Kern sozial. In ihrem Rahmen kann also das heute im Kanyakumari Distrikt dominante, auch für die RSSNA-Identität entscheidende Religionsverständnis nicht artikuliert werden. Zwar würdigt die Heilsarmee-Literatur den sozialen Einsatz der Pionierinnen und Pioniere in Indien ebenfalls umfangreich, will ihn aber keinesfalls als Kerncharakteristikum ihrer Mission verstanden wissen. Die entscheidenden Merkmale und wichtigen Entwicklungen werden als spirituelle bestimmt. Dies steht im deutlichen Gegensatz zu der von der RSSNA vertretenen Identifizierung der Heilsarmee-Mitglieder als Anhängerschaft einer sozialen Religion, deren primärer Auftrag im Einsatz für ihre gesellschaftlich benachteiligten Mitglieder besteht.

Das in der Heilsarmee-Literatur entwickelte Religionsverständnis ist zudem eng mit ihrer Bestimmung von Kaste verbunden. Beide stützen sich gegenseitig. Das Thema Kaste und die Beschreibung der Heilsarmee als Mission der niedrigen Kasten spielt in der untersuchten Literatur ebenfalls eine große Rolle. Das Verständnis von Kaste weicht jedoch von demjenigen, das die Mehrheit der RSSNA-Mitglieder vertritt, deutlich ab, da es kastenbasierte Diskriminierung vor nicht als soziale und materielle Problematik auffasst. Wie auch Religion wird Kaste bzw. Kastendiskriminierung vielmehr als im Kern spirituell bestimmt. Das dritte Motiv der RSSNA-Identität kann im Kontext der Heilsarmee-Literatur ebenfalls nicht entfaltet werden da sie ebenfalls den Anspruch vertritt, ihr Verständnis von Kaste, von Religion und damit vom Kernauftrag der Heilsarmee, stehe in Kontinuität zu ihren Gründungsgestalten und -prinzipien.

Die Analyse der Heilsarmee-Literatur hat allerdings auch gezeigt, dass sich die Problematik der fehlenden Geschichte sogar dort fortsetzt. Die Frühgeschichte der Heilsarmee erzählen die untersuchten Werke anhand einiger weniger Motive. Die jüngere Geschichte, also der Zeitraum, den die RSSNA als Periode des Verfalls beschreibt, wird beinahe gar nicht behandelt. Das lenkt den Blick umso stärker auf die unterschiedlichen Bestimmungen von Religion und Kaste, die in den Erzählungen artikuliert werden. Es wird deutlich, dass das historische Narrativ der RSSNA auch in dieser Konstellation als Gegenerzählung zu lesen ist. Der Verein macht sich die in der südindischen Heilsarmee verbreitete Würdigung der frühen Mission zu eigen und erzählt sie auf eine Weise, die seinen Forderungen an die Heilsarmee-Leitung Nachdruck verleiht.

Ganz offensichtlich geht es in der Auseinandersetzung zwischen RSSNA und Heilsarmee-Leitung nicht nur darum, was die indische Heilsarmee in Zukunft zu leisten habe und wer dabei ihre primäre Zielgruppe sein soll. Vielmehr treffen insbesondere auch verschiedene Religionsverständnisse aufeinander. Dies weist auf konkurrierende Positionen in aktuellen Debatten um das Selbstverständnis der weltweiten Heilsarmee hin. Im Sinne des genealogischen Ansatzes dieser Arbeit muss daher nach der Funktion der analysierten historischen Erzählungen in diesen gegenwärtigen Diskussionen gefragt werden.

Fazit Teil II

In Teil I dieser Arbeit ist deutlich geworden, dass es auf der Grundlage essentialistischer Definitionen von Dalit nicht möglich ist, das öffentliche Auftreten und den Ruf der RSSNA als Dalit-Bewegung zu erklären und daher eine alternative Herangehensweise erforderlich ist, die beim Selbstverständnis des Vereins ansetzt. Hier setzte Teil II an. Ausgehend von der Beobachtung, dass die Vereinsmitglieder die Identität ihrer Gruppe vor allem im Rahmen geschichtlicher Erzählungen entfalteten, wurde im zehnten Kapitel das historische Narrativ der Gruppe analysiert. Dabei wurden drei Kernmotive – soziale Religion, kastenbasierte Identifizierung als Sambavars, wahre Nachfolge der frühen Heilsarmee – herausgearbeitet und wichtige Charakteristika der Erzählung beschrieben. In den folgenden Kapiteln wurde die Beziehung dieser geschichtlichen Erzählung zu Narrativen untersucht, die im Umfeld des Vereins wirkungsvoll sind.

Mit Blick auf diese Geschichtserzählung zeigten sich vielschichtige Problematiken. Nicht nur lässt keines der untersuchten Narrative die drei Kernmotive der RSSNA-Identität in ihrer Gesamtheit zu. Überdies zeigte sich schnell, dass die Geschichte, über die der Verein seine Identität zu bestimmen sucht, eine nicht vorhandene Geschichte ist. Die regionale christliche Historiografie und die internationale Forschungsdebatte thematisieren die Heilsarmee und die Sambavars beinahe überhaupt nicht. Auch die Heilsarmee-Literatur leistet keine ausführliche Geschichtsschreibung ihrer südindischen Mission, sondern wiederholt vor allem einige wenige stereotype Motive.

Die RSSNA schreibt das Narrativ der Heilsarmee-Literatur insofern fort, als auch sie das Engagement der frühen Mission rühmt. Sie wendet diese Würdigung jedoch gegen die Heilsarmee selbst, indem sie ihr vorwirft, diesem Vorbild nicht mehr gerecht zu werden. Entscheidend für diese Argumentation des Vereins ist sein soziales Religionsverständnis, das er aus regionalen christlichen Identitätsdiskursen übernimmt. Auch hier übernimmt die RSSNA aber keineswegs unkritisch Tradition. Vielmehr formuliert sie eine Gruppenidentität als der Heilsarmee angehörende Sambavar-Gemeinschaft und weist somit den Repräsentationsanspruch der Nadar-Gemeinschaft zurück. Wie von Butler und Laclau beschrieben wird Widerstand gerade innerhalb der Zitation artikuliert. Überdies hat sich bereits gezeigt, dass diese Wiedererzählungen und die darin formulierten Gruppenidentitäten von großer Bedeutung für die Plausibilisierung eigener Anliegen und insbesondere für das Etablieren von Bündnissen sind. Die Geschichtserzählungen der RSSNA müssen also als Positionierungen innerhalb aktueller Debatten gelesen werden. Sie sind Grundlage für die Ausprägung von Gruppenidentität, für die Formulierung von Forderungen, die Schaffung von gruppenübergreifenden Bündnissen, aber auch für die Abgrenzung von als gegnerisch beschriebenen Gruppen. In den folgenden Kapiteln werden solche Konstellationen daher ausführlich untersucht. Dies entspricht dem genealogischen Ansatz dieser Arbeit.

III

Die RSSNA im Kontext globaler Debatten um Heilsarmee-Identität

In den beiden kommenden Hauptteilen erfolgt die genealogische Verortung der bisher analysierten historischen Erzählungen in Diskussionen der Gegenwart. In diesem Sinne analysiert Teil III global geführte Debatten um die Identität der weltweiten Heilsarmee. Dies entspricht dem ersten Vernetzungsversuch der RSSNA. Der Verein suchte nach dem Zusammenschluss der beiden Gründungsgruppen zunächst die Zusammenarbeit mit anderen Laieninitiativen innerhalb der Heilsarmee.

Für diese Untersuchung ist aus mehreren Gründen ein globalgeschichtlicher Ansatz zwingend erforderlich. Zum ersten versteht sich die Heilsarmee ausdrücklich als globale Organisation und betont dies immer wieder. Zum Zweiten stammen diejenigen, die die indische Missionsgeschichte der Organisation schrieben, überwiegend nicht aus Indien. Sie adressieren mit ihren Werken auch nicht spezifisch ein indisches, sondern vielmehr ausdrücklich ein weltweites Publikum. Und schließlich entspricht der globale Ansatz auch dem Anspruch der RSSNA. Wie viele andere Stimmen aus der Organisation beansprucht der Verein, den Charakter und Auftrag der Heilsarmee als Ganzer zu kennen. Trotz sehr konkreter regionaler Anliegen geht es insbesondere in seinen theologischen Verlautbarungen nicht um einen vom Rest der Organisation abgrenzbaren indischen Einzel- oder gar Sonderfall. Auch sie begründet ihre Forderungen ausdrücklich durch Bezugnahme auf William Booth, der als Gründer der weltweiten Heilsarmee gilt. Es sind Booths Visionen und organisatorische Strukturen, für deren Wiederkehr die RSSNA sich einzusetzen beansprucht. Damit formuliert sie ganz deutlich einen globalen Anspruch. Aus diesem Grund setzt die Analyse der Aushandlungsprozesse um globale Heilsarmee-Identität im Umfeld der RSSNA an. Dies ist umso wichtiger, als im Folgenden deutlich werden wird, dass regionale und globale Debatten im Austausch stehen und auf verschiedenen Ebenen sehr ähnliche Fragen diskutiert werden.

Im vierzehnten Kapitel wird sich zeigen, dass bereits im Verein selbst Heilsarmee-Identität durchaus unterschiedlich bestimmt wird. Von entscheidender Bedeutung sind dabei die unterschiedlichen Gewichtungen sozialer und spiritueller Aspekte. Im fünfzehnten Kapitel werden dann Debatten untersucht, die im späten zwanzigsten und frühen 21. Jahrhundert im Umfeld der globalen Leitung geführt wurden. Auch hier ist die Frage nach dem Verhältnis von Spiritualität und sozialem Einsatz stets die zentrale und entscheidende. Im sechzehnten Kapitel werden schließlich Verflechtungen zwischen der regionalen Debatte im Umfeld der RSSNA und globalen Diskussionen untersucht und es wird analysiert, wie diese Austauschprozesse sich konkret gestalten.

Dabei gilt das Interesse zum einen den an diesen Schnittstellen formulierten Verhältnisbestimmungen von sozialem Engagement und Spiritualität. Zum anderen wird nach dem Einfluss von Gruppen aus der weltweiten Heilsarmee auf die Debatten auf internationaler Leitungsebene gefragt. Die leitende Frage der folgenden Kapitel ist die nach der Position der RSSNA in der globalen Debatte. Dazu wird untersucht, inwiefern es dem Verein möglich ist, sein Selbstverständnis in diesem Kontext zu artikulieren.

14. Sozial oder spirituell? Vorschläge für eine Reform der Heilsarmee aus den Reihen der RSSNA

Ausgangspunkt für die Untersuchung aktueller Debatten um Heilsarmee-Identität sind auch in diesem Teil der Arbeit Ansichten, die innerhalb des Vereins vertreten werden. Zunächst wird eine Position vorgestellt, die insbesondere von Präsident Murray, aber auch von anderen, regelmäßig im Vereinsmagazin schreibenden RSSNA-Mitgliedern auf Basis ihres sozialen Religionsverständnisses formuliert wird. Daran anschließend wird gezeigt, dass diese Sichtweise, wiewohl ausgesprochen dominant, schon im Verein selbst keineswegs alternativlos ist. Vielmehr finden sich schon unter den Vereinsmitgliedern Gruppen, die eine schwerpunktmäßig spirituell bestimmte Auffassung von Religion vertreten und daran anknüpfend auch hinsichtlich anderer zentraler Fragen abweichende Meinungen äußern. Insbesondere wird hier eine Dorfgemeinde der Heilsarmee in den Blick genommen, die vor einigen Jahren geschlossen der RSSNA beitrat, aber dennoch eigene Vorstellungen von einer Reform der Heilsarmee vertritt.

Es wird deutlich werden, dass zwar einerseits alle Vereinsmitglieder die Einschätzung teilen, die Heilsarmee befände sich in einer Krise und müsse umfangreich reformiert werden, dass aber andererseits sehr unterschiedliche Deutungen dieser Krise und damit auch stark voneinander abweichende Reformprogramme vertreten werden. Schon in diesem Kontext ist die Frage entscheidend, ob es sich bei der Krise der Heilsarmee um eine soziale oder um eine spirituelle handelt. Auch die Frage nach der Zielgruppe der Heilsarmee ist von großer Bedeutung und hängt eng mit den jeweils vertretenen Bestimmungen von Religion und Kaste zusammen. Es zeigt sich allerdings auch, dass abweichende Meinungen in diesen Fragen nicht notwendig Konflikte nach sich ziehen.

14.1. Die Reform der Heilsarmee als Rückkehr zu ihrem sozialen Auftrag. Die Perspektive von RSSNA-Präsident Murray

Die meisten RSSNA-Mitglieder äußerten ihre Auffassung über recht verstandene Heilsarmee-Identität, über deren Auftrag und zukünftige Arbeit auf die in den vorausgegangenen Kapiteln beschriebene Weise: Sie verwiesen auf die Pionierleistungen der frühen Heilsarmee und stellten dann einen Vergleich an. Darüber hinausgehende Einschätzungen der gegenwärtigen Situation der Heilsarmee insbesondere hinsichtlich ihres theologischen Selbstverständnisses und gemeindlichen Praxis waren in den Gesprächen mit den Vereinsmitgliedern ausgesprochen selten. Im Kontext der Interviews war es vor allem Präsident Murray, der seine Kritik an der Heilsarmee nicht nur historisch, sondern auch theologisch formulierte und dabei an Debatten anknüpfte, die auf verschiedene Weise auch in anderen Heilsarmee-Kontexten weltweit sowie in Kreisen der Internationalen Leitung der Heilsarmee geführt werden. Zu diesen Themen gehörten insbesondere die Frage, ob die Heilsarmee sich als Kirche zu verstehen habe und – daran anknüpfend – inwiefern es sich bei ihren Offiziersrängen um klerikale Positionen handele bzw. handeln solle und welche Haltung die Heilsarmee in Bezug auf kirchliche Sakramente einnehmen solle. Murray wie auch einige der regelmäßig für den Ceyti Malar schreibenden Vereinsmitglieder vertreten in diesen Fragen eine Position, die den Kernaussagen des in den vorausgegangenen Kapiteln analysierten historischen Narrativs der RSSNA verpflichtet ist und dessen zugespitzten Fokus auf soziales Engagement als Kern der Heilsarmee-Identität in gegenwärtige Debatten um deren Selbstverständnis und Theologie einschreibt.

In einem der ersten Gespräche im Rahmen der Feldforschung antwortete John Murray auf die Frage, warum er sich trotz all seiner Kritik und trotz seines Ausschlusses aus der Heilsarmee noch immer für deren Reform einsetze, ein Konfessionswechsel käme für ihn auf keinen Fall in Frage. Nicht nur sei die Heilsarmee ein unverzichtbares Mittel für den sozialen Aufstieg der Sambavar-Gemeinschaft, sie sei überdies – wenn ihr Auftrag richtig verstanden werde und sie wieder im Sinne ihres Gründers arbeite – die einzige Ausprägung des Christentums, die dessen Kernprinzipien gerecht werde. Die Heilsarmee habe Grundlagen, die für ihn unverzichtbar seien, sie habe keine Taufe und kein Abendmahl. Warum er in dieser Situation ebenso wie in vielen anderen den zentralen Kern der Heilsarmee über etwas bestimmte, das diese gerade *nicht* hat, lässt sich nur im Rahmen seiner weiter ausgreifenden Christentumskritik verstehen. Diese trug er besonders ausführlich für die 2016 erschienene Ausgabe des Weihnachtsmagazins der regionalen tamilsprachigen Tageszeitung Thinakaran vor und sprach damit ein Publikum an, das weit über den Kreis des Vereins hinausreichte. Er übersetzte den Text später ins Englische, um ihn auf der Webseite der RSSNA zu veröffentlichen.

Das Christentum bzw. seine unterschiedlichen Denominationen in Indien und weltweit, schreibt er in diesem Text, seien beherrscht von machtgierigen, bestechlichen, ausschließlich auf ihren eigenen Vorteil bedachten religiösen Führungsfiguren. Diese globale Problematik hängt für ihn aufs engste mit einem verfehlten Fokus der Christenheit auf Glaubenssätze, kirchliche Bräuche und gottesdienstliche Zeremonien zusammen. Kirchenleitungen weltweit lenkten die Aufmerksamkeit ihrer Mitglieder deshalb auf Rituale und Dogmen, um deren Perspektive zu verengen und den eigentlichen Kern des Christentums zu verschleiern. Auf diese Weise könnten sie ihre eigene Macht ausbauen, ohne dabei kritisiert zu werden. Der Kampf gegen Korruption äußert sich für Murray deshalb in einer konsequenten Dogmen- und Ritualkritik.

„Der Zustand des Christentums in Indien – die Christenheit in ihrer Gesamtheit – ist in verschiedene Konfessionen aufgeteilt, die in der Zuständigkeit der religiösen Führungsgestalten verbleiben. Aus Ehrfurcht vor diesem Gefühl sind sich alle christlichen Menschen in der Annahme dieser großen christlichen Verordnungen einig. Es gibt keinen Raum für Meinungsverschiedenheiten. Wenn es einen anderen Standpunkt gäbe, würde er sicherlich von jenen Führungsgestalten verworfen werden, für die das Christentum für Kommerz steht und für die Missionsarbeit Geschäfte bedeutet. Bei denjenigen, deren religiöser Glaube eine Besessenheit ist, funktioniert der Verstand auf eine seltsame Art und Weise. Ihr intellektueller Verstand arbeitet auf Weisen, die ganz anders und verrückt sind. Er schafft einen binären Raum, in dem der Dienst an den Bedürftigen und die Anbetung Gottes zwei inkohärente Dinge sind. Du hilfst den Armen und im gleichen Verhältnis, wie eine Gegenleistung, kommt der Segen. Gott wird als eine Person dargestellt, die für das Sprichwort ‘wie du mir, so ich dir’ grünes Licht gibt. Auch die Theologien der Erbsünde, des ewigen Lebens, der Hölle, des Zehnten, des Fluches, der Angst, der Auferstehung usw. sind dem christlichen Gehirn gut eingepflanzt, damit diese selbstgeschaffene binäre Raumtheorie ziemlich gut funktioniert. (...) Predigten und alle anderen zeremoniellen Aktivitäten sind Marketingtricks für den Handel mit Gott. Hütet euch vor den Taschenspielertricks religiöser Handeltreibender und denjenigen, die sich für ihren Klientelkapitalismus einsetzen.“[323]

Anders als die heutigen Kirchenleitungen hätte Heilsarmee-Gründer William Booth verstanden und deutlich zu machen versucht, dass der wahre Kern des Christentums der Dienst an den Armen und gesellschaftlich Ausgeschlossenen gewesen sei:

„‘Ich war hungrig und ihr habt mir zu essen gegeben. Ich war durstig, und du hast mir zu trinken gegeben. Ich war allein und weit weg von zu Hause, und ihr habt mich in euer Haus eingeladen. Ich war ohne Kleidung, und ihr habt mir etwas zum Anziehen gegeben. Ich war krank, und ihr habt mich gepflegt. Ich war im Gefängnis, und ihr habt mich besucht.’ (Matthäus 25:35,36). Dies ist der Kern des Christentums, und dies sind Worte aus der Heiligen Schrift, mit denen wir leben sollen. (...) General William Booth, der Gründer der Heilsarmee, einer religiösen und

[323] Murray 2016a.

karitativen Organisation, sagte dies: „Glaube und Werke sollten Seite an Seite gehen, Schritt für Schritt, wie die Beine des Menschen beim Gehen. Erst der Glaube, dann die Werke, und dann wieder die Werke, bis man kaum noch unterscheiden kann, was das eine und was das andere ist." (...) Dienst ist Christentum!"[324]

Auch William Booth sei sich jedoch solcher Fehlentwicklungen des Christentums, wie sie auch heute noch herrschten, bewusst gewesen. Daher, so stellt es nicht nur John Murray in seinem Weihnachtsartikel, sondern auch andere Vereinsmitglieder im Ceyti Malar dar, habe der erste General seine Heilsarmee so gestalten wollen, dass der wahre Kern des Christentums nicht mehr aus dem Blick geraten könne. In diesem Sinne habe er die Sakramente ebenso abgeschafft wie klerikale Ämter und die Versammlungsorte der Heilsarmee nicht mehr als Kirchen, sondern als einfache „Hallen" verstanden und gestaltet. Auf diese Weise habe er sicherstellen wollen, dass in der Heilsarmee stets das Engagement für ihre Anhängerschaft im Zentrum stünde.

„General William Booth wagte es, radikale Veränderungen im Christentum einzuführen, die damals niemand auch nur zu versuchen wagte. Kein Wunder, dass der General als ANTICHRIST bezeichnet wurde! Er ersetzte die Kirchen, den heiligsten Ort, durch bloße Hallen. Er zitierte 1. Korinther 12, Vers 13: 'Denn wir sind durch einen Geist alle zu einem Leib getauft, wir seien Juden oder Griechen, Sklaven oder Freie, und sind alle mit einem Geist getränkt.' Er mied die lebenswichtigen Rituale des Christentums – Wassertaufe und Abendmahl. Er ernannte Offizierinnen und Offiziere, die den Menschen dienen sollten, und warf das jahrhundertealte Priestersystem über Bord. Ein vermittelnder Einsatz."[325]

„Für die Arbeit in der Heilsarmee setzte er keine Priester ein, sondern ernannte Menschen zu Offizierinnen und Offizieren, die gleichberechtigt soziale Arbeit leisten sollten. William Booth vermied die Grundsätze der christlichen Priester wie Ordination, Taufe und Abendmahl. Der Grund dafür war, dass, wenn er Priester ernannt hätte, die Soldatinnen und Soldaten in Zukunft vernachlässigt worden wären, wie es in der methodistischen Kirche geschehen war. Er glaubte, dass sie das Prinzip William Booth's, dass alle Menschen gleich sind, begraben würden. Deshalb ernannte er sie nicht zu Priestern, sondern zu Offizierinnen und Offizieren."[326]

Die gegenwärtige Krise der Heilsarmee, so argumentieren Murray und seine Mitstreitenden auch in diesem Zusammenhang, sei entstanden, weil ihre heutige Führung die Prinzipien ihres Gründers vergessen habe und sich stattdessen anderen Kirchen anzugleichen suche. Die Missstände, die in anderen christlichen Kirchen herrschten und die schon William Booth kritisiert habe, griffen deshalb in der heutigen Heilsarmee wieder weit um sich. Dass die Heilsarmee ihre Gründungsmotivation, den Kern ihrer Identität aus dem Auge verloren habe, zeige sich überdeutlich daran, dass die

[324] Murray 2016a.
[325] https://rssna.wordpress.com/presidents-desk/ (zuletzt abgerufen am 02.03.2021).
[326] A.G. Dhas 2014, 13.

Heilsarmee sich wieder als Kirche und ihre Offiziersposten als priesterliche Ämter verstehen wolle, dass sie gottesdienstliche Zeremonielle und insbesondere die Spendung der Sakramente wieder einführe und in ihrer Verkündigung das ewige Leben, nicht aber christliche Verantwortung im Diesseits ins Zentrum stelle. Der Verlust des Dienstgedankens hängt für sie unmittelbar zusammen mit der Verkirchlichung und Klerikalisierung der Heilsarmee und der damit einhergehenden Wiedereinführung der Sakramente. Überdies werfen sie den Offizierinnen und Offizieren vor, ihre Gemeindemitglieder mit Reden über einen spirituellen Weg der Seelenrettung vom Einsatz für Menschlichkeit abzulenken.

„Die derzeitigen Offizierinnen und Offiziere haben die Ideologien des Generals ignoriert und predigen nur noch über die Ewigkeit und darüber, wie sie Spendengelder erhalten, und machen sich auf diese Weise ihr Leben bequem. Die Hallen werden wieder zu Kirchen. Hinterfragende Menschen haben in den Kirchen keinen Platz. Die Offiziersuniform, ein Symbol des Dienstes, wird zu einem bloßen Priestergewand. Taufe und Abendmahl halten langsam Einzug in die Heilsarmee, und einige der Offizierinnen und Offiziere ermutigen die Menschen, diesen Ritualen zu folgen. Die Offizierinnen und Offiziere beanspruchen schamlos priesterlichen, bischöflichen und päpstlichen Rang.“[327]

„Das gegenwärtige Szenario der Heilsarmee in Indien: Der Dienst an der Gesellschaft – das Sine-Qua-Non der Organisation – ist verschwunden, und die Offizierinnen und Offiziere der Heilsarmee wollen eine andere Konfession oder Kirche werden und bischöfliche, geistliche und pastorale Position erhalten. Sakrament und Taufe werden Teil der Liturgie. Sie wollen Predigten halten und Gottesdienste leiten, die von einer eschatologischen und klerikalen Ordnung bestimmt werden. Für den Dienst an der Gemeinschaft haben sie keine Agenda und kein Programm in ihrer Berufsvorstellung. In der priesterlichen Ordnung sind Macht und Geldbeutel die vorherrschenden Gottheiten. Betrug und Korruption sind weit verbreitet und alltäglich. (...) Die Priorität der Heilsarmee liegt heute darin, den leichtgläubigen Menschen Predigten zu halten oder Geschichten zu erzählen. Ihre Aktivitäten sind völlig frei vom Dienst an der Gemeinschaft, den sie völlig vernachlässigen. Um die Wahrheit zu sagen: In der Heilsarmee hat die Predigt und nichts als die veraltete Predigt, ohne Bezug zur heutigen Zeit, begleitet von emotionaler Hysterie und theatralischer Darstellung, sie und nur sie, den Sieg davongetragen.“[328]

„Die meisten Offizierinnen und Offiziere der Heilsarmee, die heroische Verse sprechen, sind gegen den Eid des Glaubens und empfangen und spenden Taufe und Kommunion. Sie lenken die Menschen ab, indem sie sagen, sie sollen den spirituellen Weg gehen und Seelen gewinnen. (...) Lasst uns die Arroganz der Offizierinnen und Offiziere beseitigen, die abergläubische Überzeugungen ohne Menschlichkeit unter den unschuldigen Menschen verbreiten. Lasst uns die Menschen dazu bringen, rational zu denken, ihre abergläubischen Überzeugungen zu abzustreifen. Lasst sie uns auf der Grundlage der modernen Welt transformieren und Menschlichkeit kultivieren.“[329]

---

[327] https://rssna.wordpress.com/presidents-desk/ (zuletzt abgerufen am 02.03.2021).
[328] Murray 2016, 2–3.
[329] Kumari Thayalan 2012, 6–7.

Angesichts dieser eklatanten Fehlentwicklungen, so argumentiert insbesondere John Murray, müsse eine Reform der Heilsarmee, ja, eigentlich des gesamten Christentums, nach den Prinzipien von William Booth erfolgen. Klerikale Ansprüche müssten bekämpft, Sakramente müssten wieder konsequent vermieden und weitere gottesdienstliche Zeremonielle zumindest stark reduziert werden. Die Versammlungsorte der Gemeinden sollten funktional als „Hallen“ verstanden und nicht als aufwändige Kirchen gestaltet werden. Statt „Spiritualität“ und der Hoffnung auf das ewige Leben sollte das Leben im Diesseits und soziales Engagement im Fokus stehen.

John Murray und andere im Verein dominante Stimmen sehen also zwei Bestimmungen von Religion im Konflikt. Die eine stellt das ewige Leben in den Mittelpunkt, fokussiert auf Spiritualität, auf Dogmen und Rituale. Dieses Religionsverständnis drückt sich in Kirchlichkeit aus. Das andere stellt das diesseitige Leben und damit das soziale Engagement für Arme und Unterdrückte in den Fokus und vermeidet bewusst kirchliche Strukturen. Die Heilsarmee war ihnen zufolge früher dem richtigen, nämlich dem zweiten Religionsverständnis verpflichtet und habe sich deshalb auch keine kirchlichen Strukturen geben wollen. Heute jedoch wende sie sich dem anderen, jenseitsorientierten, spirituellen Religionsverständnis zu, wolle deshalb eine Kirche werden und verwickle sich wie alle anderen Kirchen auch in Korruption. Vor allem aber vergesse sie ihre ursprüngliche Zielgruppe, nämlich die Armen bzw. die Dalits, denen sie sich früher verpflichtet gefühlt hätte. Der RSSNA-Präsident und seine Mitstreitenden fordern daher eine Reform der Heilsarmee, die durch eine Rückkehr zum sozialen Verständnis von Religion geprägt sein soll.

14.2. „Der spirituelle Weg, die Heilsarmee zu reformieren“ Der Reformkurs einer unabhängigen Heilsarmee-Gemeinde im Kanyakumari-Distrikt

Obgleich die Position John Murrays und der zitierten Ceyti Malar Autoren in der RSSNA sehr dominant ist, ist sie doch keinesfalls alternativlos. So thematisierte etwa John Murray selbst im Nachklang einer Vorstandssitzung die erheblich unterschiedliche Bedeutung, die Kirchgebäuden von ihm einerseits und von vielen Vereinsvorständen andererseits beigemessen wird:

„Weißt du, wir haben Lokale Offiziere. Und die sind hauptsächlich damit beschäftigt, die Kirche schön zu machen. Und ein Glockenturm muss gebaut werden. Abgesehen davon, haben sie keine Ahnung, wie die Gemeinschaft vorangebracht werden kann. Meine Meinung ist: Anstatt von den armen Leuten zu sammeln und große Türme, Glockentürme zu bauen, solltet ihr Geld sammeln und es für die Förderung der Gemeinschaft verwenden. Ihr könnt arme Kinder erziehen oder ihnen eine Berufsausbildung ermöglichen. So kann man die Gemeinschaft entwickeln, nicht durch den Bau von Kirchen. Und als ich darüber sprach, war ich verärgert, dass

sogar die Vorstandsmitglieder des Vereins damit beschäftigt sind, Geld für den Bau von Kirchen zu sammeln. Sie sollten also nicht diese Einstellung entwickeln. Sie sollten ein Beispiel für die Gemeinschaft sein, für die Kirchen. Okay, das ist zweitrangig, das ist nicht nötig. (...) Gott wohnt nicht in großen Kirchen. Wenn man große Kirchen baut, bedeutet das nicht, dass Gott kommt und in der Kirche bleibt. Die Kirche, in der Gott wohnt, ist in dir. (...) Aber es ist schwierig, die Menschen zu überzeugen. Diese Kirchen sind Verschwendung. Und William Booth hatte auch nie vor, Kirchen zu bauen. Er wollte Hallen haben. Gemeinschaftshallen. Und im Anfangsstadium wurden die Gemeinschaftshallen in den Wochentagen als Schulen genutzt. Und die gleiche Halle wurde als Gottesdienstraum genutzt. (...) Das war der Punkt, den ich angesprochen habe. Ihr solltet nicht das Sammeln von Geld für den Bau von Kirchen oder Glockentürmen bevorzugen oder für wichtig halten. Ihr müsst anders denken als andere.“[330]

Die Renovierung der Heilsarmee-Hallen bzw. der Bau neuer Kirchengebäude, für den sich viele Vorstandsmitglieder der RSSNA engagieren, ist für John Murray lediglich ein weiteres Zeichen der Verkirchlichung und damit vor allem dafür, dass der Kernauftrag der Heilsarmee bzw. des Christentums aus dem Blick geraten sei. Zwei Vereinsvorstände hingegen beschrieben in einem Gespräch, bei dem der Präsident nicht zugegen war, den Bau neuer und größerer Kirchen als Ausdruck des steigenden Selbstwertgefühls der Sambavar-Gemeinschaft, als Anspruch auf Gleichbehandlung durch Mitglieder anderer Kirchen und Kasten und daher als wichtigen Schritt auf dem Weg zur Emanzipation der Sambavars[331], die ja auch für John Murray im Zentrum recht verstandener regionaler Heilsarmee-Identität steht. Als einen weiteren unverzichtbaren Meilenstein im Blick auf dieses Ziel stellt eine ihrer Kolleginnen im Vereinsvorstand die Einführung der Sakramente dar. Da ihre Familie zu einer Thomaskirche gehörte, hatte sie vor ihrer Heirat mit einem Heilsarmee-Mitglied sakramentale Praxis selbst erlebt. Sie ist überzeugt, dass deren Fehlen ein ausschlaggebender Grund für die Kluft zwischen den Mitgliedern der Heilsarmee und denen anderer Kirchen und Kasten darstelle. Was für John Murray lediglich ein Ablenkungsmanöver vom Einsatz für die Gemeinschaft ist, dient für seine Vereinskollegin also gerade deren Emanzipation.

„Ich war 28 Jahre lang in der Mar Thoma Kirche und kenne ihre Regeln und Vorschriften. Ihre Satzung. Und dann, als wir hierherkamen, gab es nichts. (...) Keine heilige Kommunion. Tatsächlich werden unsere Widmungen, die Widmungssurkunden der Heilsarmee nirgendwo anders anerkannt. (...) Und keine Kommunion, es gibt keine Kommunion und keine Widmung, all das trennt die Mitglieder der Heilsarmee von anderen Gruppen und Menschen.“[332]

Auch die Zweitrangigkeit des Spirituellen gegenüber dem Sozialen wird im Verein längst nicht von allen geteilt. Immer wieder wurde in

[330] Interview mit John Murray am 06.05.2016.
[331] Interview mit RSSNA-Vorstandsmitgliedern Nr. 6&10 am 29.04.2017.
[332] Interview mit RSSNA-Vorstandsmitglied Nr. 11 am 09.05.2016.

Gesprächen und auch im Vereinsmagazin ein erheblicher Mitgliederschwund der Heilsarmee beklagt, der durch Hinwendungen zu anderen Kirchen – meistens solchen, die als Pfingstkirchen identifiziert wurden – erklärt wurde. Ein Artikel im Ceyti Malar erklärte dieses Phänomen mit der unzureichenden spirituellen Fürsorge der Offizierinnen und Offiziere für ihre Gemeinden.

„Da die Menschen von den Offizierinnen und Offizieren der Heilsarmee nicht genügend geistliche Nahrung erhalten, sind sie enttäuscht, beschließen, dass ‘ein Wechsel der Kirche die einzige Lösung für ihr geistliches Leben ist’ und verlassen die Heilsarmee, Gruppe für Gruppe. Diejenigen, die selbstständige Gemeinden leiten, und die anderen Kirchenleitungen (die diese Familien aus der Heilsarmee aufnehmen) danken der Heilsarmee herzlich.“[333]

Hier wird also ganz offenbar nicht die Auffassung vertreten, die Sorge um Spiritualität sei zweitrangig, wenn nicht völlig unwichtig für die Praxis der Heilsarmee. Auch in anderen Zusammenhängen wurde die vom Präsidenten formulierte Dichotomie zwischen dem Spirituellen und dem Sozialen nicht geteilt. Ein besonders eindrückliches Beispiel für eine alternative Position innerhalb des Vereins stellt ein kleines Heilsarmee-Korps in der Region dar, in dem ungewöhnlich viele junge Leute aktiv sind und auch Posten in den Leitungsgremien innehaben. Diese lokale Gemeinde vertritt ebenfalls die Auffassung, die Heilsarmee bedürfe einer grundlegenden Reform, um in Zukunft Bestand zu haben, konzipiert diese Reform jedoch erheblich anders als etwa der Vereinspräsident. Ihre Mitglieder traten vor einigen Jahren geschlossen der RSSNA bei. Einer ihrer führenden Lokalen Offiziere war zum Zeitpunkt der Feldforschung als Ko-Sekretär (Joint Secretary) Mitglied des Vereinsvorstands. Anlass für den Beitritt zum Verein war ein Konflikt der Gemeinde mit ihrem Korpsoffizier, den sie der Korruption und des Missbrauchs von Spendengeldern verdächtigten. Der Protest richtete sich gegen eine auch von der RSSNA immer wieder kritisierte Praxis, die den gemeindeleitenden Offizierinnen und Offizieren erlaubte, Spendengelder völlig eigenverantwortlich zu verwalten, ohne der Gemeinde über deren Verwendung Rechenschaft abzulegen. Die Gemeinde forderte, Spendengelder selbst verwalten und Projekten ihrer Wahl zukommen lassen zu dürfen. Der spätere Vereinssekretär und sein Bruder, beide Lokale Offiziere, agierten in der Auseinandersetzung mit dem Offizier als Anführer. Im Zuge ihres Protests kam die Gemeinde – auf Grund verwandtschaftlicher Beziehungen der Brüder zum Generalsekretär des Vereins – in Kontakt mit der RSSNA, die sich im Dorf vorstellte und zum Widerstand gegen den Offizier ermunterte und das Reformstreben der Gemeinde unterstützte. Das führte zu heftigen Konflikten zwischen der Gemeinde und der regionalen Heilsarmee-Leitung. Letztere versuchte, den Widerstand der Gemeinde zu unterdrücken, indem sie den Offizier abzog. Die

[333] Inba Yesurajan 2009, 11.

Hoffnung, die Gemeinde auf diese Weise zum Einlenken bewegen zu können, erwies sich jedoch als trügerisch. Die Brüder und ihre Mitstreitenden hielten das gemeindliche Leben selbst am Laufen. Zunächst übernahmen sie selbst die Leitung der Gottesdienste und Gruppentreffen, dann stellten sie einen ehemaligen Heilsarmee-Offizier ein, der vom Dienst suspendiert worden war. Der Kontakt wurde von John Murray hergestellt. Mit der Hilfe dieses Offiziers strebte die Gemeinde danach, ihre Vision einer vorbildlichen Heilsarmee umzusetzen. Sie wurde so ein von der offiziellen Heilsarmee-Struktur unabhängiges Korps, das sich aber weiterhin als Teil der Heilsarmee verstand. Zum Zeitpunkt der Feldforschung war die Gemeinde jedoch bereits wieder in einen Aussöhnungsprozess mit der Heilsarmee-Leitung eingetreten. Diesen Schritt begründeten sie mit ihrem Anliegen, die Heilsarmee als Ganze reformieren zu wollen, was sie nur als anerkannter Teil der Heilsarmee, nicht aber als kleine unabhängige Gemeinde erreichen könnten. Der von der Reformgemeinde eingestellte Offizier wurde wieder offiziell in den Dienst der Heilsarmee übernommen, jedoch in eine andere Gemeinde versetzt. Die Reformgemeinde bekam einen neuen Offizier zugewiesen, sodass wieder ein Repräsentant der Heilsarmee-Leitung vor Ort war. Die Gemeinde ließ sich bei ihrer Wiedereingliederung in die Heilsarmee-Struktur jedoch zusichern, dass einige zentrale in Gottesdienst und Gemeindeleben eingeführten Änderungen Bestand haben durften.

Vieles verbindet also die RSSNA und die Reformgemeinde. Im Zuge des Protests, der am Beginn der Loslösung der Gemeinde von der Heilsarmee stand, wurden gemeindliche Missstände und Fehlverhalten von offizieller Seite beklagt, die auch von der RSSNA immer wieder angeprangert werden. Die Frage nach der Verwaltung gemeindlicher Gelder und insbesondere von Spenden der Gemeindemitglieder sowie diesbezügliche Korruptionsvorwürfe an die Offiziere gehören zu den Kernthemen des Vereins. Zudem betonten auch die Anführer der Reformgemeinde im Interview die schlechten Bildungschancen für die zur Heilsarmee gehörenden Sambavars und kritisierten die Heilsarmee für ihren mangelnden Einsatz:

„Das Problem ist: Im Kanyakumari-Distrikt, oder man kann sagen in Indien, gibt es die Church of South India und die römisch-katholische Kirche gibt es. Sie haben mehr Institute, Bildungseinrichtungen. Aber in der Heilsarmee hat nur William Booth etwas begonnen, danach hat niemand mehr etwas getan. Wenn ich also mein Studium an einer anderen Einrichtung aufnehmen möchte, wird man mich fragen, welcher Konfession ich angehöre. Das ist also das Problem für mich. Ich kann nicht zugelassen werden, denn sie haben bestimmte Prozentsätze. 50% für sie. Nur 20% oder 10% für andere Gemeinschaften oder andere Konfessionen. In diesem Fall stehen wir vor Problemen. Und die Regierung gibt auch einige andere … wie zum Beispiel Scheduled Caste oder Scheduled Tribe. Aber wenn ich ein Hindu bin, gehöre ich zu den Scheduled Castes, wenn ich Christ bin, zu einer anderen Kategorie. Ich befinde mich also in einem Dilemma. Wenn ich Hindu bin, kann ich mich

an die Regierung wenden, aber wenn ich Christ bin und mich an die CSI oder die römisch-katholische Kirche werden, werden sie mich nicht zulassen."[334]

Verein und Gemeinde sind sich einig, dass die Heilsarmee einer grundlegenden Reform bedarf. Beide Gruppen formulieren überdies ihre Auffassungen davon, was Kernauftrag und Selbstverständnis der Heilsarmee sein soll, im Rahmen von Geschichtserzählungen. So verwiesen auch zwei der Anführer der Reformgemeinde, der Vereinssekretär der RSSNA und sein Bruder, im Interview auf die Pioniertaten der Heilsarmee in der Region. Auf den ersten Blick hat ihre Erzählung viele Gemeinsamkeiten mit dem im zweiten Hauptteil dieser Arbeit untersuchten Narrativ der RSSNA, denn auch der in der Reformgemeinde verbreiteten Erzählung zu Folge wandte sich die Heilsarmee zu Beginn ihrer Indienmission den Kastenlosen bzw. den Sambavars zu, denen sie die Emanzipation aus kastenbasierter Unterdrückung ermöglichte. Dennoch zeigen sich bei näherem Hinsehen signifikante Unterschiede, die sich insbesondere daraus ergeben, dass die Brüder den Kern kastenbasierter Diskriminierung anders bestimmten, als die Mehrheit der RSSNA-Mitglieder und entsprechend auch die Leistungen der Heilsarmee im Kampf gegen diese Unterdrückung anders beschrieben:

„Die Menschen waren sehr arm und (...) es gab Krankheiten. Die Leute fürchteten, dass das (...) wegen Geistern passiert. Damals kamen die Missionarinnen und Missionare aus anderen Ländern. (...) Sie sagten den Leuten, dass es nicht wegen der Geister ist. (...) Wir werden beten. So begannen sie, das Evangelium zu verbreiten. (...)Wir bekamen eine Identität. Als die Heilsarmee nach Indien kam, bekamen wir eine Identität. (...) Davor wurden bestimmte Gruppen diskriminiert. Sie durften die Kirche nicht betreten. Deshalb hat er die Heilsarmee gegründet. Nur für diese Menschen. Als sie also nach Indien kamen, waren wir auch hier sehr glücklich. Denn als Dalits hatten unsere Vorfahren früher keine Kirche. Sonst hätten wir keine Kirche, wir dürften nicht beten, nicht Gottesdienst feiern. So viele Probleme. Aber als die Heilsarmee nach Indien kam, (...) hatten wir unsere eigenen, getrennten Kirchen. Jetzt sind wir entwickelt. (...) Deshalb sind wir jetzt den anderen Menschen gleichgestellt."[335]

Die Mehrheit der RSSNA-Mitglieder beschrieben in ihren historischen Erzählungen Armut und gesellschaftliche Benachteiligung als schwerwiegendste Folge von Kastendiskriminierung. Für die Anführer der Reformgemeinde jedoch ist religiöse Exklusion die Kernproblematik, der zu begegnen die Heilsarmee ihrer Anhängerschaft half. Das entscheidende Problem der frühen Heilsarmee-Anhängerschaft war ihrer Ansicht nach, dass sie vor deren Ankunft keinen religiösen Ort hatten und keinen Gottesdienst verrichten konnten. Zudem versetzten sie offenbar Vorstellungen von Krankheit auslösenden Geistern in Angst, die die Heilsarmee durch ihre Predigt des Evangeliums und durch gemeinsame Gebete zu besiegen half.

334 Interview mit Brüdern aus der Reformgemeinde am 19.02.2017.
335 Interview mit Brüdern aus der Reformgemeinde am 19.02.2017.

Dadurch verschiebt sich auch bei der Schilderung der missionarischen Errungenschaften der Fokus. Hier geht es nicht zentral um den Kampf gegen Armut etwa durch die Gründung sozialer Einrichtungen, sondern um Predigt, Gebet, Gemeindeaufbau und vor allem auch um die Überwindung von Aberglauben. Hier sind also Motive bestimmend, die auch für die Missionsgeschichtsschreibung der Heilsarmee mit ihrem Fokus auf die Dämonolatrie der Kastenlosen und der strikten Trennung zwischen Regionalgeschichte als Bekehrungsgeschichte einerseits und der Historie der Sozialprojekte andererseits zentral sind.

Ebenso erheblich wie die Geschichtserzählungen der Reformer auf der einen und der Mehrheit der Vereinsmitglieder auf der anderen Seite unterscheiden sich ihre jeweiligen Einschätzungen der heutigen Situation der Heilsarmee-Mitglieder. Diejenigen RSSNA-Mitglieder, die Armut als Kern der Kastenproblematik betrachten, sehen diese noch längst nicht überwunden und fordern von der Heilsarmee, sich ihrer endlich wieder bewusst zu werden und sich wieder für die Förderung und den sozialen Aufstieg der noch immer benachteiligten Sambavars einzusetzen. Für die oben zitierten Anführer der unabhängigen Gemeinde dagegen war die Kastenproblematik eine religiöse und ist damit im Kern behoben. Mit der Heilsarmee haben die Sambavars eine Kirche, können Religion praktizieren und sind so den anderen Gemeinschaften ebenbürtig. Ihr Reformprogramm fußt daher nicht auf dem Schlagwort „Kaste“, sondern versteht sich vielmehr als „spirituelle Reform der Heilsarmee“. Das sei es auch, was die Heilsarmee vor allem brauche.

Diese Auffassung prägte auch das gemeindliche Leben und die lokalen Reformen, die die Gemeinde in der Zeit ihrer Unabhängigkeit von der offiziellen Heilsarmee-Struktur mit Hilfe des von John Murray empfohlenen ehemaligen Offiziers gestaltete. Die Gemeinde engagierte sich weiterhin sozial, baute ihr Engagement sogar aus, etwa indem sie Spenden sammelte, mit denen sie verschiedene Projekte – auch solche anderer Konfessionen – unterstützte, und bot Beratungsgespräche für arme Familie an, in denen es vor allem um Bildungsmöglichkeiten für deren Kinder, etwa um Chancen durch Förderprogramme und Stipendien, ging. Diese sozialen Projekte standen für sie aber keineswegs im Zentrum ihres Selbstverständnisses und wurde im Zuge der Schilderung der Reformmaßnahmen zunächst auch nur beiläufig erwähnt. Viel entscheidender waren für die Reformgruppe die Änderungen, die sie in Gottesdiensten und gemeindlichem Leben einführten. Zum einen sei es ihnen darum gegangen, ein neues Verständnis davon zu entwickeln, was zentraler Inhalt gottesdienstlicher Verkündigung sein müsse. In den Predigten der Heilsarmee, so argumentieren sie, sei es bisher vor allem um die Zusage göttlichen Heilswillens und Beistands gegangen. Es müsse aber wieder viel stärker in den Blick genommen werden, was Gott vom Menschen erwarte. Fragen der Moral und der christlichen Lebensführung müssten wesentlicher Bestandteil der Verkündigung sein.

Noch wichtiger als eine veränderte Predigtpraxis waren ihnen jedoch andere Neuerungen. Die Gemeinde integrierte Taufe und Abendmahl in ihre Gottesdienste und führte mit der rituellen Fußwaschung an den Donnerstagabenden ein weiteres neues liturgisches Element ein. Im Rahmen des Aussöhnungs- und Reintegrationsprozesses mit der Heilsarmee war es der Reformgruppe besonders wichtig, dass die Spendung der Sakramente und die Fußwaschung weiterhin praktiziert werden durften. Als einen wichtigen Schritt in der Reform der Heilsarmee als Ganzer sehen sie die Einführung der Sakramente in allen Korps. Nicht zuletzt, um in dieser Hinsicht ein Vorbild zu sein, war der unabhängigen Gemeinde die Rückkehr in die offizielle Heilsarmee und der dadurch ermöglichte Dialog mit deren Mitgliedern von gleich zu gleich so entscheidend wichtig. Überdies war es der Reformgruppe ein großes Anliegen, die mit der Heilsarmee assoziierten Kastengrenzen zu überwinden. An den von ihnen selbst eingestellten Offizier trugen die Gemeindemitglieder die Anforderung heran, sich als spirituellen Ansprechpartner und als Führungspersönlichkeit für das gesamte Dorf – nicht nur für die Gemeinde und nicht nur für die Sambavars – zu verstehen. Er sollte ein Pastor für alle Kasten sein. Ihren Schilderungen zu Folge wurde der Offizier diesen Anforderungen in hohem Maße gerecht. Zu seiner Zeit, berichteten sie, seien vermehrt Mitglieder anderer Kirchen- und Kastengemeinschaften zu ihnen gekommen. Die Mitglieder der anderen Kirchen im Dorf hätten, so die Brüder, „gespürt, dass Gott bei uns ist". Einige hätten die Gemeinde gebeten, mit ihnen gemeinsam um Heilung von Krankheiten zu beten. Viele dieser Gebete seien erhört worden. Diese Besuche von Mitgliedern anderer Kirchen und Kastengemeinschaften wertete die Reformgruppe als großen Erfolg auf dem Weg zu einer Neugestaltung der Heilsarmee.

Nach den Anstößen und Vorbildern für ihre Reformen gefragt, verwiesen die Anführer der Gemeinde auf das Umfeld ihres Korps. In der unmittelbaren Umgebung gebe es viele Gemeinden verschiedener Kirchen, in denen ganz unterschiedliche Formen christlicher Praxis gelebt würden. Als besonders entscheidend beschrieben sie aber den Einfluss pfingstlicher Gruppen und Einzelpersonen. Dieser Einfluss zeigte sich bereits in den Biografien vieler Mitglieder der Reformgemeinde. Der Pastor einer kleinen unabhängigen Pfingstkirche aus einem Nachbar-Distrikt hatte mehrere von ihnen getauft. An ihn hatten sie sich auch mit theologischen Fragen, insbesondere hinsichtlich der Bedeutung der Sakramente, aber auch mit solchen zu Bibelauslegung und christlicher Lebenspraxis gewandt. Die Reformer äußerten die Ansicht, dass, obwohl jede menschliche Interpretation der Bibel und damit die aller christlicher Konfessionen immer fehlbar sei, die Schriftauslegung ihrer pfingstlichen Kontaktpersonen dem Wort Gottes am nächsten käme. Auch die liturgischen Neuerungen, die sie einführten, hatten pfingstliche Vorbilder. Insbesondere eine große Gemeinde der Full Gospel Pentecostal Church in der unmittelbaren Nachbarschaft spielte offenbar eine große Rolle. Hier erlebten die Mitglieder der Reformgemeinde nicht nur das Spenden der Sakramente, sondern auch das Ritual der Fußwaschung, das sie in der Zeit ihrer Unabhängigkeit von der Heilsarmee in die gottesdienstliche Praxis übernahmen. Trotz dieses eingestandenen großen Einflusses pfingstlicher Praktiken auf die Neugestaltung ihres gottesdienstlichen und gemeindlichen Lebens identifizierten sich die Mitglieder der unabhängigen Heilsarmee-Gemeinde ausdrücklich nicht als Pentekostale. Vielmehr wollten sie ihre Theologie und Liturgie als Ausdruck von Spiritualität verstanden wissen, die alle christlichen Konfessionen anstreben sollten. Sie selbst würden sich insbesondere dafür einsetzen, dass in der Heilsarmee Spiritualität gelebt werde. Ihre Neuerungen verstanden sie als „spirituellen Weg, die Heilsarmee zu reformieren".

Der RSSNA-Präsident kritisierte, wie bereits dargestellt, den zu großen Fokus auf Predigten und insbesondere auf Sakramente. Ein Vereinskollege wertete – ganz in Murrays Sinn – die auch von Leitungsverantwortlichen der Heilsarmee geäußerte Aufforderung, die Gemeindemitglieder möchten einen „spirituellen Weg" einschlagen, als Ablenkungsmanöver. Pfingstkirchen steht John Murray besonders kritisch gegenüber. Seiner Meinung nach prägen sie die Fehlinterpretation des Christentums besonders stark aus, kümmerten sich ausschließlich um das Jenseits, hätten keinerlei soziale Projekte und lenkten mit versprochenen Wunderheilungen gar von der Notwendigkeit medizinischer Versorgung ab.[336] Für die Reformgemeinde hingegen sind pentekostale Praktiken vorbildlich. Anders als der Präsident sieht die Gemeinde Spiritualität auch in keiner Weise als Gegensatz des Sozialen. Was er als einander ausschließende Optionen betrachtet, sind für sie zwei Aspekte, die notwendig verbunden sind. Spiritualität, die insbesondere durch die Spendung der Sakramente praktiziert würde, so argumentieren sie, sei notwendig und unverzichtbar, da sie erst christlichen Lebenswandel und echtes soziales Engagement ermögliche. Die Gemeinde sieht also eine enge Verbindung von Spiritualität und sozialem Engagement, privilegiert spirituelle Aspekte aber insofern, als diese für sie Grundlage christlichen Lebens und damit auch Voraussetzung für sozialen Einsatz sind.

Die Reformgemeinde bestimmt also sowohl die Zielgruppe als auch den Kern von Religion anders als der Präsident und andere im Verein dominante Stimmen. Ihrer Ansicht nach soll sich die zukünftige Heilsarmee an alle Kasten richten und muss sich vor allem spirituell erneuern. Offenbar wurden jedoch im Verein – zumindest in offiziellem Rahmen – die Verschiedenheit der Ansätze und auch die unterschiedlichen Positionen hinsichtlich der Bedeutung der Sakramente nicht diskutiert. Vielmehr betonen alle Beteiligten, insbesondere der Vereinspräsident und die Anführer der Reformgemeinde immer wieder die Wichtigkeit und den Erfolg ihrer

---

[336] Interview mit John Murray am 25.01.2017.

Zusammenarbeit. John Murray stellte im Gespräch die Dorfgemeinde als Paradebeispiel für ein mutiges und emanzipiertes Korps dar, das sich andere Gemeinden zum Vorbild nehmen sollten. Überdies äußerte er sich sehr erfreut über die vielen jungen Leute, die aus der Gemeinde in die RSSNA eintraten, deren Mitglieder im Schnitt wesentlich älter sind. Die beiden Brüder aus dem Leitungskreis der Reformgemeinde berichteten, wie froh sie gewesen seien, als sie von der Existenz des Vereins und von seinem Einsatz für die Reform der Heilsarmee erfahren hätten und wie wichtig dessen Unterstützung für das Dorf gewesen sei. Keine Seite übte irgendeine Kritik an den Sichtweisen oder am Reformkurs der anderen. Vielmehr beschrieben sich alle als Mitstreitende für gemeinsame Ziele, die gegenüber der Heilsarmee-Leitung durchzusetzen seien. Entscheidend sind also Anliegen, die alle teilen, insbesondere Vorgehen gegen Korruption und der Einsatz für mehr Bildungschancen für die christlichen Sambavars.

Zusammenfassung

Die Frage nach den zentralen Leistungen der frühen indischen Mission und damit nach dem Kern von Heilsarmee-Identität, die sich beim Vergleich der historischen Erzählungen zeigte, wird bereits auf Vereinsebene unterschiedlich beantwortet. Von verschiedenen Personen und Gruppen innerhalb der RSSNA werden bezüglich der gegenwärtigen und zukünftigen Gestaltung der Heilsarmee sehr unterschiedliche Erwartungen und Visionen formuliert. Entscheidend sind dabei auch hier die verschiedenen Verständnisse von Religion und Kaste und damit zusammenhängend auch vom Auftrag und von der Zielgruppe der Heilsarmee.

Der RSSNA-Präsident lässt sich auch bei der Erwägung gegenwärtiger, die Theologie und gemeindliche Praxis der Heilsarmee betreffender Fragen von den Kernmotiven des im Verein dominanten historischen Narrativs leiten, das im zehnten Kapitel vorgestellt wurde. Er betrachtet daher soziales Engagement als Herzstück von Heilsarmee-Identität. Liturgische Praktiken, gottesdienstliche Rituale sowie Lehr- und Glaubenssätze sind für ihn mindestens sekundär, wenn nicht gar höchst problematische Ablenkung vom wahren Kern von Religion und damit letztlich Tricks und Strategien machthungriger Kirchenleitungen. Die Reformgemeinde teilt viele Kritikpunkte des Präsidenten. Dennoch ist die Krise der Heilsarmee für sie im Kern eine ihrer Spiritualität. Daher muss ihrer Ansicht nach auch die angestrebte Reform ihren Ausgangspunkt bei spirituellen Aspekten nehmen. Spiritualität ist für sie insofern Kern von Religion, als sie Voraussetzung für alles weitere, und damit auch für soziales Engagement ist. Beide Seiten formulieren ihre Positionen im Rahmen historischer Erzählungen und beanspruchen, in der Nachfolge der frühen Heilsarmee zu stehen.

Es zeigt sich aber auch, dass unterschiedliche Positionen zu den Kernfragen nicht notwendiger Weise auf Konflikte hinauslaufen müssen und Zusammenarbeit unmöglich machen. Innerhalb des Vereins kommt es trotz der unterschiedlichen Auffassungen davon, was Kern von Religion und wer die Zielgruppe der Heilsarmee zu sein hat, nicht zu Spaltungen oder gegenseitigen Verwerfungen. Die Position des Präsidenten ist zweifellos sehr dominant. Er schreibt die Texte für die Webseite und richtet sich auch an Zielgruppen außerhalb des Vereins. Überdies nehmen Texte, die seinen Standpunkt vertreten, großen Raum im Vereinsmagazin ein, während abweichende Positionen sich bestenfalls erahnen lassen. Dennoch bestehen im Verein unterschiedliche Sichtweisen fort und werden auch geäußert. Entscheidend ist für alle Beteiligten offenbar das Verfolgen gemeinsamer Ziele.

15. Die globale Debatte um Heilsarmee-Identität

Im vorausgegangenen Kapitel ist deutlich geworden, dass alle Mitglieder der RSSNA darin übereinstimmen, dass sich die Heilsarmee in einer Krise befindet, die sie durch Rückbesinnung auf den wahren Kern ihrer Identität überwinden muss. Dieser wird allerdings ausgesprochen unterschiedlich bestimmt. Im folgenden Kapitel wird sich zeigen, dass keineswegs nur die RSSNA der Auffassung ist, die Heilsarmee durchlebe eine (Identitäts-)Krise. Vielmehr diagnostizierten verschiedene Heilsarmee-Mitglieder und auch hochrangige Führungsfiguren zu unterschiedlichen Zeitpunkten eine solche. Dabei setzt sich fort, was schon in der RSSNA zu beobachten war: Zwar fordern alle, die eine Krise diagnostizieren, als Voraussetzung für deren Bewältigung die Rückbesinnung und Re-Fokussierung auf Kerncharakteristika und Gründungsprinzipien. Ihre Auffassungen davon, was die Krise auslöste, worin diese bestehe und wie diese zu lösen sei, unterscheiden sich jedoch erheblich. Auch in diesen Zusammenhängen wird dabei immer wieder schwerpunktmäßig über das Verhältnis von spirituellen und sozialen Aspekten diskutiert.

Die in den folgenden Abschnitten untersuchten Debatten zeigen, dass in der Heilsarmee-Leitung im späten 20. Jahrhundert Positionen dominant waren, die die Identität der Organisation zentral über Spiritualität bestimmten, sozialem Engagement hingegen kaum eine eigenständige theologische Relevanz zugestanden. Diese Schwerpunkte sind mit Bestreben der Heilsarmee zu erklären, sich in Netzwerke des globalen Evangelikalismus einzufügen. Dabei ist auch das komplexe und spannungsvolle Verhältnis der Heilsarmee zur ökumenischen Bewegung und insbesondere zum Ökumenischen Rat der Kirchen (ÖRK) von entscheidender Bedeutung.

Es zeigt sich jedoch auch, dass sich in der heutigen Heilsarmee, die inzwischen zweifelsfrei als Teil des weltweiten Evangelikalismus gilt und gut in entsprechenden Netzwerken präsent ist, Stimmen mehren, die wieder stärker nach dem eigenen Profil der Organisation innerhalb des Evangelikalismus fragen und dabei auch Unterschiede und eigene Spezifika zur Sprache bringen. In diesem Zusammenhang wird häufig auch eine neue Perspektive auf Spiritualität gefordert und wieder stärker nach der Bedeutung sozialer und gesellschaftlicher Herausforderungen für christliche Identität gefragt.

15.1. Die Heilsarmee zwischen ökumenischer Bewegung und globalem Evangelikalismus

15.1.1. Der Austritt der Heilsarmee aus dem Ökumenischen Rat der Kirchen

Im Jahr 1981 trat die Heilsarmee aus dem ÖRK aus, nachdem sie ihre Mitgliedschaft bereits drei Jahre hatte ruhen lassen. Der für den Austritt verantwortliche General Arnold Brown begründete seine Entscheidung mit der seiner Auffassung nach bestehenden „politischen" Ausrichtung des ÖRK, die im Gegensatz zum ausdrücklich unpolitischen Charakter der Heilsarmee stünde.[337] Ob dies tatsächlich der ausschlaggebende Grund für diesen Schritt gewesen ist, ist umstritten. Die Publikationen, die ein umfassendes Bild der Beziehungen von Heilsarmee und ÖRK in den Jahren vor dem Austritt zeichnen, bieten zwar eine ähnliche Aufzählung von Faktoren, die eine Rolle gespielt haben, gewichten diese jedoch unterschiedlich. Entscheidend sind hierbei vor allem die Studie „Christian Warfare in Rhodesia-Zimbabwe"[338] des Historikers Norman Murdoch und die Autobiografie von Harry Williams[339]. Williams, dessen 1980 veröffentlichte Biografie Booth-Tuckers im Rahmen dieser Arbeit bereits untersucht wurde[340], hatte bis 1970 als Arzt und schließlich als Territorialleiter in Südindien gewirkt. 1975 übernahm er dann die Leitung der Heilsarmee-Delegation im ÖRK und blieb dort auch noch nach 1978 präsent. Diese Werke nennen drei Problematiken, die das Verhältnis der Heilsarmee zum ÖRK in den Jahren vor ihrem Austritt belasteten: Erstens die Frage nach der Bedeutung sakramentaler Praxis. Zweitens die Kritik der Heilsarmee am „Program to Combat Racism" (PCR) des ÖRK, dessen Praxis bei der Vergabe von Fördergeldern und inbesondere dessen Förderung von Gruppen aus der nationalen Bewegung im heutigen Zimbabwe, das damals noch

---

[337] Murdoch 2015, 164.
[338] Murdoch 2015.
[339] Williams 1990.
[340] Vgl. Kapitel 13 dieser Arbeit.

Rhodesia genannt wurde. Drittens die Auseinandersetzung um die nach Auffassung der Heilsarmee im ÖRK auf problematische Weise dominierende Theologie des Sozialen Evangeliums („social gospel").

Die Frage nach dem Stellenwert der Sakramente habe sich, so berichtet Williams, für die Heilsarmee als ÖRK-Mitglied besonders akut im Vorfeld der Versammlung des ÖRK 1975 in Nairobi gestellt, bei der Williams erstmals die Heilsarmee-Abordnung leitete. Im Zuge dieser Versammlung sollte die Satzung des ÖRK dahingehend verändert werden, dass die Gemeinschaft der in ihr versammelten Kirchen als eine eucharistische beschrieben wurde. Diese Ergänzung sei zwar für die überwiegende Mehrheit der Mitgliedskirchen völlig unproblematisch gewesen, habe aber die Vertretungen der Quäker und der Heilsarmee, die beide auf sakramentale Praxis verzichteten, vor grundlegende Frage gestellt. Von diesbezüglichen Debatten in der Heilsarmee oder von Gesprächen im Kontext des ÖRK berichtet Williams jedoch nichts Näheres.[341] Murdoch erwähnt in seiner Studie, dass die Frage nach dem Umgang mit der vorgeschlagenen Satzungsänderung 1975 im Rahmen eines Treffens des damaligen Heilsarmee-Generals mit vierzig hochrangigen internationalen Führungskräften besprochen wurde, bei dem mehrere aktuelle Fragen bezüglich der Haltung der Heilsarmee zum ÖRK auf der Agenda standen. Auch Murdoch bietet diesbezüglich keine ausführlicheren Informationen.[342] Murdoch wie Williams sind also offenbar der Auffassung, dass die Frage nach sakramentaler Praxis zwar dazu beitrug, dass das Verhältnis von Heilsarmee und ÖRK zunehmend angespannt wurde, betrachten diese Problematik jedoch nicht als entscheidenden Anlass für den Austritt.

Wesentlich ausführlicher als die Frage der Sakramente bespricht Murdoch die Kritik der Heilsarmee am Engagement des ÖRK in Rhodesia, die ebenfalls bereits im Rahmen des Treffens von 1975 artikuliert wurde. Die dort Versammelten beschlossen Murdoch zufolge, das ihrer Ansicht nach bestehende politische Engagement des ÖRK in Rhodesia abzulehnen und überdies ihre Kritik daran zu äußern, dass dieser den Einsatz von Gewalt im Kampf gegen Rassismus akzeptiere.[343] Diese Kritik der Heilsarmee bezog sich Murdoch zu Folge auf das vom ÖRK 1969 etablierte Program to Combat Racism, in dessen Rahmen Fördergelder an Gruppen vergeben wurden, die gegen Rassismus kämpften. Zu diesen gehörten auch Guerilla Organisationen, die in Rhodesia gegen die weiße Minderheitsregierung kämften, wie etwa die Zimbabwe African National Union (ZANU) und die Zimbabwe African People's Union (ZAPU).[344] Murdoch zu Folge trat die regionale Heilsarmee 1970 aus Protest aus dem Rhodesia Council of Churches aus, das die Vergabe von PCR-Fördergeldern an ZANU und

---

[341] Williams 1990, 132–133.
[342] Murdoch 2015, 145.
[343] Murdoch 2015, 144–145.
[344] Murdoch 2015, 143.

ZAPU gebilligt hatte. Schon in diesem Zusammenhang hätten einflussreiche Stimmen insbesondere aus der US-amerikanischen Heilsarmee den Austritt aus dem ÖRK gefordert, so habe etwa ein Territorialleiter aus den USA scharfe Kritik am ÖRK geäußert, der „christlichen Terror“ ausübe.[345] In den Folgejahren hätte sich der Druck der in der Heilsarmee besonders einflussreichen US-amerikanischen Führungskräfte verstärkt, die den Austritt aus dem ÖRK forderten, dem sie schon seit den ab 1961 erfolgten Beitritten mehrerer orthodoxer Kirchen aus dem Ostblock eine kommunistische Gesinnung vorwarfen.[346] Die beiden kanadischen Generäle Clarence Wiseman (amtierend 1974-77) und Arnold Brown (1977-81), hätten sich dem Druck zunächst widersetzt, bis die Situation 1978 eskalierte.

Am siebten Juni dieses Jahres wurden zwei Lehrerinnen des Usher Instituts, einer Heilsarmee-Schule in Rhodesia, von afrikanischen Angreifern erschossen, mehrere weitere Lehrkräfte wurden verletzt. Die Heilsarmee beschrieb die Angreifer als „Terroristen“ und pries die beiden getöteten Offizierinnen, Diane Thompson und Sharon Swindells, als moderne Märtyrerinnen[347] und bereitete ihnen ein aufwendiges Begräbnis. Zuständig für den Gottesdienst am Sonntag nach den Morden und die Begleitung der zur Beerdigung angereisten Eltern der Offizierinnen war der spätere General Shaw Clifton, damals Korps-Offizier der Heilsarmee-Gemeinde nahe der Schule.[348] Der Angriff wurde der Zimbabwe People's Revolutionary Army (ZIRPA) unter Joshua Nkomo zugeschrieben, obgleich es, so Murdoch, keinesfalls unbezweifelbar war, dass diese überhaupt dafür verantwortlich war. Die Behauptung sei, so Murdoch von der Polizei und von der weißen Minderheitsregierung wohlgesonnenen Medien verbreitet worden, ohne dass afrikanische Augenzeugen, Lehrkräfte am Institut, die wie ihre beiden getöteten weißen Kolleginnen von den Angreifern bedroht worden waren, die Attacke aber überlebten, überhaupt befragt worden wären. Für Murdoch ist es mindestens ebenso wahrscheinlich, dass die Angriffe von den so genannten „Selous Scouts“ verübt worden waren, einer Gruppe unter der Kontrolle des weißen rhodesischen Premierministers Ian Smith. Afrikanische Nationalisten vertraten diese Darstellung.[349] Die Heilsarmee hielt jedoch an der Deutung fest, bei den Angreifern habe es sich um Freiheitskämpfer gehandelt. Als der ÖRK nur drei Monate nach den Tötungen am Usher Institut PCR-Fördergelder an die Patriotic Front unter Nkomo und Mugabe vergab, stieg der Druck auf Heilsarmee-General Brown so erheblich, dass dieser die Mitgliedschaft der Heilsarmee im ÖRK aussetzte.[350] Murdoch zufolge sah es trotz der Vorfälle und der harschen Kritik

345 Murdoch 2015, 144–145.
346 Murdoch 2015, 147.163.
347 Vgl. z.B. Gariepy 2009, 230.
348 Gariepy 2009, 231.
349 Murdoch 2015, 152–153.
350 Murdoch 2015, 163.

der Heilsarmee am ÖRK zunächst so aus, als würde die Heilsarmee ihre Mitgliedschaft wieder aufnehmen. Dafür habe sich etwa auch die spätere Generalin Eva Burrows ausgesprochen, die einige Jahre vor den Tötungen ebenfalls am Usher Institute gelehrt hatte. Auch Williams habe vor den Konsequenzen eines Austritts gewarnt. Dieser wurde aber schließlich dennoch vollzogen.

Williams erwähnt in dem Kapitel seiner Autobiografie, das dem ÖRK gewidmet ist, die Rhodesia-Problematik nur kurz und die Tötungen am Usher Institute überhaupt nicht.[351] Auch über Fragen des antikolonialen Widerstands und nationaler Bewegungen im Allgemeinen, die für das Christentumsverständnis des ÖRK von größter Bedeutung waren, äußert sich Williams kaum. Im Kontext seines Berichts über die Aufspaltung des Territoriums Südindien, dessen Teilung er als letzter nicht-indischer Territorialleiter zu organisieren hatte, äußert er sich jedoch ausgesprochen kritisch über die südindischen regionalen Nationalismen, die aus seiner Sicht für die Spaltung verantwortlich waren. Er versteht sie ebenso wie die kastenbasierten Identitäten, die im Rahmen Emanzipationsbestrebungen der untersten Kastengemeinschaften artikuliert wurden, als zerstörerische Kräfte.[352] Sympathien für Bewegungen, die nationale bzw. regionale Identitäten formulierten, hegte der oberste ÖRK-Repräsentant der Heilsarmee also offenbar nicht. Bei seiner Darstellung des Konflikts zwischen ÖRK und Heilsarmee, der schließlich zum Austritt führte, steht jedoch die dritte Problematik, die Auseinandersetzung um das rechte Verständnis des Christentums und die Kritik der Heilsarmee an im ÖRK verbreiteten Theologien des Sozialen Evangeliums.

15.1.2. Die Debatte um Theologien des Sozialen Evangeliums im Kontext des ÖRK-Austritts der Heilsarmee

Der entscheidende Dissens zwischen Williams und Murdoch besteht in der Frage, was der eigentlichen Auslöser für den ÖRK-Austritt gewesen sei. Murdochs Auffassung nach waren die Tötungen am Usher Institute der eigentliche Auslöser. General Brown sei es jedoch ein entscheidendes Anliegen gewesen, diesen Zusammenhang zu verschleiern, den viele zeitgenössische Stimmen für völlig evident gehalten hätten. Aus diesem Grund habe er seine Entscheidung mit der Unvereinbarkeit des unpolitischen Charakters der Heilsarmee mit den „politischen" Aktivitäten des ÖRK begründet.[353] Auch Williams stellt die Debatte um das rechte Verständnis des Christentums und die Kritik an Theologien des Sozialen Evangeliums bzw. befreiungstheologischen Ansätzen, die seiner Auffassung nach politisches

[351] Williams 1990, 133.
[352] Williams 1990, 85.
[353] Murdoch 2015, 164.

Engagement zur zentralen christlichen Pflicht erklärten, ins Zentrum seiner Darstellung. Murdoch zufolge hatte Williams diesbezüglich schon in den Jahren vor dem ÖRK-Austritt einen deutlichen Standpunkt vertreten. 1975 fanden in der Heilsarmee interne Beratungen über die Zusammenarbeit mit dem ÖRK statt. Schon in ihrem Rahmen habe Williams seiner Überzeugung Ausdruck verliehen, dass es der Auftrag der Heilsarmee sei, Individuen aus der Sünde zu retten, nicht Nationen aus dem Imperialismus, wie es offenbar der ÖRK auffasse.[354] In diesem Sinne habe er sich auch bei der ÖRK-Versammlung von 1976 geäußert. Es sei die zentrale christliche Verantwortung, Menschen als Individuen zu helfen, Jesus Christus als Retter anzuerkennen. Politisches Engagement habe demgegenüber als zweitrangig zu gelten und Gewalt sei grundsätzlich inakzeptabel.

In seiner Autobiografie argumentiert Williams sehr ähnlich. William Booth habe sich zwar für die Armen starkgemacht und viel Wert auf soziale Unterstützung gelegt, dies sei aber im Sinne und zur Ermöglichung der christlichen Verkündigung geschehen. Im Sinne seines Engagements für die Armen habe Booth mit ganz unterschiedlichen politischen Führungskräften und Regierungen zusammengearbeitet, mit kommunistischen ebenso wie mit kapitalistischen, mit kolonialen ebenso wie mit denen von kolonialer Herrschaft unabhängig gewordener Länder. Unter wechselnden Regierungen sei er seinem eigenen Programm treu geblieben. Auch er selbst habe in verschiedenen Ländern in diesem Sinne für die Armen gearbeitet. Der ÖRK jedoch verstünde Einsatz für die Armen auf ganz andere und hochproblematische Weise:

„In den Debatten des Ökumenischen Rates der Kirchen stellte ich dann fest, dass all dies überholt war. Der Schwerpunkt der christlichen Lehre erforderte eine Revolution, die ändern sollte, was in den menschlichen Angelegenheiten falsch oder ungerecht ist. Ich lernte, dass es meine christliche Pflicht sei, die Armen und Unterdrückten aufzurütteln, damit sie ihre Rechte einfordern, ihnen alle Tricks der politischen Druckausübung beizubringen, bis sie einen Platz an der Sonne gefunden hätten. Die Bibel wurde für mich neu interpretiert, bis das Wort 'Erlösung' politische und soziologische Befreiung bedeutete.“[355]

Im Kontext seiner Erfahrungen im ÖRK, so Williams, sei es für ihn erforderlich gewesen, sein Verständnis der biblischen Botschaft, das von der Mehrheit derjenigen, die Posten in der Heilsarmee bekleideten, geteilt würde, einer Prüfung zu unterziehen. Dabei habe er sich insbesondere auf die Evangelien gestützt und sei zu dem Ergebnis gekommen, dass seine bisherigen Auffassungen von Sünden und vom christlichen Auftrag der Schrift entsprächen. Überdies sei auch Heilsarmee-Gründer Booth kein Sympathisant befreiungstheologischer Ansätze gewesen.[356] Diskussionen

---

[354] Murdoch 2015, 147.
[355] Williams 1990, 135.
[356] Williams 1990, 136–137.

über säkulare Problematiken könnten und sollten durchaus in kirchlichen Kontexten stattfinden, seien aber nicht als direkter Bestandteil von Gottesdienst anzusehen und dürften die Einheit der christlichen Geschwisterschaft, innerhalb derer sehr unterschiedliche Positionen zu säkularen Fragen vertreten würden, nicht gefährden. Zudem sei anzuerkennen, dass spirituelle Konversion schon an sich einen revolutionären Charakter habe.[357] Murdoch berichtet auch über weitere Stimmen in der Debatte über das Verhältnis von Sozialem Evangelium und einer auf Konversion gegründeten Theologie. Er zitiert in diesem Zusammenhang den damaligen Herausgeber der US-amerikanischen Ausgabe des War Cry, der sich gegen eine einseitige Gleichsetzung von Ökumenischer Bewegung und Sozialem Evangelium einerseits und Evangelikalismus und einem theologischen Schwerpunkt auf Bekehrung andererseits äußerte und sich für einen Verbleib der Heilsarmee im ÖRK aussprach, damit die Stimmen evangelikaler christlicher Gruppen in der Versammlung hörbar blieben.[358]

Die Heilsarmee versteht sich zu diesem Zeitpunkt also bereits ausdrücklich als evangelikale Stimme innerhalb des ÖRK. Zudem sind offenbar schon Positionen weit verbreitet, die eine Abgrenzung zwischen ÖRK und evangelikaler Bewegung formulieren und diese an verschiedenen theologischen Haltungen und Schwerpunktsetzungen festmachen. Der ÖRK wird dabei über Theologien des Sozialen Evangeliums charakterisiert, dem Evangelikalismus wird ein Schwerpunkt auf spirituelle Konversion zugeschrieben. Obgleich diese Zuweisungen, wie oben dargestellt, keineswegs unkritisiert blieben, sollten sie für die Debatten um Heilsarmee-Identität in den folgenden Jahren sehr entscheidend sein.

15.1.3. Soziale Religion zwischen ÖRK und Lausanner Bewegung

Dass die oben dargestellten Abgrenzungen in der Heilsarmee verbreitet waren und diese ihre Kritik am ÖRK als dezidiert evangelikale verstand, ist umso plausibler, als wichtige Stimmen im globalen Evangelikalismus ein ähnliches Gegenüber zur ökumenischen Bewegung beschrieben. So war für die Gründung der Lausanner Bewegung, an die die Heilsarmee in den Jahren nach ihrem ÖRK-Austritt verstärkt Anschluss suchte, gerade die Kritik am ÖRK entscheidend.

Der Lausanner Kongress für Weltevangelisation, den verschiedene evangelikale Gruppen und Netzwerke 1974 gemeinsam einberiefen, verstand sich als Antwort auf die achte Weltmissionskonferenz des ÖRK, die 1973 in Bangkok abgehalten worden war. Diese Konferenz war entscheidend von befreiungstheologischen Ansätzen geprägt gewesen. Diese betonten die kontextuelle Prägung theologischer Begriffe, auch und gerade dem des

[357] Williams 1990, 138.
[358] Murdoch 2015, 148.

Heils. Überdies trug sie an christliche Theologie die Anforderungen heran, ausdrücklich Partei für die Unterdrückten zu ergreifen und in diesem Sinne auch politisch Stellung zu beziehen und aktiv zu werden.[359] Die Lausanner Konferenz betonte demgegenüber die Universalität von Heil und das Primat von Evangelisation gegenüber sozialem und politischem Engagement.[360] Es war ihr ein entscheidendes Anliegen, die Notwendigkeit von Evangelisation als Verkündigung Jesu Christi als Erlöser, die durch persönliche Bekehrung beantwortet werden müsse, hervorzuheben.[361]

Das so aufgefasste Gegenüber von Evangelikalismus und Ökumenischer Bewegung zeigt sich auch deutlich in der von der Lausanner Bewegung 1982, also ein Jahr nach dem ÖRK-Austritt der Heilsarmee, herausgegebenen Schrift „Evangelism and Social Responsibility: An Evangelical Commitment“[362]. Im Vorwort wird die große Zurückhaltung und Skepsis reflektiert, mit denen in evangelikalen Kreisen die Frage nach sozialen Themen und Aktivitäten aufgenommen wird. Diese Haltung wird auf evangelikale Kritik am ÖRK zurückgeführt.

„Es ist daher nicht verwunderlich, dass immer dann, wenn sich Evangelikale mit sozialen Fragen befassen, die Augenbrauen hochgezogen werden und die Frage gestellt wird, ob nicht gerade die Sache des Evangeliums verraten wird.

Die Geschichte der ökumenischen Bewegung hat leider das Misstrauen der Evangelikalen gegenüber sozialem Engagement verstärkt. Die moderne Ökumene entstand im missionarischen Enthusiasmus - ja sogar in der Euphorie - der Weltmissionskonferenz 1910 in Edinburgh. (...) Seit diesem Höhepunkt des Engagements für die Evangelisation der Welt scheint es jedoch zu einem stetigen Niedergang gekommen zu sein. Die Einberufung der beiden Kongresse über Weltevangelisation in Berlin 1966 und in Lausanne 1974 durch Evangelikale muss leider zumindest teilweise als Zeichen des Vertrauensverlusts gegenüber dem Ökumenischen Rat der Kirchen verstanden werden. Allerdings haben Führungsgestalten des Ökumenischen Rates auch zu Recht viele von uns Evangelikalen für unseren Mangel an sozialen Anliegen kritisiert.

Diese Polarisierung wurde besonders deutlich, als im Mai 1980 in Melbourne die Konferenz ‘Dein Reich komme’ (gesponsert von der ÖRK-Kommission für Weltmission und Evangelisation) und im folgenden Monat in Pattaya, Thailand die Konsultation ‘How Shall They Hear?’ (unter der Schirmherrschaft des Lausanner Komitees) stattfanden. Keine der beiden Gruppen hatte beabsichtigt, dass die Treffen sich auf diese Weise gegenüberstehen sollten, obwohl dies vielleicht dazu diente, die anhaltenden Spannungen hervorzuheben. (...) In Melbourne wurde die Notwendigkeit der Verkündigung klar erkannt, aber die Schreie der Armen, der Hungernden und der Unterdrückten überwogen. In Pattaya wurden auch die Schreie der Bedürftigen gehört (eine kleine Konsultation konzentrierte sich auf Flüchtlinge und eine andere auf die Armen in der Stadt), aber der Ruf, den nicht evangelisierten Menschen das Evangelium zu verkünden, überwog.

---

359 Wrogemann 2013, 126.

360 Wrogemann 2013, 131.

361 Wrogemann 2013, 129.

362 https://lausanne.org/content/lop/lop-21 (zuletzt abgerufen am 17.04.2021).

Dies also war die Vorgeschichte der Konsultation über die Beziehung zwischen Evangelisation und sozialer Verantwortung, die im Juni 1982 in Grand Rapids stattfand.“[363]

Verbunden mit der Kritik am ÖRK nimmt das Papier auch zur Theologie des Sozialen Evangeliums und zur Frage nach dem Verhältnis bzw. der Hierarchisierung von Evangelisation und sozialem Engagement Stellung. Es kritisiert dabei die Idee des Sozialen Evangeliums als Häresie, betont aber dennoch die Möglichkeit und Notwendigkeit christlichen sozialen Engagements, dabei wird am Primat von Evangelisation festgehalten:

„Aber Ende des 19. und Anfang des 20. Jahrhunderts wurde das so genannte „soziale Evangelium“ von theologischen Liberalen entwickelt. Einige von ihnen verwechselten das Reich Gottes mit der christlichen Zivilisation im Allgemeinen und mit sozialer Demokratie im Besonderen, und sie bildeten sich ein, dass sie mit ihren Sozialprogrammen das Reich Gottes auf Erden errichten könnten. Es scheint eine Überreaktion auf diese schwerwiegende Verzerrung des Evangeliums gewesen zu sein, dass viele Evangelikale dem sozialen Engagement gegenüber misstrauisch wurden. Und jetzt, da die Evangelikalen zu einer sozialen Überzeugung zurückfinden und unser evangelikales soziales Erbe wiederentdecken, ist es verständlich, dass einige unserer Brüder und Schwestern uns mit Argwohn betrachten und uns verdächtigen, in die alte Irrlehre des Sozialen Evangeliums zurückzufallen. Aber das verantwortliche soziale Handeln, das uns das biblische Evangelium auferlegt, und das liberale ‘soziale Evangelium’, das eine Pervertierung des wahren Evangeliums war, sind zwei völlig verschiedene Dinge.“[364]

„Das bringt uns zu der Frage, ob die Partnerschaft zwischen Evangelisation und sozialer Verantwortung gleichwertig oder ungleichwertig ist, d.h. ob sie von gleicher Bedeutung sind oder ob die eine der anderen vorgeht. (...) Erstens hat die Evangelisation einen gewissen Vorrang. Wir sprechen hier nicht von einer unveränderlichen zeitlichen Priorität, denn in manchen Situationen hat der soziale Dienst Vorrang, sondern von einer logischen. Die schlichte Existenz christlicher sozialen Verantwortung setzt sozial verantwortliche Christen voraus, und nur durch Evangelisation und Jüngerschaft können sie zu solchen werden. Wenn die soziale Tätigkeit eine Folge und ein Ziel der Evangelisation ist (wie wir es geltend gemacht haben), dann muss die Evangelisation ihr vorausgehen. Darüber hinaus wird der soziale Fortschritt in einigen Ländern durch die vorherrschende religiöse Kultur behindert; nur die Evangelisation kann dies ändern. Zweitens geht es bei der Evangelisation um das ewige Schicksal der Menschen, und wenn Christinnen und Christen ihnen die Frohe Botschaft des Heils bringen, tun sie etwas, was sonst niemand tun kann. Selten, wenn überhaupt jemals, sollten wir zwischen der Befriedigung des körperlichen und des geistlichen Hungers oder zwischen der Heilung des Körpers und der Rettung der Seele zu wählen haben, denn eine echte Liebe zu unserem Nächsten wird uns dazu bringen, ihm oder ihr als ganzer Person zu dienen. Wenn wir jedoch wählen müssen, dann müssen wir sagen, dass das höchste und letzte Bedürfnis der gesamten Menschheit die rettende Gnade Jesu Christi ist

[363] https://lausanne.org/content/lop/lop-21 (zuletzt abgerufen am 17.04.2021).
[364] https://lausanne.org/content/lop/lop-21 (zuletzt abgerufen am 17.04.2021).

und dass daher das ewige, geistliche Heil eines Menschen von größerer Bedeutung ist als sein zeitliches und materielles Wohlergehen.“[365]

Wie kam es nun aber, dass die Heilsarmee, eine Gruppe, die lange zur Ökumenischen Bewegung gehört hatte und gerade für ihr soziales Engagement bekannt war, Anschluss an die Lausanner Bewegung fand? Entscheidend dürfte dabei gewesen sein, dass in der Bewegung, trotz ihrer wiederholten Abgrenzung vom ÖRK und von Theologien des Sozialen Evangeliums die Fragen nach der Bedeutung sozialen Handelns für christliches Selbstverständnis und nach dem Verhältnis von Evangelisation und sozialem Engagement ebenfalls höchst kontrovers debattiert wurden. Schon am Lausanner Kongress 1974 hatten auch Evangelikale teilgenommen, die befreiungstheologischen Ansätzen nahestanden, wie etwa Samuel Escobar und René Padilla. Beide forderten, Mission und Evangelisation müsse das menschliche Streben nach Befreiung aus Unterdrückung zur Kenntnis nehmen und ausdrücklich einbeziehen.[366] Zum ersten Treffen des Lausanne Committee for World Evangelisation 1975 in Mexiko-Stadt wurden Escobar und Padilla jedoch nicht eingeladen. Zudem kam es hier im Kontext der Frage nach der Bedeutung sozialen Engagements zum Konflikt zwischen zwei wichtigen Führungspersonen, Billy Graham und John Stott. Graham äußerte die Empfehlung, die Bewegung solle sich strikt auf Mission und Evangelisation beschränken.[367] Beim Kongress für Weltevangelisation 1980 in Pattaya kam es dann zu einem Sondervotum, das von etwa einem Drittel der Teilnehmenden unterzeichnet wurde und stärkere Aufmerksamkeit der Lausanner Bewegung für soziale und politische Fragen forderte.[368] Obgleich das Lausanner Komitee die geforderte Einberufung eines Kongresses zu sozialer Verantwortung ablehnte, wurde in den Folgejahren auch in der Lausanner Bewegung intensiv über die Verhältnisbestimmung von Verkündigung und sozialem Engagement diskutiert und es wurden verschiedene Standpunkte vertreten. So formulierte etwa Billy Graham eine Position, die ein konsekutives Verhältnis beschrieb und soziales Engagement als Folge von Evangelisation und Bekehrung, als Tat des durch Christus erneuerten Menschen beschrieb.[369] In diesem Sinne war soziales Engagement zwar eine wichtige christliche Handlung, blieb aber ganz auf individuelle Konversion und Gottesbeziehung angewiesen, die ihr vorausgehen musste. Diese Position, das wird sich im folgenden Abschnitt zeigen, wurde in den folgenden Jahren auch von einflussreichen Stimmen in der Heilsarmee vertreten. Offenbar standen Führungskräfte der Heilsarmee in den 80er Jahren in engem Kontakt zu Graham. So traf etwa Paul Rader, der 1994 General wurde, 1989 mit ihm zusammen, als er zwei Tage

[365] https://lausanne.org/content/lop/lop-21 (zuletzt abgerufen am 17.04.2021).
[366] Suarsana 2017, 101.
[367] Suarsana 2017, 102.
[368] Wrogemann 2013, 137–138.
[369] Wrogemann 2013, 138–139.

lang eine Hilfstruppe der Heilsarmee für Opfer eines Erdbebens in Kalifornien begleitete. Graham trug zu diesem Anlass eine Heilsarmee-Uniform und spendete im Anschluss an seinen Besuch eine erhebliche Summe für den Einsatz der Heilsarmee im Katastrophengebiet.[370] Auch die von 1986-93 amtierende Generalin Eva Burrows stand offenbar in enger Verbindung mit Graham[371], der später das Vorwort zu ihrer Biografie schreiben sollte[372]. Es liegt nahe, dass diese Kontakte zu Graham der Heilsarmee den Anschluss an die Lausanner Bewegung und damit an eins der wichtigsten Netzwerke des globalen Evangelikalismus, erheblich erleichterten, während sie gleichzeitig Grahams Position in der Debatte um die Verhältnisbestimmung von Evangelisation und sozialem Engagement stützte. Ein weiterer Faktor, der die wachsende Nähe zwischen Heilsarmee und Evangelikalismus beförderte, dürften auch die konservativen familienethischen Positionen der Heilsarmee gewesen sein, die diese äußerte und auch im Rahmen gesellschaftspolitischer Debatten vertrat. Der spätere General Shaw Clifton bietet in seiner Monografie "Who are these Salvationists? An Analysis for the 21st Century" eine ganze Liste solcher Themen, zu denen die Heilsarmee Stellung bezog.[373] Obwohl Clifton, wie sich im folgenden Abschnitt zeigen wird, entschieden vor der Überbewertung sozialen Engagements warnt, heißt er „soziale Aktion" im Sinne der Beteiligung an diesen Debatten ausdrücklich gut. Er berichtet überdies gleich zu Beginn seines Werks von einer Begegnung, die er am Ende seines Dienstes als Leiter der Division Massachusetts 1997 mit dem Erzbischof von Boston hatte. Dieser drückte seine Wertschätzung für die Heilsarmee aus und würdigte dabei ausdrücklich den Einsatz der Heilsarmee gegen Abtreibung.[374] Eine gesellschaftspolitische Debatte, an der sich auch viele evangelikale Gruppierungen beteiligten.

Entscheidend dürfte jedoch vor allem gewesen sein, dass die Heilsarmee in den 80er Jahren in verschiedensten Verlautbarungen ausdrücklich als Teil des Evangelikalismus beschrieb. Die Anfang der 80er Jahre verfassten Werke zur indischen Missionsgeschichte waren tief von der Debatte um das theologische Selbstverständnis der Heilsarmee und ihr gespanntes Verhältnis zur ökumenischen Bewegung geprägt. Dies liegt insofern besonders nahe, als Williams' Booth-Tucker-Biografie, in der er ausführlich auch das Wirken der Heilsarmee in Indien beschrieb, 1980 erschien. Mithin in seinem letzten Jahr im ÖRK, an dessen theologischen Positionen sich die Heilsarmee zu dieser Zeit bereits scharfe Kritik übte. Die Debatten Theologien des Sozialen Evangeliums waren vermutlich ein entscheidender

---

[370] Gariepy 2009, 195–196.

[371] Vgl. z.B. https://www.eternitynews.com.au/archive/in-memory-of-eva-burrows-retired-general-of-the-salvation-army-of-australia/ (zuletzt abgerufen am 29.03.2021).

[372] Gariepy 1993.

[373] Clifton 1999, 161.

[374] Clifton 1999, 4.

Grund dafür, dass Williams das Gliederungsprinzip Booth-Tuckers wieder aufgriff. Auch seine Schrift trennte weitgehend zwischen regionaler Missionsgeschichte als Geschichte spiritueller Bekehrungen und der Darstellung des sozialen Engagements der Heilsarmee in Indien. Heilsarmee-Literatur über Indien, die zwischen den Werken Booth-Tuckers und Williams' erschien, wie etwa Catherine Bairds Biografie über William Stevens aus dem Jahr 1944[375] oder Rosalie Wheatons Darstellung des Lebens von Narayana Muthiah von 1960[376] hatten in ihrem Aufbau keine solche strikte Trennung sozialer und spiritueller Aspekte vorgenommen. Es liegt also nahe, dass es Williams vor dem Hintergrund der Debatten um evangelikale und ökumenische Identität darum ging, das Primat von Evangelisation gegenüber sozialem Engagement, das Konversionsmotiv als theologische Grundlage der Heilsarmee zu betonen. Er wollte das Selbstverständnis der Heilsarmee als ein evangelikales artikulieren und einer Lesart von Heilsarmee-Geschichte als Ausdruck des Sozialen Evangeliums vorbeugen.

Dieses Streben, die Heilsarmee in den Evangelikalismus einzuordnen, findet sich auch in weiteren Schriften aus den 80er Jahren. So erschien 1983 der Aufsatz „Conversion – A Salvationist Perspective“ von David Guy. Der Autor, damals Herausgeber der Heilsarmee-Zeitschrift „Officer“ und angehender Sekretär für Evangelisation des British Council of Churches, stellte darin die wesentliche theologische Bedeutung von Konversion als zentralem Charakteristikum des Evangelikalismus dar. Er argumentierte, die Heilsarmee stütze ihre gesamte Theologie auf die Wirklichkeit und Bedeutung der Konversionserfahrung.[377] Bereits dieser Aufsatz ordnet mithin die Heilsarmee auf der Grundlage eines dogmatischen Arguments in den Evangelikalismus ein. Der vier Jahre später erscheinende Artikel „Evangelical Sources of Salvation Army Doctrine“[378] Norman Murdochs vertritt dieselbe Zuordnung und begründet sie historisch. In seinem Aufsatz argumentiert er, das erste von William Booth formulierte Glaubensbekenntnis, die sieben, bzw. später auf elf ergänzten Lehrsätze der Christian Revival Association, aus der später die Heilsarmee werden sollte, seien entscheidend von der evangelikalen Bewegung geprägt. Hauptquelle und Vorbild für diesen Text seien die neun Lehrsätze der 1846 gegründeten Evangelical Alliance gewesen. In einer dem Artikel beigefügten Danksagung schreibt Murdoch, er sei zu Beginn der 1980er Jahre von einem Heilsarmee-Offizier zu Beschäftigung mit diesem Thema angeregt worden und habe dafür in den Londoner Archiven der Heilsarmee recherchiert.[379] Der Aufsatz entstand also offenbar auf Interesse von und in enger Zusammenarbeit mit Heilsarmee-Mitgliedern. Es ist in der Heilsarmee also

375 Baird 1944.
376 Wheaton 1960.
377 Guy 1983, 335.
378 Murdoch 1987.
379 Murdoch 1987, 235.

bereits seit den frühen 80er Jahren ein verstärktes Bestreben auszumachen, sich im Kontext des Evangelikalismus zu verstehen und sich entsprechend zu vernetzen.

15.2. Heilsarmee-Identität im Kontext des globalen Evangelikalismus

In den Jahren nach ihrem ÖRK-Austritt stärkte die Heilsarmee also ihr evangelikales Profil. Diese Bestrebungen führten schließlich zu Beitritten zu verschiedenen Netzwerken des globalen Evangelikalismus. Schon seit 1989 nahm sie an Zusammenkünften im Rahmen der Global Consultations on World Evangelization (GCOWE) teil.[380] In den 90er Jahren erfolgten dann Beitritte zu zwei weiteren wichtigen Zusammenschlüssen. 1997 wurde das Internationale Hauptquartier korporatives Mitglied des englischen Zweigs des Lausanne Committee for World Evangelization (LCWE), 1998 schloss sich die Heilsarmee als assoziiertes Mitglied der World Evangelical Alliance (WEA) an.

Weitere wichtige Weichenstellung für die Formulierung evangelikal verstandener Heilsarmee-Identität sind die 1996 von General Paul Rader einberufene International Spiritual Life Commission (ISLC), deren Ergebnisse im von Robert Street verfassten Bericht „Called to be God's People" erstmals 1999 veröffentlicht wurden, und die drei Jahre später erschienene Schrift „Who are these Salvationists? An Analysis for the 21st Century" von Shaw Clifton. Beide Werke stehen in sehr engem Zusammenhang. Clifton nahm 1996 an der ISLC teil und stützt seine Argumentation in „Who are these Salvationists?" immer wieder auf die Ergebnisse dieser Tagung.

Die ISLC diskutierte Fragen, die auch zum Zeitpunkt der Feldforschung im Kanyakumari-Distrikt noch diskutiert wurden und mit denen sehr unterschiedlich umgegangen wurde, wie schon das Gegenüber zwischen Reformgemeinde und dominanten Stimmen in der RSSNA zeigt. Auch die bei der ISLC Versammelten beschäftigten offenbar gerade die Fragen, ob die Heilsarmee als Kirche zu verstehen sei und ob sie die Spendung der Sakramente einführen solle. Die erste Frage wurde offenbar recht schnell beantwortet. Street zitiert zu Beginn seines Berichts aus der Eröffnungsrede General Raders, der sie ausdrücklich bejaht, indem er die Heilsarmee selbst als Kirche, aber auch als Teil der größeren Evangelikalen Kirche beschreibt:

„In den letzten Jahren haben wir aus verschiedenen Gründen begonnen, uns mehr mit unserer kirchlichen Identität auseinanderzusetzen – das heißt, mit der akzeptierten und öffentlich anerkannten Tatsache, dass wir die kirchliche Heimat für etwas mehr als zwei Millionen Menschen in der Welt sind. (...) Was sie über den

[380] Robinson 2017, 167.

Gottesdienst wissen, wissen sie aus ihrer Erfahrung in der Heilsarmee. Was sie über das Gebet wissen, haben sie in der Heilsarmee gelernt. Was sie über persönliche spirituelle Disziplin wissen, haben sie bei uns gelernt. Durch die Heilsarmee erfahren sie ihre Beziehung zur breiteren christlichen Gemeinschaft und sie bauen ihre Identität als rechtgläubige Christen innerhalb dieser Gemeinschaft auf. Kurz gesagt, es ist an der Zeit, dass wir die Fragen des inneren Lebens ernster nehmen. Das sind wir unseren Leuten schuldig. Es ist wichtig, den Motor des Engagements und der Leidenschaft am Laufen zu halten. Unsere Mission wird durch unsere Spiritualität angetrieben. Außerdem ist die evangelische Kirche und die Heilsarmee in ihr mehr denn je von mächtigen geistlichen Mächten bedrängt. Unsere Leute müssen gegen den Feind ihrer Seelen gewappnet sein.“[381]

Diesem Statement zu Folge ist es also der inzwischen anerkannte Charakter der Heilsarmee als Kirche, der es nötig macht, ihre Identität und insbesondere ihre Spiritualität neu zu bestimmen. Besonders ausführlich wurde dabei offenbar die Frage der sakramentalen Praxis diskutiert. Zu diesem Thema äußerte sich auch der damalige Oberst Shaw Clifton im Rahmen einer Präsentation, die in Auszügen in Streets Bericht veröffentlicht ist. Clifton fasste darin die Argumente zusammen, mit denen aus seiner Sicht für die Forderung nach Einführung der Sakramente meist verbunden wird, und weist sie zurück.[382] Die ISLC beschließt, es den Mitgliedern der Heilsarmee freizustellen, in anderen Kirchen die Sakramente zu empfangen. Sie ermuntert die Heilsarmee-Gemeinden, verschiedene Formen gemeinsamer Mahlfeiern auszuprobieren. Sie verweist zudem auf in der Heilsarmee bereits praktizierte Rituale, die bestimmte sakramentale Riten ersetzen könnten, namentlich die Vereidigungszeremonie („swearing in“), die die Taufe ersetze. Eine Einführung der Sakramente befürwortet die Kommission aber nicht. Die Heilsarmee wolle sich diesbezüglich ihre Freiheit bewahren.[383]

Gerade im Vergleich mit der ausführlichen Darstellung der Debatte um die Sakramente fällt auf, wie wenig Raum der ISLC-Bericht dem Aspekt des sozialen Engagements einräumt. Diesem Thema wird zudem offenbar kaum theologische Relevanz beigemessen. Sein für das Selbstverständnis der Heilsarmee grundlegender Charakter wird zwar an einigen Stellen in knapper Form zugestanden.[384] In den dreizehn „Calls“, in denen die zentralen Ergebnisse der Kommission zusammengefasst werden, wird das soziale Engagement ausführlich nur im Kontext des Kapitels „Call to our Life in the World“[385] behandelt. Sozialer Dienst ist für die ISLC also offenbar eine Tätigkeit der Heilsarmee im säkularen Raum, nicht aber eigentlicher Bestandteil von Heilsarmee-Theologie oder -Spiritualität. Dieses Thema

381 Street 2008, ix–x.
382 Street 2008, 117–126.
383 Street 2008, 36-38, 109, 132.
384 Vgl. z.B. Street 2008, 1,7.
385 Street 2008, 65–72.

ist mithin für die Frage nach Heilsarmee-Identität, die die ISLC über Spiritualität bestimmen wird, nicht die entscheidende.

Cliftons Schrift „Who are theses Salvationists?" votiert in allen entscheidenden Fragen sehr ähnlich wie Streets Bericht über die ISLC. Auch Clifton setzt sich, weit ausführlicher als Street, mit der Frage nach dem kirchlichen Charakter der Heilsarmee auseinander. Ihr widmet er gleich sein erstes Kapitel. Clifton stellt darin drei Möglichkeiten zur Bestimmung von Kirche vor: den theologischen, den soziologischen und den rechtlichen Zugang. Jeder dieser drei Ansätze laufe darauf hinaus, dass es sich bei der Heilsarmee um eine Kirche handele.[386] Der Autor gesteht ein, dass es nicht die Absicht von William Booth gewesen sei, eine neue Kirche oder Konfession zu gründen. Dies unterscheide ihn jedoch nicht wesentlich von anderen Gründungsgestalten, die dies in großer Mehrheit auch nicht gewollt hätten, deren Wirken aber ebenfalls darauf hinausgelaufen sei.[387] Clifton verweist zudem auf mehrere Heilsarmee-Schriften, insbesondere aus den USA, die die Heilsarmee als Kirche bezeichnen.[388] Überdies, so argumentiert er an anderer Stelle im Buch, seien die meisten Offizierinnen und Offiziere in seinem Umfeld ebenfalls der Ansicht, es handle sich bei der Heilsarmee um eine Kirche.[389] Durch die prominente Platzierung der Thematik in seinem Buch gesteht Clifton der Frage zwar ausgesprochen hohe Relevanz zu, als eine echte Streitfrage möchte er sie jedoch nicht verstanden wissen. Vielmehr liegt seiner Darstellung nach die Antwort eigentlich auf der Hand.

Ebenso augenfällig ist für Clifton die Zuordnung der Heilsarmee zum Evangelikalismus, die er im dritten Kapitel vornimmt. Die Heilsarmee, so argumentiert er, sei historisch im Evangelikalismus verwurzelt, teile seine theologischen Grundgedanken und wirke in den wichtigsten weltweiten Netzwerken mit. Er nennt überdies „Vier Große Prinzipien" des Evangelikalismus, die auch die zentralen Charakteristika der Heilsarmee seien: Die zentrale Stellung der Bibel, der Fokus auf Konversionserlebnisse, Kreuzestheologie und aktive Tätigkeit in der Welt[390], zu der auch sozialer Dienst gehöre.[391] Die Zugehörigkeit der Heilsarmee zum Evangelikalismus ist aus historischen, theologischen und organisatorischen Gründen für Clifton mithin unstrittig.

Als weit komplexer und strittiger stellt Clifton die Debatte um die sakramentale Praxis der Heilsarmee dar, der er den zweiten Teil seiner Schrift

[386] Clifton 1999, 12–16.

[387] Clifton 1999, 8.

[388] Clifton 1999, 10–12.

[389] Clifton 1999, 153.

[390] Clifton bezieht sich hier vermutlich auf die vier Charakteristika des Evangelikalismus nach David Bebbington, die auch die weiter unten zitierte Karen Shakespeare zur Charakteristik von Heilsarmee-Spiritualität und deren Einordnung in den Evangelikalismus heranzieht. Vgl. Bebbington 1995, 2. Shakespeare 2014, 99.

[391] Clifton 1999, 45.

widmet. Unter der Zwischenüberschrift „Pressure for Chance“ gibt er Stimmen aus der Heilsarmee wieder, die auf die Einführung der Sakramente dringen. Allerdings werde deren Position, so argumentiert er, zwar entschieden und gut wahrnehmbar vertreten, sei aber durchaus nicht mit derjenigen der Mehrheit in der Heilsarmee gleichzusetzen. Der Druck, der auf die Einführung der Sakramente hinwirke werde oft überbewertet.[392] Er ergebe sich häufig aus der Einschätzung, die Heilsarmee befinde sich in einer Krise. Clifton gesteht zwar ein, dass die Heilsarmee immer wieder mit Herausforderungen konfrontiert sei, stellt jedoch in Frage, ob diese wirklich durch das Fehlen der sakramentalen Praxis bedingt seien bzw. durch deren Einführung behoben werden könnten.[393] Er gibt dann entscheidende Punkte der Debatte in der ISLC wider und schließt sich deren Ergebnissen an.

Die Frage des sozialen Engagements wird bei Clifton ähnlich eingeordnet und auch ähnlich knapp behandelt wie schon bei Street. Lediglich im neunten Kapitel, das den Titel „The Secular World“ trägt, findet sich ein zweiseitiges Unterkapitel zu diesem Thema. Der Autor stellt fest, dass es meist gerade die sozialen Projekte gewesen seien, die im Zentrum der öffentlichen Aufmerksamkeit für die Heilsarmee gestanden hätten. Clifton kritisiert diese Zentralstellung der sozialen Thematik entschieden. Unter der Überschrift „A Common Mistake“ spricht er dann dem Sozialdienst die ihm häufig zugeschriebene Rolle als einer der zwei Säulen von Heilsarmee-Identität ab. Er tut dies zwar mit der Begründung, Evangelisation und soziales Engagement seien nicht voneinander zu trennen, bei der darauffolgenden näheren Beschreibung der Heilsarmee-Mission wird letzterem aber keine grundlegend motivierende Kraft für das Wirken der Heilsarmee zugeschrieben. Diese wird spirituell bestimmt.

„Der Sozialdienst nimmt in den Aktivitäten der Heilsarmee einen so herausragenden Platz ein und verschlingt einen so großen Teil unserer Zeit und Energie, dass manchmal auf übertriebene Weise von ihm gesprochen wird. Ein häufiger Fehler ist es wert, in dieser Analyse erwähnt zu werden, denn es handelt sich um einen besonders grundlegenden Fehler. Ich denke dabei an die Behauptung, die man manchmal hört – und zwar von Mitgliedern der Heilsarmee –, dass die Armee von Gott für eine zweifache Mission in der Welt geschaffen wurde: Für Evangelisation und Sozialdienst. Diese Behauptung ist falsch. Erstens verkennt sie, dass eine so klar definierte Trennlinie zwischen Evangelisation und sozialem Dienst nicht gezogen werden kann, denn in der Praxis überschneiden sich die beiden. Zweitens ist sie nur eine Beschreibung dessen, was wir tun, und trifft nicht den Kern dessen, was dem, was wir tun, Leben und geistliche Energie verleiht. Drittens, und das ist das Schlimmste, vernachlässigt sie die beiden motivierenden spirituellen Motoren, die alles antreiben, was das Beste am Salutismus ist. Ich spreche von Erlösung und Heiligung. Es ist wahr, wir haben eine doppelte Aufgabe. Wir sollen das

[392] Clifton 1999, 70.
[393] Clifton 1999, 70–71.

Evangelium von der Erlösung von den Sünden verkünden, und wir sollen unsere Lehre von der Heiligkeit lehren, predigen und in der Praxis des Alltags leben. Daher sollen unsere evangelistischen Aktivitäten unter den beiden Bannern 'Unser Gott rettet' und 'Unser Gott heiligt' stehen. Das gilt auch für alle unsere Programme der Sozialarbeit (...) Wenn dies konsequent geschieht (...), werden wir mit bestimmten unausweichlichen Ergebnissen konfrontiert."[394]

Sozialer Dienst ist demnach zwar eine Tätigkeit der Heilsarmee aber keine ihrer grundlegenden Motivationen. Sie hat, wie bereits die Abhandlung der Thematik im Kapitel „Die säkulare Welt" nahelegt, keine theologische Relevanz. Entscheidend für das soziale Engagement sei, so Clifton weiter, was in diesem Zusammenhang den Menschen gesagt werde. Der soziale Dienst der Heilsarmee müsse sich deutlich im Rahmen christlicher Verkündigung verstehen.[395] In diesem Sinne, so Clifton, habe er auch in seinen zwei Jahren als Leiter der Division Massachusetts agiert. Auf diesem Posten setzte er sich dafür ein, die Einstellungspolitik von Heilsarmee-Einrichtungen dahingehend umzugestalten, dass schwerpunktmäßig und bevorzugt christliches Personal angestellt würde. Damit habe er den christlich-missionarischen Charakter der Projekte betonen und stärken wollen.[396] Das soziale Engagement wird in Cliftons Werk weitgehend in Schweigen gehüllt. Wenn es doch erwähnt wird, wird es ganz von christlicher Verkündigung abhängig gedacht. Die Frage nach der Bedeutung des sozialen Dienstes ist für Clifton offenbar weder eine Auslöserin für die – an anderer Stelle auch von ihm konstatierte – Krise der Heilsarmee, noch stellt ein Neudenken dieser Thematik einen Ausweg daraus dar.

Am Ende des 20. Jahrhunderts wurde von prägenden Figuren in der Organisation also eine Heilsarmee-Identität formuliert, für die die folgenden Aspekte entscheidend waren: Die Beschreibung der Heilsarmee als Kirche, ihre Einordnung in den globalen Evangelikalismus und die zentrale Bedeutung von Spiritualität. Fragen des sozialen Engagements werden vergleichsweise sehr wenig thematisiert. Sie werden als Tätigkeit im säkularen Raum gedacht. Diese ist zwar von Spiritualität abhängig, da sie aus ihr ihre Motivation und Kraft zieht, wird aber selbst nicht als Aspekt von Spiritualität beschrieben und stellt für Clifton nicht einmal ein zentrales Merkmal der Heilsarmee dar. Das so beschriebene Selbstverständnis der Heilsarmee sollte, so der Anspruch des Untertitels von Cliftons Schrift, wegweisend für das 21. Jahrhundert sein.

---

[394] Clifton 1999, 148–149.
[395] Clifton 1999, 149–150.
[396] Clifton 1999, 152–157.

15.3. Vorschläge zur Neubestimmung von Heilsarmee-Identität im 21. Jahrhundert

Zu Beginn des 21. Jahrhunderts meldeten sich jedoch bereits Stimmen zu Wort, die Heilsarmee-Identität neu bestimmen und dabei insbesondere die Perspektive auf Spiritualität überdenken möchten. Auch grundsätzliche Anfragen an das Verhältnis von Spiritualität und sozialem Engagement, wie es in den Verlautbarungen des späten 20. Jahrhunderts verstanden wird, werden geäußert. Eine solche Position vertritt etwa der australische Heilsarmee-Offizier Captain Jason Davies-Kildea in seiner 2009 erschienenen Schrift "What is the meaning of salvation in the Salvation Army today? Exploring a theology of social service and holistic mission"[397]. Auch seiner Auffassung nach befindet sich die Heilsarmee in einer Identitätskrise. Diese führt er auf ein verfehltes Verständnis des zentralen Begriffs Heil („Salvation") zurück, das auf spirituelle Aspekte beschränkt und damit auf höchst problematische Weise verengt werde. Daraus ergebe sich die weit verbreitete, aber seiner Auffassung nach völlig verfehlte Skepsis, mit der die meisten Heilsarmee-Gemeinden, aber auch die höheren Leitungskreise auf die Sozialprojekte der Heilsarmee blickten.

Gleich zu Beginn seiner Schrift beklagt Davies-Kildea die immer größer werdende Kluft zwischen den Gemeinden der Heilsarmee und den Sozialprojekten und die seiner Ansicht nach dadurch ebenfalls zunehmenden Vorbehalte von Heilsarmee-Mitgliedern gegenüber diesen Projekten. Diese würden häufig damit begründet, Sozialprojekte wirkten nicht ausdrücklich auf Evangelisation hin und gefährdeten daher den christlichen Charakter der Heilsarmee.

„Gleichzeitig haben sich die Gemeinden zunehmend in den Vorstädten der Mittelschicht etabliert und den Kontakt zu den Armen und Ausgegrenzten weitgehend verloren. Das Ergebnis ist eine beträchtliche Kluft zwischen der Mehrheit der Menschen in den Kirchenbänken der Heilsarmee-Gemeinden und denjenigen, die von der Arbeit unserer sozialen Dienste berührt werden. Diese erhebliche Divergenz hat wiederum zu einer Identitätskrise der Organisation geführt. Wir sind uns nicht mehr sicher, wer wir sind und was wir in dieser Welt tun sollen. Einige Mitglieder der Offiziersränge und der Gemeinden kritisieren offen, dass die Bewegung ihre christliche Identität zu verlieren droht. Es gibt in diesen Kreisen eine klare Abwertung von nicht-christlichem Personal und sozialen Diensten, die nicht explizit und 'erfolgreich' Verkündigungsdienst leisten. Einige Mitglieder der Heilsarmee sind der Meinung, dass solche Dienste, die der Heilsarmee keine Bekehrten bringen, geschlossen werden sollten."[398]

In einem ersten Schritt versucht Davies-Kildea diese Kritik zu entkräften, indem er anhand einiger konkreter Beispiele illustriert, dass in den sozialen Einrichtungen der Heilsarmee durchaus auch Evangelisation betrieben

---

[397] Davies-Kildea 2009.
[398] Davies-Kildea 2009, 6.

wird und soziales Engagement und Verkündigung in enger Verbindung praktiziert werden.[399] Als zweiten und entscheidenden Schritt zur Überwindung der Identitätskrise fordert er dann ein neues theologisches Nachdenken über das Verhältnis sozialer und spiritueller Aspekte in der Arbeit der Heilsarmee. Er analysiert dazu das seiner Auffassung nach in der Heilsarmee dominante Verständnis von „Heil" und plädiert dann für eine neue Perspektive auf diesen zentralen theologischen Begriff. Dazu untersucht er in seinem vierten Kapitel in der Heilsarmee gehaltene Predigten sowie von ihren Mitgliedern und Führungskräften veröffentlichte Zeitschriftenartikel und Bücher. Der Befund, so Davies-Kildea, lege nahe, dass die verschiedenen theologischen Verlautbarungen der Heilsarmee eine sehr strikte Trennung zwischen der spirituellen und der sozialen Dimension verträten, diese beiden Sphären häufig gegeneinander aufwögen und dabei stets zu Gunsten der spirituellen entscheiden würden. „Heil" würde gänzlich der spirituellen Dimension zugerechnet und mit der häufig individualistisch konzipierten Hoffnung auf das ewige Leben verbunden. Wichtige Praktiken im Rahmen dieses Heilsverständnisses seien daher vor allem die Pflege der persönlichen Gottesbeziehung sowie Evangelisation und Konversion im Sinne der Rettung möglichst vieler Menschen.

„In diesem Kapitel werden wir sehen, dass für die meisten Heilsarmee-Mitglieder ihr Konzept der Erlösung etwas ist, das zu einem geistigen Bereich gehört, der die Gläubigen mit dem ewigen Leben im Himmel verbindet. (...) Es besteht ein impliziter, wenn schon nicht immer expliziter Dualismus, der die spirituellen Aspekte eindeutig über die physische oder materielle Welt stellt. (...) Für die meisten Heilsarmee-Mitglieder ist die Vorstellung von Erlösung, der sie am durchgehendsten ausgesetzt sind, ausschließlich mit christlicher Bekehrung verbunden. Diese Sichtweise hat der Entwicklung einer Theologie des Sozialen Dienstes eine Reihe erheblicher Schwierigkeiten bereitet. Wenn die Prioritäten der Heilsarmee im geistlichen Bereich liegen, welchen Platz hat dann unsere Arbeit mit den Menschen in dieser Realität? Allzu oft wurde sie zu einer sekundären, wichtigen, aber weniger wesentlichen Komponente der Arbeit der Heilsarmee zurückgestuft. (...) Heil bedeutet in diesem Zusammenhang geistliche Bekehrung, und es ist spezifischer auf einen quantitativen Zuwachs in den Reihen dieses besonderen Teils der christlichen Kirche bezogen."[400]

„Wilson ist ein typisches Beispiel für viele Mitglieder der Offiziersränge und der Gemeinden, die der Meinung sind, dass die Größe und der Umfang der Sozialdienste in der Heilsarmee eine unwillkommene Ablenkung von der Aufgabe darstellen, Menschen zu bekehren."[401]

„Die zeitgenössische Auslegung dieser Lehre ist zunehmend auf das Individuum bezogen und ausschließlich spirituell ausgerichtet. So werden alle gemeinschaftlichen oder nationalen Aspekte der Sünde zugunsten des geistlichen Zustands im Angesicht des göttlichen Gerichts ignoriert. Sobald die Sünde auf diese Weise

[399] Insbesondere im 3. Kapitel unter dem Titel „Exploring the Experience of Social Service in the Salvation Army today". Davies-Kildea 2009, 26–40.

[400] Davies-Kildea 2009, 41–43.

[401] Davies-Kildea 2009, 47.

definiert wurde, ist jede Form der Erlösung, die sich auf die physische Welt auswirkt, nicht mehr relevant. "[402]

Davies-Kildea plädiert für eine Auflösung der Dichotomie zwischen Spiritualität und sozialem Engagement und in diesem Sinne für die Formulierung eines ganzheitlichen Heilsverständnisses. Dieses soll Raum für den Gedanken des sozialen Heils („social salvation") bieten und auf diese Weise die Bedeutung sozialen Engagements erfassen.

Eine engere Definition des Begriffs 'Heil' hat zu einer restriktiveren Sicht auf die Hauptaufgabe der Heilsarmee geführt. Stattdessen ist es notwendig, eine theologische Position zu formulieren, die umfassend genug ist, um die Erfahrung des Engagements der Heilsarmee für die Armen in den sozialen Diensten und unsere Hoffnung für die Zukunft, die über diese gegenwärtige Realität hinausgehen mag, einzubeziehen.[403]

„*Dies ist ein klares Beispiel dafür, wie ein eng definiertes Konzept von 'Heil', das keine Auswirkungen auf unsere gegenwärtige Realität hat, eine missionarische Dichotomie schafft, die im Dualismus verwurzelt ist; es stellt die 'spirituelle' Arbeit über die Bemühungen, die Bedingungen in dieser Welt zu verändern. Die Hauptschwierigkeit liegt hier nicht in der gewählten Priorität, sondern in der vorangehenden dualistischen Schlussfolgerung, die die Notwendigkeit einer Prioritätensetzung hervorruft. Ein ganzheitlicheres Verständnis des Heils würde sowohl die Evangelisation als auch die sozialen Dienste als miteinander verbundene Aspekte unserer wesentlichen christlichen Mission einbeziehen.* "[404]

Für die Formulierung eines solchen ganzheitlichen Verständnisses von Heil sei, so Davies-Kildea, einerseits eine Rückbesinnung auf William Booth von großer Bedeutung, der selbst eine Theologie vertreten habe, die die Unterscheidung spiritueller und sozialer Aspekte überwinde und auch Raum für die Vorstellung von zeitlichem Heil („temporal salvation") lasse.[405] Andererseits spricht er sich auch dafür aus, zeitgenössische theologische Ansätze einzubeziehen, die Licht auf die Bedeutung von innerweltlichen Einflüssen und Kontexten für Konzepte von Heil würfen und Theologie aus der Perspektive von Armen und Marginalisierten betrieben. Dabei benennt er unter anderem Befreiungstheologie, feministische Theologie und Black Theology[406], knüpft also an theologischen Themen und Debatten wieder an, von denen sich die Heilsarmee in der zweiten Hälfte des 20. Jahrhunderts gerade abgrenzen wollte.

Dieser Vorstoß zur Re-Formulierung von Heilsarmee-Identität ist im Vergleich mit anderen diesbezüglichen Überlegungen recht radikal. Davies-Kildeas Forderung nach der Überwindung der Unterscheidung zwischen spiritueller und sozialer Dimension wird sonst kaum artikuliert. Der

402 Davies-Kildea 2009, 49.
403 Davies-Kildea 2009, 42.
404 Davies-Kildea 2009, 47.
405 Davies-Kildea 2009, 66–67.
406 Chapter 7: Contemporary Theologies of Salvation Davies-Kildea 2009, 91–106.

spirituelle Schwerpunkt der Heilsarmee wird ebenfalls nur selten grundsätzlich in Frage gestellt. Vielmehr betonen auch kritische Stimmen meist ausdrücklich die entscheidende Bedeutung von Spiritualität. Allerdings werden Vorschläge geäußert, das Verständnis von Spiritualität grundsätzlich zu überdenken und dabei soziale und gesellschaftliche Aspekte stärker einzubeziehen. Eine solche Stimme ist etwa Karen Shakespeare, die heute Vorsitzende des Theologischen Rates der Heilsarmee ist. In ihrem Artikel „One Army? The Challenges of Unity and Diversity for Spiritual Life Development in a Global Denomination."[407] von 2014 setzt sie sich kritisch mit den Ergebnissen der International Spiritual Life Commission auseinander. Dazu wertet sie Untersuchungen aus, die sie im Rahmen ihrer Arbeit am 2008 gegründeten Salvation Army Centre for Spiritual Life Development (CSLD) vorgenommen hatte. Während einer Veranstaltung des International College for Officers hatte sie 2010 Offizierinnen und Offiziere der weltweiten Heilsarmee zu ihrer Spiritualität befragt, über 50 anhand strukturierter Fragebögen, 5 in halboffenen Interviews. Basierend auf diesen Ergebnissen macht sie in ihrem Artikel Vorschläge für eine globale und doch kontextuell verstandene Heilsarmee-Spiritualität. Shakespeare berichtet, von den fünf eingängiger befragten Offizierinnen und Offizieren hätten zwei ein stark auf Innerlichkeit fokussiertes Verständnis von Spiritualität vertreten, die drei anderen hätten dagegen den großen Einfluss ihrer jeweiligen Umgebung auf ihr religiöses Leben betont. Interessanter Weise geht die Autorin auf die Argumentation zu Gunsten eines innerlichen Spiritualitätsverständnisses kaum näher ein, sondern fokussiert auf die Positionen der anderen drei Befragten. Am ausführlichsten unter diesen dreien kommt ihr mit „B" bezeichneter Interviewpartner zu Wort. Bei ihm handelt es sich offenbar um einen indischen Heilsarmee-Offizier, der zu einer Kastengemeinschaft gehört, deren hinduistische Mitglieder SC-Status haben. Dieser brachte, ausgehend von der Frage nach Spiritualität, die Problematik des Ausschlusses christlicher Dalits von den Fördermaßnahmen für Scheduled Castes zur Sprache, die auch die RSSNA zentral beschäftigt.

„Die Reaktionen auf eine christliche Dalit-Identität wirken sich nachteilig auf die Bildungschancen der Kinder von B. aus und führen zu einer „täglichen Herausforderung" für sein geistliches Leben. Seine Tochter wurde trotz guter schulischer Leistungen nicht zur Universität zugelassen. Eine Lösung bestünde darin, ihren offiziellen Status zu ändern und den Zusatz 'christlich' zu streichen, aber B sieht dies nicht als Option an: „Geistliches und weltliches Leben sind keine getrennten Dinge, sie sind beide Seiten der Medaille. Ich kann die Realitäten des Lebens nicht beiseitelassen. Und ich kann wegen meines Glaubens nicht verleugnen. (...) Darüber hinaus zeigten die Interviews, wie die Auseinandersetzung mit Konzepten aus einer anderen Kultur die spirituelle Erfahrung prägen kann. B sprach von zwei 'radikalen' Erfahrungen in seiner Ausbildung; das Erlernen der kritischen Analyse führte zu der Entdeckung, dass Bildung nicht immer passive Akzeptanz erfordert,

[407] Shakespeare 2014.

und eine Einführung in die Kontextuelle Theologie inspirierte ihn dazu, die Beziehung zwischen seinem eigenen Glauben und seiner eigenen Kultur zu erkunden.“[408]

Auf diese Gesprächsergebnisse aufbauend äußert Shakespeare Kritik an der Vorstellung einer einheitlichen Heilsarmee-Spiritualität, die sie unter anderem im Bericht der Spiritual Life Commission gegeben sieht und empfiehlt einen wesentlich stärkeren Fokus auf die lokalen Kontexte, die die Spiritualität von Heilsarmee-Mitgliedern weltweit sehr unterschiedlich beeinflussten. Ebenso stellt sie die Beschränkung von Spiritualität auf Gottesbeziehung in Frage und betont die entscheidende Bedeutung christlicher Praxis.

„Die Betonung der Einheit und der korporativen Identität, die in Spannung mit kulturellen Ausdrucksweisen steht, zeigt sich in den Ereignissen, die zur Entstehung des CSLD führten. 1994 berief Paul Rader eine Internationale Kommission für geistliches Leben ein, um ‘die Art und Weise zu überprüfen, in der die Heilsarmee das geistliche Leben ihrer Mitglieder pflegt und erhält’, um die Praktiken auszumachen und zu bekräftigen, die für das geistliche Leben der Heilsarmee wesentlich sind und zu ihrer Einheit und ihrem einzigartigen Charakter beitragen. (...) Es scheint, dass trotz der Anerkennung kultureller Unterschiede der Wunsch nach einer charakteritischen universellen Identität besteht. Ein Ergebnis dieser Untersuchung ist das Aufzeigen des Spannungsverhältnisses zwischen dieser angestrebten Identität und den Auswirkungen kultureller und durch das Umfeld bedingter Einflüsse auf die Entwicklung des spirituellen Lebens.“[409]

„Die Interviews haben gezeigt, dass Spiritualität in einen Kontext eingebettet ist und sich in diesem ausdrückt, sie ist ‘nie in reiner Form’. (...) So stellen die Antworten die Vorstellung einer homogenen Heilsarmee-Spiritualität in Frage.“[410]

„Ich kam zu dem Schluss, dass die Entwicklung des geistlichen Lebens erleichtert werden kann durch die bewusste Konzentration auf die Interaktion zwischen Wissen und Verständnis, persönlicher Begegnung mit Gott und christlicher Praxis, um ein tieferes Verständnis des geistlichen Lebens und seines Ausdrucks innerhalb der Heilsarmee zu erreichen. (...) Wir haben ein Leben, das viele Dimensionen hat. Unser ‘geistliches’ Leben ist nicht etwas Separates, sondern einfach unser gut gelebtes Leben. Es ist ein Leben, in dem Gott im Mittelpunkt steht – nicht nur in unserem Sein, sondern auch in unserem Wissen und Tun.“[411]

In jüngster Zeit ist also das Verständnis der Heilsarmee von „Spiritualität“ zunehmend kritisiert worden. Mithin ist das Schlagwort einer Neureflexion unterzogen worden, das für die Bestrebungen der Organisation, sich in den globalen Evangelikalismus einzuordnen, zentral war. Diese Zuordnung wird weder von Davies-Kildea noch von Shakespeare bestritten. Letztere nimmt vielmehr eine explizite Einordnung vor, für die auch sie auf Bebbingtons vier Kernmerkmale des Evangelikalismus verweist, die bereits

[408] Shakespeare 2014, 102–103.
[409] Shakespeare 2014, 98.
[410] Shakespeare 2014, 103.
[411] Shakespeare 2014, 105.

Clifton rezipiert hat.[412] Die beiden untersuchten Positionen gehen in ihrer Kritik am dominanten Spiritualitätsverständnis unterschiedlich weit. Während Davies-Kildea einen Kontrast von Spiritualität und Sozialem diskutiert, wenn auch mit dem Ziel, diesen aufzulösen, gibt es in Shakespeares Überlegungen kein solches Gegenüber. Ihr geht es um Spiritualität, deren Relevanz sie nicht bestreitet, die sie aber neu denken und ausweiten will. Die von ihr geforderte Perspektive auf Spiritualität nimmt auch Einflüsse und Problematiken aus den sozialen und kulturellen Umfeldern der Gläubigen – wie zum Beispiel die auch von der RSSNA diskutierte SC-Problematik – auf und fragt nach christlichem Handeln in der Welt. Es zeigen sich also zwei Strategien: Nämlich einerseits Gegenüberstellung von Dimensionen mit dem Ziel, diese Dichotomie aufzulösen, und andererseits die Ausweitung der spirituellen Sphäre ohne die Nennung einer anderen. Beiden Ansätzen geht es darum, die Relevanz gesellschaftlicher und sozialer Faktoren für christliche Lebens- und Frömmigkeitspraxis wesentlich stärker zu betonen. Ein Primat des Sozialen, wie es der RSSNA-Präsident formuliert, findet sich jedoch nicht. Vielmehr betonen beide Ansätze trotz ihrer Kritik an bestimmten Lesarten von Spiritualität deren bleibende und zentrale Bedeutung.

Zusammenfassung

In den vorausgegangenen Abschnitten ist deutlich geworden, dass sich in den 80er und 90er Jahren ein Konzept von Spiritualität als Kern von Heilsarmee-Identität entwickelt hat, das noch heute sehr einflussreich ist. Entscheidende Faktoren, die das Aufkommen dieses Spiritualitätsverständnisses prägten, waren der Austritt der Heilsarmee aus dem ÖRK, ihre Abgrenzung von den dort prominenten Theologien des Sozialen Evangeliums und ihr Wunsch nach Eingliederung in den globalen Evangelikalismus.

Die Heilsarmee kritisierte scharf die Hinwendung des ÖRK zu befreiungstheologischen Ansätzen und das aus ihrer Sicht bestehende hochproblematische politische Engagement des Rates. Die Situation eskalierte nach der Ermordung zweier Lehrerinnen am Usher Institute der Heilsarmee im damaligen Rhodesia. Diese Tat wurde einer nationalen Widerstandsgruppe zugeschrieben, die der ÖRK finanziell gefördert hatte. Die Heilsarmee trat aus dem ÖRK aus und suchte nach neuen Möglichkeiten der Vernetzung in globalen Zusammenschlüssen. Sie näherte sich daher der Lausanner Bewegung an, die als Gegenüber zum ÖRK gegründet worden war und die scharfe Kritik an den im ÖRK verbreiteten Theologien des Sozialen Evangeliums übte. Die Annäherung der Heilsarmee an dieses wichtige Netzwerk des globalen Evangelikalismus war insofern naheliegend, als sie

[412] Shakespeare 2014, 99.

schon in den letzten Jahren ihrer ÖRK-Mitgliedschaft ihre Kritik am Rat als explizit evangelikale aufgefasst hatte. Die Heilsarmee fand Anschluss an die Lausanner Bewegung, indem sie in verschiedenen Verlautbarungen ihre historische und theologische Verwurzelung im Evangelikalismus betonte. In der Frage nach dem Verhältnis spiritueller und sozialer Aspekte und ihrer Bedeutung für christliche Identität schloss sie sich der Position Billy Grahams an, der soziales Engagement als Folge von Evangelisation und Bekehrung beschrieb. In den 90er Jahren trat die Heilsarmee mehreren Zusammenschlüssen des globalen Evangelikalismus bei und formulierte ihr Selbstverständnis anhand von Merkmalen, die sie als entscheidende evangelikale Charakteristika auffasste. Aspekte des sozialen Engagements wurden dabei zurückgedrängt. Sie stellten kein eigenständiges Hauptmerkmal der Heilsarmee dar, sondern wurden in Abhängigkeit von Evangelisation und Spiritualität gedacht, für deren theologische Bestimmung soziales Handeln jedoch kaum eine Rolle spielte.

Seit den 2000er Jahren werden jedoch Stimmen laut, die eine Neubestimmung von Heilsarmee-Identität forderten. In diesem Zusammenhang wird – meist vorsichtige – Kritik an der vorherrschenden Konzeption von Spiritualität geübt. Dabei wird zwar an der bleibenden Bedeutung der spirituellen Dimension festgehalten. Gleichzeitig wird jedoch für eine Ausweitung dieser Sphäre plädiert, die es ermöglichen soll, Fragen des sozialen Engagements und des Einflusses gesellschaftlicher Faktoren auf christliches Leben wesentlich stärker zu thematisieren. Soziale Aktivität ist damit nicht mehr nur christliches Handeln in der säkularen Welt, als die sie einflussreiche Stimmen am Ende des 20. Jahrhunderts darstellten, sondern konstitutiver Bestandteil christlicher Frömmigkeit. Damit wird ihr wieder wesentlich stärkere theologische Relevanz zugeschrieben.

Diese Debatte um ein erneuertes Selbstverständnis wurde offenbar entscheidend von Stimmen aus der weltweiten Heilsarmee beeinflusst. So stützte sich ein Vorschlag zur Neubestimmung von Heilsarmee-Spiritualität entscheidend auf Argumente eines indischen Offiziers, der die auch von der RSSNA thematisierte SC-Problematik in die Diskussion um Spiritualität einbrachte. Aus diesem Grund ist es umso entscheidender, Schnittstellen zwischen regionalen und globalen Debatten zu untersuchen.

16. Heilsarmee-Identität an der Schnittstelle regionaler und globaler Debatten

Bereits im vorigen Kapitel hat sich gezeigt, dass Heilsarmee-Identität weltweit diskutiert und im Blick auf globale Entwicklungen formuliert wird. Die Analyse von Verflechtungen zwischen regionaler und globaler Ebene ist also nicht nur erforderlich, um das Selbstverständnis regionaler Heilsarmee-Gruppen verstehen zu können. Vielmehr ist es auch zwingend erforderlich für eine Untersuchung der von der internationalen Leitung formulierten Positionen.

Im folgenden Kapitel werden daher Schnittstellen zwischen den Debatten im Umfeld der RSSNA und denen in internationalen Leitungskreisen untersucht. Dies wird anhand dreier Konstellationen erfolgen. Die erste zeigt den Zusammenhang zwischen den Debatten um Heilsarmee-Identität im Allgemeinen und um die Zukunft der medizinischen Aktivitäten der Organisation im Spezifischen. Dabei geht es um Ereignisse und Debatten, die eine wichtige Rolle bei der Formierung der Nagercoiler Gruppe um John Murray spielten. Im zweiten Abschnitt werden die Reaktionen der RSSNA auf ein Interview untersucht, das der damalige General der Heilsarmee anlässlich seines Indienbesuchs 2016 der gesamtindischen Ausgabe der Heilsarmee-Zeitschrift „The War Cry" gab. Drittens wird ein Gespräch analysiert, das im Rahmen der Feldforschung mit einem Heilsarmee-Offizier geführt wurde, der sowohl regionale als auch indienweite und internationale Debatten um Heilsarmee-Identität im Blick hatte und versuchte, eine eigene Position zu formulieren, die verschiedene Perspektiven einbezieht.

Es wird sich zeigen, dass für all diese Kontexte jene Themen von entscheidender Bedeutung sind, die auch in den historischen Erzählungen verhandelt wurden. Die Fragen nach dem Kern von Religion und nach der Bedeutung von Kaste sowie der von allen Parteien erhobene Anspruch, in der Nachfolge der frühen Heilsarmee zu stehen und deren Erbe zu bewahren. Auch in diesem Zusammenhang zeigt sich der Einfluss regionaler Stimmen auf weltweit geführte Diskussionen. Die Personen aus höheren Heilsarmee-Leitungskreisen, die hier auftreten, gehören zu denen, die Heilsarmee-Identität neu reflektieren wollen. Dennoch ist es der RSSNA, wie sich zeigen wird, nicht möglich, die drei Kernmotive ihrer Gruppen-Identität im Kontext der auf globaler Ebene dominanten Bestimmung von Heilsarmee-Identität zu artikulieren.

16.1. Die Frage nach dem Kern von Heilsarmee-Identität in der Debatte um die Zukunft der medizinischen Mission

Im Zuge seiner Berichte über die Formierung der Nagercoiler Gruppe erzählte RSSNA-Präsident Murray von einem Treffen, das 2005 vom damaligen, gerade neu ernannten Territorialleiter des Territoriums Südostindien in Nagercoil einberufen wurde. Bei dieser Zusammenkunft sollte über die Situation der Heilsarmee in der Region gesprochen werden. Abgesandte aus allen Divisionen sollten die Möglichkeit erhalten, Missstände zur Sprache zu bringen, aber auch Anregungen zu äußern. Er selbst, so Murray, habe als Deligierter der Nagercoil Division fungiert. In seiner Rede habe er über die seiner Auffassung nach am CBH bestehenden Missstände gesprochen und auch kritische Stimmen aus den Reihen des Krankenhauspersonals wiedergegeben. Diese hätten ihm im Vorfeld berichtet, der Niedergang des CBH hätte mit der Etablierung des Community Health and Development Program am Krankenhaus begonnen und hätte mit dem steigenden Einfluss, die dessen Direktor auf die Verteilung von Spendengeldern gewann, immer weiter zugenommen. Dieser nutze seine Macht, um dringend erforderliche Gelder vom Krankenhaus abzuziehen und beschleunige so dessen Verfall. Der Direktor des CHDP, erzählte der RSSNA-Präsident, habe dieser Darstellung im Rahmen des Treffens aufs Schärfste widersprochen. Außerdem habe dieser, so Murray, gegen das von ihm und seinem Nacercoiler Kreis organisierte Treffen agitiert, bei dem die gegenwärtige Lage des CBH und Möglichkeiten für dessen zukünftige Organisation diskutiert werden sollten. Der CHDP Direktor habe den Territorialleiter diesbezüglich so sehr unter Druck gesetzt, dass dieser seine Unterstützung für die Gruppe zurückgezogen habe.[413]

Murrays Kritik am CHDP dauerte an und entzündete sich erneut, als die damalige Generalin der Heilsarmee, Linda Bond, das Territorium besuchte und einen Tag mit den Selbsthilfegruppen des CHDP verbrachte. Die RSSNA hatte vorher um ein Treffen mit ihr gebeten, das Gesuch war aber abgelehnt worden. Die RSSNA protestierte gegen das, was sie als falsche Schwerpunktsetzung beim Besuch beschrieb, durch eine Kundgebung und Plakate. Im Nachgang verfasste Präsident Murray den Text „The Salvation Army – has hanged its service boot in India“. Darin wirft er der Heilsarmee vor, die Vision ihres Gründers, also den Kern ihrer Identität aus dem Blick verloren und deshalb ihre Verpflichtung den Dalits gegenüber vergessen zu haben. Den Besuch der Generalin wertet er als neuerlichen Beweis dafür:

„Eine Vertretung der RSSNA versuchte, die Generalin bei ihrem jüngsten Besuch in Indien auf die gemeinschaftsfeindliche Politik der Heilsarmee, die Abweichung von der Vision des Gründers, ‘immer den Armen zu dienen’, und andere wichtige

[413] Für eine ausführliche Darstellung dieser Ereignisse vgl. Kapitel 8.2.2 dieser Arbeit.

Themen anzusprechen. Aber die Offizierinnen und Offiziere der indischen Heilsarmee haben ihr Amt missbraucht und die RSSNA daran gehindert, die Generalin zu treffen (...) Die RSSNA wertet die Ergebnisse des Besuchs der Generalin in Indien sehr sorgfältig aus. Wir schließen daraus, dass die Generalin selbst ihre Zustimmung zu all den Missständen in der indischen Heilsarmee gegeben hat. Wir müssen die Rolle der Heilsarmee bei der Förderung der Mitglieder von der Rolle einer NGO für die Entwicklung der Gemeinschaft mit all ihren Fallstricken und korrupten Praktiken abgrenzen. Nie und nimmer kann eine NGO den Dienst der Heilsarmee ersetzen.“[414]

Das CHDP, so argumentiert also der RSSNA-Präsident, müsse von der Heilsarmee unterschieden werden, seine Arbeit und der Dienst der Heilsarmee seien nicht gleichzusetzen. In einem Interview im Laufe der Feldforschung begründete er diese in seinem Text vertretene Ansicht mit dem Hinweis, an den Selbsthilfegruppen des CHDP nähmen Frauen aus ganz verschiedenen Gemeinschaften teil. Überdies seien nur einige wenige von ihnen Heilsarmee-Mitglieder. Das CHDP stehe daher im Zusammenhang mit der Heilsarmee, sei aber nicht mit dieser selbst zu verwechseln.[415] Schon bei der Schilderung des früheren Konflikts hatte Murray betont, dass in den Selbsthilfegruppen nur wenig Sambavars vertreten seien. Murray spricht dem CHDP also nicht grundsätzlich die Existenzberechtigung ab, ist aber der Auffassung, es tue nicht den Dienst der Heilsarmee. Dieser sei nur dann recht verstanden, wenn er sich an die Dalits richte. Diese sind für Murray identisch mit den Heilsarmee-Mitgliedern. Ob Aktivitäten der Heilsarmee als deren wahrer, dem Vorbild der frühen Mission entsprechender Dienst gelten kann, entscheidet sich für ihn also an der Frage, an wen diese sich richten.

In der Kritik der RSSNA am CHDP zeigen sich also wieder zwei – eng miteinander verbundene – Themen, die bereits das historische Narrativ des Vereins prägten, die Frage nach der Zielgruppe der Heilsarmee und die nach dem Kern von Religion bzw. von Heilsarmee-Identität. Gerade die letztere stellt sich, wie im vorausgegangenen Kapitel deutlich wurde, auch auf globaler Ebene immer wieder. Im Folgenden wird sich zeigen, dass die Frage nach der Zukunft der medizinischen Mission nicht nur in der RSSNA, sondern auch im Umfeld der internationalen Heilsarmee-Leitung in enger Verbindung mit der Debatte um Heilsarmee-Identität steht. Aus Murrays Sicht war es ganz zweifellos das Machtstreben des CHDP-Direktors, das es zunehmend erschwerte, das Krankenhaus weiter zu betreiben. Auch in diesem Fall war für ihn Korruption eng verbunden mit dem Vergessen des Kerns von Auftrag und Identität der Heilsarmee und von deren vorbildlichen Pioniertaten in Indien. Die Heilsarmee-Literatur hingegen legt eine sehr andere Deutung der Geschehnisse nahe. Wichtig sind in

---

[414] https://rssna.wordpress.com/presidents-desk/ (zuletzt abgerufen am 02.03.2021).
[415] Interview mit John Murray am 28.01.2017.

diesem Zusammenhang die bereits erwähnten Geschichten der medizinischen Mission der Heilsarmee von Richards und Williams.

Ganz unverkennbar sind diese Werke im Kontext intensiver Diskussionen um die Zukunft der medizinischen Mission und der Heilsarmee als Ganzer entstanden, in deren Rahmen sowohl deren Organisationsform als auch ihr Selbstverständnis zur Debatte standen. So ist Richards letztes Kapitel mit der Frage „What of Tomorrow?“ überschrieben. Das vorherige stellt diese Frage unter dem Titel „Meeting Present Needs in India“ spezifisch für dieses Land, in dem Richards zufolge, die Ursprünge der medizinischen Mission der Heilsarmee liegen. Williams Monografie hat im Grunde ein doppeltes Ende. Der Autor selbst schreibt einen Epilog, in dem er – wie es auch Richards tut – die bleibende zentrale Bedeutung der medizinischen Mission nicht nur für die Vergangenheit, sondern auch für die Gegenwart hervorhebt. Auf diesen Epilog folgt jedoch ein weiteres Abschlusskapitel, das das Offizierspaar Eirwen und Dean Pallant verfasste, das damals für die Koordination der Internationalen Medizinischen Dienste im Internationalen Hauptquartier der Heilsarmee zuständig war. Zu Beginn ihres Textes würdigen beide Harry Williams' Darstellung, der die Geschichte der Medizinischen Mission – trotz häufiger Hinweise auf Problemhorizonte und drängende Zukunftsfragen – im Großen und Ganzen als Erfolgsgeschichte erzählt. Im Anschluss daran machen beide aber deutlich, dass die medizinischen Dienste der Heilsarmee sich gegenwärtig von umfangreichen Problematiken herausgefordert sehen. Daher müsse sich sowohl das Selbstverständnis als auch die Organisationsform der medizinischen Mission wandeln, um angesichts dieser neuen Herausforderungen zu bestehen.

Debatten um die Zukunft der medizinischen Mission, das wird schon bei Richards und Williams deutlich, waren im Laufe ihrer Geschichte immer wieder erforderlich. Obwohl beide in ihren Werken vor allem die Pioniertaten aus der Frühzeit der medizinischen Mission würdigen und die Geschichte des CBH als Erfolgsgeschichte schreiben, wird anhand ihrer Werke durchaus deutlich, dass auch sie Schwierigkeiten und Herausforderungen sehen, mit denen die Heilsarmee bei ihrer medizinischen Arbeit weltweit zu kämpfen hat, aber gerade auch in Indien. So berichten sie etwa von schwerwiegenden ökonomischen Problemen, mit denen nicht nur die Heilsarmee, sondern viele indische Kirchen und ihre medizinischen Einrichtungen schon in den Jahren nach der indischen Unabhängigkeit konfrontiert waren.

„Wirtschaftliche Schwierigkeiten machten der Kirche in Indien zu schaffen, denn die meisten Missionsgesellschaften, die die Krankenhäuser gebaut hatten, hatten inzwischen Eigentum und Verwaltung abgegeben. Vorbei waren die Zeiten, in denen man mit Beiträgen der Ratsuchenden ein ganzes Krankenhaus von hoher Qualität finanzieren konnte. (...) Die im vorigen Kapitel beschriebenen Winde des Wandels bedeuteten eine Verlagerung auf einfachere, weniger institutionelle

Programme. Aber es wehte noch ein heftigerer Wind. Die koloniale Verwaltung war nun schon lange vorbei. Die Gesundheitsprogramme der Heilsarmee florierten unter dieser Herrschaft, in der Regel mit erheblichen Zuschussen. Das damals verfügbare Personal der Heilsarmee aus Übersee zog Privatpatienten an, deren Gebühren zur Finanzierung des Ganzen beitrugen. Die Unabhängigkeit stellte dieses Konzept in Frage."[416]

In ihrem vorletzten, spezifisch der indischen Situation gewidmeten Kapitel berichtet Richards von Bemühungen der christlichen Kirchen, sich diesen und anderen Herausforderungen künftig in enger Zusammenarbeit zu stellen. Zu diesem Zweck, so schreibt sie, fand 1969 ein Beratungstreffen in Bangalore statt, an dem Delegierte der katholischen und vieler protestantischer Kirchen teilnahmen. In diesem Rahmen wurde das „Co-ordinating Board for Christian Health Services in India" gegründet, das Kooperation auf verschiedenen Ebenen und gerade auch die engere Zusammenarbeit mit dem indischen Staat organisieren sollte. Eine entscheidende Konsequenz der angestrebten Kooperation mit dem Staat war jedoch, dass die indischen Kirchen und ihre Krankenhäuser verstärkt auf indisches Personal und Führungskräfte setzen mussten.[417] Vor dem Hintergrund der veränderten personellen Situation wurde offenbar zur Abfassungszeit von Richards Monografie diskutiert, ob es denn noch ausländischer Leitungsfiguren am CBH bedürfe – die Autorin beantwortet diese Frage mit einem klaren Ja. Obwohl Richards immer wieder die hohe Kompetenz der indischen Angestellten – und es gab offensichtlich auch solche in Führungspositionen – betont, suggeriert ihr Text doch, dass es, um ausreichend qualifiziertes Personal zusammenzustellen, noch der ausländischen Fachkräfte bedürfe.[418] Wie der RSSNA ist offenbar auch Richards der Auffassung, dass Leitungsverantwortung zu einer Zeit vermehrt an einheimische Angestellte abgegeben werden musste, zu der es eigentlich noch nicht ausreichend viele Führungskräfte unter ihnen gab. Überhaupt erkannten und diskutierten offenbar weitere Kreise in der Heilsarmee, auch deren internationale Leitung, viele Probleme der medizinischen Mission, die auch die RSSNA beklagt, wie etwa den Umbruch nach der Unabhängigkeit, die mangelhafte Finanzierung und die unzureichende Ausstattung des CBH. Die Ursachen dieser Schwierigkeiten werden jedoch ausgesprochen unterschiedlich bestimmt. So sehen Williams und Richards keineswegs Korruption und ungebremstes Machtstreben der Offizierinnen und Offiziere in der Krankenhausleitung am Werk, die aus Sicht der RSSNA im Wesentlichen für den Wandel verantwortlich sind, sondern vielmehr politische und gesellschaftliche Entwicklungen, die erhebliche Herausforderungen darstellten und auf die immer wieder mit der Entwicklung neuer Konzepte reagiert werden musste. Die Werke von Richards und Williams und insbesondere das Nachwort der

---

416 Williams 2009, 115.
417 Richards 1971, 175–176.
418 Richards 1971, 130.

Pallants zu letzterem berichten in diesem Zusammenhang von einer bereits länger andauernden Debatte unter dem Stichwort „Community Health" und einer in diesem Zusammenhang entwickelten Strategie, die die Zukunft christlicher medizinischer Mission gewährleisten sollte. So verweist Richards auf Beschlüsse des Treffens in Bangalore 1969, die vorsahen, den Schwerpunkt christlichen medizinischen Engagements nicht mehr auf dem Betrieb von Krankenhäusern, sondern vielmehr auf der Organisation von Gesundheitserziehung für die Bevölkerung zu legen.[419] Auch Eirwen und Dean Pallant argumentieren, Community-Health-Projekte böten wesentlich größere Chancen als große Allgemeinkrankenhäuser. Zum einen sei der Niedergang dieser Hospitale auf Grund zahlreicher, häufig nicht zu bewältigender Herausforderungen vielfach ohnehin kaum vermeidbar. Zum anderen könnten Community Health Projekte mit ihrem Fokus auf medizinische Grundversorgung auf weit erfolgreichere Weise für die Ärmsten der Bevölkerung sorgen:

„Wir müssen jedoch zugeben, dass es sehr schwierig ist, sich eine Zukunft für große allgemeine Heilsarmee-Krankenhäuser mit mehreren Fachrichtungen vorzustellen. Einige wenige mögen mit erheblicher staatlicher Finanzierung überleben, aber wir können uns nicht vorstellen, dass dies ein nachhaltiger Ansatz für die meisten Territorien ist. Wir glauben jedoch, dass ein auf die Korps zentrierter Gesundheitsdienst, der von kleinen Krankenhäusern und Kliniken unterstützt wird, ein großes Potenzial für einen Dienst hat, der den Gegebenheiten des 21. Jahrhunderts entspricht."[420]

„Viele Krankenhäuser der Heilsarmee stehen unter dem Druck, höherwertige Technologie einzusetzen und sich kostenintensiv zu spezialisieren. Und das ist ein Druck, dem widerstanden werden muss, weil er den ärmsten Menschen nicht am besten dient. (...) Im Gegensatz dazu schützt ein Konzept der Primärversorgung, wenn es richtig umgesetzt wird, vor vielen dieser Probleme. Primäre Gesundheitsversorgung, einschließlich integrierter Dienste auf Gemeindeebene, kann dazu beitragen, die Gesundheit zu verbessern und Leben zu retten. Sie fördert eine ganzheitliche Perspektive auf Gesundheit, bei der im Rahmen einer kontinuierlichen Versorgung, die sich über die gesamte Lebensspanne erstreckt, die Vorbeugung ebenso wichtig ist wie die Heilung."[421]

Die problematische Situation der Missionskrankenhäuser zeigt sich für die Pallants gerade auch in Indien. Vielleicht hatten sie sogar das Catherine Booth Hospital in Nagercoil im Blick, als sie von einem ebenso traurigen wie eindrücklichen Besuch einer medizinischen Einrichtung der Heilsarmee berichteten.

„Aber ein Wort der Warnung: Wir leben in einer sehr zerrütteten, ungesunden Welt. Wenn wir uns für den Dienst der Heilung engagieren, werden wir uns Leid, Schmerz und Enttäuschung aussetzen. Es kann einen persönlichen Preis haben.

[419] Richards 1971, 177.
[420] Williams 2009, 217.
[421] Williams 2009, 204–205.

Kürzlich waren wir tief bewegt, als wir auf dem Gelände eines großen Heilsarmee-Krankenhauses in Indien herumgingen, das – wie viele andere auch – jetzt ums Überleben kämpft. Wir versuchten uns vorzustellen, wie es vor 50 Jahren aussah, als es ein blühendes und schönes Zentrum der Heilung war. Jetzt verfallen die Gebäude, die Bäume und Sträucher sind verwildert und die Hoffnung schwindet schnell. Es erinnerte uns daran, dass der Dienst der Heilung ein zerbrechliches Geschenk Gottes ist, das sorgfältig gepflegt werden muss. Es kann leicht durch den Druck einer sich verändernden Welt erdrückt werden.“[422]

Ob das von den Pallants besuchte Krankenhaus tatsächlich das CBH gewesen ist, ist nicht gewiss. Allerdings betonen sie auch, dass der Zustand des von ihnen besuchten Krankenhauses keinen Einzelfall darstellt, sondern auf viele medizinische Einrichtungen zutrifft. Ihre Beschreibung der Situation des besuchten Krankenhauses deckt sich jedoch mit Äußerungen, die zum Zeitpunkt der Feldforschung von verschiedenen Kontaktpersonen – auch solchen, die nicht zur RSSNA oder zur Heilsarmee gehörten – über das CBH gemacht wurden und die dessen Situation als sehr problematisch darstellten.

Das am CBH angesiedelte Community Health and Development Program hingegen war zum Zeitpunkt der Feldforschung ein großes, offenbar gut organisiertes und international unterstütztes Projekt, das zahlreiche Selbsthilfegruppen im ganzen Territorium betreute und sich – zumindest grundsätzlich – an Angehörige verschiedener Kasten und Religionsgemeinschaften richtete. Das CHDP dürfte also Ausdruck eines von der internationalen Leitung der Heilsarmee initiierten Reformprogramms sein, in dessen Rahmen auch Finanzen neu verteilt wurden. Die Umverteilung von Geldern am CBH dürfte daher nicht – oder zumindest nicht nur – auf Korruption und Machtstreben des CHDP-Direktors zurückzuführen sein, sondern ist vielmehr eine Auswirkung der Politik des Internationalen Hauptquartiers, das die Zukunft des „Heilungsdienstes“ (Healing Ministry) der Heilsarmee nicht mehr in den – kaum noch finanzierbaren – großen Krankenhäusern, sondern eben in solchen flexiblen und dezentralen Projekten sieht. Für die Heilsarmee-Leitung stellt die Etablierung und Stärkung des CHDP also offenbar eine Strategie dar, mit den auch von der RSSNA beklagten Schwierigkeiten umzugehen. Für die RSSNA stellte das CHDP hingegen keineswegs eine akzeptable Form zukünftiger medizinischer Mission dar.

Im vom RSSNA-Präsidenten geschilderten Konflikt trafen also offenbar zwei Konzepte des Umgangs mit der Krise der medizinischen Mission aufeinander. Die eine Seite – John Murray, seine Nagercoiler Mitstreitenden und die von ihm zitierten Mitglieder des Krankenhauspersonals – forderte die Re-Organisation des Krankenhauses nach dem Vorbild früherer Zeiten, die andere – der CHDP Direktor und seine Unterstützerkreise sowie die

[422] Williams 2009, 220.

internationale Leitung – setzten stattdessen auf Community Health Projekte. Es ist vorstellbar, dass der Territorialleiter, der, so Murray, selbst Arzt war, mit der Linie der internationalen Leitung nicht sympathisierte und den Austausch und die Kooperation mit John Murray und dessen Gefolgsleuten deshalb suchte, um andere Möglichkeiten des Umgangs mit den Problemen am CBH zu diskutieren, alternative Konzepte zu entwickeln und zu präsentieren. Dies dürfte dann nicht nur am entschiedenen Widerstand des CHDP-Direktors, sondern auch am konfrontativen Stil John Murrays gescheitert sein, der, wie er selbst berichtet, im gleichen Zeitraum mit einer Predigt in der Booth-Tucker Hall für Aufruhe sorgte und die auch der Territorialleiter scharf kritisierte.[423] Zum Zeitpunkt der Feldforschung deutete jedenfalls alles darauf hin, dass sich der Community Health Ansatz weitgehend durchgesetzt hatte, obgleich auch das Krankenhaus noch in Betrieb war.

Im Konflikt um die zukünftige Gestaltung der medizinischen Mission geht es jedoch nicht nur um unterschiedliche Projekt-Konzeptionen. Vielmehr prallen auch hier letztlich wieder die unterschiedlichen Bestimmungen von Religion und die unterschiedlichen Auffassungen davon, wer die Zielgruppe der Heilsarmee sein sollte, aufeinander. Für die RSSNA und insbesondere im Rahmen des von Präsident Murray vertretenen Religionsverständnisses ist das Krankenhaus unverzichtbar, da es richtig verwaltet nicht nur medizinische Versorgung, sondern auch Ausbildungsmöglichkeiten und Jobchancen für die Mitglieder der Heilsarmee bieten und daher auf vielfache Weise zur sozialen Emanzipation der Sambavars als regionaler Zielgruppe der Heilsarmee beitragen könnte. Der Kernauftrag der Heilsarmee und das zentrale Anliegen sowohl ihres Gründers als auch der frühen indischen Mission ist für die RSSNA das Engagement für die Armen. Dieser kann ihrer Auffassung nach nur mit einem großen Krankenhaus nach altem Vorbild erneut verwirklicht werden. Die Pallants bestimmen den Kern der Heilsarmee-Identität anders als John Murray und seine Mitstreitenden. Im Anschluss an einen früheren General der Heilsarmee beschreiben sie die Mission der Heilsarmee als eine dreifache:

„General John Gowans (jetzt im Ruhestand) fasste den Auftrag der Heilsarmee in einer Drei-Punkte-Erklärung zusammen: Seelen retten, Heilige erziehen und der leidenden Menschheit dienen. Diese Aussage über Errettung, Heiligung und Dienst ist kein Menü mit drei Optionen, aus denen wir wählen können – es ist vielmehr eine Aussage über die wesentlichen Komponenten einer integrierten Heilsarmee-Mission. Menschen, die sich nur in einem Aspekt der Mission engagieren, verkennen den dreifachen Zweck der Heilsarmee und fragmentieren ihn. (...) Ebenso sind Krankenhausprogramme, die ihre Existenz damit rechtfertigen, dass sie der leidenden Menschheit dienen, untreu, weil sie den Menschen keine Gelegenheit geben, Erlösung und Heiligung zu erkunden. (...) Kein Heilsarmeeprogramm wird Gottes Absichten treu bleiben, wenn es sich auf ein oder zwei Beine des Hockers

[423] Vgl. Kapitel 8.2.2 dieser Arbeit.

verlässt – alle drei sind erforderlich für einen stabilen, nachhaltigen, gottgefälligen Ausdruck der Heilsarmee-Lehre. Wenn ein Bein schwach ist, ist der ganze Hocker instabil. Wenn zwei Beine fehlen, kippt der Hocker um!"[424]

Ein soziales Primat, wie es John Murray formuliert, das den Schwerpunkt ganz auf den Dienstgedanken setzt, ist den Pallants zu Folge also zum Scheitern verurteilt. Sein Stuhl stünde nur auf einem Bein und würde daher umkippen. Sie formulieren jedoch auch nicht direkt ein Primat spiritueller Aspekte über die sozialen. Ihre Argumentation steht offenbar schon im Zeichen der Vorschläge, die zu Beginn des 21. Jahrhunderts zur Neubestimmung von Heilsarmee-Identität gemacht wurden. Allerdings sind für sie alle drei Aspekte, also auch der Dienst an der leidenden Menschheit, letztlich auf Glauben und Doktrinen gegründet. Medizinisches Engagement steht für sie im Kontext einer „heilenden Mission". Bei dieser geht es nicht ausschließlich um Medizin, sondern um die Sorge für Gesundheit, Heilung und Ganzheit nach Jesu Vorbild, die keinesfalls ohne Mission und Unterweisung in christlichem Lebenswandel und individueller Umkehr der Gläubigen denkbar sei.

„*Die Heilsarmee ist eine glaubensbasierte Organisation und nicht nur eine Nichtregierungsorganisation (NGO). Daher muss die Theologie stets die Grundlagen der Heilsarmee-Mission bestimmen. Die christliche Überzeugung von der Bedeutung von Gesundheit, Heilung und Ganzheit entspringt den Lehren und den Glaubensüberzeugungen darüber, wer Gott ist und was er will, dass sein Volk ist und tut.*"[425]

„*Hoffnung, Veränderung und ein gesünderes Leben können in den Korps, Kirchen und Gemeinschaften nicht erreicht werden, bevor nicht das Leben der einzelnen Menschen transformiert wird. Christen glauben, dass dies am besten durch eine Begegnung mit Gott geschieht, und dies ist die Grundlage für die Wirkung, die glaubensbasierte Organisationen in der ganzen Welt haben. Selbst Menschen mit einer eher humanistischen Weltanschauung können die enormen Fähigkeiten, die Widerstandsfähigkeit und die Kraft erkennen, die freigesetzt werden, wenn glaubende Menschen zusammenarbeiten.*"[426]

„*In diesem Abschnitt wurden die Grundsätze dargelegt, die dem Gesundheitsdienst der Heilsarmee zugrunde liegen: Das Leben und der Dienst Jesu sind das Vorbild; eine ganzheitliche Mission, die Erlösung, Heiligung und Dienst einschließt, muss in jedem Dienst der Heilsarmee gegenwärtig sein; die Ortsgemeinde und das Korps sind aus Gründen der Theologie, der Mission und der Jüngerschaft der Mittelpunkt des Heilungsdienstes; die Gemeinschaft muss als gleichberechtigte Partnerin in diesen Prozess einbezogen werden. Die Heilsarmee kann nicht einfach nur Gesundheitsdienste für die Menschen bereitstellen – vielmehr engagieren wir uns in den Gemeinden als Bündnispartnerin, um nachhaltige Lösungen zu finden, die das Leben verändern.*"[427]

---

[424] Williams 2009, 207–208.
[425] Williams 2009, 207.
[426] Williams 2009, 210.
[427] Williams 2009, 213.

Ihr Gedanke der integrierten Mission geht also nicht so weit, wie etwa Davies-Kildeas ganzheitliches Heilsverständnis, das die Hierarchisierung von spirituellen und sozialen Aspekten ganz überwinden soll. Es lässt sich eher eine Nähe zu Shakespeare erkennen. Auch die Pallants halten an der zentralen Bedeutung von persönlicher Gottesbeziehung und Mission fest und beschreiben medizinisches Engagement als einen Teilbereich davon. Mit der Bezeichnung von medizinischer Tätigkeit als „Mission" formulieren die Pallants auch ihre Position hinsichtlich der angestrebten Zielgruppe der Aktivitäten der Heilsarmee. Diese weicht von der der RSSNA entscheidend ab. Bereits Richards hatte in einer Debatte um die Existenzberechtigung christlicher Krankenhäuser darauf hingewiesen, dass diese Hospitäler und daran angebundene Ausbildungsstätten große Chancen für Kontakte mit der nichtchristlichen Bevölkerung und damit auch für christliche Verkündigung böten.[428] Für sie ist offenbar klar, dass solche Institutionen Arbeits-, Ausbildungs- und Betreuungsplätze für Angehörige ganz unterschiedlicher Gruppen bieten müssen, also keineswegs ausschließlich oder auch nur schwerpunktmäßig für die Heilsarmee-Mitglieder, sondern gerade auch für nichtchristliche Menschen. Auch während der Feldforschung befragte Kontaktpersonen aus der regionalen Heilsarmee, die Leitungsverantwortung im CHDP oder der Heilsarmee-Schule innehatten, betonten ausdrücklich, dass das Personal wie auch die Zielgruppen der Institutionen aus verschiedenen Kasten- und Religionsgemeinschaften komme, und beschrieben dies als erwünscht und sehr positiv. Die Pallants argumentieren in ihrem Text sehr ähnlich. Für sie sind die Mitglieder der Heilsarmee zwar von großer Wichtigkeit, sie sehen sie jedoch vor allem als Mitwirkende an missionarischer Aktivität. Diese nimmt für sie zwar in den lokalen Gemeinden ihren Anfang, bleibt aber nicht auf diese beschränkt. Auch sie haben damit eine Zielgruppe im Blick, die über die Heilsarmee-Mitglieder hinausgeht. Ihr Eintreten für den Community Health Ansatz ist gerade auf die Überzeugung gegründet, dass entlang der schon vorhandenen Korps-Struktur organisierte Community-Health Projekte den missionarischen Auftrag der Heilsarmee mindestens ebenso gut erfüllen könnten wie große Krankenhäuser und deren Theologie und Selbstverständnis sogar in höherem Maße entsprächen.

„Der Vorschlag, das Korps zum Dreh- und Angelpunkt der Heilsarmee-Gesundheitsversorgung zu machen, wird von einigen wichtigen Prinzipien getragen. Erstens: Theologische Gründe: Heilsarmee-Angehörige glauben, dass jedes Korps ein Teil der Kirche und die Kirche ein Teil des Leibes Christi ist. Eine der Hauptaufgaben der Korps ist die Zusammenarbeit mit dem Heiligen Geist bei der Integration von Körper, Geist und Seele sowie der lebenswichtige Dienst der Versöhnung bei Individuen, Familien und Gemeinschaften. Die Betonung der Verbindung zwischen Gesundheit und Heiligkeit ist ein zentraler Aspekt des Heilsarmeedienstes. Zweitens: Missiologische Gründe. Christen glauben, dass jeder Mensch von Gott

---

[428] Richards 1971, 130.

zum Aufbau des Reiches Gottes berufen ist und dass Gott möchte, dass die Menschen das Leben in seiner ganzen Fülle genießen (Johannes 10,10). Das Korps (und die Ortsgemeinde) ist der naheliegendste Zugang zur Gemeinschaft, und Gesundheit ist ein hervorragender Ausgangspunkt für Mission. Das Verständnis von 'Korps-Gemeinschaftszentren' ist das Herzstück des Gesundheitsdienstes der Heilsarmee, da die Korpsgebäude als Orte bekannt werden, an denen jedes Mitglied der Gemeinschaft unabhängig von seinen Bedürfnissen willkommen ist. Drittens gibt es Gründe im Blick auf Jüngerschaft und geistliche Ausbildung: Heilsarmee-Mitglieder können bezeugen, dass sie durch den Dienst an anderen Menschen – insbesondere an Bedürftigen – viel Segen erfahren. Die Korps müssen verstehen, dass ihr Auftrag nicht nur darin besteht, Seelen zu retten und Heilige heranzuziehen, sondern sich auch im Dienst an der leidenden Menschheit zu engagieren, weil diese Erfahrung gut, ja wesentlich für die spirituelle Gesundheit der Heilsarmee-Mitglieder ist."[429]

Überdies hatte sich auch schon Williams selbst in seiner Medizingeschichte positiv zu Community Health Projekten geäußert und beansprucht, diese stünden in Kontinuität zur frühen Mission und setzten deren Geist fort.[430] Auch diejenigen, die sich für einen Schwerpunkt auf Community Health aussprechen, stützen sich dabei also auf das Traditionsargument, das auch die RSSNA zur Begründung ihrer Position bemüht.

An der Debatte um die Zukunft der medizinischen Mission, wie sie sich gerade im Text der Pallants spiegelt, zeigt sich, dass es in der globalen Heilsarmee neben der RSSNA noch viele weitere Stimmen geben muss, die ein Festhalten an den großen Krankenhäusern und insbesondere deren Modernisierung fordern sowie die wichtige Rolle hochqualifizierten medizinischen Personals betonen. Die Pallants sehen sich schließlich gerufen, auf solche Forderungen einzugehen. Gerade dabei sind dann Formulierungen von Heilsarmee-Identität wichtig, die die Bedeutung sozialen und medizinischen Engagements für das Selbstverständnis der Organisation betonen. Insofern waren Gruppen aus der weltweiten Heilsarmee, die sich für die ungebrochene Fortsetzung der medizinischen Aktivitäten der Organisation einsetzten, sicher entscheidende Stimmen in jüngeren Debatten um Heilsarmee-Identität.

Andererseits wird aber auch deutlich, dass die internationale Leitung der Heilsarmee ihre Forderungen schon aus finanziellen und organisatorischen Gründen für kaum erfüllbar hält und ihnen wohl nicht nachkommen wird. Es ist ihr daher wichtig, zwar einerseits die große Bedeutung medizinischen Wirkens zu betonen, es aber gleichzeitig von seiner früheren Organisationsform – großen Krankenhäusern – zu lösen. In diesem Zusammenhang sind Argumentationen entscheidend, die soziales und medizinisches Engagement als Teil einer umfassenderen Missionstätigkeit begreifen, deren theologischen Grundsätzen auf verschiedene Weise entsprochen

[429] Williams 2009, 209–210.
[430] Williams 2009, 104.

werden kann. Diese Grundlagen, das nehmen auch internationale Leitungskreise für ihre Zukunftspläne in Anspruch, entsprechen der Gründungsvision der Heilsarmee und dem Vorbild ihrer Pioniergestalten.

Im Territorium Südostindien hat sich, das wurde im Rahmen der Feldforschung deutlich, der in diesem Sinne formulierte Community-Health-Ansatz gut etabliert. Die RSSNA kann ihre drei Kernmotive in Bezug auf die medizinische Mission also nicht durchsetzen. Sie kann weder ihre Vorstellung von der Zukunft des CBH bzw. der medizinischen Arbeit der Heilsarmee als ganzer durchsetzen, die auch von denjenigen in ihren Reihen geteilt wird, die sich für eine primär spirituelle Reform der Heilsarmee aussprechen. Noch kann sie der Theologie, dem Verständnis vom Kern der Heilsarmee-Identität, die ihr Präsident und – in Abstufungen – die Mehrheit der Vereinsmitglieder vertreten, wirkungsvoll ins Gespräch bringen. Auch die von der großen Mehrheit der RSSNA-Mitglieder erhobene Forderung, die Heilsarmee solle sich vor allem der Förderung ihrer eigenen Mitglieder bzw. der Sambavar-Gemeinschaft widmen, setzt sich nicht durch. Im Rahmen des Community-Health-Ansatzes wird, wie der Beitrag der Pallants zeigt, medizinisches Engagement zentral als Mission verstanden. Während also die RSSNA die sozialen und medizinischen Einrichtungen der Heilsarmee vor allem als Mittel für den sozialen Aufstieg ihrer Mitglieder sehen, möchten die Pallants – und sicher auch anderen entscheidende Führungsfiguren der weltweiten Heilsarmee – über diesen engeren Kreis gerade hinausgehen. Die RSSNA kann also in keiner der entscheidenden Fragen – Religionsverständnis, Kern von Heilsarmee-Identität, Zielgruppe von Heilsarmee-Aktivitäten – ihre Position durchsetzen.

16.2. General Cox' Überlegungen zu indischer und globaler Heilsarmee-Identität und die Reaktion der RSSNA

Im Jahr 2016 besuchte der damalige General der Heilsarmee, André Cox, Indien und wurde vom Herausgeber der indienweiten Ausgabe des Heilsarmee-Magazins, Major Babu Samraj, interviewt. Das Gespräch der beiden wurde in zwei Folgen in den War-Cry-Ausgaben von März[431] und April[432] 2016 veröffentlicht. Das Interview ist für diese Arbeit insofern von besonderem Interesse, als es auf mehrfache Weise mit der Feldforschungsregion verbunden ist. Zum einen stammt der Interviewer, Babu Samraj, aus dem Kanyakumari Distrikt und hatte dort, wie Kontaktpersonen der Feldforschung berichteten, seine Laufbahn als Heilsarmee-Offizier begonnen. Viele Fragen, die er im Laufe des Gesprächs an den General heranträgt, wurden und werden in der Feldforschungsgegend ausführlich diskutiert

[431] Samraj 2016a.
[432] Samraj 2016b.

und sind auch für die RSSNA von zentraler Bedeutung. Es ist also anzunehmen, dass Babu Samraj auch Debatten und Problematiken aus seiner Heimat-Region im Blick hatte, als er mit dem General über die Situation der Heilsarmee in Indien sprach. Zum zweiten übersetzte der Vereinsvorstand der RSSNA für die im April 2016 erschienene Frühjahrsausgabe des Ceyti Malar die erste Hälfte des Interviews – die zweite war noch nicht erschienen – ins Tamilische.[433] In der im Juli 2016 erschienenen Sommerausgabe des Ceyti Malar erschien dann ein Kommentar des Vorstands der RSSNA zu dem Interview, in dem dieser die Fragen und Antworten des Gesprächs aus der Perspektive des Vereins kritisch kommentierte.[434] Dieser Text wurde von John Murray wiederum ins Englische übersetzt[435], aber in dieser Fassung noch nicht veröffentlicht. Auch in diesem zweiten Ceyti Malar Beitrag zum Interview mit dem General wurde jedoch nur die erste Hälfte des Gesprächs, die in der Märzausgabe des War Cry veröffentlicht wurde, zur Kenntnis genommen.

Das Gespräch zwischen Babu Samraj und André Cox begann mit dem Thema Spiritualität. Der Interviewer fragte den General, wie seiner Ansicht nach im indischen Kontext eine Ausrichtung auf die spirituelle Dimension ermöglicht und verwirklicht werden könne. Sowohl diese Frage, zumal sie gleich zum Auftakt gestellt wird, als auch die Antwort des Generals lassen auf die große Relevanz schließen, die beide Gesprächspartner dem Thema Spiritualität zuschreiben. Der General streicht ihre grundlegende Bedeutung für alle Bereiche christlichen Lebens. Wer sich nicht in erster Linie um spirituelles Leben und Gottesbeziehung bemühe, könne auch nicht positiv in der Welt wirken. In Kontinuität zu wichtigen Stimmen aus dem späten 20. Jahrhundert, wie etwa Clifton und Street, formuliert hier also auch Cox grundsätzlich ein spirituelles Primat.

„Major Babu Samraj: (...) Die Menschen werden oft von der vorherrschenden Kultur in Indien abgelenkt. Wie können wir unseren Geist auf Jesus ausrichten und uns auf geistliche Dinge konzentrieren?

General André Cox: (...) Ich denke, es ist wichtig, dass wir unsere Prioritäten richtig setzen. Wir sind nicht dazu bestimmt, ewig in dieser Welt zu leben, und deshalb ist es wichtiger, unser Herz auf andere Prioritäten und die kommende Welt zu richten. (...) Ich denke, eine der Herausforderungen, mit denen wir konfrontiert sind, ist, dass es sehr einfach ist, oberflächlich christlich zu sein. Manche Menschen sagen: ‘Ich bin christlich’, aber das mag daran liegen, dass sie in einer christlichen Familie aufgewachsen sind, aber es geht mehr um unsere Beziehung zu Gott, die meiner Meinung nach grundlegend und wichtig ist. Ich sehe auch, dass die Heilsarmee-Mitglieder und die Menschen in der Kirche die Werte der Welt übernehmen, und diese Werte sind eigentlich das genaue Gegenteil von den Werten des Reiches Gottes. Jesus sagte: ‘Trachtet zuerst nach dem Reich Gottes’ (...) das muss die erste Priorität sein. Wenn wir die Priorität nicht richtig setzen, dann hat

[433] Vereinsvorstand der RSSNA 2016b.
[434] Vereinsvorstand der RSSNA 2016a.
[435] Murray 2016b.

unser spirituelles Leben keine Kraft; unser Zeugnis hat keine Bedeutung, und wir werden in der Welt nichts bewirken.“[436]

Dennoch nimmt Cox diesen Positionen gegenüber auch wesentliche Neubestimmungen vor. Besonders in einem Punkt weicht er deutlich von den Ansichten seines Amtsvorgängers Clifton ab. Für diesen war es völlig unstrittig, dass es sich bei der Heilsarmee um eine Kirche handle, die mit anderen Kirchen zentrale Charakteristika teile, eine Erkenntnis, die für ihn ausgesprochen positiv war. Cox hingegen äußert Bedenken hinsichtlich einer zu großen Angleichung der Heilsarmee an Andere. In diesem Sinne möchte er die Heilsarmee nicht als Kirche, sondern vielmehr als „permanente Mission für die Ungeretteten“ verstanden wissen. Die Einordnung der Organisation in den Evangelikalismus bestreitet er zwar nicht grundsätzlich. Ihm geht es jedoch wesentlich weniger um die Betonung der Übereinstimmungen zwischen evangelikalem Selbstverständnis und Heilsarmee-Identität, sondern vielmehr um die Schärfung eines eigenen Profils, das sie von anderen evangelikalen Gruppen unterscheidet. In diesem Sinne formuliert er eine vorsichtige Abgrenzung. Die Heilsarmee, so argumentierte er, könne und solle nicht sein wie die anderen evangelikalen Kirchen. Wer dies fordere, habe letztlich nicht verstanden, worum es der Heilsarmee gehe. Es gebe viele evangelikale Kirchen, aber nur eine dienende Armee. Beide Argumentationen gründet Cox auf die starke Betonung des Dienstgedankens. Dieser ist entscheidend sowohl für die Zurückweisung des kirchlichen Charakters der Heilsarmee als auch für die Kritik an der völligen Gleichsetzung mit anderen evangelikalen Gruppen bzw. die Forderung nach Anpassung an diese. Immer wieder verleiht der General seiner Befürchtung Ausdruck, der Dienstgedanke, dieses entscheidende Moment der Heilsarmee-Identität, könne aus dem Blick geraten, und fordert am Ende des Gesprächs spezifisch die indische Heilsarmee auf, ihr vorhandenes Potenzial wesentlich umfangreicher zu entfalten.

„Major Babu Samraj: Wenn Leute sagen, „die Heilsarmee sollte wie andere Kirchen sein“ – was möchten Sie diesen Leuten dann sagen?

General André Cox: Dann haben sie nicht verstanden, was die Mission der Heilsarmee ist. Denn ich glaube keine Sekunde, dass Gott die Heilsarmee nur als eine weitere Kirche vorgesehen hat. Wir sind eine ständige Mission für die Unerlösten, wir müssen die Menschen mit der Botschaft des Evangeliums erreichen. Diejenigen, die wollen, dass wir wie eine andere Kirche sind, haben tatsächlich nicht verstanden, dass das nicht unser Auftrag ist. Ich sage oft, dass es umstritten ist. Und hier in Indien ist es so umstritten. Ich sage manchmal, wenn Sie eine evangelikale Kirche wollen, gibt es viele andere, aber es gibt nur eine Heilsarmee. Und ja, wir sind vielleicht nicht die größte evangelikale Kirche oder eine religiöse Organisation, aber wir sind die größte dienende Armee der Welt. Wir müssen uns der Tatsache bewusst sein, dass Gott uns aufruft, nicht nur an uns selbst zu denken. Und ich bin besorgt, weil wir immer mehr Kirchen sehen, in denen die Leute

[436] Samraj 2016a, 15.

einfach sonntags kommen und die Hände heben und Gott anbeten. Aber wie setzt sich das in Dienst um? Wir sind nicht nur eine gottesdienstliche Gemeinschaft, ja, das ist ein Teil von dem, was wir tun, aber Gott hat uns eine Mission gegeben, und zwar die, andere zu erreichen. (...)"[437]

„Ich denke, eine der größten Herausforderungen in Indien ist die Tatsache, dass es viele kulturelle Heilsarmee-Mitglieder gibt. Und das wird keine große Auswirkung auf das Reich Gottes haben. Es geht darum, sich zu engagieren, und es geht darum, von unserer Berufung überzeugt zu sein, und es geht darum, die Gemeinschaften zu erreichen, und das ist es, was den Unterschied ausmacht. Und in Indien habt ihr das Potenzial, viel mehr zu sein – nicht nur durch Predigten, sondern durch Dinge, die wir tun, um der leidenden Menschheit zu dienen – wenn wir das richtig machen, denke ich, könnte Indien viel mehr sein."[438]

Trotz der Betonung der fundamentalen Bedeutung des Dienstgedankens für die Heilsarmee formuliert General Cox jedoch keineswegs ein soziales Primat im Sinne der RSSNA. „Dienst" ist für ihn, anders als für John Murray, keineswegs gleichbedeutend mit sozialem Engagement bzw. auf dieses begrenzt. Vielmehr bestimmt er ihn häufig gerade über Mission und Verkündigung. Dennoch nimmt Cox solche Themen, gerade auch Spiritualität und persönliche Gottesbeziehung, zum Ausgangspunkt, um auch von der RSSNA immer wieder thematisierte problematische Aspekte in der Organisation der Heilsarmee kritisch in den Blick zu nehmen und den richtigen Umgang mit ihnen zu beschreiben. So kommt er in diesem Zusammenhang etwa auf Korruption und Machtmissbrauch, aber auch auf das von ihm initiierte Accountability Movement zu sprechen, in dessen Rahmen diese Schwierigkeiten bearbeitet werden sollen. In Zusammenhang mit dieser Initiative betont Cox, dass „Accountability" für ihn viele Facette habe. Es gehe dabei keineswegs ausschließlich um Finanzmanagement, sondern auch und gerade um die Praxis der Heilsarmee:

„Beim Accountability Movement geht es nicht nur um Finanzen (...), sondern um die Art und Weise, wie wir in der Welt leben und handeln. Ich bin besorgt über die Tatsache, dass wir in der Heilsarmee mehr und mehr wie eine Kirche handeln. Wir kommen zusammen, wir beten an, wir kümmern uns um uns selbst. Gott hat die Heilsarmee nicht dazu berufen, ein kleines, zurückgezogenes Volk der Anbetung zu sein. Wir müssen dienen und in den Gemeinschaften unterwegs sein. (...) William Booths Vision war: Ja, wir predigen über das Reich Gottes, aber wir müssen auch etwas auf die Erde bringen. (...)."[439]

Einer ganz ähnlichen Argumentationsstrategie bedient sich Dean Pallant, der in den Ausgaben des indischen War Cry von März und April 2016, in denen auch das Interview mit Cox veröffentlicht wurde, das Accountability Movement vorstellte. Zu diesem Zeitpunkt hatte er den Posten des Direktors der International Social Justice Commission inne und war Koordinator

[437] Samraj 2016a, 15.
[438] Samraj 2016b, 16.
[439] Samraj 2016a, 16.

des Accountability Movements. Gleich zu Beginn seines Textes in der März-Ausgabe betont er, es gehe zentral um Erneuerung im Geiste Gottes und Re-Fokussierung auf Gottes Mission. Im weiteren Verlauf kommt er dann aber auf sehr konkrete, praktische Probleme zu sprechen, die überwunden werden müssten. Hier fasst er Erneuerung durch den Geist, aber auch Mission so weit, dass auch der Umgang mit Herausforderungen, wie sie etwa auch die RSSNA beschäftigen, in diesen Bereich fallen.

„2016 wird ein bedeutendes Jahr für das Accountability Movement der Heilsarmee sein. Es ist an der Zeit, jedes Mitglied der Offiziersränge, der Gemeinden, der Mitarbeiterschaft und des Freundeskreises zu ermutigen, sich daran zu beteiligen. Das Accountability Movement ist wichtig, weil es Menschen die Möglichkeit bietet, sich von Gottes Geist erneuern zu lassen und sich auf Gottes Auftrag zur Erlösung seiner Welt neu auszurichten. (...) Auf meinen Reisen teilen viele Menschen ihre Besorgnis über einen Mangel an Verantwortlichkeit in der Heilsarmee. Es ist interessant zu hören, dass immer wieder dieselben Themen zur Sprache kommen: (...) fehlende finanzielle Integrität, mangelndes Vertrauen zwischen den Angehörigen der Offiziersränge und denen der Gemeinden, Misstrauen zwischen Korps, Zentren und Hauptquartieren, sexuelle Verfehlungen, Menschen, die persönliche Macht zum eigenen Vorteil suchen (...).“[440]

Cox wie Pallant stellen also die persönliche Gottesbeziehung und Mission ins Zentrum von Heilsarmee-Identität. Sie weiten diese Themen, ähnlich wie Shakespeare, jedoch deutlich aus und nutzen sie als Anknüpfungspunkt um praktische und organisatorische Herausforderungen anzusprechen, die auch für die RSSNA zentral sind. Der Umgang mit diesen Herausforderungen, das betonen sie, ist gerade auch eine Chance, die Beziehung zu Gott zu erneuern und damit auch den Auftrag der Heilsarmee neu in den Blick zu nehmen.

Der Umgang des RSSNA-Vorstands mit den von Cox vertretenen Positionen in dem im Ceyti Malar veröffentlichten Kommentar ist zwiespältig. Die Aussagen des Generals über die Relevanz des Dienstgedankens und der grundlegenden Differenz zwischen der Heilsarmee und anderen Kirchen aus der ersten Gesprächshälfte hebt der RSSNA-Kommentar als ausgesprochen positiv hervor. Er nimmt sogar den General als Garanten für das von dominanten Stimmen im Verein formulierte Religionsverständnis in Anspruch und unterstreicht so die Legitimation der eigenen Anliegen. Tatsächlich jedoch verschärft der Artikel die Aussagen des Generals im Sinne der insbesondere von Präsident Murray vertretenen Position. Dies ist schon in der der Kommentierung der Fragen vorausgestellten Einleitung – besonders in der ausführlicheren englischen Fassung – deutlich zu lesen. Hatte André Cox seine Befürchtung ausgedrückt, der Dienstgedanke könne aus dem Blick geraten und die Heilsarmee sich zu sehr an andere Kirchen angleichen, so ist dies für die RSSNA schon längst geschehen. Überdies

[440] Pallant 2016.

spitzt der Vereinsvorstand bei der Wiedergabe und Kommentierung des Interviews die Aussagen des Generals in ihrem Sinne zu. Dieser hatte gesagt, die Heilsarmee sei „nicht *nur* eine anbetende Gemeinschaft". Der RSSNA-Kommentar, streicht bei der Wiedergabe der Aussage das „nur" und argumentiert auch hier mit einer sich ausschließenden Gegenüberstellung von gottesdienstlicher Praxis und Dienst an der Gemeinschaft:

„Antwort [des Generals im Interview; Anm. D. Verf.]: (...) Wir sind keine Gottesdienstgemeinde....wir werden keine andere Kirche werden, denn dann werden wir verschwinden. Unsere Kommentare: Die Antwort des Generals ist treffend und angemessen und sollte gewürdigt werden. Es ist ein Gebot, das in Stein gemeißelt und auf das Herz eines jeden Heilsarmee-Mitglieds geschrieben werden muss. Wir sind keine Gottesdienstgemeinde – das ist eine grundlegende Binsenweisheit, aber unsere Offizierinnen und Offiziere sowie die Lokalen Offizierinnen und Offiziere sind sich dessen nicht bewusst. Es ist eine ernste Angelegenheit, die es wert ist, zur Kenntnis genommen zu werden. Die Priorität der Heilsarmee liegt heute darin, den leichtgläubigen Menschen Predigten zu halten oder Geschichten zu erzählen. Ihre Aktivitäten sind völlig frei vom Dienst an der Gemeinschaft, den sie völlig vernachlässigen. Um die Wahrheit zu sagen: In der Heilsarmee hat die Predigt und nichts als die veraltete Predigt, ohne Bezug zur heutigen Zeit, begleitet von emotionaler Hysterie und theatralischer Darstellung, sie und nur sie, den Sieg davon getragen."[441]

Hier zeigt sich erneut, dass für die tonangebenden Stimmen innerhalb des Vereins der Dienstgedanke, der für sie gleichbedeutend mit sozialem Engagement ist, die eine entscheidende Grundlage der Heilsarmee-Identität und der Kern ihres Auftrags ist. Das geht so weit, dass sie weder den Wert gottesdienstlicher Praxis, die der General ausdrücklich betont, einräumen können, noch den Gedanken von Gottesbeziehung als Grundlage vorbildlicher Praxis aufgreifen wollen. Überdies ist der vermutlich von Murray entscheidend geprägte Kommentar des Vereinsvorstands von ausgesprochen scharfer Kritik am Umgang des Generals und seines Gesprächspartners mit den aktuellen Herausforderungen geprägt, die für die RSSNA entscheidend sind und deren Bedeutung auch Cox einräumt. Im Grunde argumentiert die Gruppe bei allen Themen des Interviews, zu denen sie eine Stellungnahme aus Sicht der RSSNA formuliert, ähnlich. Die Fragen von Babu Samraj sind ihr stets zu weit oder zu weich formuliert, die Antworten des Generals beschreibt sie als ausweichend und nicht konsequent genug. Die Positionen und Handlungsweisen der RSSNA seien weit richtungsweisender für den Umgang mit den Problematiken in der Heilsarmee. So schreibt sie etwa zur Behandlung des Themas Korruption im Interview:

„In der Vergangenheit wurde eine Frage an Devavaram, den damaligen Territorialleiter, zu seiner Meinung zu Betrug und Korruption in der Heilsarmee gestellt (...) In ähnlicher Weise wurde General André Cox mit einer Frage konfrontiert. Es wäre im richtigen Kontext gewesen, wenn diese Frage so gestellt worden wäre:

[441] Murray 2016b, 3–4.

'Betrug und Korruption sind in der Heilsarmee in Indien ein großes Thema geworden. Wie sollen die Heilsarmee-Mitglieder darauf reagieren?' Die Antwort des Generals ist nicht eindeutig. Sie werden als globales Phänomen verallgemeinert – eine Übung darin, um den heißen Brei herumzureden. Die RSSNA hat die richtige Antwort: Betrug und Korruption sind ein Krebsgeschwür, das in der Heilsarmee sehr präsent ist. Die RSSNA führt einen unerbittlichen Krieg gegen Betrug und Korruption in der Heilsarmee. (...) Bitte verstehen Sie die unterschwellige Botschaft: 'Wer gegen Betrug und Korruption kämpft, kämpft gegen die Heilsarmee.' Ist das die Richtschnur der Heilsarmee? Die RSSNA hat es nie versäumt und hat es immer als ihre Pflicht angesehen, das IHQ darauf aufmerksam zu machen, wenn sich ein Betrug, Korruption, Veruntreuung und Missbrauch von Geldern oder Autorität Befugnissen ereignete. Aber was wir erleben, ist Nachlässigkeit seitens des IHQ . Nicht Nachlässigkeit allein, sondern es bewegt sich in eine falsche Richtung: 'Der Korrupte wird geschützt.' Die dagegen zu Felde ziehen, werden zerschlagen."[442]

Besonderen Anstoß nehmen die Herausgebergruppe des Ceyti Malar und John Murray an einer Formulierung, mit der Babu Samraj auf kritische Gruppen innerhalb der Heilsarmee anspielte. Dieser hatte den General gefragt: „In einigen Gebieten gibt es unzufriedene Menschen, bei denen es scheint, sie würden sich gegen die Heilsarmee richten. Was möchten Sie ihnen sagen?"[443] Die Gruppe aus der RSSNA sieht in der Frage die Anschuldigung reformuliert, bei ihrer Organisation handele es sich um eine Feindin der Heilsarmee. Der Verein heißt die Antwort des Generals in diesem Zusammenhang gut, wirft ihm wenig später jedoch vor, seinen eigenen Ansprüchen nicht gerecht zu werden. Als Vorbild für die Reformen, die für die Zukunft der Heilsarmee entscheidend wären, kommt aus Sicht der Herausgebergruppe des Ceyti Malar letztlich nur die RSSNA selbst in Frage. Statt gehört zu werden, werde die Gruppe, so liest sich der Text, jedoch überhört und verunglimpft.

„Unsere Kommentare: Es gibt eine Verdrehung, ein Unheil in der Weise, wie die Frage gestellt wird. Die unzufriedenen Menschen scheinen sich gegen die Heilsarmee zu richten – das ist eine falsche Wahrnehmung. Aus welchem Grund erheben sie sich zur Revolte? Damit das begangene Unrecht korrigiert wird. Für die Durchsetzung der Reformation, aber nicht für die vollständige Auflösung der Heilsarmee. Die Antwort des Generals ist treffend und der Zeit angemessen. Mangelnde Transparenz und fehlende Informationen sind die Ursache für die Unzufriedenheit. (...) Major Babu hat dem General eine sehr treffende Frage gestellt: 'Wie könnte die Verantwortlichkeit bis hinunter zu Basis, zu den Korps-Diensten getragen werden?' Diese Frage vermittelt indirekt den Eindruck, dass die Verantwortlichkeit ein Problem ist, das auf die untere Ebene beschränkt ist, und dass in den oberen Rängen alles in Ordnung ist. Ehrlich gesagt, Rechenschaftspflicht, Verantwortlichkeit und Transparenz in der Verwaltung – all das hat nichts mit der Heilsarmee zu tun, sondern ist ihr ein Gräuel. Die Entwicklung, die dazu geführt

[442] Murray 2016b, 2–3.
[443] Samraj 2016a, 15.

hat, dass der jetzige General André Cox den Posten übernommen hat, ist uns noch gut in Erinnerung. Generalin Linda Bond schied ohne Vorankündigung aus dem Amt aus. Der Hohe Rat, geleitet vom Heiligen Geist, wählte sie erst im Jahr 2011 zu unserer Generalin. Ihr Ausscheiden im Jahr 2013 bleibt immer noch ein Rätsel. General André Cox, der über Rechenschaftspflicht und Transparenz in der Verwaltung spricht, hat der Außenwelt gegenüber die Verantwortung, den Grund für das Rätsel um den Rücktritt von Linda Bond zu enthüllen.“[444]

Auffällig ist, dass der RSSNA-Kommentar auf die Behandlung der Kastenthematik im Interview überhaupt nicht eingeht, ist damit doch eine ihrer zentralen Forderungen verbunden. Dies lässt darauf schließen, dass der Vereinsvorstand nur die Märzausgabe des War Cry vorliegen hatte, nicht aber die aus dem April, in der dieses Thema besprochen wurde. Für den Verein hängt die Kastenthematik, wie dargestellt wurde, insofern aufs engste mit sozialem Engagement zusammen, als sie die in der Kastenhierarchie ganz unten stehenden Gemeinschaften als Zielgruppe der Heilsarmee und ihrer Fördermaßnahmen auffassen. Auch Major Babu Samraj hält das Thema Kaste bzw. die Problematiken, die Kastendiskriminierung mit sich bringt, ganz offensichtlich für ein wichtiges Thema, das er mit dem General besprechen will.

„‘Es ist unmöglich, Christus und der Kaste gleichzeitig zu dienen’ – aber das wahre Gesicht der indischen Kirchen ist kastenbasiert. Wie sollten Heilsarmee-Mitglieder auf diesen Kontext reagieren? (...) Dieses Kastenvorurteil bedeutet, dass junge Menschen in Bezug auf ihre akademischen und beruflichen Möglichkeiten und ihren grundlegenden Zugang zu Dienstleistungen sehr leiden.“[445]

Es ist gut denkbar, dass für Babu Samraj hier – wiewohl nicht ausdrücklich angesprochen – die Frage im Hintergrund steht, ob die Heilsarmee nicht doch einen besonderen Auftrag gegenüber den Kastenlosen hat und sie bei den von ihm aufgezählten Aspekten – Bildung, Arbeitsstellen, Fördermaßnahmen – besonders berücksichtigen sollte. Der General versteht dieses Anliegen jedoch entweder nicht oder möchte es bewusst nicht aufgreifen. Er verweist einmal mehr auf die persönliche Gottesbeziehung als Voraussetzung gesellschaftsverändernder Prozesse. Die Christenheit müsse daran denken, dass Christus gekommen sei, um Grenzen niederzureißen.[446] Eine entscheidende Forderung der RSSNA, die nach der Fokussierung der Heilsarmee auf die Dalits, erhält im Interview also keinen Raum, da die Kastenthematik als Frage nach der Zielgruppe der Heilsarmee vom General nicht aufgegriffen wird.

Die Frage, ob Positionen und Anliegen wie die der RSSNA im War-Cry-Interview Gehör finden, ist eine durchaus komplexe. Auf jeden Fall ist festzuhalten, dass Major Babu Samraj Fragen an den General richtet, die auch

[444] Murray 2016b, 4–5.
[445] Samraj 2016b, 16.
[446] Samraj 2016b, 15.

der RSSNA wichtig sind. Auch André Cox hält diese ganz offenbar für berechtigt und relevant und ist sich vieler der angesprochenen Problematiken, gerade hinsichtlich der Organisation der Heilsarmee, durchaus bewusst. Dies zeigt sich etwa in dem von ihm initiierten Accountability Movement und findet auch in seinem Schlussplädoyer an die indische Heilsarmee Ausdruck. Überdies äußert er sich in der Kirchenfrage recht ähnlich wie der RSSNA-Präsident. Auch er will die Heilsarmee nicht als eine Kirche wie andere verstehen und fasst die Schwerpunktsetzung auf den Dienst an der Gemeinschaft als ihr entscheidendes und sie von anderen unterscheidendes Charakteristikum auf. Im Vergleich mit anderen Stimmen aus der globalen Heilsarmee, das ist deutlich geworden, betont er diesen Aspekt sogar besonders stark. All dies lässt darauf schließen, dass er Stimmen mit Anliegen, die jenen der RSSNA ähnlich sind, hört und für durchaus berechtigt hält. Auch John Murray signalisiert durch seine Übersetzung des Interviews für die Frühjahrsausgabe des Ceyti Malar – in der der Text des Gesprächs ja zunächst unkommentiert erscheint – dass er sich dessen im Grunde bewusst ist.

Auf der anderen Seite ist das Religionsverständnis des Generals trotz allen vorhandenen Annäherungspotenzials letztlich mit dem in der RSSNA dominanten nicht identisch. André Cox betont zwar die Bedeutung des Dienstes („Service“) für die Heilsarmee-Identität, setzt diesen „Dienst“ aber keineswegs gleich mit sozialem Engagement, wie es etwa John Murray tut. Häufig beschreibt er ihn vielmehr als Verkündigungstätigkeit, als Verbreitung des Evangeliums. Allerdings hängt der Umgang mit aktuellen organisatorischen Problematiken aufs engste mit spirituellen Aspekten zusammen. Damit knüpft er an Argumentationsstrategien an, die die Bedeutung von Spiritualität betonen, ihren Bereich jedoch ausweiten und aktuelle soziale und gesellschaftliche Herausforderungen explizit mit einbeziehen wollen.

Der RSSNA-Kommentar zum Interview lässt, auf der anderen Seite, die Ausführungen des Generals zu spirituellem Leben unkommentiert und greift auch den Gedanken der persönlichen Gottesbeziehung als Voraussetzung für Veränderungen in der Welt und der Heilsarmee nicht auf, von dem aus André Cox mehrfach Themen anspricht und kritisch beleuchtet, die auch dem Verein wichtig sind. Ein zentrales Anliegen des Vereins, nämlich die Identifizierung der Heilsarmee mit den Dalits, findet in dem im War Cry dokumentierten Gespräch trotz der Bemühungen des Interviewers keinen Raum. Aber auch diejenigen Aussagen des Generals, in denen er zu erkennen gibt, dass er kritische Stimmen kennt und ernst nimmt, gehen John Murray und der Herausgebergruppe des Ceyti Malar nicht weit genug. Die Rhetorik des Generals ist zwar kritisch, zielt aber trotz durchaus deutlich formulierter Ansichten und Forderungen vor allem auf einen optimistischen Blick in die Zukunft, auf Vermittlung und Versöhnung verschiedener Gruppen und Positionen. Der Artikel im Vereinsmagazin hingegen beschreibt die RSSNA als die einzige Gruppe, die den auch vom General formulierten Anforderungen tatsächlich gerecht wird und vertritt die Auffassung, der Verein werde auf Grund seiner kritischen Haltung verunglimpft und diskriminiert.

> Die RSSNA führt einen unerbittlichen Krieg gegen Betrug und Korruption in der Heilsarmee. Aber was passiert: Die Offizierinnen und Offiziere der Heilsarmee, die tief in Betrug und Korruption verstrickt sind, lösen eine Szene aus, dass die RSSNA eine Anti-Heilsarmee-Bewegung ist und tun alles, um die Menschen hier und im IHQ in London glauben zu machen, dass es so ist. (...) Der Ausschluss aus dem Korps/der Kirche oder der Gesellschaft ist die Belohnung, die auf die Kämpfenden wartet, und sie erfolgt unter dem einen oder anderen Vorwand.[447]

John Murrays Ausschluss aus der Booth-Tucker-Hall wird so zum Interpretationsmuster, von dem her alle Kontakte zwischen Verein und offizieller Heilsarmee gelesen werden. Was ihrem Präsidenten auf kleiner Ebene widerfahren sei, so suggeriert der Text, geschehe der RSSNA immer wieder auch in größeren Zusammenhängen. Ein Dialog zwischen ihr und der Heilsarmee scheint nach dem Vorfall in der Booth-Tucker-Hall unmöglich zu sein.[448]

16.3. Ein südindischer Offizier zwischen regionalen und globalen Bestimmungen von Heilsarmee-Identität

Im Folgenden soll ein Interview untersucht werden, das während der Feldforschung mit einem Heilsarmee-Offizier geführt wurde. Dabei ging es schwerpunktmäßig um die Situation im Territorium. Es kamen aber auch immer wieder Fragen auf, die für die indienweite oder globale Debatte um Heilsarmee-Identität wichtig sind. Der Gesprächspartner hatte seine Laufbahn als Korps-Offizier im Kanyakumari Distrikt begonnen und im Anschluss verschiedene Leitungsposten auf territorialer Ebene bekleidet, so auch wieder zum Zeitpunkt der Feldforschung. RSSNA-Mitglieder begegneten ihm in diesen Zeiten im privaten Umfeld. Zwischendrin hatte er auch eine Position in der indienweiten Heilsarmee-Organisation inne und in diesem Zusammenhang gelegentlich auch Kontakt zu internationalen Führungsfiguren. Aus diesem Grund waren ihm nicht nur die regionalen Diskussionen und Konflikte des Territoriums Südostindien gut bekannt, sondern auch auf höherer Ebene geführte Debatten um Heilsarmee-Identität.

---

[447] Murray 2016b, 2–3.

[448] 2021 reichte die RSSNA beim International Headquarter ein Strategiepapier zum Umgang mit der Situation in Indien ein. Dabei kam sie dem von der internationalen Leitung formulierten Selbstverständnis insofern ein Stück entgegen, als sie neben den sozialen Verdiensten auch die Verkündigungstätigkeit der frühen Mission ausdrücklich würdigte. Das soziale Primat blieb jedoch erhalten. RSSNA 2021, 3–5. Vgl. Kapitel 22.2 dieser Arbeit.

In Verlauf des Interviews wurde deutlich, dass er sich der sehr unterschiedlichen Positionen zur Bestimmung von Religion und der Zielgruppe der Heilsarmee wohl bewusst war und versuchte, eine eigene, vermittelnde Position zu formulieren.

Dies, so zeigte sich, war insbesondere im Blick auf die Kastenthematik wichtig, aber auch besonders kompliziert, zumal seine eigene Haltung zu damit verbundenen Fragen von einer gewissen Ambivalenz geprägt war. Dies war sowohl durch programmatische Überlegungen als auch durch biografische Erfahrungen bedingt. So war für ihn das Bedürfnis, sich für seine Kastengemeinschaft einzusetzen, eine entscheidende Motivation, Heilsarmee-Offizier zu werden. Auch er erzählt von den besonderen Verdiensten der frühen Heilsarmee um die untersten Kasten und betont, auch heute biete die Heilsarmee den Dalits einen Raum frei von Kastendiskriminierung, die sie in den anderen Kirchen noch immer erführen. Im Rahmen seiner Schilderungen der Verdienste der frühen Heilsarmee hebt er hervor, diese habe seinen Vorfahren Liebe und Respekt erwiesen und ihnen menschliche Würde verliehen. Er nennt aber keine konkreten sozialen Aktivitäten oder Projekte, wie es die RSSNA tut, vermeidet es also, die Heilsarmee-Mission ausdrücklich über soziales Engagement zu bestimmen.

„Weißt du, unser Volk lebte damals völlig am Rand der Gesellschaft, in Armut und sie arbeiteten für Tageslohn. Aber sie wurden von der Oberschicht nicht als menschliche Wesen betrachtet. So kam die Heilsarmee und lehrte sie den Respekt, die Menschenwürde. So nahmen sie die Liebe ihrer Offizierinnen und Offiziere an (...) Die anderen christlichen Organisationen, selbst die Mar-Thoma-Kirche, wollen uns einfach nicht in ihre Kirchen aufnehmen. Das ist der Grund dafür. Denn wo immer wir hingehen, stehen wir als Dalit da. Und die Heilsarmee ist die einzige Organisation, die eine hundertprozentige Dalit-Kirche ist, in der wir Respekt, Gleichheit und Würde finden. Das muss der Grund gewesen sein, dass ich dachte, es sei besser, ein Offizier der Heilsarmee zu sein, wo wir unserer Gemeinschaft dienen können. Unserer eigenen Gemeinschaft.“[449]

Obwohl also der Einsatz für die Sambavars ein wichtiger Grund für seine Entscheidung darstellte, Heilsarmee-Offizier zu werden, machte er im Laufe seines Dienstes auch sehr prägende Erfahrungen mit Programmen, die sich an ganz verschiedene Gruppen richteten und mit diesen zusammenarbeiteten, und bezeichnete die damit verbundenen Erlebnisse als Wendepunkt seiner Offizierslaufbahn. Im Laufe des Gesprächs äußerte er dann auch seine Überzeugung, dass Fortschritt und Entwicklung am besten in gemischten Gruppen zu erreichen seien.

„Kurz nach meiner Arbeit als Korps-Offizier war ich drei Jahre lang in der Tsunami-Gemeinschaftsarbeit tätig, dreieinhalb Jahre lang. Ich habe mit dem Projekt gearbeitet, mit den vom Tsunami betroffenen Gemeinschaften. Dort haben wir

[449] Interview mit einem Heilsarmee-Offizier aus dem Kanyakumari-Distrikt am 07.04.2017.

ein psychosoziales Programm für die Gemeinschaften durchgeführt. Wir hatten Kontakt zu vielen Gemeinschaften im ganzen Bundesstaat. Und sogar in Pondicherry. Ich habe mit vielen Gemeinschaften zusammengearbeitet. Ich erinnere mich daran, dass diese Tage sehr schön waren, wunderschön, weil die Heilsarmee eine riesige Menge Geld ausgab, nicht für die Heilsarmee-Mitglieder, sondern für alle Gemeinschaften. Ich arbeitete also mit den anderen Gemeinschaften zusammen und traf Menschen aus verschiedenen gesellschaftlichen Gruppen. Und mit ihrer Armut, mit ihren Sorgen, mit ihren Herausforderungen, wie sie darum kämpften, zur Normalität des Lebens zurückzukehren. Diese Dinge haben mir eine große Lektion erteilt. Das war mein Wendepunkt in der Offizierslaufbahn.“[450] *(...)Ich bin der Meinung, wenn man Wachstum und Entwicklung fördern will, sollte es eine gemischte Gruppe von Menschen geben.“*[451]

Auch hinsichtlich der Aktivitäten der Heilsarmee und deren Zielgruppen zeigte sich der Gesprächspartner zwiegespalten. Die Frage, ob die Heilsarmee eine besondere Verpflichtung („specific commitment“) den Sambavars gegenüber habe, verneinte er zunächst, äußerte dann jedoch die Ansicht, die Sorge um diese Kastengemeinschaft müsse das Hauptanliegen („primary concern“) der Heilsarmee sein, da diese Gemeinschaft sehr zu kämpfen habe, insbesondere bei der Erziehung und Bildung ihrer Kinder. Er ist sich durchaus bewusst, dass es sehr verschiedene Positionen zur Frage nach dem Verhältnis von Heilsarmee und Kastenlosen gibt. So signalisiert er mehrfach, dass er Forderungen wie die der RSSNA, die Heilsarmee habe sich besonders um die Sambavars zu kümmern, vernommen habe. Er geht jedoch offenbar davon aus, dass die internationale Leitung den Gedanken einer Schwerpunktsetzung auf bestimmte Kasten ablehnt. Er verweist in diesem Zusammenhang auf das Missionsstatement der Heilsarmee für Indien. Dieses lautet:

„Die Heilsarmee ist eine internationale Bewegung, ein Teil der christlichen Kirche, deren geistliche Motivation in einem verkündigenden (evangelical), sozialen, erzieherischen und gesundheitlichen Dienst praktische Anwendung findet. Ihr Ziel ist es, allen Menschen zu helfen, die Fülle des Lebens in der Beziehung zum lebendigen Christus zu finden, die durch die Schrift entdeckt und durch ein heiliges Leben in Frieden und Harmonie mit anderen gezeigt wird.“[452]

Auch John Murray hatte im Gespräch auf dieses Statement verwiesen und es ebenfalls so gedeutet, dass darin dem Gedanken einer Heilsarmee als Bewegung für die Dalits eine Absage erteilt werde

„Und die Leute in London, weißt du, im Missionsstatement der Heilsarmee sagen sie, dass die Wohltätigkeit für alle Menschen gilt. Keine Kaste, kein Glaube, keine

---

[450] Interview mit einem Heilsarmee-Offizier aus dem Kanyakumari-Distrikt am 07.04.2017.

[451] Interview mit einem Heilsarmee-Offizier aus dem Kanyakumari-Distrikt am 07.04.2017.

[452] https://www.salvationarmy.org/india/missionstatement (zuletzt abgerufen am 21.03.2021).

Religion. So steht es im Missionsstatement der Heilsarmee. Aber hier in Indien ist das nicht so. Indien ist geteilt durch Kaste, durch Glauben, durch alles. Hier ist das Kastensystem stark verwurzelt. Und hier wird die Heilsarmee nur von dieser Dalit-Gemeinschaft angenommen. Von niemandem sonst. Deshalb erwarten die Dalits, dass die Heilsarmee nur für diese Gemeinschaft etwas tut. Denn dies ist die Gemeinschaft, die seit Jahrhunderten im Stich gelassen und unterdrückt wird.“[453]

Die Auseinandersetzung des Offiziers mit diesen Positionen geschah im Interview im Zusammenhang mit der Frage nach der ihm wohlbekannten Kritik, die Heilsarmee tue nicht genug für ihre Mitglieder. In seiner Antwort gibt er zu, dass diese Kritik weit verbreitet sei und auch in seiner eigenen Familie geäußert werde. Überdies räumt er ein, dass die Heilsarmee tatsächlich mit einigen Herausforderungen zu kämpfen hat, und betont, Kritik sei wichtig und diejenigen, die sie äußerten, seien unverzichtbarer Teil der Heilsarmee. Andererseits teilt er viele der Kritikpunkte nicht und betont, die Heilsarmee leiste sehr wohl vieles für ihre Mitglieder. Vor allem, so argumentierte er, verstünden diejenigen, die einen Einsatz der Heilsarmee spezifisch und ausschließlich für deren Mitglieder forderten, letztlich nicht, was die Heilsarmee sei und worum es ihr ginge:

„Ich bin also nicht völlig davon überzeugt, dass die Heilsarmee nichts für die Menschen tut. Aber es gibt... es gibt Bedenken. Wie sehr sich die Heilsarmee besser weiterentwickeln kann, wie sich mehr Menschen der modernen Dinge bewusst werden können. Wenn wir sie mit den anderen Kirchen vergleichen. Aber eine andere Sache, die Hauptsache: Die meisten Leute vergleichen... Warum machen die Leute diese Art von Aussage? Weißt du, weil sie die Heilsarmee als Kirche mit anderen Kirchen vergleichen. Das ist der Grund, den sie sehen, ok... aber eine Sache müssen wir bedenken: Die Struktur, das Fundament der Heilsarmee ist nicht das, was andere Kirchen haben. Das ist der Grund dafür. Und wir... Ich erkenne und akzeptiere ehrlich, dass wir in einer Sache versagt haben: Den Menschen beizubringen, was wirklich unser Auftrag ist. Was die Heilsarmee wirklich ist. (...) Die Verfassung der Heilsarmee, die Methodik der Heilsarmee. Weißt du, die Heilsarmee ist für alle da. Sie ist nicht nur für die Heilsarmee-Mitglieder, sie ist für alle. Manchmal steht diese Aussage im Widerspruch zu dem, was unsere Leute denken. Meistens denken die Leute, die Heilsarmee ist für mich. Die Heilsarmee ist für meine Gemeinschaft. Da gibt es viele Widersprüche, viele negative Kritiken und Kommentare. (...) Ich möchte zusammenfassen, dass wir uns in einer Notlage befinden, in einer Zeit der Not, und es ist eine Stunde der Not, in der wir unseren Kindern richtig beibringen müssen, worum es bei der Heilsarmee wirklich geht. Das ist das, was dazu zu sagen ist.“[454]

Wie die RSSNA verbindet also auch dieser Offizier die Frage nach dem kirchlichen Charakter der Heilsarmee mit der nach ihrem Auftrag und ihrer Zielgruppe und stimmt mit dem Verein überein, dass die Heilsarmee keine Kirche ist bzw. nicht mit anderen Kirchen zu vergleichen sei, sondern

[453] Interview mit John Murray am 25.01.2017.
[454] Interview mit Heilsarmee-Offizier aus dem Kanyakumari-Distrikt am 07.04.2017.

vielmehr ihre ganz eigene Struktur und Aufgabe habe. Er wendet dieses Argument jedoch gerade gegen die vom Verein vorgetragene Kritik. Kirchen, so argumentiert er, richteten sich an die eigene Mitgliederschaft. Die Heilsarmee sei deshalb keine Kirche, weil sie sich ihrem Selbstverständnis nach an alle richte – unabhängig von Mitgliedschaft und von anderen Gruppenzugehörigkeiten.

Der Offizier steht also zwischen den Fronten und versucht, eine eigene Haltung zu finden, die auf die Positionen und Forderungen verschiedener Gruppen eingeht und zwischen diesen vermittelt. Wie der RSSNA, so ist auch ihm die Sorge der Heilsarmee um die Sambavars als besonders benachteiligte Gemeinschaft wichtig. Im Großen und Ganzen vertritt er aber den Standpunkt, den er als Position der internationalen Heilsarmee beschreibt. Die Heilsarmee könne sich auf Grund ihres spezifischen Charakters und Auftrags nicht auf eine spezifische Gruppe ausrichten, sondern müsse im Gegenteil darauf abzielen, möglichst viele verschiedene Menschen und Gruppen zu erreichen. Insbesondere am Gesprächsende zeigt sich allerdings auch sein Wunsch, dass die verschiedenen Seiten zusammenfänden und ihre Konflikte beilegten:

> *„Die Heilsarmee ist sehr darum bemüht, die Probleme anzugehen. Die Probleme werden von Tag zu Tag größer. Es gibt rechtliche Herausforderungen, die wir mit rechtlichen Auseinandersetzungen bekämpfen müssen. Aber ich träume von einer Welt, ich träume von einer Heilsarmee ohne interne Kämpfe, ich träume von einer Heilsarmee, in der es keine rechtlichen Anfechtungen gibt. Ich träume von einer Welt, einer Heilsarmee, in der meine Jugend, meine jungen Leute sagen werden: Das ist meine Heilsarmee. Ich träume von einer Heilsarmee, in der meine Leitung sagt: Das sind meine Leute. (...) Die Heilsarmee ist eine internationale Armee, siehst du, die Heilsarmee ist eine internationale Armee. Meine Leute würden kommen und sagen, es ist meine Heilsarmee, es ist mein Leben, also wünsche ich mir, dass unsere Leute stolz auf die Heilsarmee sind. Es gibt natürlich Herausforderungen, es gibt viele Konflikte, es gibt interne Probleme, es gibt interne Gruppen, aber sie werden innerhalb der Heilsarmee sein. Eines Tages werden wir sehen, dass es eine Armee sein wird, ohne interne Kämpfe. Kraft und Ideen füreinander auszutauschen, das ist alles, woarauf es ankommt. Paulus sagt, das ist das königliche Gesetz, das königliche Gesetz Christi, sich umeinander zu kümmern. Also, eine solche Heilsarmee. Die Tage sind nicht lang. Mein Traum wird wahr werden.“*[455]

Auch in diesem Gespräch ging es um die bereits bekannten Fragen nach der Identität und der Zielgruppe der Heilsarmee. Dabei bekam die Kastenfrage, die in den vorher untersuchten Konstellationen ausschließlich von der RSSNA eingebracht und von der Heilsarmee-Leitung – zumindest von General Cox – weitgehend vermieden wurde, weit mehr Raum. Der Offizier teilte die von der RSSNA vorgetragene Lesart, das Missionsstatement für Indien spreche sich gegen eine Schwerpunktsetzung der Heilsarmee-Aktivität auf bestimmte Kastengemeinschaften aus. Es zeigt sich also auch

---

[455] Interview mit Heilsarmee-Offizier aus dem Kanyakumari-Distrikt am 07.04.2017.

an diesem Beispiel, dass die RSSNA auch diese Kernforderung nicht durchsetzen kann. Der Offizier übernimmt grundsätzlich die Position der Heilsarmee-Leitung und spricht sich, mit Verweis auf eigene positive Erfahrungen, für die Arbeit mit gemischten Gruppen aus. Ebenso vermeidet er bei seiner historischen Erzählung eine Bestimmung der Heilsarmee über ihre Sozialprojekte und damit auch ein Religionsverständnis, wie es die RSSNA formuliert. Obwohl er also vergleichsweise großes Verständnis für die Anliegen des Vereins und Hoffnung auf eine Versöhnung der verschiedenen Gruppen in der regionalen Heilsarmee äußert, teilt er die Kernpositionen der RSSNA letztlich nicht.

Zusammenfassung

Im vorausgegangenen Abschnitt wurden Schnittstellen der im Kanyakumari-Distrikt geführten Debatte um Heilsarmee-Identität und entsprechenden globalen Diskussionen untersucht. Die Personen aus der internationalen Heilsarmee, die dabei in den Blick kamen, waren ganz offenbar von Überlegungen und Positionierungen geprägt, die gegenüber dem in den 90er Jahren von dominanten Stimmen formulierten Verständnis von Heilsarmee-Identität eine – vorsichtige – Neubestimmung vornehmen wollen. In diesem Sinne betonen sie stärker die Relevanz sozialer Faktoren und aktueller Herausforderungen in der Heilsarmee und ihrem Umfeld, wählen aber dennoch spirituelle Aspekte als Ausgangspunkte.

In der Debatte um die Zukunft der medizinischen Mission sprechen Eirwen und Dean Pallant von einem dreifachen Auftrag der Heilsarmee. Neben der Rettung von Seelen und der Erziehung von Heiligen, die für Clifton die zweifache Mission der Heilsarmee ausmachten, wird hier der Dienst an der leidenden Menschheit als dritte, eigenständige Säule der Heilsarmee-Identität benannt. Das soziale und medizinische Engagement, das für die RSSNA den Kern des Auftrags der Heilsarmee ausmacht, erfährt hier also eine deutliche Aufwertung gegenüber Positionen wie etwa der von Clifton formulierten. Da die Pallants ausdrücklich auf Stimmen aus der globalen Heilsarmee verweisen und reagieren, die die Bedeutung des medizinischen Engagements betonen, liegt nahe, dass es gerade solche Positionen waren, die entscheidend dazu beitrugen, dass die Bedeutung des Dienstes als entscheidender Aspekt von Heilsarmee-Identität wieder wesentlich stärker betont wird. Dennoch formulieren die Pallants keineswegs ein soziales Primat im Sinne der RSSNA. Vielmehr wird soziales und medizinisches Engagement auch bei ihnen als auf Glauben und Doktrinen beruhend und von diesen her zu verstehen gedacht. Sie formulieren damit eine andere Theologie als die RSSNA und begründen damit überdies auch ein Programm für die Zukunft des medizinischen Engagements der Heilsarmee, das von den Vorstellungen des Vereins ebenfalls entscheidend abweicht. Für sie ist der

Community-Welfare-Ansatz organisatorisch richtungweisend und theologisch gerechtfertigt. Die RSSNA hingegen kritisiert das am CBH angesiedelte Community Health and Development Program scharf und versteht es als ein besonders auffälliges Zeichen des Abfalls von der wahren Mission der Heilsarmee. Ein entscheidender Aspekt für beide Seiten ist dabei die Frage nach der Zielgruppe der Heilsarmee. Aus Sicht der RSSNA hat sich diese vorranging für den sozialen Aufstieg ihrer Mitglieder einzusetzen, die der Verein mit der Sambavar-Gemeinschaft gleichsetzt. Die Pallants verstehen medizinisches Engagement als Teil von Mission, die zwar in den Gemeinden der Heilsarmee ihren Anfang nimmt, über diese Kreise aber gerade hinausgeht.

André Cox und Dean Pallant betonen im War Cry die Notwendigkeit und die theologische Bedeutung des Accountability-Movements, in dessen Rahmen Transparenz und Verantwortlichkeit auf allen Ebenen der Organisation gefördert werden sollen. Sie reagieren damit auf Herausforderungen, die ihrer Darstellung nach von Heilsarmee-Gruppen weltweit beschrieben werden und die auch im Zentrum der Kritik der RSSNA an der Heilsarmee-Leitung steht. Überdies betont der General mehrfach die entscheidende Bedeutung des Dienstgedankens für Heilsarmee-Identität. Dies ist jedoch ebenfalls nicht als Votum für ein soziales Primat im Sinne der RSSNA aufzufassen, auch wenn der Verein den General als Garanten für diese Auffassung in Anspruch nimmt. Cox vermeidet es, die Bedeutung von Kaste für die indische Heilsarmee zu diskutieren und entzieht sich damit der Frage, ob die Heilsarmee einen besonderen Auftrag gegenüber bestimmten Gruppen habe. Vor allem aber bestimmt er den für die Heilsarmee so prägenden „Dienst" häufig gerade nicht über Verweise auf soziale Projekte. Er charakterisiert ihn vielmehr häufig als Verkündigungstätigkeit und betont ebenfalls die grundlegende Bedeutung persönlicher Gottesbeziehung und Spiritualität. Von diesen Themen aus kommt er häufig auf organisatorische Herausforderungen zu sprechen, die sich in der Heilsarmee stellen und die auch der RSSNA wichtig sind. In seinem Kommentar geht der Verein über diese Argumentationsstrategie jedoch hinweg.

Der Offizier, der im letzten Abschnitt des Kapitels zu Wort kommt, zeigt viel Verständnis für die Anliegen der RSSNA. Er räumt ein, dass sich die Heilsarmee gerade auch im Territorium Südostindien großen Herausforderungen und Problemen gegenübersieht. Überdies äußert er gewisses Verständnis für die Forderung, die Heilsarmee solle sich vor allem für die Sambavar-Gemeinschaft einsetzen. Er erzählte, dass für seine eigene Entscheidung, Heilsarmee-Offizier zu werden, gerade der Wunsch ausschlaggebend war, sich für seine Kastengemeinschaft einzusetzen. Überdies bestimmt er die Notlage der Sambavars, die eine besondere Aufmerksamkeit der Heilsarmee rechtfertigt, an einem Punkt des Gesprächs sehr ähnlich wie die RSSNA. Eines der schwerwiegendsten Probleme dieser Gemeinschaft seien die unzureichenden Bildungsmöglichkeiten für die Kinder und jungen Leute. Andererseits berichtet er jedoch auch von seinem eigenen Umdenken. Dieses brachte ihn zu der Überzeugung, gutes und erfolgreiches Arbeiten sei am besten mit gemischten Gruppen möglich, die sich aus Angehörigen verschiedener Gemeinschaften zusammensetzten. Er vertrat zudem die Auffassung, diejenigen, die der Heilsarmee vorwerfen, nicht genug für ihre Mitglieder zu tun, verstünden den Kernauftrag der Organisation falsch. Da die Heilsarmee eben keine Kirche wie alle anderen sei, sei sie eben nicht nur für ihre Mitglieder, sondern vielmehr für alle Menschen da. In seiner Erzählung über die Verdienste der frühen Mission formulierte er überdies keineswegs ein soziales Primat im engeren Sinne, sondern stellte die Aspekte der menschlichen Würde und des Selbstrespekts in den Mittelpunkt. Dieser Offizier, der im Zuge seiner Laufbahn mehrfach Kontakte zu internationalen Führungsfiguren hatte und daher als Mittelsperson zwischen regionaler und globaler Debatte fungieren kann, hat mithin viel Verständnis für die Anliegen der RSSNA, teilt aber ihre Bestimmung von Heilsarmee-Identität letztlich nicht.

Alle drei Fälle machen deutlich, dass Stimmen aus der weltweiten Heilsarmee, wie auch die RSSNA eine ist, Einfluss auf die global geführte Debatte um das Selbstverständnis der Organisation nehmen. Dies zeigte sich etwa an der Organisation des Accountability-Movements durch General Cox, aber auch an Charakterisierungen der Heilsarmee-Mission, die in der Debatte um die Zukunft der medizinischen Mission formuliert wurden. Problematiken, die auch die RSSNA kritisierte, wurden sehr ernst genommen und die theologische Bedeutung des Dienstgedankens wurde wieder verstärkt unterstrichen.

Es wurde jedoch auch deutlich, dass die RSSNA ihr Selbstverständnis im Rahmen der globalen Debatte um Heilsarmee-Identität nicht artikulieren kann. Dieser Ansicht ist, wie sich am Kommentar zum Interview mit dem General zeigt, auch der Verein selbst. Das Kernproblem dabei ist das von dominanten Stimmen im Verein vertretene Primat des Sozialen in der Diskussion um den Kern des Christentums. Auch die Zielgruppe der Heilsarmee-Mission wird unterschiedlich bestimmt. Überdies beansprucht nicht nur die RSSNA, sondern alle Personen und Gruppen, die an der Debatte um Heilsarmee-Identität teilnehmen, ihre Position stehe in Kontinuität zu den Wünschen und Zielen ihres Gründers. Keines der drei Kernmotive der RSSNA-Identität passt also in das global vorherrschende Selbstverständnis der Heilsarmee.

Fazit Teil III

Im Sinne des genealogischen Interesses dieser Arbeit wurde in den vorausgegangenen Abschnitten die von Heilsarmee-Mitgliedern verfasste Missionsgeschichte Indiens als Teil der Debatten um das gegenwärtige Selbstverständnis der Organisation gelesen. Schlüsselthema war dabei die in allen untersuchten Zusammenhängen grundlegende Diskussion um das Verhältnis von Spiritualität und sozialem Engagement.

Dabei zeigte sich, dass eines der maßgeblichen Werke der jüngeren indischen Missionsgeschichtsschreibung in sehr enger Verbindung zu entscheidenden Ereignissen der Heilsarmee-Geschichte zur Abfassungszeit standen. Harry Williams schrieb seine Biografie des Indienpioniers Booth-Tuckers offenbar während oder kurz nach seiner Zeit als Repräsentant der Heilsarmee im ÖRK. Das Gliederungsprinzip dieses Werks, das von späteren Schriften – wie etwa der von Solveig Smith – übernommen wird, entspricht der theologischen Haltung der Heilsarmee in den 80er und 90er Jahren. Es unterscheidet spirituelle und soziale Aspekte der Mission und stützt das Primat der ersteren. Damit leistet es einen Beitrag zu der von der Heilsarmee angestrebten Einordnung in evangelikale Theologie und stützt die Position, die die internationale Leitung Ende des 20. Jahrhunderts vertrat. Es ist zudem gut möglich, dass die von Williams im ÖRK vertretene Haltung, insbesondere die Ablehnung nationalistischer Bestrebungen, auch von Erfahrungen als Leiter des Territoriums Südindien geprägt wurde. Dessen Teilung anhand der 1956 bundesstaatlichen Grenze zwischen Tamil Nadu und Kerala, die durch regionale Nationalismen bedingt war, verurteilte Williams scharf. Die Debatten in und über Indien einerseits und die Positionierung der globalen Heilsarmee standen also in engem Zusammenhang und beeinflussten einander erheblich.

Auch die in jüngster Zeit geführte Debatte um eine Neubestimmung von Heilsarmee-Identität und -Spiritualität wird ganz offensichtlich erheblich von Gruppen aus der weltweiten Heilsarmee geprägt, die zentrale Anliegen mit der RSSNA gemeinsam haben. Die Argumentation der Pallants lässt darauf schließen, dass sich Gruppen weltweit zur Zukunft der medizinischen Mission äußern und offenbar häufig den Fortbestand bzw. die Modernisierung der Krankenhäuser fordern. Die in zahlreichen Territorien geäußerte Kritik an den als ineffektiv oder gar korrupt beschriebenen Strukturen der Organisation führte dazu, dass die internationale Leitung das Accountability Movement ins Leben rief. Auch die Debatte um die Neukonzeption von Heilsarmee-Spiritualität ist von indischen Anliegen geprägt. Das zeigt sich daran, dass sich Karen Shakespeare bei ihrem Vorschlag zur Neukonzeption von Heilsarmee-Spiritualität entscheidend auf die Argumentation eines indischen Offiziers stützte. Dieser brachte die SC-Problematik, also gerade das Thema, über das die RSSNA ihren Anschluss an die Dalit-Bewegung ermöglichte, in die Debatte um Spiritualität ein. All dies macht deutlich, dass Positionen aus der weltweiten Heilsarmee, auch und gerade wenn sie von denen der internationalen Leitung abweichen, nicht einfach als sekundär, als atypisch oder heterodox aufgefasst werden können. Auch eine Einordnung als kulturell geprägt und damit nur regional bedeutsam verbietet sich. Diese Gruppen sind vielmehr Teil der weltweiten Debatte und damit entscheidend für das Verständnis des auf globaler Ebene formulierten Selbstverständnisses der Organisation.

Dennoch muss bei der Untersuchung solcher Gruppen gerade auch nach ihrer Machtposition in der globalen Debatte gefragt werden. Im Fall der RSSNA wird dabei schnell ihre marginalisierte Position sichtbar. Sie kann auch in Rahmen des global dominanten Verständnisses von Heilsarmee-Identität die drei Kernmotive ihres Selbstverständnisses – soziale Religion, kastenbasierte Identifizierung als Sambavars, wahre Nachfolge der frühen Heilsarmee – nicht entfalten. Obgleich sich die Mehrheit der Vereinsmitglieder vor allem als Angehörige der Heilsarmee verstehen, kann sie in deren Kontext ihre Anliegen nicht formulieren und daher auch nur sehr schwer Bündnisse etablieren. Dies macht die Suche nach alternativen Netzwerken und damit auch eine veränderte Selbstdarstellung erforderlich. Die Analyse der Position der RSSNA in der globalen Debatte um das Selbstverständnis der Heilsarmee hängt also aufs engste zusammen mit der Frage nach ihrem Verhältnis zu Dalit-Identität und Dalit-Bewegung.

IV

Die RSSNA im Kontext der Dalit-Bewegung

Die vorangegangenen Kapitel haben deutlich die marginale Position der RSSNA in der weltweiten Heilsarmee gezeigt. Die Gruppe kann die drei Kernmotive ihres Selbstverständnisses in diesem Kontext nicht artikulieren. Damit ist es ihr auch kaum möglich, ihren Forderungen Plausibilität zu verleihen und Bündnisse oder Netzwerke zu etablieren, die sie unterstützen. Die Analyse der im regionalen Christentum dominanten Historiografie zeigte überdies, dass der Verein in seinem christlichen Umfeld ein ähnliches Problem hat. Auch in diesem Rahmen kann er seine Identität offenbar nicht ohne weiteres artikulieren. Zu Beginn der Arbeit wurde jedoch bereits deutlich, dass es der RSSNA in einem Fall sehr wohl gelungen ist, als Teil einer größeren Bewegung angesehen zu werden. Der Verein war zum Zeitpunkt der Feldforschung innerhalb der regionalen Dalit-Bewegung gut bekannt und war entsprechend vernetzt. In den entscheidenden Prozessen, die der Verein in seiner Entwicklung durchlief, war die Selbstdarstellung als Dalit-Gruppe jeweils von entscheidender Bedeutung.

Die folgenden Kapitel kommen damit auf die Ausgangsfrage im engeren Sinne zurück. Sie analysieren, wie und warum es dem Verein gelingt, die zentralen Motive seines Selbstverständnisses mit Dalit-Debatten zu verknüpfen und welche Anliegen dafür ausschlaggebend sind. Im ersten Schritt muss dazu untersucht werden, welche Konstellationen in ihrem Umfeld es ermöglichen, dass die RSSNA Anschluss an die Dalit-Bewegung fand. Es wird also nach den regionalen Bedingungen gefragt, die die Selbstdarstellung des Vereins als Dalit-Bewegung möglich machten, ja, ausgesprochen nahelegten. Dabei geht es auch um die Frage, inwiefern Debatten in ihrem Umfeld das Selbstverständnis der RSSNA geprägt haben. Dabei wird sich zeigen, dass der Verein entscheidend durch Entwicklungen im regionalen Christentum beeinflusst ist. Hier entwickelte sich bereits vor dem Zusammenschluss der Gruppe eine Bewegung christlicher Sambavars. Diese kritisierte die ungleichen Machtverhältnisse in den Kirchen der Region und forderte verstärktes kirchliches Engagement für als benachteiligt beschriebene Kasten, insbesondere die Sambavars. Dalit wurde immer mehr zum Schlüsselwort für diese Forderungen, die auch im Rahmen einer erneuerten Geschichtsschreibung artikuliert wurden. Diese behandelte die Sambavars als eigenständige Gruppe in der regionalen Christentumsgeschichte.

Vor allem ist jedoch zu klären, wie das Schlagwort Dalit in der regionalen Debatte bestimmt wird und welche lokalen Diskussionen und Konflikte dabei eine Rolle spielen. Dann wird untersucht, wie die RSSNA es einsetzt, welche Strategien sie damit verfolgt und welche Bündnisse sie auf diese Weise etablieren kann. Damit wird im Sinne der Populismus-Theorie

Laclaus nach den Äquivalenzketten gefragt, die sich in der regionalen Debatte unter dem Namen Dalit gebildet haben. Zudem wird die Positionierungspolitik der RSSNA in ihrem Umfeld untersucht. Im Sinne Butlers und Laclaus ist dann zu klären, inwiefern die Zitation des Namens Dalit den Repräsentationsanspruch dieses Signifikanten stärkt. Daher ist von zentralem Interesse, welche Themen und Forderungen die RSSNA aufnimmt, die von Gruppen aus ihrem regionalen Netzwerk formuliert werden und welche Dalit-Narrative aus ihrem näheren und weiteren Umfeld sie übernimmt. Es ist zu fragen, ob und wie sie damit vorhandene Bestimmungen von Dalit verstärkt. Ebenso entscheidend ist jedoch, ob und wie der Verein diese Bestimmungen ergänzt oder verändert, um eigene Anliegen artikulieren zu können. Es geht also gerade auch um die Frage, ob es im Zuge der Zitation zu einer Neubestimmung von Dalit kommt. In diesem Sinne ist schließlich zu fragen, ob der Verein eigentlich einen eigenen Dalit-Begriff formuliert und was diesen ausmacht. Mit diesen Leitfragen werden die zu Beginn bereits skizzierten Ereignisse und Phasen der Vereinsgeschichte, die entscheidend für das Aufkommen und für die weitere Entwicklung der Dalit-Strategie der RSSNA sind, näher untersucht.

17. Nationale, regionale und religiöse Identitätspositionierungen im Kanyakumari-Distrikt der 1970er und 1980er Jahre

In der Forschung besteht ein weitgehender Konsens, dass die Dalit-Bewegung in Tamil Nadu erst seit den 90er Jahren größeren Einfluss gewann.[456] Dies gilt, wie sich zeigen wird, auch für den Kanyakumari-Distrikt. Dennoch ist es für die Untersuchung regionaler Diskussionen um Heilsarmee-Identität, die in jüngerer Zeit stark durch Dalit-Debatten geprägt sind, von großer Bedeutung, auch die Debatten der 70er und 80er Jahre in den Blick zu nehmen. Dies soll in den folgenden Abschnitten geschehen.

Dabei wird deutlich werden, dass regionale Diskussionen um christliche Identität in diesem Zeitraum, also bereits vor dem Fußfassen der Dalit-Bewegung, von Themen geprägt waren, von denen die Heilsarmee sich distanzierte. Kirchliche Gruppen auf den Gebieten der heutigen Bundesstaaten Kerala und Tamil Nadu formulierten in den Jahrzehnten nach der Unabhängigkeit eine Bestimmung von Religion, dass diese im Kern über soziales Engagement bzw. gesellschaftliche und politische Emanzipation beschrieb. Dieses Religionsverständnis war entscheidend für das Bestreben christlicher Gruppen, sich in quasi-nationale bundesstaatliche Identitätspositionierungen einzutragen, die sich als säkular verstanden.

[456] Vgl. z.B.Geetha 2011, 128.

Obgleich diese säkularen Selbstverständnisse lange Zeit ausgesprochen bestimmend waren, prägten sich im Kanyakumari-Distrikt der 80er Jahre im Zeichen der erstarkenden Hindutva-Bewegung jedoch auch religiöse Identitätspositionierungen aus. In diesem Zusammenhang entwickelte sich ein Narrativ christlicher Einheit, das allerdings von Anfang an brüchig gewesen zu sein scheint. Die Nadargemeinschaft nahm im regionalen Christentum offenbar eine Führungsrolle ein, die jedoch lange nicht problematisiert wurde, da Kastengrenzen vor den 90er Jahren kaum markiert wurden.

Obgleich sich in späteren Kapiteln zeigen wird, dass das so entwickelte Verständnis von gemeinsamer, überkonfessioneller christlicher Identität unter dem Zeichen des regionalen Nationalismus seit den 90er Jahren an Einfluss verlor, wurden in den früheren Jahrzehnten doch politische und kirchliche Strukturen etabliert, die noch heute prägend sind, auch für die RSSNA.

17.1. Christliche Identität und soziale Religion im Kontext des Tamil-Nationalismus

In den Jahrzehnten nach der indischen Unabhängigkeit entwickelten sich in den Südindischen Bundesstaaten Kerala und Tamil Nadu quasi-regionale bundesstaatliche Identitäten.[457] In beiden Fällen wurden sie vor allem über eine allen Bürgerinnen und Bürgern gemeinsame Sprache – Malayalam bzw. Tamil – begründet, verzichteten auf religiöse Legitimierung und verstanden sich als säkular. Kastenbasierte Identitäten spielten hier wie dort nur sehr untergeordnete Rollen. Eine entscheidende Folge dieser sprachbasierten regionalen Nationalismen war die Reorganisation der bundesstaatlichen Grenzen, die vor allem das Feldforschungsgebiet, den heutigen Kanyakumari-Distrikt betrafen. Als südlichste Region des ehemaligen Fürstentums Travancore hatte die Region nach der indischen Unabhängigkeit zunächst zum Bundesstaat Travancore-Cochin gehört, dessen größerer Teil 1956 zusammen mit dem Malabar-Distrikt der ehemaligen britischen Madras Presidency zum Bundesstaat Kerala zusammengeschlossen wurde. Im Jahr 1965 wurde das Gebiet jedoch im Zuge der Reorganisation der Grenzen an den Bundesstaat Tamil Nadu angeschlossen. Ausschlaggebend für diese Entwicklung waren, wie sich zeigen wird, tamil-nationalistische Bewegungen im Kanyakumari-Distrikt, die ganz offenbar entscheidend christlich geprägt waren. Eine besonders wichtige Rolle nahmen dabei Angehörige der Church of South India (CSI) ein, die überwiegend zur Nadar-Gemeinschaft gehören. Im Folgenden wird sich zeigen, dass diese Prozesse und das sie bestimmende regional-nationalistische Gedankengut ausgesprochen wichtig und prägend für christliches

[457] Vgl. z.B. Bergunder 2001.

Selbstverständnis in der Region waren und dass sie insbesondere entscheidend für die Formulierung von Konzepten sozialer Religion waren.

In diesem Zusammenhang ist es wichtig, Entwicklungen und Debatten in beiden südindischen Bundesstaaten, Kerala und Tamil Nadu, in den Blick zu nehmen. Dies ist nicht nur auf Grund der bis 1956 bestehenden Zugehörigkeit des Kanyakumari-Distrikts zum Bundesstaat Travancore-Cochin relevant. Auch nach der Reorganisation der bundesstaatlichen Grenzen blieb die Region weiterhin eng an Kerala angebunden, ist doch das Gebiet zwischen Nagercoil und der keralanischen Hauptstadt Trivandrum eng und beinahe ununterbrochen besiedelt. Überdies formulieren die Menschen in der Region auch heute noch eine doppelte Zugehörigkeit. Obgleich sie sich ganz selbstverständlich als Tamil Nadu zugehörig verstehen, bezeichnen sie die Region gelegentlich auch noch mit dem älteren Namen „Süd-Travancore". Die in beiden Bundesstaaten geführten Debatten um christliche Identität und christliche Regional-Geschichtsschreibung hängen also eng zusammen und können nicht losgelöst voneinander betrachtet werden. Aus diesem Grund soll zunächst ein kurzer Abschnitt über die gesellschaftliche Situation und insbesondere über christliches Selbstverständnis in Kerala folgen, bevor dann christliche Verortung im Tamil-Nationalismus untersucht wird.

17.1.1. Exkurs: Christliches Selbstverständnis und bundesstaatliche Identität in Kerala

In Kerala entwickelte sich der Malayalam-Nationalismus unter dem Einfluss der kommunistischen Partei – Communist Party of India (Marxist), CPI (M) – die schnell zur stärksten politischen Kraft wurde. Unter kommunistischer Regierung wurden umfangreiche soziale Neuerungen eingeführt, zu denen unter anderen eine Landreform sowie umfassende Erneuerungen im Bildungs- und Gesundheitswesen gehörten. Zudem entwickelte sich eine Geschichtsschreibung, die die Geschichte Keralas aus kommunistischer bzw. marxistischer Perspektive studierte. Sanal Mohan bietet in seiner Monografie „Modernity of Slavery", die im Rahmen dieser Arbeit schon untersucht wurde,[458] eine ausführliche Kritik dieser historischen Perspektive. Er wirft ihr – oder doch zumindest ihrer radikaleren Anhängerschaft – vor, die Geschichte der Ausbeutung der Sklavenkasten nicht angemessen zu bedenken. Gerade christliche Verdienste um deren Befreiung würden völlig verkannt. Die christlichen Missionen würden, so Sanal Mohan, überhaupt nur im Rahmen einer ausgesprochen unsachgemäßen, reduktionistischen Deutung ihres Einflusses auf gesellschaftlichen Wandel thematisiert, der zu Folge sie sich vor allem deshalb für die Befreiung der Sklavenkasten eingesetzt hätten, um diese als billige Arbeitskräfte für die

[458] Vgl. Einleitung zu Kap. 12 dieser Arbeit.

entstehenden großen Kaffee- und Teeplantagen gewinnen zu können. Sie wären so entscheidende Handlanger des in der Region immer stärker um sich greifenden Kapitalismus geworden. Als beispielhaft für diese Geschichtsauffassung nennt Sanal Mohan den 1984 im Journal of Kerala Studies erschienenen Aufsatz „The Colonial Investment and the Abolition of Slavery in South India: A Case Study of Kerala“.[459] Neben dieser stark christentumskritischen historischen Perspektive gab es jedoch auch andere Lesart der regionalen Geschichte, die die Prämissen der ersteren in Frage stellte und christlichen Missionen Verdienste um die Emanzipation der Sklavenkasten zuschrieb. Sanal Mohan nennt in diesem Zusammenhang sowohl keralanische als auch internationale Publikationen, unter anderem die 1973 erschienene Monograpie „Slavery in Travancore“ von K.K. Kusuman sowie mehrere Aufsätze von Michael P.K. Tharakan.

Für die christlichen Bevölkerungsgruppen – mindestens für diejenigen, die sich auf die protestantischen Missionen des 19. Jahrhunderts als Gründerinnen beriefen – war diese historische Debatte deshalb von entscheidender Bedeutung, weil es dabei letztlich um ihre Integrierbarkeit in eine säkular-kommunistisch geprägte bundesstaatliche Identität ging. Eine radikal-marxistische Position, die die Pioniergestalten des (protestantischen) Christentums mit denen des Kapitalismus gleichsetzt, liefe auf einen unüberwindbaren Gegensatz zwischen christlicher und kommunistisch bzw. marxistisch geprägter keralanischer Identität hinaus. Christlichen Gruppierungen, die sich innerhalb des Malyalam-Nationalismus verorten wollten, musste deshalb an der Verbreitung der anderen Lesart der regionalen Geschichte gelegen sein, die die Missionen als Bewegung für die Freiheit der Armen und Unterdrückten beschrieb. Zur Untermauerung dieser Lesart war daher die Auswertung solcher missionarischer Quellen entscheidend, die auf Aspekte missionarischen Engagements fokussierten, die auch für die kommunistisch geprägte keralanische Politik entscheidend waren. Dazu zählten etwa missionarisches Engagement für das Bildungs- und Gesundheitswesen, oder die Beschreibung christlicher Pioniertaten als Einsatz für die Befreiung gesellschaftlich marginalisierter Gruppen, also solche Texte, die christliche Religion bzw. Mission zentral über soziales Engagement bestimmten.[460] Auf diese Weise konnte eine Kontinuität zwischen Christentum und kommunistisch geprägtem Malayalam-Nationalismus behauptet werden. Ein solches Konzept von sozialer Religion ermöglichte also die Verortung christlichen Selbstverständnisses innerhalb einer säkularen bundesstaatlichen Identität.

---

459 Sanal Mohan 2015, 18.

460 Als derartige Quellen kommen dabei u.a. folgende Werke in Frage, die sowohl in der regionalen Geschichtsschreibung als auch der internationalen Forschung zur Mission in Travancore besonders häufig zitiert werden: Mateer 1991b.; Mateer 1991a.; Hacker 1908.; Agur 1990.

17.1.2. Christlicher Tamil-Nationalismus im Kanyakumari-Distrikt

Im selben Zeitraum prägte sich auch in Tamil Nadu eine zentral auf Sprache basierende bundesstaatliche Identität aus. In Anknüpfung an das Gedankengut der Dravidischen Bewegung entwickelte und verbreitete sich hier unter Führung der Dravidischen Fortschrittspartei (Dravida Munnetra Kazhagam; DMK) ein tamilischer Nationalismus. Zentral für diesen Tamil-Nationalismus war die Vorstellung von einer uralten dravidischen Schriftkultur, die als Wurzel tamilischer Identität galt. Auch der Tamil-Nationalismus verstand sich als säkulare Bewegung. Wie in Kerala spielten auch hier kastenbasierte Identitäten lange kaum eine Rolle. Auch hier, insbesondere im Kanyakumari-Distrikt mit seiner großen christlichen Bevölkerungsgruppe, stellte sich mithin die Frage, ob und wie christliches Selbstverständnis in diese säkulare Bewegung zu integrieren war. Offenbar bestand an einer solchen Verbindung bundesstaatlicher und christlicher Identität ein beidseitiges Interesse. 1960 erklärte die tamilische Regierung, die christlichen Missionen hätten einen wichtigen Beitrag zur Bereicherung der tamilischen Sprache geleistet.[461] Ein entsprechendes Narrativ findet sich auch in den Werken von Gnanadason und Daniel Dhas. Diese zeigen deutlich, dass auch im Kanyakumari Distrikt kirchliche Gruppen bestrebt waren, ihr christliches Selbstverständnis mit regional-nationalistischen Identitätspositionierungen zu verbinden. Wie in den im vorigen Abschnitt dargestellten Werken zur Geschichte Keralas, plausibilisieren auch sie die Kontinuität zwischen regionalem Nationalismus und Christentum über eine Befreiungserzählung. Dabei ist ebenfalls ein Konzept sozialer Religion ausschlaggebend.

Gnanadason stellt in ihrer Schrift „A Forgotten History“ den Anschluss des Kanyakumari-Distrikts an Tamil Nadu und die drei Jahre später erfolgte Teilung der CSI-Diözese South Travancore in die Diözesen Kanyakumari und South Kerala als entscheidende Momente „unserer Geschichte, der Geschichte der Menschen in Süd-Travancore“ dar, als die sie ihre Studie im Vorwort charakterisiert.[462] Tatsächlich kulminiert die Geschichte der Befreiung der Unterdrückten in Travancore geradezu in der Darstellung der Ereignisse, die zu dieser Reorganisation politischer und kirchlicher Strukturen führte. Ihnen sind die beiden letzten Abschnitte des Werks gewidmet, die die Überschriften „Towards a New Political and Linguistic Identity“[463] und „The Formation of the Diocese of Kanyakumari CSI. From Dependency to Selfhood“[464] tragen. Schon vor der Reorganisation der bundesstaatlichen Grenzen, so argumentiert sie, seien entscheidende Schritte auf dem Weg der Emanzipation der unterdrückten Bevölkerung der Region

[461] Doss 2018, 259.
[462] Vgl. Kapitel 11.1 dieser Arbeit.
[463] Gnanadason 1994, 145–152.
[464] Gnanadason 1994, 153–168.

getan worden. So sei die Sklaverei, so resümiert sie, abgeschafft und den Frauen der niedersten Kasten das Tragen von Oberbekleidung erlaubt worden. Diese beiden entscheidenden Entwicklungen hatte sie in den vorausgehenden Kapiteln als hauptsächlich von der christlichen Mission erwirkt dargestellt. Dennoch sei die Befreiung der Marginalisierten noch unvollständig geblieben. So seien die Nadars und andere niedrige Kasten – hier zeigt sich wieder Gnanadasons Tendenz, die Nadars als exemplarisch für alle Unterdrückten Travancores darzustellen – in großer Mehrheit noch immer landwirtschaftlich Beschäftigte gewesen, die in niedrigen Positionen auf Grundbesitz arbeiteten, der weitgehend in der Hand der Kastengemeinschaft der Nairs gewesen sei. Nadars und Nairs seien aber nicht nur durch unterschiedlichen gesellschaftlichen und ökonomischen Status, sondern auch durch Sprachunterschiede getrennt gewesen. Erstere hätten Tamil, letztere Malayalam gesprochen. Die tamilsprachigen Bevölkerungsgruppen hätten sich mithin gegenüber den malayalamsprachigen im Nachteil befunden.[465] Erst der Anschluss des Kanyakumari-Distrikts an Tamil Nadu brachte demnach den Unterdrückten der Region, die Gnanadason an dieser Stelle über ihre Sprache charaktierisiert, die vollständige Freiheit. Die Bedeutung und Konsequenzen dieses Ereignisses beschreibt Gnanadason sehr ähnlich wie die der missionarischen Aktivitäten früherer Zeiten. Bei beiden stehen Bildungschancen und gesellschaftliche Emanzipation im Zentrum:

„Die Menschen des Kanyakumari-Distrikts begannen, frische Luft zu atmen und die Vorteile des Zusammenschlusses mit Tamilnadu auszuschöpfen. Es gab mehr Studienplätze für die höhere Bildung, speziell in den Berufsfachschulen und bessere Möglichkeiten für die Beschäftigung der so Ausgebildeten in der Regierung und anderen Institutionen. (...) Vor allem jedoch erhielt die tamilische Sprache und Kultur einen neuen Raum. Die tamilsprachige Bevölkerung hatte eine Würde erlangt, die ihr all die Jahre verwehrt worden war. Sie hatte nach einer langen Zeit des Leidens und der Unterdrückung eine neue Freiheit gefunden.“[466]

Auch Daniel Dhas schließt in seiner Monografie „Christianity through India's Political History“ der Würdigung des sozialen und politischen Engagements der christlichen Missionen eine Darstellung der Ereignisse an, die zum Anschluss des Kanyakumari-Distrikts an Tamil Nadu führten. Auch für ihn stellt dies den letzten und entscheidenden Schritt auf dem Weg zur Befreiung der Unterdrückten dar, den die christlichen Missionen begonnen und entscheidend geprägt hatten:

„Nach diesen unablässigen Agitationen wurden die Gebiete, die heute den Kanyakumari-Distrik und den Shenkottai Taluk des Tirunelveli- Distrikts umfassen, am 1. November 1956 mit dem Bundesstaat Madras zusammengelegt. Damit endete der langwierige Kampf, den die protestantische Christenheit Süd-Travancores seit

[465] Gnanadason 1994, 145.
[466] Gnanadason 1994, 149.

1806 fast 150 Jahre lang für die Befreiung von der brahmanischen Tyrannei der Nair-Herrschaft geführt hatte.“[467]

Beiden Werken ist aber nicht nur diese Verbindung von Tamil-Nationalismus und Christentum über sozial bestimmte Religion gemein. Überdies beschreiben beide die Aktivitäten, die zur Reorganisation der bundesstaatlichen Grenzen führten als entscheidend christlich geprägt. Gnanadason beginnt ihre Schilderungen dieser Ereignisse mit einem Bericht von der Gründung des Travancore Tamil Nadu Congress (TTNC) im Jahr 1947. Anlass der Gründung war, ihr zufolge, der Protest der Vertretung der tamilsprachigen Gebiete in Travancore gegen den Beschluss des Travancore State Congress, der regionalen Organisation der indienweit aktiven Kongresspartei, auf einen Zusammenschluss der Gebiete der früheren Fürstentümer Travancore und Cochin sowie des Malabar-Distrikts zum Bundesstaat Kerala hinzuarbeiten. Die tamilsprachigen Mitglieder des Travancore State Congress hatten einen tamilischen Distrikt innerhalb eines eigenständigen Staates Travancore gefordert. Der neu gegründete TTNC habe dies, so Gnanadason, weiterhin angestrebt. Führende Köpfe waren der Autorin zu Folge A. Nesamony, der bei der Gründungsversammlung den Vorsitz führte, und Sam Nathaniel, der Vorsitzender der neugegründeten Partei wurde. Nach der Unabhängigkeit sei, so schildert es Gnanadason, 1949 die Auflösung der Fürstenstaaten beschlossen und der indische Bundesstaat Travancore-Cochin geschaffen worden. Die Interessen der tamilischen Bevölkerungsgruppen seien dabei übergangen worden, weshalb der TTNC seine Arbeit fortsetzte. Von 1951-53 spaltete sich die Gruppe auf Grund unterschiedlicher Positionen zur Zusammenarbeit mit dem Travancore State Congress vorrübergehend. A. Nesamony war, so Gnanadason, prägende Figur einer der beiden Teilgruppen gewesen. Diese Gruppe sei unrechtmäßig als christliche Splitterpartei verunglimpft worden, die sich allein für die Interessen der christlichen Bevölkerungsgruppen einsetze. Gnanadason betont jedoch, Nesamonys Anhängerschaft habe sich aus allen Religionen und Kasten zusammengesetzt. Nach der Wiedervereinigung der beiden Gruppen des TTNC wurde er dann Parlamentsmitglied und arbeitete in dieser Funktion, so die Autorin, auf den 1956 schließlich erfolgten Anschluss der tamilsprachigen Gebiete Travancores an den Bundesstaat Tamil Nadu hin. Am Ende ihres Kapitels würdigt Gnanadason den Christen Nesamony daher als den „Hauptarchitekten des Kanyakumari Distrikts“.[468]

Auch Daniel Dhas beschreibt Nesamony und Sam Nathaniel als entscheidende Figuren. Überdies identifiziert er sie jeweils gleich bei ihrer ersten Erwähnung als Christen.[469] Er beginnt zudem die Darstellung der Ereignisse, die seines Erachtens für die Neuzuordnung der Region entscheidend

[467] Daniel Dhas 2016, 196–197.
[468] Gnanadason 1994, 150.
[469] Daniel Dhas 2016, 193, 195.

waren, indem er die Gründung einer christlichen Gruppierung, dem South Travancore Young Men's Retreat, beschreibt. Diese 1921 gegründete Gruppe, in der Nesamony einer der führenden Köpfe gewesen sei, habe sich dem Schutz der sozialen, politischen und ökonomischen Interessen der christlichen Bevölkerung verschrieben. Bei der Gründungsversammlung seien vor allem Angehörige der Gemeinden der LMS, aber auch Gleichgesinnte aus der lutherischen Kirche und der Heilsarmee zugegen gewesen.[470] Offenbar pflegte die Gruppe von Beginn an Kontakte zu politischen Köpfen der Dravidischen Bewegung. So nahm etwa Daniel Thomas, Mitglied der Justice Party und Abgeordneter im Legislativrat der Madras Presidency als Hauptredner an der ersten der in Folge jährlich stattfindenden Konferenzen der Organisation teil, die 1929 in Marthandam abgehalten wurde. Die Gründung des TTNC fand Daniel Dhas zu Folge im Rahmen einer Sitzung des South Travancore Young Men's Retreat statt, zu der auf Nesamonys Einladung viele prominente tamilische Personen aus allen Kasten und Religionen gekommen waren.[471] Auch für Daniel Dhas war das Wirken dieser Gruppe entscheidend für den Anschluss der tamilsprachigen Gebiete Travancores an Tamil Nadu.[472] Gnanadason und Daniel Dhas stimmen also in entscheidenden Punkten überein: Beiden Darstellungen zu Folge war die Bewegung, die auf einen Anschluss der Gebiete des heutigen Kanyakumari Distrikts an den Bundesstaat Tamil Nadu hinarbeitete, mindestens entscheidend christlich beeinflusst, wenn nicht hauptsächlich christlich getragen. Laut Gnanadason wurde der Splittergruppe des TTNC um Nesamony vorgeworfen, ausschließlich christliche Partikularinteressen zu verfolgen, und nach Daniel Dhas' Darstellung ging der TTNC überhaupt aus einer christlichen Organisation hervor.

Bei beiden finden sich überdies deutliche Hinweise, dass dieses christliche Engagement im Zeichen des Tamil-Nationalismus entscheidend von Mitgliedern der LMS bzw. der CSI geprägt und organisiert wurde. Beide Darstellungen legen nahe, dass zwischen den Kastengemeinschaften der Nairs und der Nadars eine Konkurrenz um Chancen auf Bildung, Arbeitsstellen und damit verbundenen sozialen Aufstieg bestand, in der sich die Nadars als die Unterlegenen betrachteten. Der Anschluss des Kanyakumari-Distrikts an Tamil Nadu, die diesen Konkurrenzkampf entschärfte, dürfte also gerade im Interesse der CSI-Mitglieder gelegen haben, die größten Teils aus der Nadargemeinschaft stammten. Zudem gehörten beide als zentral beschriebenen Gestalten, sowohl Nesamony als auch Sam Nathaniel, zur LMS/CSI und die Sitzungen des South Travancore Young Men's Retreat fanden in Gebäuden der LMS/CSI statt.[473] Dennoch liefern beide auch Hinweise, dass die Nadars bzw. die CSI-Mitglieder mit Angehörigen

---

[470] Daniel Dhas 2016, 194.
[471] Daniel Dhas 2016, 196.
[472] Daniel Dhas 2016, 196.
[473] Daniel Dhas 2016, 194.

anderen Kirchen- und Kastengemeinschaften zusammenarbeiteten. Gnanadason erwähnt neben den Nadars noch andere unterdrückte Gemeinschaften, die unter den Nairs zu leiden gehabt hätten. Diese werden allerdings nicht namentlich genannt. Daniel Dhas zu Folge waren schon bei der Gründungsveranstaltung des South Travancore Young Men's Retreat Vertretungen der Gleichgesinnte aus der lutherischen Kirche und der Heilsarmee anwesend. Auch zur Gründungsversammlung des TTNC seien auf Einladung des CSI-Mitglieds Nesamony Personen aus ganz verschiedenen Kasten, Konfessionen und Religionen erschienen. Beide schreiben der Nadargemeinschaft also eine Führungsrolle zu, legen aber gleichzeitig nahe, dass sie in ihren Bemühungen um den Anschluss des Kanyakumari-Distrikts an Tamil Nadu mit anderen Kirchen- und Kastengemeinschaften zusammenarbeitete. Auch in anderen gesellschaftlichen Gruppen des Kanyakumari-Distrikts muss also tamil-nationalistisches Gedankengut verbreitet und sehr einflussreich gewesen sein.

17.1.3. Tamil-Nationalismus in der Heilsarmee

Daniel Dhas' Hinweis auf die Gegenwart von Heilsarmee-Mitgliedern bei der Gründung des South Travancore Young Men's Retreat ist nicht das einzige Anzeichen dafür, dass tamil-nationalistisches Gedankengut im regionalen Christentum auch über die CSI hinaus verbreitet war. Auf die Reorganisation der bundesstaatlichen Grenzen 1956 und die entsprechende Teilung der CSI-Diözese South Travancore 1959 folgte im Jahr 1970 die Teilung des Heilsarmee-Territoriums Südindien, das das Gebiet des Bundesstaates Kerala und den größten Teil von Tamil Nadu[474] einschließlich des Kanyakumari-Distrikts umfasste, entlang der bundesstaatlichen Grenze in die Territorien Südwest- und Südost-Indien. Sowohl die bei Daniel Dhas erwähnte Kooperation als auch die Reorganisation der territorialen Grenze lassen darauf schließen, dass auch die im Kanyakumari-Distrikt mehrheitlich zur Sambavar-Gemeinschaft gehörenden Mitglieder der Heilsarmee offenbar eine starke tamilische Identität ausprägten. Unter diesem Vorzeichen arbeiteten sie mit der Nadar-Gemeinschaft zusammen und verstanden diese offenbar nicht, wie sie es später zum Zeitpunkt der Feldforschung taten, als Konkurrentin und Unterdrückerin. Der Führungs- und Repräsentationsanspruch der Nadars, der in den Schriften von Gnanadason und Daniel Dhas ersichtlich wird, wurde damals von Seiten der Sambavars offensichtlich nicht problematisiert. Vielmehr deutet alles auf die Formulierung einer gemeinsamen christlichen Identität im Zeichen des Tamil-Nationalismus hin, für die der Gedanke der sozialen Religion prägend gewesen sein dürfte. Dies ist umso plausibler, als im tamil-nationalistischen Kontext

[474] Die nördlichsten Gebiete Tamil Nadus gehören zum Territorium Zentralindien, dessen Hauptquartier in der tamilischen Hauptstadt Chennai liegt.

weder religiöse bzw. konfessionelle noch kastenbasierte Grenzen betont wurden. Beide Gruppen konnten sich also als Verbündete in einem gemeinsamen Befreiungskampf verstehen.

Ein solches gemeinsames Verständnis von Befreiung durch tamilische Eigenständigkeit legt auch John Murrays Bericht über die Teilung der Territorien und deren Konsequenzen nahe, die er im Kontext seiner Vereinsgeschichte auf der Webseite der RSSNA bietet. Darin beschreibt er die Anfangszeit des Territoriums Südostindien unter der Leitung des ersten tamilischen Territorialleiters als eine kurze gute, ja, beinahe ideale Zeit für das neue Territorium. Unter der visionären Leitung dieses Offiziers habe sich die Heilsarmee für Bildung und Aufstieg ihrer Mitglieder eingesetzt. Es ist gut denkbar, dass der RSSNA-Präsident hier Ansichten seines Vaters wiedergibt, der unter diesem ersten tamilischen Anführer Divisionsleiter in Nagercoil war und wahrscheinlich selbst stark von tamil-nationalistischem Gedankengut geprägt war. Seine Beschreibung der ersten Jahre tamilischer Eigenverantwortung in der Heilsarmee ähneln stark den Darstellungen Gnanadasons und Daniel Dhas' von den Folgen der Reorganisation der Bundesstaaten. Alle diese Berichte streichen heraus, dass vormals übergangene und marginalisierte Gruppen in Folge der Reorganisation der Gebiete viel bessere Möglichkeiten zum gesellschaftlichen Aufstieg erhalten hätten.

„Die Heilsarmee-Kirchen/Korps, die zu den Distrikten Tirunelveli und Kanyakumari gehörten, standen unter dem Kommando des Territoriums Südwest. Es war die Zeit, als wir ohne jegliche soziale und wirtschaftliche Entwicklung waren. Unsere Pioniergestalten, die tamilischen Korps (Kirchen), Soldatinnen und Soldaten, Offizierinnen und Offiziere wurden von der malayalam-sprachigen Leitung beherrscht. Die tamilischen Korps (Kirchen) drückten vereint ihre Bedenken aus und brachten die Notwendigkeit eines autonomen, separaten Territoriums zum Ausdruck. Als Ergebnis ihrer Einigkeit wurde ein neues und separates Territorium geboren. Ein neues und eigenständiges Territorium wurde geboren (...). Oberst V.J. Chelliah übernahm das Kommando als erster Territorialleiter des Territoriums Südostindien. Er führte die tamilische Geschwisterschaft und die Soldatinnen und Soldaten der Heilsarmee im Geiste der Nation [wörtl.: „the spirit of the soil", gemeint ist die tamilische Nation im Sinne des Tamil-Nationalismus; Anm. d. V.] als erster Territorialleiter aus dem Tamil-Land."[475]

„Er ist derjenige, der entwickelte. Wir hatten eine Schule, die bis zur fünften Klasse ging und von der Regierung geführt wurde. Er widmete sich dieser Schule, weil das Grundstück der Heilsarmee gehört und er machte eine englischsprachige Mittelschule daraus. Und die Oberschule wurde zu einer höheren Schule. In Valliyoor war auch eine Mittelschule, die er zu einer Oberschule machte. Schau, er hatte eine Vision. Er hat die Gemeinschaft vorangebracht."[476]

---

475 https://rssna.wordpress.com/about/ (zuletzt abgerufen am 30.09.2019).

476 Interview mit John Murray am 06.05.2016.

Dass die Sambavars in der Heilsarmee die Teilung des Territoriums anstrebten und als großen Schritt auf dem Weg zu besseren gesellschaftlichen Chancen für ihre Gemeinschaft verstanden, dürfte auch in ihrem Fall entscheidend durch einen Interessenkonflikt mit einer anderen Kastengemeinschaft beeinflusst gewesen sein. Hatten die Nadars die ökonomische und soziale Überlegenheit der Nairs in Süd-Travancore kritisiert, fürchteten die Sambavars offenbar die Dominanz christlicher Gruppen aus Kerala in den Institutionen der Heilsarmee. Dies legen insbesondere die Berichte einer weiteren Kontaktperson während der Feldforschung nahe. Dieser Informant ist ebenfalls Mitglied der Heilsarmee und wohnte auf dem Gebiet der Division Kulasekharam. Er war jedoch offenbar nicht mit den RSSNA-Mitgliedern aus dieser Gegend vernetzt. Der über 80-Jährige beschrieb sich im Gespräch als überzeugten, doch stets kritischen Anhänger der Heilsarmee, der gerade in jüngeren Jahren mehrfach versucht habe, die damals noch überwiegend ausländischen Führungskräfte der Heilsarmee auf Missstände in der Organisation hinzuweisen. Insbesondere habe er sich gegen die Einstellungspolitik der missionarischen Leitung des CBH gewandt und Proteste organisiert. Er warf der damaligen ausländischen Führung des CBH vor, dass diese Studienplätze an der Nursing School, mit denen auch die Chance auf Einstellung am Krankenhaus verbunden waren, lieber an „schöne, hellhäutige Mädchen aus Kerala" vergeben und sie so den dunkelhäutigen jungen Frauen aus den lokalen Heilsarmee-Familien vorenthalten hätte.[477] Mit diesen jungen Frauen aus Kerala dürften Mitglieder von Thomaskirchen gemeint sein, die vor allem in Kerala zu finden waren und sind. In seiner Autobiografie berichtet auch Harry Williams, der bis 1970 in Südindien arbeitete, von guten und intensiven Kontakten der frühen regionalen Heilsarmee sowohl zur Mar-Thoma-Kirche als auch zur syrisch-orthodoxen sog. Jakobitischen Kirche. Er selbst habe gute Kontakte zu Führungskräften gehabt und ein Drittel oder sogar die Hälfte der am Krankenhaus tätigen Pflegekräfte seien aus thomaschristlichen Familien gekommen.[478]

All dies deutet darauf hin, dass die überwiegend aus der Sambavar-Gemeinschaft stammenden Heilsarmee-Mitglieder im Kanyakumari-Distrikt in den Jahren bzw. Jahrzehnten vor der Teilung des Territoriums 1970 in Mitgliedern keralanischer Thomaskirchen große Konkurrenz auf Ausbildung und Anstellung am CBH und die damit verbundenen sozialen Aufstiegschancen sahen. Der Bericht des oben genannten Heilsarmee-Mitglieds lässt darauf schließen, dass die Heilsarmee-Sambavars zu seiner Zeit die ausländische Leitung keineswegs als Unterstützerin ihrer Kastengemeinschaft und deren sozialer Emanzipation sahen, sondern ihr schon damals vorwarfen, sie gegenüber externen Gruppen zu benachteiligen. Wie

---

[477] Interview mit einem Heilsarmee-Aktivisten aus Kulasekharam am 04.04.2016.
[478] Williams 1990, 126–128.

heutige Führungskräfte in der Region, beurteilte jedoch auch die damalige, noch ausländisch geprägte regionale Leitung die Präsenz dieser Gruppen an den Heilsarmee-Einrichtungen als positiv, das legt Williams Schrift nahe. Den Sambavars war somit ganz offenbar an der stärkeren Abgrenzung des Kanyakumari-Distrikts zu Kerala gelegen, weil sie sich davon eine Verminderung der thomaschristlichen Konkurrenz um Posten am CBH versprachen. Dies könnte bereits ein zentraler Grund dafür gewesen sein, dass sie gemeinsam mit den Nadars der CSI im Zeichen einer tamilisch-christlichen Einheit auf die Verschiebung der politischen Grenzen hinarbeiteten. Ganz sicher war es ein entscheidendes Motiv für die Forderung nach der Teilung der Territorien.

Die internationale Heilsarmee beurteilte die Teilung des Territoriums offenbar erheblich anders als die tamilischen Heilsarmee-Mitglieder. Aus ihrer Sicht hätte auch sicherlich einiges für die Beibehaltung früherer Strukturen gesprochen. Heilsarmee-Gemeinden in großer Zahl finden sich in Tamil Nadu noch heute vor allem in den beiden südlichsten Distrikten Kanyakumari und Tirunelveli. Im restlichen Tamil Nadu waren und sind sie, sieht man von dem nördlichsten Gebiet rund um die Hauptstadt Chennai ab, ausgesprochen dünn gesät. Diese nördlichste Region Tamil Nadus gehört jedoch noch heute zum Heilsarmee-Territorium Zentralindien, dessen Hauptquartier in Chennai beheimatet ist. Rein geographische und organisatorische Erwägungen hätten also vermutlich viel eher für ein einheitliches Territorium Südindien gesprochen. In den Geschichtsdarstellungen aus der internationalen Heilsarmee wird die Teilung daher nur knapp besprochen und in keiner Weise als wünschenswerte Entwicklung beschrieben. Im Travancore-Kapitel von Smiths Geschichte der indischen Heilsarmee sind die Teilung und die darauffolgende Verlegung der Territorialleitung von Nagercoil nach Tirunelveli zwar die einzigen Daten, die aus der zweiten Hälfte des 20. Jahrhunderts überhaupt genannt werden. Es bleibt jedoch bei der bloßen Nennung, denn auf Vorgeschichte, Verlauf und Auswirkungen dieser geografischen Neuorganisation geht sie in keiner Weise ein.[479] Die 1994 von einer Arbeitsgruppe am Hauptquartier des Territoriums Südindien herausgegebene tamilsprachige Jubiläumsschrift „An Advancing Army. 100 Years History of The Salvation Army in Tamilnadu“[480] gibt darüber ebenfalls keine Aufschlüsse. Sie schildert zunächst weitgehend anhand der aus der englischsprachigen Heilsarmee-Literatur bekannten zentralen Motive[481] von der Gründung der Heilsarmee in London, ihrer Ankunft in Indien und dem Beginn ihrer Arbeit in Travancore. Sie geht über diese inhaltlich nur insofern hinaus, als sie exemplarisch die Geschichten einiger spezifischer Dorfgemeinden schildert. Wie die bereits untersuchten Werke bietet sie dann in separaten Kapiteln einen Überblick

479 Smith 1982, 63.
480 Paul, Pakya Nathan und Peter 1994.
481 Vgl. Kapitel 13.1 dieser Arbeit.

über das medizinische und soziale Engagement der Heilsarmee in der Region. Im Abschluss daran ist zwar ein Kapitel der Geschichte des Territoriums Südostindien gewidmet. Dieser Abschnitt setzt jedoch im Jahr 1970 ein, erwähnt kurz die Schaffung des neuen Territoriums, schildert dann die Gründung von Heilsarmee-Gemeinden in anderen Orten Tamil Nadus und bietet Listen mit den Namen der Leiter des Territoriums und anderer hoher Offiziere.[482] Die Vorgeschichte der Teilung und der Teilungsprozess selbst werden nicht thematisiert. Harry Williams, der in den 1960er Jahren am CBH in Nagercoil arbeitete, die Entwicklungen in der Region also unmittelbar mitbekommen hatte und überdies als letzter ausländischer Territorialleiter den Teilungsprozess organisierte, thematisiert diesen in seiner Autobiografie in ausgesprochen knapper Form. Dabei zieht er zwar insofern ein positives Resümee, als er den Reorganisationsprozess als gelungen darstellt, wertet jedoch die Kräfte, die unter dem Einfluss regionaler Nationalismen auf die Teilung hingewirkt hätten, als „zerstörerische Kräfte".[483] Wie bereits argumentiert wurde, ist gut denkbar, dass Williams' Erfahrungen mit regionalem Nationalismus in Indien Auswirkungen auf die entschiedene Ablehnung von Nationalismus hatte, die er als Vertreter der Heilsarmee im World Council of Churches formulierte.

Es zeigt sich also, dass Debatten um Heilsarmee-Identität in den Jahrzehnten nach der indischen Unabhängigkeit entscheidend von Positionen geprägt waren, von denen sich die Heilsarmee auf globaler Ebene im selben Zeitraum zunehmend distanzierte: Von – hier regional verstandenem – Nationalismus und damit zusammenhängend von einer Auffassung von Christentum als Kraft der sozialen und gesellschaftlichen Emanzipation. Tamil-nationalistisches Gedankengut ist bei den heutigen RSSNA-Mitgliedern, mit Ausnahme des Präsidenten, kaum mehr festzustellen. Dennoch haben die unter diesem Vorzeichen geführten Auseinandersetzungen die Strukturen der südindischen Heilsarmee bis heute entscheidend geprägt. Überdies bot das offenbar bereits in diesem Zusammenhang verbreitete Narrativ von sozialem Christentum eine Grundlage, an die spätere Gruppen, gerade auch die RSSNA unter neuem Vorzeichen anknüpfen konnten. Dies gilt umso mehr, als auch dafür Konflikte und Machtkämpfe um Einfluss und Präsenz an kirchlichen Institutionen entscheidend waren, die in anderen Konstellationen und mit neuem Gegenüber auch von der RSSNA geführt werden. Die heute so deutliche und prägende Abgrenzung der Heilsarmee-Sambavars von der durch die Nadars dominierten CSI, wie sie gerade auch von den RSSNA-Mitgliedern formuliert wird, spielte in den 50er bis 70er Jahren offenbar noch keine Rolle für die Bestimmung von Heilsarmee-Identität. Vielmehr teilten beide Kastengruppen ein

[482] Paul, Pakya Nathan und Peter 1994, 94–97.
[483] Williams 1990, 85.

gemeinsames Selbstverständnis als tamilische Christenheit und Anhängerschaft einer über soziale Entwicklung charakterisierten Religion.

17.2. Soziale Religion im Kontext erstarkender religiöser Identitätspositionierungen in Tamil Nadu

Die in den südindischen Bundesstaaten populären säkularen regionalen Nationalismen entwickelten sich gerade auch als Gegenüber zu Konzepten einer gesamtindischen Nationalität, die indische Identität über Zugehörigkeit zum Hinduismus konzipierte, also religiös fundiert war. Hindunationalistisches Gedankengut war und ist in Tamil Nadu vergleichsweise wenig populär, gewann dort aber dennoch über die Jahre an Bedeutung. Wesentlich stärker als im Rest des Bundesstaates ist der Einfluss hindunationalistischer Gruppen, insbesondere der Bharatiya Janata Party (BJP), im Kanyakumari-Distrikt, wo die BJP bereits in den frühen 80er Jahren Fuß zu fassen suchte. In Tamil Nadu und gerade in seinem südlichsten Distrikt verstärkten sich seit dieser Zeit Debatten um Religion und religiöse Identitätspositionierungen. Das führte dazu, dass Gruppen, die ihr Selbstverständnis bisher im Rahmen des säkularen und kastenübergreifenden Tamil-Nationalismus verstanden hatten, ihre Identität neu zu bestimmen begannen, da insbesondere religiös begründete Abgrenzungen an Bedeutung gewannen. Auch in dieser neuen Konstellation, das wird sich zeigen, war der Gedanke der sozialen Religion zentral für christliches Selbstverständnis.

Von großer Relevanz für die zunehmende Debatte um Religion und religiöse Identitäten in Tamil Nadu war ein Ereignis, das sich dort zu Beginn der 80er Jahre zutrug, aber nicht nur im Bundesstaat selbst, sondern auch in Indien und über dessen Grenzen hinaus große Wellen schlug und in den folgenden Jahren und Jahrzehnten immer wieder diskutiert wurde. 1981 konvertierten im tamilischen Dorf Meenakshipuram und in weiteren Dörfern große Gruppen von Dalits zum Islam. Auch Gruppenkonversionen zum Christentum fanden im gleichen Zeitraum statt.[484] Über die Motive der sich Bekehrenden wurde ausführlich gestritten. Kritische Stimmen insbesondere aus hindunationalistischen Reihen verurteilten die Konversionen als unauthentisch, da diese nicht aus religiöser Überzeugung, sondern mit Blick auf materielle Vorteile erfolgt seien. Die Bekehrten selbst sowie mit ihnen sympathisierende Gruppen verstanden die Konversion als einzigen Ausweg aus kastenbasierter Unterdrückung. Das Kastensystem sei, so argumentierten sie, durch den Hinduismus legitimiert und dessen untrennbar zentraler Bestandteil. Nur ein Religionswechsel könne daher die

[484] Nehring behandelt im Zusammenhang mit Meenakshipuram exemplarisch außerdem eine Massenkonversion von Dalits zur lutherischen Kirche im tamilischen Dorf Narivelli, die sich ebenfalls 1981 ereignete. Vgl. Nehring 2004, 18–19.

Emanzipation der Unterdrückten ermöglichen.[485] Eine solche Argumentation hatte 1956 bereits der als Vater der modernen Dalit-Bewegung geltende B.R. Ambedkar vorgetragen, als er mit einer großen Anhängerschaft zum Buddhismus konvertierte. In beiden Fällen wurde die Idee einer sozialen bzw. befreienden Religion formuliert, die dazu diente, ein Gegenüber zwischen dem Hinduismus und einer anderen Religion zu formulieren, indem ersterer als im Kern durch das Kastensystem bestimmt und damit unterdrückerisch beschrieben wurde. Mit den Ereignissen von Meenakshipuram wurden also auch in Tamil Nadu religiöse Identitätspositionierungen im Kontext sozialer Mobilisierung von Gruppen, die sich als marginalisiert verstanden, bedeutender. Ein sehr ähnliches Verständnis vom befreienden Charakter des Christentums sollte später die christliche Dalit-Bewegung und Dalit-Theologie argumentieren, die in Tamil Nadu allerdings erst Ende der 80er Jahre größeren Einfluss gewann und, wie sich noch zeigen wird, auch die Debatten um christliche Gruppenidentitäten im Kanyakumari-Distrikt prägen sollten.

Da die Konversionen in ganz Indien ausführlich in den Medien besprochen wurden, ist davon auszugehen, dass sie auch im zum selben Bundesstaat wie Meenakshipuram gehörenden Kanyakumari Distrikt umfangreich diskutiert wurden.[486] Dies ist umso wahrscheinlicher, als die Fragen nach religiöser und nationaler Identität dort wenig später unmittelbar lokal bedeutsam wurden. 1982, also im Jahr nach den Konversionen in Meenakshipruam kam es dort zu Auseinandersetzungen, die als „Religiöse

[485] Zu den verschiedenen Positionen in der Debatte um die Konversionen in Meenakshipuram vgl. z.B. Nehring 2004.

[486] Die Konversionen von Meenakshipuram waren nicht nur für die gesellschaftliche und politische Debatte in Indien, sondern auch für die internationale Forschungsdebatte um Christentum und Mission zur Kolonialzeit von entscheidender Bedeutung. Kooiman stellt in seinem Vorwort einen direkten Zusammenhang zwischen der Debatte um die Konversionen in Meenakshipuram und seinem Forschungsinteresse an „Unberührbarkeit als entwicklungspolitischem Problem“ her, das für seine Studie über Mission im Travancore des 19. Jahrhunderts ausschlaggebend war. (Kooiman 1989, 4.) Ihr Titel „Conversion and Equality in India“ knüpft deutlich an Positionen derjenigen an, die die zeitgenössischen Konversionen der Dalits positiv würdigten und verteidigten. Wie Nehring es ausführlicher tun sollte (Nehring 2004.), verbindet schon Kooiman, wie bereits dargestellt, seine Untersuchung zu Konversionen unterdrückter Kasten mit einer grundsätzlichen Frage nach der Bestimmung von Religion. Die internationale Forschung diskutierte die Geschichte der protestantischen Mission in Travancore zu diesem Zeitpunkt bereits, offenbar mit besonderem Interesse am Verhältnis von Mission und sich ausweitendem Kapitalismus. Im Nachgang zu den Konversionen von Meenakshipuram wurde diese Debatte verstärkt. In Lichte dieser Gruppenbekehrungen diskutierte die Forschung, wie sich etwa an Kooimans Studie zeigt, die Missionsgeschichte des Fürstenstaates unter neuem Vorzeichen, indem sie aktuelle Konversionsbewegungen zu denen im Travancore des 19. Jahrhunderts in Bezug setzte, sie als vergleichbare Phänomene beschrieb und im Zusammenhang besprach. Die Selbsterzählungen der Dalits von Meenakshipuram – und neben den Geschichten dieser muslimischen Neubekehrten sicher auch diejenigen von zum Christentum konvertierten Gruppen wie etwa in Narivelli – wurden zum zentralen Motiv für die Interpretation der Konversionsbewegungen früherer Zeiten.

Konflikte von Mandaikadu“ in die regionale Geschichte eingehen sollten. Im Dorf Mandaikadu, etwa 20 km von Nagercoil entfernt am Meer gelegen, wohnten katholische Angehörige der Mukkuva-Kastengemeinschaft, die traditionell in der Fischerei tätig sind[487] sowie Hindus aus verschiedenen Kasten. Erstere lebten im unmittelbar an der Küste gelegenen südlichen, letztere im nördlichen Teil des Dorfes. Im nördlichen Teil liegt der überregional bekannte Mandaikadu Bagavathi Amman Tempel, um den herum jährlich im März ein zehntägiges Festival stattfindet, zu dem aus der ganzen Region und auch aus dem benachbarten Bundesstaat Kerala Gläubige anreisen. Im Zuge dieses Festivals baden die Feierenden normaler Weise im Rahmen ihrer Anbetung im Meer. Dazu müssen sie den katholischen Ortsteil durchqueren. Im Rahmen des Tempelfests 1982 kam es zu Auseinandersetzungen zwischen den christlichen Angehörigen der Fischerkaste und den Hindus. Dieser gipfelte in einem Polizeieinsatz, bei dem sechs Angehörige der Fischerkaste getötet wurden. Der Konflikt breitete sich dann im ganzen Distrikt aus, und es kam zu weiteren Todesfällen.[488]

Die dominante Lesart regionaler Geschichtserzählungen behandelte die Auseinandersetzungen als durch christlich-hinduistische Feindseligkeiten verursacht. Der aus dem Kanyakumari-Distrikt stammende Theologe Muthuraj Swamy bestreitet diese Auffassung jedoch und bietet eine andere Lesart des Konflikts. Seiner Darstellung zufolge war die Ursache der Auseinandersetzungen kein religiöser Konflikt, sondern vielmehr ein Kastenkonflikt zwischen Mukkuvas und Nadars. Eigene Feldforschungen, die er in den Jahren 2007 und 2008 durchgeführte hatte, hätten ergeben, dass auch christliche Nadars an den Attacken auf die katholischen Mukkuvas beteiligt gewesen seien. Kontaktpersonen hätten dies zögernd berichtet, ihn aber gebeten, von der Verbreitung dieser Information Abstand zu nehmen, da dies die Beziehung zwischen christlichen Nadars und Mukkuvas beeinträchtigen würde. Auch im Zuge der Ausweitung der Konflikte, bei denen es zu gewalttätigen Auseinandersetzungen und Angriffen auf Dörfer gekommen sei, hätten die den Mukkuvas jeweils gegenüberstehenden Konfliktparteien vielfach ebenso aus christlichen und muslimischen wie hinduistischen Mitgliedern bestanden.[489]

Dass sich eine Auffassung durchgesetzt habe, die diesen Kastenkonflikt als religiöse Auseinandersetzung betrachtet, sei, so Muthuraj Swamy, vor allem auf die Aktivitäten der BJP zurückzuführen, die zu Beginn der 80er

---

[487] Muthuraj Swamy führt diese Gruppe als „Fisherfolk Christians“ ein und entspricht damit dem regionalen Sprachgebrauch, in dem diese Gruppe ganz überwiegend nicht bei ihrem Kastennamen „Mukkuva“ genannt, sondern als „the fisher caste“ bezeichnet wird.

[488] Die hier gebotene Zusammenfassung des Konflikts folgt der Darstellung der im Folgenden untersuchten Monografie des aus dem Kanyakumari-Distrikt stammenden Theologen Muthuraj Swamy. Swamy 2016, 129–140.

[489] Swamy 2016, 133–134.

Jahre im Kanyakumari Distrikt aktiv wurde. Andere Gruppen aus der Hindutva-Bewegung, etwa der Rashtriya Swayamsevak Sangh (RSS), seien schon seit Beginn der 1960er Jahre in der Region aktiv gewesen. Schon damals seien Proteste der katholischen Fischergemeinschaft Kanyakumaris gegen die vom Vivekananda Kendra vor der Küste errichtete Vivekananda-Gedenkstätte sowie den Fährbetrieb dorthin als hindu-christliche Konflikte beschrieben worden, obwohl die Fischergemeinschaft entscheidend von der Sorge um die Gefährdung ihrer Existenzgrundlage motiviert gewesen sei. 1980 jedoch habe die BJP als politisches Organ der Hindutva-Bewegung erstmals an den regionalen Wahlen teilgenommen. Dabei sei sie jedoch nicht erfolgreich gewesen. Im Anschluss an diese Niederlage sei es im Distrikt in den folgenden Jahren zu mehreren Konflikten gekommen, die jeweils als „religiös" gedeutet wurden. Dies sei im Zuge der Versuche der BJP zu verstehen, sich eine regionale Anhängerschaft aufzubauen. Dazu habe sie, so Muthuraj Swamy, zu Taktiken gegriffen, die die Hindutva-Bewegung andernorts bereits erfolgreich eingesetzt habe, nämlich Hindu-Identität zu schaffen, indem ein religiöses Gegenüber als unpatriotisch und von fremden Einflüssen dominiert gebrandmarkt worden sei. Im Norden Indiens sei der Islam zu diesem feindlichen Gegenüber stilisiert worden, im Kanyakumari Distrikt hingegen das zahlenmäßig weit stärker vertretene Christentum. Zu dieser Taktik habe es auch gehört, die Deutung eigentlich kastenbasierter Konflikte wie den in Mandaikadu als religiöse Auseinandersetzungen zu propagieren, etwa durch die Verbreitung entsprechender Pamphlete. Die Strategie sei aufgegangen, habe doch die BJP in den Wahlen 1984 38,64% der Stimmen erhalten – im Vergleich zu 0,69% in den Wahlen von 1980 ein erstaunlicher Zugewinn. Muthuraj Swamy vertritt daher die These, dass dieser signifikante Anstieg entscheidend mit der Rolle der BJP im Konflikt von Mandaikadu und der auch und gerade in diesem Zusammenhang gelungenen Mobilisierung auf Grund religiöser Identifizierung zusammenhänge.[490]

Obgleich Muthuraj Swamy mit überzeugenden Argumenten bestreitet, dass die Wurzel des Konflikts – zumindest ausschließlich – „religiös" gewesen sei, ist für die weitere Entwicklung die Interpretation des Konflikts wesentlich entscheidender als Fragen nach einem eigentlichen Ursprung. Die Deutung der Geschehnisse um Mandaikadu als religiöser Auseinandersetzung hat sich, wie es ja auch Muthuraj beschreibt, schnell durchgesetzt und wird noch heute nicht nur auf hinduistischer, sondern auch auf christlicher Seite vertreten, wie bereits Gespräche Muthuraj Swamys mit christlichen Aktivisten für den interreligiösen Dialog zeigen.[491] D. Monikaraj, der Pricipal des Concordia Theological Seminary der IELC, der bereits früher in dieser Arbeit zu Wort kam,[492] sagte mir im Interview, der

[490] Für die in diesem Absatz vorgetragene Argumentation vgl. Swamy 2016, 137–138.
[491] Vgl. Swamy 2016, 130–132.
[492] Vgl. Kap. 11.1 dieser Arbeit.

Konflikt habe insofern auch ausgesprochen positive Folgen gehabt, als sich im Angesicht hinduistischer „Verfolgung“ die zahlreichen Kirchen der Region ihrer christlichen Einheit bewusst geworden seien. Nach diesem Einheitsgefühl sehne er sich noch heute zurück.[493] Diesem Bericht zu Folge fand im Kontext der Mandaikadu-Konflikte offenbar ein Narrativ von christlicher Einheit große Verbreitung. Darauf weisen auch die von Muthuraj erwähnten Bitten seiner Kontaktpersonen hin, die Kasten-Dimension des Konflikts nicht publik zu machen, um nicht das Risiko eines innerchristlichen Konflikts einzugehen. Wie bei der BJP und ihrer Anhängerschaft wurde also auch auf christlicher Seite eine Identitätspositionierung formuliert, die einen religiösen Einheitsgedanken ins Zentrum stellt und gegenüber kastenbasierten Zugehörigkeiten privilegiert. Angesichts der erstarkenden BJP und ihrer christentumsfeindlichen Grundhaltung dürfte vielen christlichen Gruppen an einem möglichst breiten christlichen Zusammenschluss gelegen haben. Das Narrativ von der christlichen Einheit dürfte jedoch von Anfang an brüchig gewesen sein. Dies legen schon die Berichte von Muthurajs Swamis Kontaktpersonen über die Beteiligung christlicher Nadars an den Angriffen auf die ebenfalls christlichen Mukkuvas nahe. Gerade aus diesem Grund dürfte jedoch insbesondere die Nadar-Gemeinschaft die Idee der christlichen Einheit besonders stark gemacht haben, musste ihr doch daran gelegen gewesen sein, diese innerchristlichen Kastenkonflikte zu überspielen und in Vergessenheit geraten zu lassen. Insofern ist gut denkbar, dass gerade die Nadargemeinschaft, die bereits vorher als Repräsentantin des regionalen Christentums agiert hatte, erneut zur wortführenden Gruppierung einer konfessionsübergreifenden Allianz wurde.

Dass im Zusammenhang mit dieser Formulierung einer gemeinsamen christlichen Identität auch die Idee der sozialen Religion erneut bekräftigt wurde, liegt aus mehreren Gründen nahe. Zum ersten hatten die Nadars, wie im vorigen Abschnitt gezeigt wurde, schon einmal unter diesem Vorzeichen eine christliche Allianz mobilisiert. Des Weiteren musste im Lichte der Debatte um Protestkonversionen das historische Narrativ von der Befreiung der Unterdrückten durch christliche Missionen als Grundlage eines gemeinsamen Selbstverständnisses naheliegend gewesen sein. Zum dritten formulierten diejenigen, die im Kanyakumari Distrikt den Gedanken einer christlichen Einheit forcierten, und die Neubekehrten in Meenakshipuram ihre jeweilige Identität im Angesicht derselben Bedrohung, nämlich der erstarkenden Hindutva-Bewegung. Die Dalits in Meenakshipuram formulierten in dieser Konfrontation eine Kritik am Hinduismus, in deren Zentrum die – ihrer Argumentation nach untrennbar mit ihm verbundene – kastenbasierte Unterdrückung und Diskriminierung stand, von der nur ein Religionswechsel befreien könnte. Das regionalgeschicht-

[493] Interview mit D. Monikaraj am 03.04.2016.

liche Narrativ im Kanyakumari-Distrikt, das von eben einer solchen Befreiung berichtete, dürfte auf diese Weise neue Popularität und Plausibilität erhalten haben und sich als Grundlage einer konfessionsübergreifenden christlichen Identität angeboten haben. Überdies formulierte Monikaraj, noch 2016 ein entsprechendes Verständnis des Gegenübers von Hinduismus und Christentum.[494] Die Zugehörigkeit zum Christentum bringe einen höheren Bildungsgrad und Lebensstandard mit sich. Nur der von der Hindutva-Bewegung ausgeübte Druck und ihre anti-christliche Propaganda verhindere noch viel umfangreichere Konversionen zum Christentum. Stellvertretend für Hinduismus und Christentum stehen sich auch in dieser Darstellung die Hindutva-Bewegung und ein aufklärerisches, emanzipierendes Christentum gegenüber, das hauptsächlich durch den Verweis auf seine „sozialen" Errungenschaften charakterisiert wird. Es ist mithin davon auszugehen, dass die in der Region bereits populäre Erzählung vom Christentum als Kraft des sozialen Aufstiegs im Zusammenhang mit den dargestellten Ereignissen weitere Verbreitung fand und gefestigt wurde.

Zusammenfassung

Die vorausgegangenen Abschnitte haben gezeigt, dass im Kanyakumari-Distrikt wie im restlichen Tamil Nadu in den ersten Jahrzehnten nach der indischen Unabhängigkeit ein Selbstverständnis dominant war, das vom sich säkular verstehenden Tamil-Nationalismus geprägt war. Auch kirchliche Gruppen verorteten sich darin und verbanden christliche und tamilische Identität. Dafür war eine Bestimmung von Christentum als im Kern sozialer Kraft entscheidend. Das Umfeld der RSSNA ist also schon seit mehreren Jahrzehnten von (regionalem) Nationalismus und Konzepten sozialer Religion geprägt. Ihre Geschichtserzählung und die darin formulierte Heilsarmee-Identität sind mithin von Themen und Debatten bestimmt, die nur sehr schwer mit den zentralen Aspekten der dominanten global ausgehandelten Heilsarmee-Identität zu verbinden ist, da diese, wie im dritten Teil dieser Arbeit gezeigt wurde, gerade durch die Abgrenzung von Nationalismus und Befreiungstheologie geprägt ist.

Unter dem Eindruck der erstarkenden Hindutva-Bewegung und beeinflusst durch die Konversionen von Meenakshipuram und insbesondere durch die Mandaikadu-Konflikte prägten sich im Kanyakumari-Distrikt der 80er Jahren religiöse Identitätspositionierungen stärker aus. Entscheidend war dabei vor allem das postulierte Gegenüber von Christentum und Hinduismus. Die Analyse der Mandaikadu-Konflikte weist auf die Brüchigkeit des in diesem Zusammenhang erneut betonten Gedankens einer christlichen Einheit hin. Dennoch war dieses Narrativ offenbar auch in den

[494] Vgl. Kap. 11.1 dieser Arbeit.

frühen 80er Jahren noch sehr wirkmächtig. Auch zu dieser Zeit wurden offenbar konfessionellen Grenzen, die später weitgehend mit Kastengrenzen gleichgesetzt werden sollten, noch kaum markiert. Auch die entscheidende Rolle der Nadar-Gemeinschaft, die insbesondere bei der Eingliederung des regionalen Christentums in den Tamil-Nationalismus, aber wohl auch bei der Formulierung des Gedankens einer christlichen Einheit im Kontext der Mandaikadu-Konflikte eine Führungsrolle einnahm und oft als Repräsentantin des gesamten Christentums der Region agierte, wurde von anderen christlichen Kastengemeinschaften, wie etwa den Sambavars der Heilsarmee noch nicht problematisiert. Ausschlaggebend war der Gedanke einer tamilischen bzw. christlichen Einheit, der entscheidend durch ein Konzept sozialer Religion geprägt war. Kastenbasierte bzw. konfessionelle Abgrenzungen hatten kaum Bedeutung.

Eines der drei Kernmotive der RSSNA-Identität, die Bestimmung von Religion als im Kern sozial, war also schon lange Zeit in der Region verbreitet. Die für das zweite Motiv entscheidenden Kastenidentitäten hingegen sind, wie sich gezeigt hat, nicht notwendiger Weise mit einem solchen Religionsverständnis verbunden.

18. Dalit-Debatten im Kanyakumari-Distrikt und der südindischen Heilsarmee

Im folgenden Kapitel wird gezeigt, wie sich im Laufe der 90er Jahre das im regionalen Christentum dominante Religionsverständnis immer stärker mit kastenbasierten Identitätspositionierungen verband. Es geht also um die Frage, inwiefern auch der enge Zusammenhang zwischen zwei der zentralen Motive der RSSNA-Identität von der regionalen Debatte geprägt ist.

Im Zusammenhang mit dem Erstarken der Dalit-Bewegung nahmen Identifizierungen über Kastenzugehörigkeiten in der Region stark zu. Dies war besonders auch in christlichen Kreisen entscheidend. Hier kam es zu Debatten um Machtverhältnisse in der Kirche. In deren Rahmen erfuhr das in der Region verbreitete Religionsverständnis eine Neubestimmung, die es nun eng mit der Forderung nach kirchlichem Einsatz für bestimmte Kastengemeinschaften verband. Diese identifizierten sich zunehmend als Dalits. Gefordert wurde insbesondere kirchlicher Einsatz für die Bildung und soziale Förderung dieser Gruppen.

Dieses Anliegen verband die innerkirchliche Debatte mit einer Forderung an den indischen Staat, die indienweit von christlichen Gruppen formuliert wurden. Gefordert wurde Scheduled-Caste-Status für die christlichen Angehörigen bestimmter staatlich gelisteter Kastengemeinschaften. Dies, so wurde vielfach argumentiert, sei entscheidend für die soziale

Emanzipation dieser benachteiligten Gruppen. Gerade im Zuge dieser Debatte wurden also auch über Religionszugehörigkeit bestimmte Identitätspositionierungen fortgeschrieben.

Bei der Analyse der genannten Diskussionen ist die Frage leitend, inwiefern es der RSSNA möglich ist, die Kernmotive ihres Selbstverständnisses im Rahmen der regionalen Dalit-Debatte zu artikulieren. Wie sich zeigen wird, ist dies für alle drei Motive möglich, zumal sich mit der Scheduled-Caste-Debatte ein direkter organisatorischer Anknüpfungspunkt anbot.

18.1. Sambavar-Emanzipation und Dalit-Theologie im Kanyakumari-Distrikt

In den ersten Jahrzehnten der indischen Unabhängigkeit bestand, wie sich gezeigt hat, im Kanyakumari-Distrikt eine Allianz zwischen den Nadars und Sambavars, insbesondere zwischen den christlichen Mitgliedern beider Gemeinschaften. Beide Gruppen – und vermutlich noch andere Kastengemeinschaften – setzten sich unter dem Zeichen einer gemeinsamen christlichen bzw. tamilischen Identität für gemeinsame Ziele ein. Dies äußerte sich insbesondere im gemeinsamen Eintreten für die Reorganisation der bundesstaatlichen Grenze zwischen Tamil Nadu und Kerala, die die Neuorganisation kirchlicher Strukturen nach sich zog und auf Seiten der Heilsarmee die Aufteilung des Territoriums Südindien hervorrief. Die Nadars waren in diesem Bündnis offenbar tonangebend, wurden von den Sambavars jedoch als Verbündete betrachtet.

In den Jahren nach diesen Teilungsprozessen, spätestens zu Beginn 80er Jahren, veränderte sich das Verhältnis zwischen christlichen Nadars und Sambavars offenbar grundlegend. Die Sambavars verstanden die Nadars nun offenbar nicht mehr als Verbündete in ihrem Streben nach Emanzipation, sondern betrachteten sie als dominante Gruppe, die kirchliche Ausbildungs- und Arbeitsplätze monopolisiere und den Sambavars damit den gesellschaftlichen Aufstieg verwehre. In der Heilsarmee wurde die Ausprägung dieser neuen Frontstellung offenbar entscheidend durch einen erneuten Konflikt um Ausbildungs- und Arbeitsplätze am Krankenhaus verursacht. Hatten Heilsarmee-Mitglieder vormals gegen die ihrer Ansicht nach übergroße Präsenz von Mitgliedern der keralanischen Thomaskirchen am CBH protestiert, richtete sich neuerlicher Protest nun gegen eine Dominanz der Nadars. C. Thankappan zu Folge überreichte das in direkter Nachbarschaft des Krankenhauses gelegene Vadasery Corps der Heilsarmee dem Internationalen Sekretär der Heilsarmee, Ernest Lydell, anlässlich seines Besuchs in Nagercoil eine Petition, die die übergroße Präsenz christlicher Mitglieder höherer Kasten kritisierte und eine stärkere Berücksichtigung der Heilsarmee-Mitglieder forderte:

„Die Leitung ist sich sehr wohl bewusst, dass wir, die Mitglieder der Heilsarmee, aus der untersten Schicht der Gesellschaft stammen und – mit Ausnahme einiger weniger – immer noch ganz unten stehen, sowohl wirtschaftlich und finanziell als auch hinsichtlich der Bildung, als auch sozial. Diese Situation herrscht immer noch wegen des vorsätzlichen Verhaltens der so genannten wohlhabenden Menschen, die zu den höheren Kasten gehören und die keine Mitglieder der Heilsarmee sind. (...) Tatsächlich sind das Krankenhaus und die Schule vollständig in den Händen von Nicht-Mitgliedern, die einer anderen christlichen Konfession angehören. Nicht-Mitgliedern werden sowohl in finanzieller Hinsicht als auch bereits bei der Zulassung mehr Zugeständnisse gemacht und uns wird keine angemessene Aufmerksamkeit geschenkt. Dies ist eine Tatsache, und wir beantragen mit großem Bedauern und Bluttränen, dass dies von Ihnen selbst beseitigt werden muss und dieses berühmte Krankenhaus wieder unter missionarische Leitung und die der Heilsarmee-Mitglieder gebracht wird. (...) Die Heilsarmee gründete Erziehungseinrichtungen, um diesen unterdrückten Menschen Aufschwung zu geben, aber wir machen Sie schmerzlich darauf aufmerksam, dass wir zurückgedrängt werden und andere, die keine Mitglieder der Heilsarmee sind, von der wohlhabenden Gemeinschaft, die das Krankenhaus und die Krankenpflegeschule beherrscht, an die erste Stelle gesetzt werden.“[495]

In der Petition, die sehr ähnlich argumentiert wie später die RSSNA, wird zwar keine konkrete Kastengemeinschaft genannt, Thankappan fasst die Bittschrift jedoch als Protest gegen die Ernennung des Nadars und CSI-Mitglieds Samuel Paulmony zum Krankenhausverwalter auf, der auf Grund des Protestes seines Amtes wieder enthoben worden sei.[496] Es liegt also nahe, dass die Petition mindestens schwerpunktmäßig die Dominanz der Nadar-Gemeinschaft kritisierte. Thankappan nennt in seiner Arbeit kein Datum für den Protest. Auch die in seinem Privatarchiv aufbewahrte Petition[497] ist nicht datiert. Da der Autor im Anschluss jedoch Vorkommnisse aus den frühen 80ern schildert, ist anzunehmen, dass die Bittschrift in einem ähnlichen zeitlichen Kontext zu verorten ist.

Im Jahr 1983, so berichtet er, sei eine Gruppe gegründet worden, die sich Thalthappattoor Munnetra Sangam (Verein Unterdrückter Gemeinschaften) nannte. In diesem Verein hätten sich Heilsarmee-Mitglieder und Sambavars aus anderen christlichen Kirchen zusammengeschlossen, um, so Thankappan, gegen Ungerechtigkeiten von Kirche und Staat gegenüber der Sambavar-Gemeinschaft zu protestieren.[498] Konkrete Themen und Aktivitäten der Gruppe beschreibt Thankappan nicht, insofern bleibt unklar, gegen welche konkreten Ungerechtigkeiten protestiert wurde. Naheliegend ist jedoch, dass es auch dieser Gruppe um stärkere Berücksichtigung der Sambavars bei der Vergabe von Ausbildungs- und Arbeitsplätzen an den Einrichtungen der Heilsarmee ging. Politische Debatten, die die Gruppe

---

495 Salvation Army Corps Vadasery undatiert, 2-4.
496 Thankappan 1995, 104.
497 Salvation Army Corps Vadasery undatiert.
498 Thankappan 1995, 105-6.

beschäftigt haben könnten, könnten die Diskussionen um die Mandal Commission und die damit verbundene Frage nach dem Status der christlichen Sambavars gewesen sein. Diese waren John Murray zufolge zu seiner Schulzeit noch als Forward Caste gelistet und wurden erst später als Other Backward Class (OBC) anerkannt und entsprechend staatlich gefördert.[499] Überdies könnte es der Gruppe in der ersten Hälfte der 80er Jahre um die Anerkennung der Sambavars als eigenständige Kastengemeinschaft gegangen sein. Von 1956, also seit dem Anschluss des Kanyakumari-Distrikts an Tamil Nadu, bis 1986 wurden die Sambavars in staatlichen Listen als Paraiyars aufgeführt. Erst ab 1986 wurden sie als eigenständige Kaste gelistet. Auf jeden Fall zeigt Thankappans kurze Erwähnung des Thalthappattoor Munnetra Sangams, dass bereits vor der Gründung der RSSNA Konflikte in der Heilsarmee im Rahmen der Kastenproblematik gedeutet wurden, dass dies eine Basis für Zusammenarbeit mit Gruppen außerhalb der Heilsarmee bot und dass auf diese Weise entstandene Gruppen sich als Interessenvertreterinnen ihrer Kastengemeinschaft verstanden und diesen Anspruch auch nicht nur in innerkirchlichen, sondern auch in politischen Debatten erhoben. Sein Bericht legt überdies nahe, dass es bereits in den 80er Jahren, also bevor die politische Dalit-Bewegung in Tamil Nadu Fuß fasste und christliche Dalit-Theologie formuliert wurde, zu einer stärkeren Ausprägung von Sambavar-Identität kam und die Kastengemeinschaft zunehmend ihre Eigenständigkeit sowohl gegenüber den Nadars als auch gegenüber den Paraiyars betonte.

In den 90er Jahren wurden diese Emanzipationsbestrebungen auf christlicher Seite offenbar durch die Aufkommende Dalit-Theologie beeinflusst und verstärkt. Dies zeigt sich besonders deutlich an der bereits zitierten Schrift von C. Thankappan. Dieser ist Sambavar und Mitglied der IELC und wurde später Dozent am Concordia Seminary der IELC in Nagercoil. Sein Werk unter dem Titel „Impact of Christianity on the Socio-economic and Political Life of the Sambavar Community in South Travancore" reichte er 1995 als Masterarbeit beim Tamilnadu Theological Seminary (TTS) in Madurai ein. Mehrere zu dieser Zeit am TTS lehrende Personen waren an den frühen und wegbereitenden dalit-theologischen Sammelbänden beteiligt und auch das TTS als Institution hatte sich einen dalit-theologischen Schwerpunkt gegeben. Es liegt also nahe, dass Thankappan am TTS mit diesem Thema in Kontakt kam. In seiner knapp 150 Seiten umfassenden Arbeit stellt er die Emanzipationsbestrebungen der christlichen Sambavars in Zusammenhang mit der Dalit-Theologie und betont deren Relevanz für seine Kastengemeinschaft. Der Autor eröffnet seine Arbeit mit einer Darstellung der Sambavar-Gemeinschaft, ihrer frühen Geschichte und ihrer Riten. Das zweiten Kapitel seiner Schrift widmet er dann der Darstellung der Christentumsgeschichte des Kanyakumari-Distrikts. Dabei

---

[499] Interview mit John Murray am 10.01.2017.

stützt er sich auf missionarische Quellen und frühere missionsgeschichtliche Darstellungen aus der regionalen Geschichtsschreibung, aber auch der internationalen Forschung. Im Unterschied zu früheren Werken geht es ihm jedoch zentral um die Interaktion zwischen der christlichen Mission und der Sambavar-Gemeinschaft, die bis dahin kaum je behandelt wurde. Thankappan stellt zunächst die Geschichte der Sambavars in der LMS dar und hebt besonders die Gründung von deren erster Missionsgemeinde durch den als Sambavar identifizierten Vethamanikkam hervor.[500] Im Anschluss daran beschreibt er die regionale Geschichte der Heilsarmee und der IELC, die er aufgrund der überwiegenden Zugehörigkeit ihrer Mitglieder zur Sambavar-Gemeinschaft als Dalit-Kirchen beschreibt. Die Hinwendung der Sambavars zur Missouri Evangelical Lutheran India Mission (MELIM), aus deren Missionstätigkeit die IELC hervorging, beschreibt er als Protest gegen die Ungleichbehandlung der Sambavars in den von der Nadar-Gemeinschaft dominierten LMS-Gemeinden.[501] In seinem dritten Kapitel würdigt er die Verdienste der christlichen Missionen um Bildung und gesellschaftlichen Aufstieg der Sambavar-Gemeinschaft, kritisiert allerdings auch schon in diesem Zusammenhang die Dominanz der Nadars nicht nur in der LMS, sondern in allen in der Region tätigen Missionen. Im vierten Kapitel kritisiert er dann ausführlich und anhand zahlreicher Beispiele die Ungleichbehandlung der Sambavars in den christlichen Kirchen des Kanyakumari-Distrikts zur Abfassungszeit und beklagt besonders deren Benachteiligung bei der Vergabe von kirchlichen Ausbildungs- und Arbeitsplätzen nicht nur in der von den Nadars dominierten CSI, sondern auch in der IELC und der Heilsarmee. In seinem letzten großen Kapitel entfaltet er dann zentrale Inhalte der Dalit-Theologie und hebt deren Bedeutung für die Emanzipation der Sambavars hervor. Seine Arbeit stellt damit einen frühen Versuch dar, die Sambavars als eigenständige Gruppe innerhalb der regionalen Christentumshistorie darzustellen und ihre Geschichte als eigenständige, von der der Nadars abgegrenzte zu schreiben. Dabei übt er zugleich Kritik an deren Dominanz und fordert einen größeren Einsatz der christlichen Kirchen für Bildung und sozialen Aufstieg der Sambavar-Gemeinschaft. Hier finden sich also bereits zentrale Motive und Anliegen, die auch für die im zweiten Teil dieser Arbeit untersuchten geschichtlichen Erzählungen der RSSNA-Mitglieder prägend sind.

Das Streben nach einer Geschichtsschreibung, die die Dominanz der Nadars in den christlichen Kirchen der Region kritisiert und eine neue, nicht von dieser Kastengemeinschaft geprägte, Perspektive auf die regionale Kirchengeschichte bietet, setzte sich in den folgenden Jahren offenbar besonders in der IELC fort und stärkte offenbar die Motivation, dalit-theologisches Gedankengut aufzunehmen. Ein zentraler weiterer Text, der diese

500 Thankappan 1995, 30-33.46.
501 Thankappan 1995, 47–50.

Entwicklung belegt, ist ein Beitrag von D. Monikaraj im 1997 erschienen Sammelband „Frontiers of Dalit Theology“[502], zu dem prägende Gestalten der frühen Dalit Theologie, wie etwa V. Devasahayam, M.E. Prabhakar und James Massey, und TTS-Dozenten wie Mohan Larbeer und M. Gnanavaram Artikel beisteuerten. D. Monikaraj ist wie Thankappan Sambavar und IELC-Mitglied und arbeitete zur Abfassungszeit bereits am Concordia Seminary, dessen Principal er zum Zeitpunkt der Feldforschung war. Seine biografische Darstellung und Würdigung Vethamanikkams ist zwar wesentlich weniger umfangreich als Thankappans Werk über die Sambavars, ist in dem Sammelband jedoch ausgesprochen prominent platziert und damit einer weit größeren Leserschaft zugänglich als die unveröffentlichte Masterarbeit. Beim Zustandekommen der Kontakte zwischen den Führungsfiguren der Dalit-Theologie am TTS und anderswo einerseits und den Angestellten des Concordia Seminary andererseits, die sich in diesem Sammelband manifestiert, könnte Thankappan als Mittlergestalt jedoch eine wichtige Rolle gespielt haben. Monikarajs Text über den als Dalit identifizierten Vethamanikkam – die Kastenbezeichnung Sambavar kommt nicht vor – ist in einem Abschnitt des Sammelbandes platziert, der der Geschichte des indischen Christentums gewidmet ist und die bedeutende und unverzichtbare Rolle der Dalits für diese Geschichte demonstrieren will. Auf zwei grundsätzliche Artikel von James Massey folgen zwei biografische Darstellungen von Dalit-Pionieren regionaler Missionen. Monikarajs Würdigung Vethamanikkams nimmt dabei nahezu hagiografische Züge an. Der Autor erklärte im Interview, die Bedeutung seines Texts habe sich ihm erst nach dessen Abfassung ganz erschlossen. Das sei geschehen als er von Gnanadasons Darstellung der regionalen Christentumsgeschichte in „A Forgotten History“ gelesen habe. Diese vereinnahme nämlich die Gründergestalt Vethamanickam für die eigene Gemeinschaft und verschleiere, dass es sich bei ihm um einen Dalit gehandelt habe.[503] Es habe also dringend einer Gegendarstellung bedurft. Sein eigener Text biete eine solche. Der Vorwurf an Gnanadason ist zwar insofern nicht völlig zutreffend, als sie Vethamanikkam als Dalit vorstellt.[504] Er entspricht aber durchaus der Gesamttendenz ihrer Schrift, die, wie im Verlauf dieser Arbeit bereits gezeigt, auf die Nadargemeinschaft fokussiert und diese zur Repräsentantin aller unterdrückter Kasten stilisiert. Der letzte Abschnitt von Monikarajs Artikel ist zudem der scharfen Kritik an der Dominanz und Vorherrschaftsbestrebungen der Nadars gewidmet, die diese im Laufe der Geschichte der LMS bzw. der aus ihrer Mission hervorgegangenen CSI ständig ausgebaut hätten und die zur Benachteiligung und Diskriminierung der Dalits im regionalen Christentum geführt hätte, das seine Existenz der missionarischen Initiative

[502] Monikaraj 1997.
[503] Interview mit D. Monikaraj am 17.01.2017.
[504] Gnanadason 1994, 42.

eines Dalits verdanke.[505] Wie schon Thankappans Masterarbeit will auch der zwei Jahre später verfasste Artikel Monikarajs eine eigenständige Geschichte der Dalits der Region erzählen, die der Autor in Gesprächen im Rahmen der Feldforschung mit der Sambavar-Gemeinschaft gleichsetzte.[506] Deren Bedeutung für das indische Christentum herauszustreichen, ist das zentrale Anliegen seines Textes. Auf mehrfacher Ebene geht es dabei auch um Kritik an der Nadar-Gemeinschaft. So fasst Monikaraj seinen Artikel als Gegendarstellung zu Gnanadasons Darstellung „unserer Geschichte, die Geschichte der Bevölkerung Süd-Travancores"[507], die als Geschichte der Nadars umgesetzt wird und verurteilt überdies scharf das Machtstreben der Nadars, die den Sambavars ihren Platz in der Kirche und an deren Ausbildungsstätten und Institutionen versagten und sich damit ih rem gesellschaftlichen Aufstieg in den Weg stellten. Auch hier ist also das Streben nach einer eigenständigen Geschichte der Dalits bzw. Sambavars eng verbunden mit Forderungen nach stärkerem kirchlichen Engagement für deren soziale Emanzipation. Wie schon bei Thankappan werden diese Anliegen unter Aufnahme dalit-theologischen Gedankenguts formuliert. Diese Anliegen wurden also offenbar zu den wichtigsten und häufigsten Themen, die in den Kreisen der christlichen Sambavars des Kanyakumari-Distrikts unter dem Schlagwort Dalit debattiert wurden. Damit stehen zwei der zentralen Motive der historischen Erzählung der RSSNA und der darin formulierten Sambavar- bzw. Heilsarmee-Identität in engem Zusammenhang mit Themen, die in der Region bereits früher als Dalit-Themen verhandelt wurden.

18.2. Dalit-Debatten in der südindischen Heilsarmee

Nachdem im vorigen Abschnitt skizziert worden ist, wie im Kanyakumari-Distrikt der 90er Jahre Sambavars – insbesondere aus der IELC – unter Anknüpfung an dalit-theologische Entwürfe die eigene Kastenidentität formulierten bzw. stärkten, soll nun untersucht werden, inwiefern die südindische Heilsarmee an solchen Debatten teilnahm, ob sie ebenfalls dalit-theologische Motive aufnahm oder auf andere Weise den Schulterschluss mit der christlichen Dalit-Bewegung suchte. Es gibt kaum Hinweise, dass dies erfolgt ist, einer jedoch findet sich an prominenter Stelle.

Im März 1990 erschien im ersten Heft der 37. Ausgabe von „Religion and Society", der vierteljährlich erscheinenden Zeitschrift des Christian Institutes for the Study of Religion and Society (CISRS) in Bangalore, ein kurzer Artikel des sich nun im Ruhestand befindlichen ehemaligen

505 Monikaraj 1997, 226–228.

506 Interview mit D. Monikaraj am 03.04.2016; Interview mit D. Monikaraj am 17.01.2017.

507 Gnanadason 1994, V.

Territorialleiters des Territoriums Ostindien, Samuel Mannam.[508] Das CISRS war als Institution maßgeblich an der Prägung und Verbreitung christlicher Dalit-Theologie beteiligt.[509] Viele wichtige und bekannte Dalit-Theologen, die an den frühen dalit-theologischen Sammelbänden beteiligt waren, hatten Leitungsfunktionen am CISRS inne. So auch der Herausgeber von „Religion and Society", M.E. Prabhakar, der 1989 mit „Towards a Dalit Theology" einen der ersten dieser Sammelbände vorgelegt hatte. In den vier Heften des 37. Jahrgangs von „Religion and Society" publizierte nicht nur Samuel Mannam und Prabhakar, sondern etwa auch James Massey, Abraham Ayrokuzhiel, Saral K. Chatterji und Gabriele Dietrich. Der Heilsarmee-Offizier veröffentlichte seinen Artikel also im Zusammenhang mit Texten prominenter und prägender Gestalten der frühen Dalit-Theologie. Inhaltliche Schwerpunkte des Heftes waren das Christentum in Andhra Pradesh, die Debatte um den Bericht der Mandal Commission und damit zusammenhängend um staatliche Fördermaßnahmen für benachteiligte Kasten, Dalit-Ideologie und Umweltfragen. An die beiden erstgenannten Themen knüpft der Artikel Samuel Mannams unter der Überschrift „Work of the Salvation Army in Andhra Pradesh" an. Die Beteiligung des Heilsarmee-Offiziers an einer Publikation des CISRS kann also als Versuch gewertet werden, die Heilsarmee in die Entwicklung von Dalit-Theologie und damit sicher auch in die Formierung dalit-christlicher Allianzen einzubeziehen. Ob die Initiative hierzu von der Heilsarmee oder von Führungsfiguren der Dalit-Theologie ausgegangen ist, lässt sich anhand der Publikation nicht klären. Der Impuls scheint sich jedoch nicht fortgesetzt zu haben. In der vier Jahre nach Samuel Mannams Artikel erschienen Jubiläumsschrift „An Advancing Army. 100 Yeras History of The Salvation Army in Tamilnadu"[510] findet sich kein Hinweis auf die aufstrebende christliche Dalit-Bewegung in Tamil Nadu oder dalit-theologisches Gedankengut. In Texte der Heilsarmee, die als Zielgruppe vor allem die eigenen Mitglieder anvisierte, wurde also offenbar kein Anschluss an die Dalit-Bewegung und ihre Themen nahegelegt. Samuel Mannam schrieb offenbar keine weiteren Artikel für „Religion and Society" oder andere dalittheologische Veröffentlichungen. Auch andere Offizierinnen oder Offiziere wurden diesbezüglich nicht aktiv. Einer der Gründe für das Scheitern der Zusammenarbeit könnte die zunehmende Partizipation des ÖRK am Projekt der Dalit-Theologie gewesen sein, suchte die Heilsarmee doch gerade in den 90er Jahren, dem entscheidenden Zeitraum für Aufkommen und Internationalisierung der Dalit-Theologie, ihren Schulterschluss mit dem weltweiten Evangelikalismus endgültig zu festigen.

Schon Samuel Mannams Artikel lässt jedenfalls auf eine gewisse Distanz zu zentralen Anliegen der Dalit-Theologie und damit auf mögliche

---

[508] Mannam Samuel 1990.
[509] Singaram 2008, 50.
[510] Paul, Pakya Nathan und Peter 1994.

Schwierigkeiten bei der Zusammenarbeit schließen. So findet sich bei ihm die später in der RSSNA und ihrem Umfeld verbreitete Identifizierung der Heilsarmee als Dalit-Kirche nicht. Schon das Wort Dalit benutzt er bezeichnender Weise an keiner Stelle. Er würdigt zwar ausdrücklich das Engagement der frühen Heilsarmee unter den Kastenlosen – für die er die Bezeichnung „Scheduled Castes" verwendet –, betont dann jedoch, dass in der Heilsarmee ganz verschiedene Gruppen und Personen, so eben auch Hochkastige und Niedrigkastige zusammengefunden hätten und erklärt es zum entscheidenden Verdienst der Heilsarmee, Gruppen- und Kastendenken überwunden und ihren Mitgliedern ein Leben in christlicher Einheit ermöglicht zu haben.[511] Damit steht er im Gegensatz zu einem der zentralen Grundgedanken der Dalit-Theologie, die die Formulierung einer Gruppenidentität als Dalit innerhalb der Kirche fordern und fördern will, um die von ihr konstatierte Diskriminierung der Kastenlosen in der Kirche zur Sprache zu bringen und zu bekämpfen, und vielfach den Anspruch formuliert, die indische Kirche müsse als Dalit-Kirche aufgefasst werden. Überdies unterscheidet Samuel Mannam klar zwischen sozialer und spiritueller Mission und betont den Vorrang und die entscheidende Bedeutung der letzteren, indem er, wie schon Smith, die Befreiung der Kastenlosen primär durch die Verkündigung des Evangeliums und die Erkenntnis der Ewigkeit der Seele charakterisiert. Er gibt zwar zu, dass die frühen Gruppenkonversionen der Niedrigkastigen dem Ideal der Heilsarmee-Mission von individueller Entscheidung Einzelner zur Nachfolge Christi nicht entsprachen, und beschreibt es auch als Verdienst der Heilsarmee, Lebensbedingungen und Bildung der Bekehrten entscheidend verbessert zu haben. Letztlich fasst er jedoch diese individuelle Bekehrung als endgültiges und wichtigstes Ergebnis der Missionsarbeit auf.[512] Schon in seinem einleitenden Absatz charakterisiert er in diesem Sinne William Booth als Gründerfigur, die davon überzeugt gewesen sei, dass allein eine spirituelle Revolution im Herzen des Individuums den Menschen zum Ebenbild Gottes machen könne.[513] Befreiungstheologischem Gedankengut, das für die Dalit-Theologie so zentral ist und an das sie ausdrücklich anknüpft, wird hier also gleich zu Beginn eine Absage erteilt. Revolution ist mithin nur als eine spirituelle, innerliche denkbar.

Der letzte Absatz seines Artikels macht jedoch deutlich, warum Heilsarmee und christliche Dalit-Bewegung trotz dieser erheblichen inhaltlichen Differenzen schon in den 90er Jahren den Schulterschluss suchten. In diesem Abschnitt unter der Überschrift „Government Policy Not Fair" kritisiert der Autor scharf die indische Gesetzgebung, die christlichen Angehörigen der untersten Kasten die Anerkennung als Scheduled Castes versagt und ihnen damit staatliche Fördermaßnahmen vorenthält. Er greift dazu

511 Mannam Samuel 1990, 58.
512 Mannam Samuel 1990, 58.
513 Mannam Samuel 1990, 57.

eine in der Dalit-Theologie vielfach verwendete rhetorische Figur auf,[514] indem er christliche Mitglieder der untersten Kasten als zweifach entfremdete („twice alienated“) beschreibt, die durch ihre Kastenzugehörigkeit und die Kastenpolitik doppelt diskriminiert würden, beschreibt.[515] Scharfe Kritik an der SC-Politik des indischen Staates wird in der gleichen Ausgabe von „Religion and Society“ bereits im ausführlichen Leitartikel von Prabhakar geäußert und findet sich an verschiedenen Stellen im Heft.[516] Es ist also offenbar dieses politische Anliegen, das zu dem in dieser Veröffentlichung dokumentierten Zusammenschluss von Heilsarmee und Dalit-Bewegung geführt hat. Diese Allianz setzte sich in den folgenden Jahren offenbar fort, obwohl die Heilsarmee sich nicht an anderen dalit-theologischen Schriften oder Projekten beteiligte. Während der Feldforschung kam die überwiegende Anzahl der im Interview zu ihren Interessen an Dalit-Themen befragten Heilsarmee-Offizieren umgehend auf die SC-Problematik zu sprechen und kritisierten die darin bestehende Ungerechtigkeit. Viele von ihnen assoziierten mit dem Schlagwort Dalit schwerpunktmäßig dieses Thema. Erwähnt wurden in diesem Zusammenhang etwa Großdemonstrationen in Delhi, die verschiedene christliche und muslimische Gruppen gemeinsam organisieren, um SC-Rechte einzufordern. Zu diesen Protestveranstaltungen, so erzählten sie, schicke die regionale Heilsarmee eine Abordnung.

Zusammenfassung

In den vorausgegangenen Abschnitten hat sich gezeigt, dass christliche Gruppen im Kanyakumari-Distrikt einen engen Zusammenhang zwischen einem sozialen Religionsverständnis und kastenbasierten Identifizierungen formulierten. Zwei zentrale Motive der RSSNA-Identität wurden also bereits vor dem Zusammenschluss der Gründungsgruppen in engen Zusammenhang gebracht. Entscheidend hierfür waren die bereits in den 80er Jahren zunehmenden Bestrebungen christlicher Sambavars, sich von der Nadar-Gemeinschaft abzugrenzen. Dieser warfen sie vor, dass sie gesellschaftlich und politisch massiv dominiere und den niedrigeren Kastengemeinschaften den sozialen Aufstieg aktiv verwehre. In diesem Zusammenhang identifizierten sich die Sambavars immer häufiger als Dalit.

Die Nadar-Gemeinschaft wird in den Dalit-Erzählungen also nicht als exemplarische Repräsentantin der diskriminierten Gruppen der Region, sondern als dominante Kraft, als Unterdrückerin beschrieben. Sie monopolisiere kirchliche Ausbildungs- und Arbeitsplätze und versage damit

[514] Vgl. z.B. Wilson 1982.
[515] Mannam Samuel 1990, 60.
[516] Vgl. Prabhakar 1990.; Bhaskar Rao 1990.

anderen Gemeinschaften die Chance auf Emanzipation. Kastenbasierte und damit verbunden auch konfessionelle Identifizierungen, die vorher zu Gunsten einer tamilischen bzw. christliche Einheit weitgehend zurückgestellt wurden, wurden also wesentlich stärker hervorgehoben und gewannen immer mehr an Bedeutung. Damit verbunden waren Bestrebungen, eine eigenständige, von der der Nadar-Gemeinschaft abgegrenzte Geschichte der Sambavars innerhalb des regionalen Christentums zu schreiben. Da Kasten- und Konfessionsgrenzen als weitgehend identisch aufgefasst wurden, führt dies auch zu einer stärkeren Abgrenzung der als Dalit-Kirchen beschriebenen India Evangelical Lutheran Church (IELC) und der Heilsarmee gegenüber der als Nadar-Kirche identifizierten CSI. Diese Entwicklung war entscheidend von der aufkommenden christlichen Dalit-Theologie geprägt. In den regionalen Dalit-Diskussionen ist das Motiv der sozialen Religion nach wie vor prägend, da auch diese schwerpunktmäßig als Bildungsdebatte geführt wird, für die die Fragen nach Bildungschancen und sozialem Aufstieg für die Marginalisierten entscheidend und prägend ist. Die regionale dalit-christliche Debatte bietet also einen Rahmen, in der alle drei Kernmotive der RSSNA entfaltet werden können, da sich die wahre Heilsarmee, in deren Nachfolge der Verein dem eigenen Anspruch nach steht, durch ein soziales Religionsverständnis und dem Einsatz für die Sambavars bzw. die Dalits.

Die Möglichkeit zur direkten Vernetzung mit Gruppen aus der Dalit-Bewegung bot die zweite große Debatte, die in der Region mit dem Schlagwort Dalit bezeichnet wurde und im Zeichen religiöser Identifizierungen stand. Die Forderung nach Scheduled-Caste-Privilegien für christliche Mitgliedern bestimmter Kastengruppen. Eng verbunden sind die Dalit-Themen durch die in beiden Fällen prägende Frage nach Bildungs- und Aufstiegschancen für als benachteiligt beschriebene Gruppen. Mit der Protestveranstaltung, in deren Rahmen die RSSNA 2009 öffentlich SC-Rechte für christliche Gruppen forderte, präsentierte sie die Anliegen des Vereins in der regionalen Öffentlichkeit als Engagement für Dalit-Rechte. Auf diese Weise gelang es ihr, ihre Themen in eine umfassendere und prominente Debatte einzutragen und regionale Verbündete zu finden. Die regionale Dalit-Bewegung erwies sich mithin in vielfacher Weise als naheliegende Partnerin.

19. Die RSSNA als Dalit Bewegung

Im vorigen Kapitel hat sich gezeigt, wie sich im Kanyakumari-Distrikt der 90er Jahre die Debatten um religiöse, konfessionelle und kastenbasierte Identität unter dem Einfluss von Dalit-Bewegung und Dalit-Theologie wandelte. Unter dem Einfluss früherer Debatten prägten sich dabei zwei große, miteinander verbundene Themen der regionalen christlichen Dalit-Bewegung aus. Die Forderung nach SC-Rechten auch für christliche Angehörige der als solche gelisteten Kastengemeinschaften und die Kritik an der Dominanz der Nadars in den regionalen Kirchen, die sich nachteilig auf die Aufstiegschancen der christlichen Dalits bzw. Sambavars auswirke. Beide Themen sind verbunden in einer umfassenden Debatte um Bildung und gesellschaftliche Emanzipation.

In den folgenden Abschnitten wird gezeigt, wie der nach dem Zusammenschluss der KRSSNA und der Nagercoiler Gruppe neuorganisierte Verein an diese Themen anknüpft und in den Folgejahren seine Dalit-Strategie erheblich ausweitet. Er tut das in drei Schritten und auf vielfache Weise. Alle diese Schritte sind auch von strategischen Erwägungen getragen, von denen sich einige mehr und andere wesentlich weniger erfolgreich erweisen. Leitende Fragestellungen werden dabei sein, wie die RSSNA ihre Vernetzung mit der regionalen Dalit-Bewegung organisatorisch gestaltet, welche Interessen bei den jeweiligen Schritten ausschlaggebend sind und welche Bestimmungen des Namens Dalit dabei formuliert werden.

Es wird deutlich werden, dass Dalit bzw. bestimmte im Kanyakumari-Distrikt mit diesem Namen bezeichnete Debatten die beste Möglichkeit für die RSSNA bieten, ihr Selbstverständnis und ihre Anliegen in einen größeren Zusammenhang einzutragen und auf diese Weise Verbündete zu gewinnen. Auffällig ist zudem die enge Verknüpfung religiöser und politischer Debatten, die sich bei jedem der drei Schritte zeigt.

19.1. Die Übernahme von Dalit durch die RSSNA

Zu Beginn dieser Arbeit wurde bereits dargestellt, dass die Übernahme der Selbstbezeichnung Dalit durch die RSSNA in engem Zusammenhang mit der Neuorganisation und Vergrößerung stand, die der Verein nach dem Beitritt der Nagercoiler Gruppe zur KRSSNA erlebte.[517] In dieser Zeit strebte der Verein auch besonders nach größerer öffentlicher Aufmerksamkeit für seine Anliegen. Um dies zu erreichen, so berichtete es John Murray, entstand im Vorstand die Idee, eine Demonstration zu veranstalten, in deren Rahmen SC-Rechte für die christlichen Sambavars gefordert werden

[517] Vgl. Kapitel 8.1 dieser Arbeit.

sollten. Die RSSNA, das wurde bereits dargestellt, strebte erfolgreich nach öffentlicher Aufmerksamkeit für ihre Gruppe, indem sie sich eines der beiden zentralen Themen zu eigen machte, das in christlichen Kreisen der Region unter dem Schlagwort Dalit verhandelt wurde und wird. Mit der Protestveranstaltung stellt sie sich der regionalen Öffentlichkeit nicht als innerkirchliche Reformgruppe, sondern vielmehr als Repräsentantin der christlichen Dalits vor. Sie beanspruchte auf diese Weise, eine öffentliche Stimme für die Rechte und Forderungen einer Gruppe zu sein, die weit größer ist als der Verein selbst.

Der Verein nutzte die Organisation der Protestorganisation aber offenbar auch, um sein Verhältnis zur Heilsarmee auszuloten. Jedenfalls lud der Vorstand, so berichtete es John Murray, den Territorialleiter der Heilsarmee ein, die Demonstration zu eröffnen und die Protestierenden zu segnen. Dieser habe die Teilnahme jedoch abgelehnt und auf eine Dienstvorschrift der Heilsarmee verwiesen, die den Offizierinnen und Offizieren politische Betätigung untersage.

„*Also legten wir ein Datum fest und schickten einen Brief an den Territorialleiter. Wir gingen persönlich hin, um ihn einzuladen, zu kommen und den Protest vor dem Kollektorat zu eröffnen. Er sagte, das sei gegen die Regeln und Vorschriften der Heilsarmee. Wir sollen nicht vor einem Regierungsgebäude protestieren. So lauten die Anordnungen und Vorschriften, behauptete er. Also hatten wir eine Diskussion. Dann sagte er: ‘Ok, verschiebt das. Wir werden es tun, wir werden den Protest in einem Hochzeitssaal machen, an einem privaten Ort (...). Dort können wir uns zusammentun, wir können einen Protest machen.’ Ich sagte: ‘Wir haben bereits die Erlaubnis der Regierung. Du kommst einfach, betest und eröffnest den Protest.’ Er lehnte ab. Und er schrieb mir einen Brief, in dem er sagte, dass es gegen die Anordnungen und Vorschriften, die Politik der Heilsarmee verstößt. Und dass es andere legale Methoden gibt, die wir versuchen können. Das geschah 2009.*“[518]

Gut denkbar ist, dass es dem Territorialleiter hier nicht nur um die genannte Dienstvorschrift ging. John Murray war der regionalen Führung längst als streitbare Person und unbequemer Bündnispartner bekannt, da es bereits im Zusammenhang mit der Debatte um die Zukunft des Krankenhauses einige Jahre vorher zum Konflikt mit wichtigen Personen der regionalen Heilsarmee, insbesondere dem Direktor des CHDP, gekommen war. Im Kontext dieser Auseinandersetzung hatte er überdies mit einer Predigt in der Booth-Tucker-Hall provoziert, die Wellen bis ins Internationale Hauptquartier in London geschlagen hatte.[519] Es ist sehr wahrscheinlich, dass auch dies bei der Ablehnung des Territorialleiters eine Rolle spielte. Es hätte in regionalen Führungskreisen der Heilsarmee sicher zu erheblichen Kontroversen geführt, hätte er den öffentlichen Schulterschluss mit John Murray und seinem Verein gesucht. Offenbar versuchte er aber dennoch, auch John Murray entgegenzukommen. Er schlug jedenfalls in einem Brief

[518] Interview mit John Murray am 28.01.2017.

[519] Vgl. Kap. 8.2.2 dieser Arbeit.

einen anderen, weniger öffentlichen Rahmen vor, in dem Heilsarmee und Verein gemeinsam die Rechte der christlichen Sambavars einfordern konnten. Die RSSNA ging auf diesen Kompromissvorschlag jedoch nicht ein, sondern nutzte vielmehr in der Folgezeit die Ablehnung des Territorialleiters zur Selbststilisierung als eigentliche Vorkämpferin für die Rechte der christlichen Sambavars, während die Heilsarmee diesen Einsatz schuldig geblieben sei. Diese Lesart verbreitete sie vor allem durch das 2008 ins Leben gerufene Vereinsmagazin. In der Sommerausgabe des Ceyti Malar von 2009 berichtete die RSSNA vom Erfolg der eigenen Protestveranstaltung[520], lobte jedoch auch Initiativen anderer politischer und kirchlicher Gruppen, die für die Rechte der christlichen Dalits eintraten.[521] Das Lob an diese Gruppen wurde stets in eine Kritik an der Heilsarmee gewendet, die sich bisher um die für ihre Mitglieder und deren sozialen Aufstieg so zentrale Frage der SC-Rechte nicht im Mindesten gekümmert hätte. Tatsächliche Vorkämpferin für die Anliegen der christlichen Dalits und damit potenzielle Bündnispartnerin für Gruppen mit dem gleichen Anliegen, so sieht es die RSSNA, ist sie selbst.

Doch auch die Heilsarmee war beim Erscheinen des Hefts bereits in der Sache der SC-Rechte aktiv und plante, so ein Bericht auf der Titelseite des Ceyti Malars, eine Gruppe zur Erörterung der Dalit-Thematik zu gründen. Die RSSNA machte diese Versuche jedoch lächerlich und verbuchte sie überdies als eigenen Erfolg, da die entsprechenden Bemühungen ausschließlich als Reaktion auf die Aktivität der RSSNA zu verstehen sei. Der Leitartikel begegnet dem Vorhaben mit Spott, dankt Gott für diesen Sinneswandel der Heilsarmee und argumentiert, der Verein gehe schon längst für Dalit-Rechte auf die Straße, während die Heilsarmee lediglich eine Gruppe gründe.[522] Die Initiative der Heilsarmee ging tatsächlich jedoch weit über die Gründung der Gruppe hinaus. Schon kurze Zeit später organisierte sie ebenfalls eine Protestveranstaltung, zu der sie Thirumavalavan, den Gründer der tamilischen Dalit-Partei Viduthalai Chiruthaigal Katchi (VCK) einlud. Sie fand auf einem Grundstück der IELC statt, deren Mitglieder ebenfalls mehrheitlich Sambavars sind. John Murray räumte in einem Interview im Rahmen der Feldforschung 2017 den großen Zustrom von Heilsarmee-Mitgliedern zu diesem Protest ein, kritisierte jedoch die seiner Meinung nach verfehlte Darstellung des Protests als christlich-religiöse Zusammenkunft:

„Denn nachdem wir vor dem Kollektorat protestiert hatten, machten sie eine große Konferenz. 30.000 Menschen nahmen daran teil. Sie versammelten alle Heilsarmee-Mitglieder des Territoriums. Das war eine sehr erfolgreicher Protestveranstaltung, die sie in dieser Region machten. Sie bekamen die Unterstützung der Viduthalai Chiruthaigal, der Dalit Panthers. Deren Gründer, deren Präsident war

520 Anon. D 2009.
521 Anon. B 2009.
522 Anon. C 2009.

Thirumavalavan. Sie haben ihn eingeladen. Und sie haben es auf dem Gelände der Lutherischen Mission veranstaltet und einige andere Politiker kamen auch. Alle Heilsarmee-Mitglieder nahmen teil. Aber was ist passiert? Sie hätten das zu einem politischen Anliegen machen sollen. Oder sie hätten Druck auf die Regierung ausüben sollen. Aber stattdessen machten sie es zu einer christlichen Versammlung. Auf der Bühne sagten sie: Es ist keine politische Bewegung. Es ist eine christliche... eine Art religiöse Zusammenkunft. Und, weißt du, sie machten es zu einem Predigtforum. Dadurch verlor das seine Glaubwürdigkeit. (...) Der politische Anführer war da. Er hat über die Befreiung der Dalits gesprochen. Und sie sprachen plötzlich über die Heilige Schrift, über die Heilsarmee. Weißt du, sie haben nicht wirklich... sie hätten das zu einer besseren Bühne machen können, zu einer schlagkräftigen. Um die Aufmerksamkeit der Regierung zu erregen. Aber stattdessen fing jemand an zu sagen, es sei keine politische Bewegung, es sei eine christliche, biblische Sache, eine Art religiöse Versammlung.“[523]

An John Murrays hier vorgetragener Kritik zeigt sich erneut sein Verständnis vom Kernauftrag der Heilsarmee und überhaupt von Religion, das sich von dem der Heilsarmee-Leitung stark unterscheidet. Für ihn sind Schriftlesungen und Predigten bestenfalls sekundäre Aspekte christlicher Praxis. Ihrer zentralen Mission, die im Einsatz für die Unterdrückten und Marginalisierten besteht, wäre die Heilsarmee seiner Auffassung nach nur dann gerecht geworden, wenn die Veranstaltung ausdrücklich einen politischen Anspruch erhoben hätte.

Es liegt nahe, dass die RSSNA dennoch befürchtete, der eigene Anspruch, Repräsentantin der christlichen Dalits zu sein, könnte durch die erfolgreiche Veranstaltung der Heilsarmee, der mit Thirumavalavan ein prominenter Vertreter der tamilischen Dalit-Bewegung beiwohnte, empfindlich geschmälert, wenn nicht gar untergraben werden. Dies zeigt auch der Bericht, der kurze Zeit nach dem von der Heilsarmee organisierten Treffen im Ceyti Malar veröffentlicht wurde. Dort wird abermals der Führungsanspruch der RSSNA betont, indem suggeriert wird, die Aktivitäten der Heilsarmee seien ausschließlich auf das vorausgehende Engagement des Vereins zurückzuführen. Die Veranstaltung der Heilsarmee wird zwar als im Großen und Ganzen gut organisiert beschrieben, vieles hätte aber angeblich auch noch wesentlich besser laufen können. Im direkten Zusammenhang mit diesem Bericht wird dann andere Kritik der RSSNA an der Heilsarmee vorgetragen, wohl um deren aus Sicht des Vereins noch immer hochproblematischen Zustand zu betonen und ihr so Glaubwürdigkeit zu nehmen.[524]

Im Gespräch behauptete John Murray, die Heilsarmee hätte nach dieser Veranstaltung bezüglich der Dalit-Rechte kaum mehr etwas unternommen. Sie habe noch eine weitere, jedoch weit weniger erfolgreiche Protestveranstaltung organisiert und sende jährlich eine Vertretung zu Groß-

---

[523] Interview mit John Murray am 28.01.2017.

[524] Anon. A 2009.

demonstrationen in Delhi, die verschiedene christliche und muslimische Gruppen gemeinsam organisieren, um SC-Rechte einzufordern.[525] Auch die RSSNA sollte in den Folgejahren Delegationen zu diesen Protestveranstaltungen schicken. Abgesehen von der Entsendung dieser Vertretung habe sich die Heilsarmee, so Murray, aber wieder völlig passiv verhalten.[526] Schon andere Äußerungen des RSSNA-Präsidenten selbst, aber auch Schriftstücke des Vereins lassen jedoch den Schluss zu, dass die Heilsarmee keineswegs so untätig war. Es liegt vielmehr nahe, dass RSSNA und Heilsarmee seit 2009 um den Führungsanspruch über die christlichen Sambavars und um Allianzen mit regionalen Gruppen konkurrierten. Dabei schreckten vermutlich beide nicht vor öffentlicher Kritik an der anderen Seite zurück. So berichtet John Murray trotz seiner Behauptung, die Heilsarmee sei untätig geblieben, von einer Kooperation der Heilsarmee mit dem regionalen Politiker Theodore Sam, den diese gesucht habe, um sich als Kämpferin für Dalit-Rechte darstellen zu können. Gemeinsam gründeten sie die Tamil Nadu Christavar Munetta Iyakkam (TCMI), was der RSSNA-Präsident als feindliche Maßnahme gegenüber seinem Verein versteht. Überdies suggeriert er, die Interessen des von der Heilsarmee gewählten Bündnispartners seien zweifelhaft. TCMI und RSSNA konkurrierten offenbar in der Folgezeit um die Unterstützung anderer, insbesondere christlicher Gruppen in der Region.

„Es gab einige Konflikte in den Offiziersrängen. „Wir hätten das tun sollen. Jetzt bekommt die RSSNA den Ruhm dafür. Wir hätten uns mit ihnen zusammenschließen sollen oder wir hätten sie bitten sollen, sich uns anzuschließen.“ Es gab also einige Konflikte innerhalb der Heilsarmee. Was sie also machten war, eine eigene Protestveranstaltung zu organisieren. Genau die Leute, die gesagt hatten, das sei gegen die Richtlinien der Heilsarmee. Kamen selbst vor das Kollektorat und protestierten. Und um Unterstützung zu bekommen, holten sie einen Mann, er ist ein Politiker, ein lokaler Politiker. Sein Name ist Theodore Sam, er gehört zur Nadar-Gemeinschaft. Weißt du, er ist in… er war in verschiedenen politischen Parteien, dann gründete er seine eigene partei-artige Gruppe. (…) Und er hat Heilsarmee-Offiziere in Positionen gebracht als Vorstandsmitglied oder Vizepräsident dieser Gruppe. Es ist (…) eine pseudopolitische Partei, die er nur gegründet hat, um uns anzugreifen, nur um uns unbeliebt zu machen. (…) Gegen die RSSNA. (…) Was also passiert ist, ist, dass sie einen Verein gegründet haben, es ist ein politischer Flügel. Weil er irgendein Eigeninteresse hat, dieser Theodore Sam. Sie haben diesen Verein gegründet. Und sie machten zwei, drei Proteste vor dem Kollektorat. Und sie bekamen die Unterstützung von CSI, sie bekamen die Unterstützung aus der

[525] Ein entsprechender Hinweis findet sich im Tagebuch des Generalsekretärs, das jeweils auf den ersten Seiten des Ceyti Malar abgedruckt ist und in kurzer Form über wichtige Ereignisse im Umfeld der RSSNA und über Beschlüsse des Vereinsvorstands berichtet, denen keine eigenen Artikel gewidmet sind. In der Herbstausgabe des Magazins von 2010 berichtet der Generalsekretär, dass im Rahmen der Vorstandssitzung am 11.07.2010 über die Entsendung einer Delegation zur Großdemonstration im nächsten Jahr diskutiert wurde. Inba Yesurajan 2010b, 17.

[526] Interview mit John Murray am 28.01.2017.

katholischen Kirche, sie bekamen die Unterstützung von einigen pfingstlichen Leuten. Und wir kriegen auch einige Unterstützung. Meistens bekommen wir Unterstützung aus der katholischen Kirche. Denn die haben eine SC/ST-Kommission in ihrer Leitung. Ein Priester leitet die SC/ST-Kommission. Und sie machen viel Bildungshilfe für die christlichen Dalits. Also kommen sie und unterstützen uns. Aber nicht in Massen, nur dieser Pater kommt und hält Reden.“[527]

Offenbar versuchte John Murray persönlich, diese Allianz zu brechen, indem er Theodore Sam aufsuchte und die Heilsarmee scharf kritisierte. Diese, so argumentierte er dabei, habe kein Recht, in der Öffentlichkeit und gegenüber der Regierung als Repräsentantin der christlichen Sambavars aufzutreten, da sie als solche demokratisch gewählt werden müsste und überdies ihren eigenen Mitgliedern deren Rechte versage.

„Ich bin sogar persönlich in sein Büro gegangen, ich habe ihre Statuten gezeigt, die der Heilsarmee. Ich sagte, wissen Sie etwas über die Heilsarmee, darüber wie sie ihre eigenen Leute hier misshandeln? Welches Recht haben sie, für die Sambavar-Gemeinschaft zu kämpfen und an die Regierung zu schreiben? Zuerst sollen sie uns die Freiheit geben. Haben Sie mich verstanden? Wir befinden uns in einem System der Sklaverei. Und jetzt sagen sie, dass sie uns aus den Fängen der Regierung befreien werden. Das ist ironisch! Aber er hat nicht zugestimmt. Sie arbeiten immer noch mit dem Typ zusammen.“[528]

2014 unternahm die RSSNA noch einen weiteren Versuch, die Aktivitäten der TCMI zu stoppen, indem sie einen Brief an den General der Heilsarmee schrieb, in dem sie die Gruppe als eine mit einer sehr zweifelhaften politischen Agenda darstellte, den in ihr organisierten Offizieren vorwarf, sich im Widerspruch zu den Dienstvorschriften der Heilsarmee politisch zu betätigen, und von Konflikten berichtete, zu denen dieses Engagement beigetragen habe:

„Tamilnadu Christhavar Munetta Iykiam (sic!), auf Englisch Tamilnadu Christians Development Movement – eine pseudopolitische Gruppe arbeitet. Und diese Bewegung wurde von einem Politiker mit einer politischen Agenda gegründet. Die Gründer dieser Organisation zielen durch populistische Maßnahmen auf Imagebildung ab, um politischen Einfluss zum Schutz ihrer persönlichen Interessen zu erlangen. Das ist wahr! Zur Tarnung laden sie religiöse Führungsfiguren ein, um eine Glückwunschrede zu halten. Aber keine respektable religiöse Person würde es wagen, ein Amt im TCMI zu übernehmen, weil es der religiösen Organisation, der sie angehört, schaden würde. Aber hier sind zwei Heilsarmee-Offiziere (...), die das Amt des stellvertretenden Präsidenten bzw. des Generalsekretärs im TCMI innehaben. Bitte beachten Sie, dass diese Gruppe, die von den Heilsarmee-Offizieren voll unterstützt wird, vor dem Kollektorat gegen die Regierungspolitik und lokale Verwaltungsentscheidungen agitiert. Einige ihrer Agitationen schaffen Feindschaft bei anderen religiösen Gruppierungen. Ein Strafverfahren gegen Major (...) steht beim zweiten Justizgericht von Nagercoil bevor, weil er ohne Erlaubnis der

[527] Interview mit John Murray am 28.01.2017.
[528] Interview mit John Murray am 28.01.2017.

Regierung gegen die Regierung agitiert hat. (...) Er und andere Divisionskommandeure missbrauchen ihre Ämter, indem sie ihre Assistenz und Korpsleitungen in großer Zahl drängen, an den öffentlichen Demonstrationen gegen die indische Regierung teilzunehmen.“[529]

Die RSSNA greift hier also das Argument auf, mit dem – John Murray zu Folge – der Territorialleiter 2009 sein Fernbleiben von der Protestveranstaltung der RSSNA begründet hatte: Politische Aktivität sei den Offizierinnen und Offizieren der Heilsarmee untersagt. In den Resolutionen, die die Mitgliederversammlung des Vereins von 2014 verabschiedete, wurde sehr ähnlich argumentiert. Hohe Führungskräfte der regionalen Heilsarmee vergäßen ihren Dienst an Gott und versuchten, mittels politischer Aktivitäten Macht über die Bevölkerung zu gewinnen. Dies verstoße sowohl gegen die Dienstvorschriften der Heilsarmee, als auch gegen indische Gesetze:

„Höhere Offiziere, die für den Dienst Gottes gekommen sind, machen sich selbst zu Politikern und versuchen, ihren persönlichen Einfluss bei den Menschen durchzusetzen. Solche Offiziere, die gegen die Verordnungen und Vorschriften und das Gesetz zur Regelung ausländischer Spenden handeln, müssen ihrer politischen Ämter enthoben werden, und es müssen strenge Maßnahmen gegen sie ergriffen werden. Diesbezüglich wurde eine Resolution verabschiedet.“[530]

Weder diese Resolution noch der Appell an den General konnten offenbar den über die TCMI organisierten Betätigungen von Offizieren der Heilsarmee ein Ende machen. Dennoch stellt sich die Frage, warum die RSSNA dies gerade 2014 neuerlich versuchte. Zum einen ist dafür sicher von Bedeutung, dass sich der Konflikt zwischen dem Verein und der Heilsarmee nach dem Ausschluss John Murrays aus der Booth-Tucker-Hall im Jahr 2010 noch einmal sehr verschärft hatte und in den Folgejahren beide Seiten ihre Bemühungen um regionale Bündnisse intensivierten. Ausschlaggebend dürfte jedoch eine aktuelle Debatte gewesen sein, die 2014 in der Region unter dem Schlagwort „Dalit-“ bzw. „Sambavar-Rechte“ verhandelt wurde und in deren Zusammenhang Heilsarmee bzw. TCMI und RSSNA erneut um die Repräsentation der Sambavar-Gemeinschaft konkurrierten. Im Zentrum standen staatlich ausgestellte Kastenzertifikate. Auf diesen Dokumenten fehlte 2014 bei den christlichen Mitgliedern dieser Gemeinschaft die Kastenbezeichnung „Sambavar“. John Murray zu Folge stellte dies eine ernste Bedrohung für die Identität der Sambavars und ein großes Hindernis für ihren gesellschaftliche Aufstieg dar. Aus diesem Grund, so der RSSNA-Präsident, hätte sich eigentlich die Heilsarmee der Sache annehmen müssen. Da sie untätig geblieben sei, habe es die RSSNA übernommen, für die Rechte der christlichen Sambavars zu kämpfen und habe schließlich Erfolg gehabt.

---

[529] RSSNA 17.03.2014.

[530] https://rssna.wordpress.com/resolutions/ (zuletzt abgerufen am 10.05.2021).

„Ok, weißt du, die Zertifikate wurden früher manuell vom Büro des Tehsildar ausgestellt. Im Taluk-Büro gibt es einen Mann, der die Autorität hat, die Zertifikate über die Kastengemeinschaft auszustellen. Also früher (...) haben sie 'Christliche Sambavars' geschrieben. (...) Was dann passiert ist war, dass sie das in Tamil Nadu auf Computer umgestellt haben. Im Computer haben sie irgendwie das Wort 'Christliche Sambavars' abgeschafft und eine Terminologie eingefügt, die besagt, dass sie aus einer niedrigeren Kaste zum Christentum konvertiert sind. Der Name der Kaste fehlt also dort. Als wir also dieses Zertifikat erhielten, war der Name Sambavar nicht dabei (...) Was also passieren wird, ist, dass wir unsere Identität verlieren werden. In Indien sind die Menschen durch ihre Kaste bekannt. (...) Also fingen wir an, dieses Problem bei der Regierung anzusprechen, sie wollten nicht zuhören, dann protestierten wir vor dem Kollektorat, dann gingen wir zum Minister und sammelten 5000 Unterschriften (...) Dann gingen ich und der Generalsekretär nach Chennai, um den Minister zu treffen, und dann bekamen wir es zurück. (...) Eigentlich muss diese Arbeit von der Heilsarmee erledigt werden. Denn die Leute, die zur Heilsarmee gehören, sind betroffen. Wenn die Kinder auf eine höhere Schule gehen, wollen sie ein Gemeinschaftszertifikat und das wird nicht akzeptiert. Sie wollen wissen, zu welcher Gemeinschaft man gehört. Es gibt noch viele andere Probleme, die damit zusammenhängen, aber die Heilsarmee hat sich nicht darum gekümmert. Also haben wir das gemacht. (...) Dieses Problem mit dem Zertifikat der christlichen Sambavar-Gemeinschaft haben wir an die DMF herangetragen und die DMF gab uns volle Unterstützung."[531]

Auch in diesem Fall ist die Heilsarmee sicher nicht so passiv geblieben, wie John Murray es darstellt. Schon er selbst stellte das bei einer späteren Schilderung der Ereignisse anders dar. Er betonte dabei wieder, wie viel die RSSNA in der Sache der Kastenzertifikate geleistet habe und führt die neuerliche Änderung der Dokumente auf das Engagement des Vereins zurück. Er erwähnt allerdings, dass auch die Heilsarmee etwas unternommen habe. Dies sei aber nicht ernst zu nehmen gewesen. In seinem 2015 erschienenen Artikel „The Salvation Army – has hanged its service boot in India" wirft er der Heilsarmee überdies vor, sich nur deshalb – scheinbar – für Dalit-Rechte einzusetzen, um ihre Mitglieder von den drängenden Fragen abzulenken, die die RSSNA an sie richte, und spricht ihr neuerlich das Recht ab, als Repräsentantin der Dalits aufzutreten.

„Denn in Indien werden die Menschen hauptsächlich über ihre Kaste identifiziert. Die Kaste ist ein Muss hier in Indien. Und sie ist deine Identität. Es gibt eine Tradition, es gibt eine Kultur für jede Kaste. Und plötzlich, eines schönen Morgens, fanden wir in unserer Kastenbescheinigung, dass der Name Sambavar verschwunden ist. Sie sagten, diese Leute sind aus einer niedrigen Kaste zum Christentum konvertiert. Und was ist ihre jetzige Kaste? Sie haben keine Kaste. Also haben wir protestiert. Sogar die Heilsarmee machte ein bisschen Show. Aber wir haben ein Jahr lang gekämpft. Wir fuhren nach Chennai, trafen uns mit dem Minister und nahmen den lokalen politischen Vertreter von dort mit. Wir machten viele Proteste

[531] Interview mit John Murray am 06.05.2016.

vor dem Kollektorat. Und schließlich hatten wir Erfolg. Und sie haben das geändert."[532]

„*Um die Aufmerksamkeit der Menschen von den sich häufenden Fragen der RSSNA abzulenken, inszeniert TSA mit Hilfe einiger politischer Parteien 'Das Dalit-Befreiungsdrama'. Die Heilsarmee hat kein moralisches Recht, sich der Dalit-Fragen anzunehmen, da sie selbst die Dalits versklavt. Überhaupt können die nicht ungewählten Offizierinnen und Offiziere niemals die Vertretung der Gemeinschaft sein.*"[533]

Die RSSNA schrieb sich im Zusammenhang mit der Neuorganisation des Vereins in Themen der regionalen christlichen Dalit-Bewegung ein und konkurrierte in den folgenden Jahren mit der Heilsarmee um den Anspruch, die legitime Repräsentantin der christlichen Dalits zu sein und in der Öffentlichkeit für sie sprechen zu dürfen. Eine entscheidende Rolle bei den Debatten um diese Ansprüche und auch um die Gestaltung von Dalit-Protesten spielte dabei die Frage nach der Zuweisung der Dalit-Thematik in die Bereiche von Politik bzw. Religion, nach der Bestimmung beider und nach der Grenzziehung zwischen ihren Sphären. Dass die Frage nach dem Verhältnis bzw. der Abgrenzung von Religion und Politik für die globale Heilsarmee zu einer entscheidenden und heiklen Frage wurde, ist im dritten Teil dieser Arbeit bereits deutlich geworden. Hier zeigt sich, dass diese Debatte auch in regionalen Konstellationen unter unterschiedlichen Vorzeichen geführt und als Herausforderung für Selbstverständnis und Handeln der Heilsarmee beschrieben wird.

19.2. Dalit als Grundlage für regionale Bündnisse
Die erste Ausweitung der Dalit-Strategie der RSSNA

In den 2010er Jahren stärkte die RSSNA das Bemühen um regionale Allianzen noch einmal erheblich. Ein zentraler Auslöser hierfür dürfte der Vorfall in der Booth-Tucker-Hall gewesen sein, in dessen Nachgang sich Heilsarmee und RSSNA in verschiedenen Kontexten, etwa auch bei Gerichtsverhandlungen, als Gegnerinnen gegenüberstanden. Die schon vorher bestehende Rivalität beider Seiten um die Rolle als öffentliche Stimme der christlichen Dalits und um regionale Verbündete dürfte durch diese neue Konstellation noch einmal an Vehemenz und Brisanz gewonnen haben. Wenige Wochen nach dem „Handgemenge" in der Nagercoiler Heilsarmee-Gemeinde nahm D. Monikaraj, der Principal des theologischen Seminars der IELC auf Einladung der RSSNA an einem vom Verein organisierten Fastengebet teil.[534] Monikaraj ist, wie bereits gezeigt wurde, eine entscheidende Figur der regionalen Dalit-Theologie. Er hatte 1997 einen

[532] Interview mit John Murray am 28.01.2017.
[533] Murray 2015, 3.
[534] Inba Yesurajan 2010a, 16.

biografischen Beitrag über Vethamanickam im Sammelband „Frontiers of Dalit Theology" veröffentlicht. Im Rahmen des von der RSSNA organisierten Treffens übertrug er sein dalit-theologisch geprägtes Narrativ der regionalen Missionsgeschichte auf die Heilsarmee und würdigte die Verdienste ihrer frühen Mission um den Aufstieg der Sambavars. Damit stärkte er eine der zentralen Argumentationsstrategien, derer sich der Verein zur Untermauerung seiner Forderungen gegenüber der Heilsarmee bedient.

Über dieses Bemühen um die stetige Verstärkung der Allianz mit Führungsgestalten christlicher Dalits der Region hinaus, suchte die RSSNA und insbesondere ihr Präsident, der die intensiver werdenden Kontakte zwischen dem Verein und Dalit-Gruppierungen wesentlich prägte, nun auch in größeren Kreisen als bisher nach Verbündeten. Entsprechend verband John Murray das Engagement unter dem Schlagwort Dalit nun auch mit einem neuen, weiterreichenden Anspruch. Hatten er und der Verein bisher beansprucht, für die Interessen der christlichen Sambavars zu sprechen, entwickelte der Präsident in den 2010er Jahren ein Selbstverständnis, dem zufolge er Vorreiter und Führungsfigur für den Zusammenschluss und die Versöhnung der entlang religiöser Grenzen gespaltenen Dalits der Region war. Sein zentrales Bemühen als Dalit-Aktivist sei es, christliche und hinduistische Dalits zusammenzubringen. In diesem Sinne versteht er sich nicht nur als Repräsentant der christlichen, sondern aller Dalits der Region, obgleich dieser Anspruch, wie sich zeigen wird, von Anfang an höchst umstritten und problematisch war.

Am Beginn dieses Bemühens stand offenbar der Versuch einiger lokaler Dalit-Aktivisten, von denen einer Mitglied im Vorstand der RSSNA war und ist, John Murray einen Posten im Leitungsgremium einer bereits bestehenden Dalit-Organisation, dem Ambedkar Charitable Trust (ACT), zu verschaffen.[535] Von dieser Gruppe berichteten sowohl John Murray als auch das erwähnte Vorstandsmitglied, dass sie zum damaligen Zeitpunkt mit Korruption in der Leitung zu kämpfen gehabt habe. Dort habe ein Mitglied als alleiniger Vorstand agiert, sei dabei undurchsichtig vorgegangen, habe keine Auskunft über die Finanzen mehr gegeben und sehr zweifelhafte Projekte verfolgt. Aus diesem Grund habe das RSSNA-Vorstandsmitglied, das ebenfalls Mitglied im ACT war, Kontakt zwischen John Murray und einigen ACT Mitgliedern, die den Trust reformieren wollten, hergestellt. John Murray zu Folge nahmen diese Dalit-Aktivisten dann an einigen Treffen der RSSNA teil, waren von ihrer Organisation und Struktur beeindruckt und überredeten ihn schließlich, dem ACT beizutreten, um bei dessen Neuorganisation zu helfen. Es fällt auf, dass hier neuerlich versucht wurde, was im Falle der KRSSNA schon einmal erfolgreich umgesetzt worden war: John Murray sollte einer vorhandenen Gruppe beitreten, diese

[535] Die folgenden Darstellungen entsprechen den Informationen John Murrays und des Vorstandsmitglieds in Interviews. Interview mit John Murray am 06.03.2016; Interview mit RSSNA-Vorstandsmitglied Nr. 8 am 11.02.2017; Interview mit John Murray am 02.02.2017.

reformieren und neu organisieren. Die ACT-Aktivisten, die die Kooperation mit ihm suchten, erhofften sich dadurch zweifellos einen ähnlich erfolgreichen Ausbau ihrer Gruppe. John Murray dürfte sich gute Kontakte in die regionale Dalit-Bewegung und damit steigenden Einfluss versprochen haben. Was jedoch bei der KRSSNA gelungen war, schlug beim ACT fehl. Der Leiter der Gruppe, so berichtet John Murray, habe ihn abgelehnt und sich aktiv gegen seine Beteiligung gestellt. Der RSSNA-Präsident deutete dies als Konsequenzen der Spaltung der regionalen Dalits entlang religiöser Grenzen:

„Sie kamen und haben sich die RSSNA angesehen. Ich habe sie immer zu unseren Sitzungen eingeladen. Und sie kamen und sahen, dass es eine große Versammlung gibt und unsere Sitzung gut organisiert ist. Sie hörten also von mir und wollten, dass ich komme und dem Ambedkar Charitable Trust beitrete (...) Aber was sie sagten, sie sagten, du kommst her, du gibst deine Ansichten, deine Ideen, wir werden das weiterentwickeln. Anfangs dachte ich, dass ich etwas tun kann, weil es die gleiche Gemeinschaft ist. Außerdem möchte ich die Hindus und Christen vereinen. Ich sage immer wieder, dass die Religion uns nicht spalten sollte. Unsere Gemeinschaft ist eins. Die Religion mag unterschiedlich sein. Aber wir müssen uns in der Gemeinschaft vereinen. (...) Ich war auch ein Mitglied dieses Ambedkar Charitable Trusts. Aber diese Gruppe mochte mich nicht. Sie sagten: ‘Er hat die RSSNA, warum kommt er hierher?’ Und außerdem gibt es diese christlich-hinduistische Feindschaft. All diese Leute vom Ambedkar Charitable Trust gehören zu den Hindus. Also haben sie mich nicht gut aufgenommen (...). Also haben sie einen speziellen Beschluss gefasst, der besagt, dass christliche Leute, die eine Position in einer anderen Gruppe haben, hier keine Position haben sollten.“[536]

„Er ist hauptsächlich von Hindus dominiert. Nur ich und zwei drei Christen haben uns angeschlossen. Einige Leute wollten, dass ich der Wohltätigkeitsorganisation beitrete, dem Ambedkar Charitable Trust. Sie dachten daran, mich in Anspruch zu nehmen und den Trust zu entwickeln. Aber in der Bewegung wissen sie, dass ich Christ bin, und sie haben Angst vor mir. ‘Oh, er wird kommen und unseren Trust übernehmen.’“[537]

Nach dem gescheiterten Versuch, den ACT mit Hilfe John Murrays zu reorganisieren, gründeten die ACT-Mitglieder, die den Kontakt zum RSSNA-Präsidenten gesucht hatten, gemeinsam mit die Dalit Movement Federation (DMF). Der Generalsekretär dieser neuen Gruppe, wurde John Murray. Sie wurde mit der Ambition gegründet, als Dachorganisation alle Dalit-Gruppen der Region zusammenzuschließen. Dieser Anspruch wurde jedoch nie verwirklicht. Viele derjenigen, die regelmäßig an den Sitzungen der DMF teilnehmen, kommen auch gar nicht als Repräsentanten von Dalit-Gruppen, sondern als Einzelpersonen, die einen Rahmen für ihr Engagement für die Dalits erst suchen. Die Organisation der DMF ähnelt in vielem der der RSSNA. Wie die RSSNA tagt auch die DMF einmal monatlich im Bürogebäude hinter John Murrays Haus. Obwohl dieser in der DMF

[536] Interview mit John Murray am 02.02.2017.
[537] Interview mit John Murray am 06.03.2016.

nicht Präsident, sondern Generalsekretär ist, übernimmt er weitgehend die Leitung und Moderation der Treffen. Die DMF ist, wie die RSSNA – und anders als der ACT – als Verein (Association) organisiert und staatlich registriert. Überdies unterstützt John Murray organisatorisch – und vermutlich auch finanziell – die vom DMF-Mitglied Esakimuthu herausgegebene Zeitschrift Cantippu. Diese kann zwar, anders als das RSSNA Magazin Ceyti Malar, nicht eigentlich als Organ der Gruppe gelten, dennoch liegt Cantippu bei Sitzungen, sowohl der DMF als auch der RSSNA, neben dem Ceyti Malar aus und repräsentiert so in gewisser Weise die DMF wie jener die RSSNA. Zwischen den beiden Gruppen gibt es allerdings nur eine geringe personelle Überschneidung, neben John Murray kommen nur sehr wenige weitere RSSNA-Mitglieder zu den Treffen der DMF.

Mehrere entscheidende Themen der RSSNA sind auch für die DMF zentral. Die religiöse Spaltung der Dalit-Gemeinschaft zu überwinden, heißt für John Murray eben auch, die seiner Auffassung nach bestehende Angst der Hindus zu zerstreuen, von christlicher Seite dominiert zu werden, wenn diese gleichfalls SC-Rechte zugesprochen bekämen. Es geht ihm also letztlich um gemeinsamen Einsatz für SC-Rechte für christliche Dalits, der das diesbezügliche Engagement der RSSNA fortsetzt.[538]

„Unsere Gemeinschaft ist religiös gespalten. Es ist eine Gemeinschaft, die ihre Stärke verliert, weil die Hälfte christlich ist, die andere Hälfte hinduistisch. Also möchte ich diese Barriere durchbrechen. Also haben sich ein paar Leute zusammengetan. Die meisten sind Hindus, aber sie haben von mir gehört und sind gekommen und wir haben viel diskutiert und dann haben wir diese Dalit Movement Federation gegründet, in der Christen und Hindus zusammenarbeiten und die Entwicklung der Gemeinschaft als Ganzes planen. (...) Wir wollen die Barriere der Religion überwinden. Aber das ist sehr schwierig. Aber zumindest anzufangen, damit zu beginnen. Wir haben angefangen. Es geht langsam voran, denn die Hindu-Dalits haben Angst, dass sie ihre Privilegien verlieren könnten, wenn die christlichen Dalits auch den SC-Status erhalten, oder dass die christlichen Dalits kommen und in ihrem Bereich dominieren. Diese Angst gibt es auch.“[539]

Die DMF unterstütze auch die Aktionen der RSSNA bezüglich des Kastenzertifikats für christliche Sambavars. Besonders wichtig ist für die DMF jedoch das Interesse an Bildung und sozialem Aufstieg der Dalits und damit ein Anliegen, das auch für die RSSNA prägend ist. Viele Angehörige der DMF sind – oft nicht als Mitglieder einer Gruppe, sondern in Eigeninitiative – auf diesem Gebiet aktiv und verstehen ihren Einsatz für die Dalits

[538] Gemeinsamer Einsatz von christlichen und hinduistischen Dalits für christliche SC-Rechte findet nicht nur in der DMF statt. Offenbar lassen sich auch in anderen Kontexten Hindus für dieses Anliegen mobilisieren. So berichtete etwa ein im Rahmen der Feldforschung befragter christlicher Dalit-Aktivist, der nicht zur DMF gehörte, von entsprechenden Demonstrationen, die er organisiert hatte und an denen Angehörige beider Religionen teilgenommen hätten. Interview mit Christlicher Dalit-Aktivist aus dem Kanyakumari-Distrikt am 04.05.2017.

[539] Interview mit John Murray am 09.04.2016.

vornehmlich als Bildungsarbeit. Sie sind daher in Dörfern aktiv, bieten Nachhilfe- oder Förderunterricht an und erstellen teilweise Unterrichtsmaterial.

Das Thema Bildung beherrscht auch die Aktivitäten der DMF. Der Verein verleiht jährlich Preise an junge Dalits, die ihre Schullaufbahn besonders erfolgreich abschließen. Hin und wieder organisiert die Gruppe Nachhilfe- und Trainingswochenenden, die jungen Dalits bessere Chancen bei Aufnahmeprüfungen für Studien- oder Ausbildungsplätze ermöglichen sollen. An den Preisvergabe-Zeremonien nimmt jeweils auch eine Delegation der RSSNA teil. Zur Zeit der Feldforschung 2017 organisierte die DMF gerade ein mehrtägiges Trainingsangebot für junge Leute, die sich für die Aufnahmeprüfung in den Polizeidienst vorbereiteten. Dazu zählten neben Probeklausuren auch sportliche Übungen für die praktische Aufnahmeprüfung. Die DMF organisierte in diesem Zuge nicht nur den Veranstaltungsort – Klassenzimmer und Sportplatz der zur IELC gehörenden Concordia School – sondern warb auch pensionierte Polizisten zur Unterstützung an.

John Murray und das Mitglied des RSSNA-Vorstands, das einst den Kontakt zwischen dem Präsidenten und den Dalit-Aktivisten herstellte, stimmen jedoch darin überein, dass die DMF im Großen und Ganzen keine sehr erfolgreiche Gruppe sei. Die Anzahl der Projekte sei gering, da die Finanzkraft der Gruppe nicht stark sei. John Murray erklärt dies damit, dass er selbst den größten Anteil seiner finanziellen Mittel der RSSNA zur Verfügung stelle und daher nur wenig Geld für die DMF übrighabe. Die anderen Mitglieder der Gruppe seien nicht willens oder nicht in der Lage, Geld beizusteuern. Mindestens für die RSSNA ist die Existenz der DMF jedoch von Vorteil. Nicht nur konnte sie für eigene Anliegen, wie etwa in der Angelegenheit der Kastenzertifikate, über die DMF zusätzliche Unterstützung organisieren. Wichtig sind auch die zusätzlichen Chancen und Anlässe für öffentliche Auftritte des RSSNA-Präsidenten, die seine Bekanntheit in der Region steigern. So ist John Murray als Generalsekretär der DMF etwa bei den Feierlichkeiten zu Ambedkars Geburtstag präsent, der als wichtiger festlicher Anlass für alle Dalit-Bewegungen gilt und in dessen Rahmen die Dalit-Gruppen der Region eine repräsentative Ambedkar-Statue in Nagercoil schmücken. Er erscheint in der Öffentlichkeit also nicht nur als Präsident der RSSNA, sondern auch als Dalit-Aktivist und gewinnt durch diese weitere Identifikation an Bekanntheit und Ansprechbarkeit. Auch als Dalit-Aktivist erhält er nun Einladungen, etwa zu Gesprächsforen.[540] Auf diese Weise schafft er auch seinem Verein eine breitere Aufmerksamkeit, da er auch in diesen Zusammenhängen die RSSNA vorstellt und für ihre Anliegen wirbt.

[540] Interview mit John Murray am 09.04.2016.

Zu diesem Zweck versuchte John Murray 2016 eine weitere Gruppe zu gründen, die er das „Denkerforum" (Thinker's Forum") nannte. Eigentlich, so erklärte er, sei ihm daran gelegen gewesen, Personen aus möglichst vielen Kasten für die Gruppe zu gewinnen. Das sei jedoch nicht gelungen, sodass er das Forum zunächst als Dalit-Gruppe organisiert habe. Gegenstand seiner Eröffnungsrede bei der ersten Sitzung des Forums war daher auch das seiner Ansicht nach zentrale Dalit-Thema. Unter dem Titel „Der Einfluss von Religion auf die Gemeinschaft" übte er scharfe Kritik an der Heilsarmee, die der eigentliche Grund dafür sei, dass die Dalit-Gemeinschaft noch immer benachteiligt sei. Das Kernargument seiner Rede fasste er nachher folgendermaßen zusammen:

„Denn die Religion hat einen großen Einfluss auf die Gemeinschaft. Die hauptsächliche Religion ist die Heilsarmee. Mein Punkt ist, dass sich unsere Gemeinde nicht entwickelt hat, weil wir der Heilsarmee angehören, die nichts taugt – für die Entwicklung der Gemeinschaft. Eine weitere Sache ist, dass es die Heilsarmee nicht zulässt, dass jemand zum Anführer der Gemeinschaft aufsteigt. Das liegt an dem System der Heilsarmee. Denn der Offizier wird niemals zulassen, dass jemand ihn befragt. Aber ich sage: Wir hätten sehr hoch hinaus können. Wir konnten den Gipfel nicht erreichen, weil wir zur Heilsarmee gehören, die keine Denker hat und die uns nicht erlaubt, selbstständig zu sein."[541]

Murray identifizierte in dieser Rede also Heilsarmee-Mitglieder und Dalits und setzte damit auch Aufgaben und Ziele der der Dalit-Bewegung mit denen der RSSNA gleich. Dalit wird hier ganz ausdrücklich zum Schlagwort für die Auseinandersetzung mit der Heilsarmee. Überdies wird diese Frontstellung nicht bloß als eine Aufgabe der Dalit-Bewegung unter vielen anderen verstanden. John Murray stellt sie vielmehr als deren Kernanliegen dar. Im Gespräch musste er zwar einräumen, dass sein Publikum diese Argumentation sehr skeptisch aufnahm. Dennoch fand er hier wie auch bei vielen anderen Anlässen die Gelegenheit, die Anliegen der RSSNA in die Dalit-Debatte einzutragen.

Die Vernetzung zwischen RSSNA und regionaler Dalit-Bewegung blieb aber nicht nur auf die Aktivitäten John Murrays als Generalsekretär der DMF beschränkt. Bereits Ende des Jahres 2011, also vor der Gründung der DMF, beschloss der Vereinsvorstand der RSSNA, in Zukunft die Vorstandsmitglieder der Dalit-Gruppen der Region zu den vom Verein jährlich organisierten Konferenzen einzuladen.[542] Überdies schickt die RSSNA schon seit 2010 immer wieder offizielle Vertretungen zu Veranstaltungen anderer Dalit-Bewegungen, die wiederum Vereinsvorstände für Redebeiträge anfragen. Von diesen Veranstaltungen und ihren zentralen Inhalten wird dann in knapper Form im Rahmen des Tagebuchs des Generalsekretärs berichtet, das jeweils auf den ersten Seiten des Ceyti Malar abgedruckt

[541] Interview mit John Murray am 06.05.2016.
[542] Inba Yesurajan 2012, 4.

ist. Der erste dieser Beiträge berichtet vom Besuch mehrerer Vorstandsmitglieder bei der „Dalit People's Demand Conference", die von einer Gruppe namens „Indian Democratic Youth Association" veranstaltet wurde und zu der laut Bericht zahlreiche Dalit-Gruppen Vertretungen schickten.[543] Diese Veranstaltung fand am 06.03.2010 statt, also einen Monat nach dem Vorfall in der Booth-Tucker-Hall. 2015 kam es offenbar zu einer Wiederannäherung zwischen John Murray und der Leitung des ACT. So hielt der RSSNA-Präsident ein Grußwort im Rahmen einer Veranstaltung des ACT, bei der die Veröffentlichung eines Buchs gefeiert wurde, das der ACT über die Geschichte der Sambavars herausgegeben hatte.[544] Kurz vor Beginn der zweiten Feldforschung 2016 fand eine Gedenkveranstaltung für Rohit Vemula statt, dessen Selbstmord am 17.01.2016 von der indischen Dalit-Bewegung als Konsequenz bleibender und schwerwiegender Diskriminierung und Unterdrückung von Dalits gedeutet wurde. Auch von diesem Ereignis, also von einem damals hochaktuellen Dalit-Thema, berichtet das Vereinsmagazin der RSSNA.[545] Auch im Rahmen inoffizieller Kontakte ist die RSSNA vielfach mit der Dalit-Bewegung vernetzt. Zwar kommen nur einige wenige RSSNA-Mitglieder zu den Treffen der DMF oder sind in einer anderen Dalit-Bewegung aktiv, viele erzählen jedoch, dass Mitglieder ihres Freundeskreises in solchen Gruppen mitarbeiten und dass sie gelegentlich deren Einladungen zu Veranstaltungen ihrer Gruppe folgten. Ebenso würden sie zu Treffen der RSSNA einladen.

Die RSSNA präsentierte sich auch der regionalen Öffentlichkeit durch verschiedene Maßnahmen immer stärker als Dalit-Bewegung. Einige Jahre nach der Gründung der DMF, so John Murray, beschloss der Vereinsvorstand auf Vorschlag des Generalsekretärs, das Bild Ambedkars auf die Plakate der RSSNA zu übernehmen. Dieser begründete im Interview seinen Vorschlag mit den großen Leistungen Ambedkars für die Dalits, zu denen er die RSSNA-Mitglieder offenbar selbstverständlich zählt.[546] Für John Murray hat die Entscheidung vor allem eine taktische Dimension:

„Wir machen das, nachdem wir der DMF beigetreten sind, weißt du. Ambedkar (...) ist ein sehr bedeutender Mann, ein wichtiger Mann für die Dalit-Gemeinschaft. Früher haben wir das nicht gemacht. Aber später, als wir die Unterstützung des DMF bekamen, begannen sie, unsere Konferenzen zu besuchen. Und um die Aufmerksamkeit der Leute zu erregen, fingen wir an, sein Bild abzudrucken. Denn wenn man ein Poster aufhängt, zieht das die Aufmerksamkeit der Öffentlichkeit auf sich. Wenn Ambedkar darauf zu sehen ist, dann lesen sie den Inhalt. Schau, sie kennen William Booth nicht, sie kennen mich nicht, sie kennen die RSSNA nicht. Aber alle kennen Ambedkar. Weißt du (...) es ist eigentlich wie eine Werbeangelegenheit. (...) Wenn wir heute ein öffentliches Plakat machen sagen sie, wir müssen

543 Inba Yesurajan 2010a, 15–16.
544 Inba Yesurajan 2015, 19–20.
545 Inba Yesurajan 2016, 7.
546 Interview mit RSSNA-Vorstandsmitglied Nr. 5 am 10.02.2017.

auch Ambedkar abdrucken. Es ist nicht meine Entscheidung, sondern die Leute sagen auch, dass wir das machen müssen. (...) Der Generalsekretär hat das ursprünglich angeregt. Er sagte, um die Menschen zu erreichen, werden wir auch ein Ambedkar-Bild abdrucken. Viele Menschen sind für Ambedkar."[547]

Auch in den Resolutionen, die die RSSNA im Rahmen mancher ihrer Veranstaltungen, etwa ihrer Mitgliederversammlung verabschiedet, sind Dalit-Themen sehr präsent. Der Verein nimmt dabei Themen auf, die in der Region unter diesem Schlagwort verhandelt werden. Welche das jeweils konkret sind, wird John Murray zufolge im Rahmen der die Großversammlungen vorbereitenden Sitzungen des Vereinsvorstands entschieden. Dessen Mitglieder könnten Vorschläge äußern und Themen einbringen, die sie für wichtig hielten. Auch in diesem Fall betont er die taktische Dimension.

„Wenn sie die Aufmerksamkeit der Regierung erregen wollen, müssen sie einige in der Öffentlichkeit diskutierte Themen aufnehmen, die nichts mit Religion zu tun haben. (...) Ich meine, wenn du dich bei dem Kollektor über deine Kirche beschwerst, wird er nicht zuhören. Wenn es sich auf das soziale Gefüge auswirkt, wenn es die Grundrechte betrifft, oder wenn es Recht und Ordnung betrifft, wird er zuhören. (...) Wenn also eine Konferenz viel Geld ausgibt, viele Leute versammelt, wenn diese Konferenz die Medien erreichen muss, dann müssen wir einige Resolutionen haben, die sie mit Regierungsangelegenheiten verbinden. (...) Um die Aufmerksamkeit der Medien und der Regierung zu erregen. Denn diese Resolutionen gehen auch an Regierungsbeamtinnen und -beamte. Wir schicken sie an das Kollektorat, wir schicken sie an das Büro des Ministerpräsidenten. (...)Wenn du mich nach den einzelnen Resolutionen fragst, kann ich vielleicht nichts dazu sagen. Denn wir wollen sie einbringen, wenn die Gemeinschaft direkt oder indirekt betroffen ist. Weil das die beste Gelegenheit ist, zum Zeitpunkt einer Konferenz die Aufmerksamkeit der Medien auf uns zu ziehen. Das ist der Grund, warum wir Resolutionen einbringen, die nicht direkt mit RSSNA-Angelegenheiten zu tun haben."[548]

In den Resolutionen des Vereins, die durch diese Strategie die Aufmerksamkeit der Medien und der Öffentlichkeit erregen sollen, werden Forderungen unter dem Schlagwort Dalit denjenigen, die sich auf Heilsarmee-interne Anliegen beziehen, vorangestellt oder rahmen diese. Dabei werden einerseits manchmal Themen aufgegriffen, mit denen sich der Verein in anderen Zusammenhängen bereits befasst hat, andererseits greifen die Texte sehr häufig auch Themen auf, die in der RSSNA sonst weiter keine Rolle spielen, aber in der Region oder auch auf bundesstaatlicher oder nationaler Ebene diskutiert werden. Die Zahl der Dalit-Resolutionen ist angesichts der Tatsache, dass sie, so John Murray, eigentlich nicht direkt mit den Anliegen des Vereins zusammenhängen, ausgesprochen groß. So verabschiedete die RSSNA auf ihrer Mitgliederversammlung von 2014 ein Papier mit neunzehn Resolutionen. Fünf von diesen sind Themen, die mit

[547] Interview mit John Murray am 02.02.2017.
[548] Interview mit John Murray am 02.02.2017.

dem Schlagwort Dalit verbunden sind. Dabei werden, nachdem die RSSNA in der ersten Resolution den neuen Territorialleiter der Heilsarmee begrüßt hat, in den Resolutionen 2-4 die Forderungen der RSSNA bezüglich der SC-Rechte für christliche Dalits und die Wiederaufnahme der Kastenbezeichnung Sambavar in die Kastenzertifikate wiederholt. Nach einigen weiteren, im engeren Sinne die Heilsarmee betreffenden Forderungen, folgen erneut zwei Dalit-Resolutionen. Die RSSNA fordert die Benennung einer neu gebauten Brücke nach Vethamanickam, dem zugeschrieben wird, Mitglied der Sambavargemeinschaft und Pionier der protestantischen Mission in Südtravancore gewesen zu sein. Außerdem fordert sie eine Repräsentanz der Sambavars im tamilischen Parlament und bekundet ihre Bereitschaft, gemeinsam mit anderen Gruppen eine geeignete Person für die Kandidatur auszuwählen.

„Resolution 2: Bezüglich des vom Finanzamt ausgestellten Kastenzertifikats, in der der Name der Gemeinschaft, d.h. Sambavar, nicht erwähnt wird: Dies geschieht mit der Absicht, die Geschichte der Sambavars, die seit vielen Generationen im Kumari-Distrikt ansässig sind, auszulöschen. Der Verein hat zusammen mit gleichgesinnten Bewegungen die Regierung auf die Regierungsverordnung 28/1994 aufmerksam gemacht, die die Ursache für die Zerstörung unserer Gemeinschaft ist. Um diese aufzuheben, wurden Resolutionen, Appelle und Proteste in dieser Angelegenheit organisiert. Da die Regierung die Empfindungen der Sambavar-Gemeinschaft nicht berücksichtigt hat, wurde beschlossen, einen Appell an die ehrenwerte Ministerpräsidentin von Tamil Nadu zu richten und gegen diese Ungerechtigkeit zu protestieren, indem die Kastenzertifikate, die den Kastennamen nicht nannten, an die Regierung zurückgegeben werden. Diesbezüglich wurde eine Resolution verabschiedet.

Resolution 3: Die Dalit-Gemeinschaft sollte nicht im Namen der Religion gespalten werden, auch die christlichen Dalit sollten in die Liste der 'Scheduled Castes' aufgenommen werden. Die Leistungen der Regierung, einschließlich der Reservierung, müssen ohne Parteilichkeit gewährt werden, was Änderungen im Gesetz mit sich bringt. Um die Zentralregierung in dieser Hinsicht unter Druck zu setzen, wurde eine Resolution verabschiedet.

Resolution 4: Jeder Gemeinschaft wird eine Gemeinschafts-Seriennummer zugewiesen, auch die Sambavar-Gemeinschaft sollte eine Gemeinschafts-Seriennummer zugewiesen bekommen. Es wurde eine Resolution verabschiedet, in der die Zentralregierung und die bundesstaatlichen Regierungen aufgefordert wurden, eine diesbezügliche Regierungsverordnung zu erlassen.

Resolution 11: Die Erinnerung an Maharasan Vedamonickam, den Sambavar, der die Hauptursache für die Entwicklung der Dalit-Gemeinschaft im Kumari-Distrikt war, muss bewahrt werden. So wurde an die Regierung von Tamil Nadu und die Distriktverwaltung appelliert, die im Bau befindliche Eisenbahnüberführung im Bereich Putheri nach Maharasan Vedamonickam zu benennen. Eine Resolution wurde verabschiedet.

Resolution 12: Um den Anliegen der unterdrückten Sambavar-Gemeinschaft in der gesetzgebenden Versammlung von Tamil Nadu Gehör zu verschaffen, wurde beschlossen, einen Konsens zwischen gleichgesinnten Bewegungen zu schaffen, um einen Kandidaten aus der Sambavar-Gemeinschaft bei den folgenden Wahlen zur gesetzgebenden Versammlung aufzustellen. In diesem Zusammenhang wurde eine Resolution verabschiedet.“[549]

Auf der Staatskonferenz (State Conference) der RSSNA von 2016 wurden erneut Resolutionen verabschiedet. Gegenüber dem Papier von 2014 wurde hier die Dalit-Thematik noch einmal verstärkt. Fünf von elf Resolutionen – die knappe Hälfte – sind Themen und Forderungen gewidmet, die unter diesem Schlagwort verhandelt werden. Nach einem einleitenden Abschnitt, der die Heilsarmee betreffende Anliegen behandelt, thematisieren die nächsten fünf Abschnitte Dalit-Themen. Erst danach behandeln fünf weitere Resolutionen wieder Heilsarmee-interne Themen. Auch diesmal wiederholt die RSSNA ihre Forderung nach SC-Rechten für christliche Dalits. Sie greift jedoch auch andere Themen auf und kritisiert etwa die Bildungspolitik der indischen Regierung. Gleich zwei Resolutionen sind der Diskriminierung und den tödlichen Anschlägen auf Dalits gewidmet, deren Ende die RSSNA fordert. Dieses Thema wurde 2016 nach dem Selbstmord Vemulas und mehreren in der medialen Berichterstattung als „Ehrenmorde“ bezeichneten Tötungen von Dalits in Tamil Nadu intensiv diskutiert.

„Resolution 2: Die neue, von der Zentralregierung entworfene Bildungspolitik ist ein großer Schlag für die Entwicklung der Dalit-Gemeinschaft im Bildungswesen, wie es scheint. Gleichheit, soziale Gerechtigkeit usw. werden bei der Formulierung dieser Politik nicht berücksichtigt. Außerdem kann sie indirekt die alte Guru-Shisya-Erziehungsmethode fördern. Es wurde eine Resolution verabschiedet, in der die Zentralregierung aufgefordert wird, die neue Bildungspolitik zurückzuziehen und dabei das Wohlergehen der unterdrückten und der rückständigen Bevölkerungsgruppen und Stammesangehörigen zu beachten.

Resolution 3: Die Zentralregierung und die Regierungen der Bundesstaaten waren blind gegenüber der Gewalt und den Übergriffen gegen Dalits der jüngsten Vergangenheit. Es müssen strenge Maßnahmen gegen diejenigen eingeleitet werden, die Dalits und Minderheiten angreifen. Die Sicherheit für Dalits muss im Land gewährleistet werden und es wurde eine Resolution verabschiedet, die das gegenüber der Zentralregierung betont.

Resolution 4: Tamil Nadu, das ein Pionier der sozialen Gerechtigkeit war, wird in letzter Zeit Zeuge von Ehrenmorden und Selbstmorden von Mitgliedern der Regierung aufgrund von Schikanen gegen Dalits. Die Regierung muss strenge Maßnahmen gegen diese antisozialen Elemente ergreifen, um der Dalit-Gemeinschaft Gerechtigkeit zu verschaffen. Es wurde eine Resolution verabschiedet, die die Ministerpräsidentin von Tamil Nadu auffordert, gegen die verantwortlichen Kräfte vorzugehen.

Resolution 5: Bei den Kommunalwahlen sollten die christlichen Dalits repräsentiert werden und sie sollten eine ausreichende Quote erhalten. Um dies gegenüber der Regierung von Tamil Nadu zu betonen, wurde eine Resolution verabschiedet.

Resolution 6: Dalits sollten nicht durch ihre Religion gespalten werden. Sie müssen die Rechte der Scheduled Castes erhalten. Die RSSNA unterstützt die National

[549] https://rssna.wordpress.com/resolutions/ (zuletzt abgerufen am 10.05.2021).

Dalit Christian Federation in ihren rechtlichen Bemühungen. Bis dies erreicht ist, fordert RSSNA die Regierung von Tamil Nadu auf, den christlichen Dalits soziale Chancen und Bildungsmöglichkeiten zu bieten, indem sie sie in die Liste der Most Backward Classes aufnimmt. In diesem Zusammenhang wurde eine Resolution verabschiedet."[550]

In beiden Papieren greift die RSSNA also Themen auf, die nicht zu ihrem unmittelbaren Interessenbereich gehören, aber in ihrem Umfeld in Verbindung mit dem Schlagwort Dalit besprochen werden. Dabei sind regionale Debatten und insbesondere Anliegen der christlichen Sambavars besonders häufig. Es kommen jedoch auch Themen von bundesstaatlicher oder nationaler Tragweite und Forderungen, die auch für Hindu-Dalits von großer Bedeutung sind, zur Sprache. In einer der Resolutionen von 2014 ist von gleichgesinnten Bewegungen die Rede, mit denen die RSSNA kooperieren will, 2016 erklärt sie ausdrücklich ihre Unterstützung für die National Dalit Christian Federation. Doch auch wenn nicht explizit auf andere Gruppen verwiesen wird, bringt der Verein durch die Aufnahme von Themen, die andere Gruppierungen beschäftigen, sein Interesse an Allianzen mit diesen zum Ausdruck und formuliert eine gemeinsame Dalit-Identität. Besonders deutlich wird dies bei der 2014 an die regionale Verwaltung erhobenen Forderung, eine neu errichtete Brücke nach Vethamanickam zu nennen, der als Gründerfigur des regionalen Christentums und Pionier des missionarisch ermöglichten sozialen Wandels steht und den die Sambavargemeinschaft als einen der Ihren betrachtet und zur Symbolfigur für das entscheidende Verdienst von Dalits um die regionalen Kirchen macht. Die RSSNA erklärt durch diese Resolution ihre Verbundenheit mit allen christlichen Dalits in den verschiedenen christlichen Kirchen der Region.

Die RSSNA verfolgt also ihr Ziel, die Aufmerksamkeit der regionalen Öffentlichkeit und Verbündete zu gewinnen, auf verschiedenen Wegen, für die jedoch alle das Schlagwort Dalit entscheidend ist. Für Zusammenschlüsse mit anderen Gruppen ist besonders die DMF von Bedeutung, zumal diese in Themen und Anliegen der RSSNA eng verbunden ist und überdies den Anspruch vertritt, in religionsübergreifender Gemeinschaft für Dalit-Rechte einzutreten. In den Resolutionen drückt die RSSNA dann auch ihre Unterstützung für weitere Gruppen aus, die nicht so eng mit dem Verein verbunden sind wie die DMF. Sie übernimmt zudem verschiedene Dalit-Motive und präsentiert sich so als Bündnispartnerin für Allianzen unter diesem Schlagwort. Dabei spielen zwar einerseits noch Kernanliegen der RSSNA eine Rolle, wie etwa Bildung. Auch Forderungen, die der Verein sich schon früher zu eigen gemacht hatte, bleiben prägend, wie die Forderung nach SC-Rechten für christliche Dalits. Es zeigt sich andererseits jedoch auch die Tendenz, Themen aufzugreifen, die mit der Arbeit des Vereins in keinem direkten Zusammenhang stehen, aber von Anderen als

[550] RSSNA 30.08.2016.

Dalit-Themen in die öffentliche Diskussion eingebracht und dort prominent diskutiert werden. In der RSSNA verstärkte sich also offenbar über die Jahre das Interesse, die Anliegen des Vereins in größere Debatten einzutragen, um auf diese Weise Aufmerksamkeit und Unterstützung zu gewinnen. Dazu setzt sie Dalit-Themen und -Motive strategisch ein und präsentiert sich der Öffentlichkeit als Teil der Dalit-Bewegung.

19.3. Dalit-Motive in den Bittschriften der RSSNA Die zweite Ausweitung der Dalit-Strategie der RSSNA

Das Handgemenge in der Booth-Tucker-Hall verstärkte nicht nur die Suche der RSSNA nach regionalen Verbündeten. Sie wandte sich, wie zu Beginn dieser Arbeit bereits dargestellt wurde[551], nun auch mit Petitionen und Forderungen an staatliche Stellen, um diese zum Eingreifen in ihrem Sinne zu bewegen. Ihr erstes Schreiben dieser Art richtete die RSSNA an das Registeramt. Darin forderte sie, die Registrierung der Heilsarmee nach den Regelungen des indischen Firmenrechts solle aufgehoben werden. Da diese Behörde der Forderung des Vereins nicht nachkam, wandte er sich zwei Jahre später mit dem gleichen Anliegen an eine weitere staatliche Stelle, das Serious Fraud Investigation Office. Da auch dieses und auch weitere von der RSSNA angeschriebene Organe des indischen Staates nicht im Sinne des Vereins tätig wurden, beschloss der Vereinsvorstand, sich nun auch an internationale Stellen zu wenden. Intensiv diskutiert wurden Petitionen an den britischen Premierminister und an die Europäische Kommission für Menschenrechte.[552] An letztere war zum Zeitpunkt der Feldforschung noch kein Schreiben abgeschickt worden. Damit blieb der Brief an den britischen Premierminister, den die RSSNA 2015 verfasste, abgesehen von Heilsarmee-internen Schreiben an das Internationale Hauptquartier (IHQ), die einzige Petition an einen internationalen Adressaten. Für die Argumentationsstrategien all dieser Schreiben ist, wie sich zeigen wird, das Schlagwort Dalit bzw. verwandte Begriffe von großer Relevanz.

Dabei fällt auf, dass die RSSNA den Namen „Dalit" nun inhaltlich sehr anders bestimmt und die entsprechenden Passagen auch sehr unterschiedlich gestaltet. Er bezeichnet hier auch nicht mehr diejenigen Anliegen des Vereins, über die der Schulterschluss mit Dalit-Gruppierungen des Kanyakumari-Distrikts zu Stande kam, und auch keine Forderungen regionaler Verbündeter. Vielmehr greift der Verein nun unterschiedliche Motive auf, die in verschiedenen Kontexten und von verschiedenen Personen bzw.

[551] Vgl. Kapitel 8.2.4 dieser Arbeit.

[552] John Murray bezeichnete die angedachte Adressatin im Interview als European Human Rights Commission. Die Europäische Kommission für Menschenrechte wurde allerdings 1998 aufgelöst. Möglicherweise liegt eine Verwechslung mit dem Posten des Beauftragten für Menschenrechte (Commissioner for Human Rights) des Europarats vor.

Gruppen mit dem Schlagwort Dalit verbunden werden. Dabei zeichnen sich insbesondere zwei stark voneinander abweichende Narrative ab. In deren jeweiligen Rahmen werden nicht nur die Dalits selbst und die Schwierigkeiten, unter denen sie zu leiden haben, sehr verschieden dargestellt. Ausgesprochen unterschiedlich werden insbesondere auch Einfluss und Rolle der christlichen Religion und ausländischer Kräfte beschrieben. Was die RSSNA selbst mit dem Namen Dalit verbindet, ist auf dieser Ebene nur noch schwer zu erkennen. Eine eigene Dalit-Erzählung ist hier endgültig nicht mehr auszumachen. Wie der Verein den Begriff bestimmt, ist am ehesten noch an den auffälligen Auslassungen der Dalit-Thematik in einigen Bittschriften zu erkennen, die ebenfalls an nationale bzw. internationale Adressen gingen.

Das erste Schreiben der RSSNA an eine nationale Stelle war, wie zu Beginn der Arbeit bereits dargestellt wurde, die 2010 verfasste Petition an das Registeramt.[553] Darin wirft die RSSNA der Heilsarmee nicht nur eine undemokratisches Struktur, fehlende Transparenz in Geldangelegenheiten und Missachtung der Grundrechte ihrer Mitglieder vor, sondern beschuldigt sie überdies eine aus dem Ausland gesteuerte Organisation zu sein und damit gegen das Firmenrecht zu verstoßen, unter dem sie registriert ist. Unmittelbar vor dem Schlussplädoyer, in dem die RSSNA ihre schon zu Briefbeginn ausgesprochene Aufforderung, die Registrierung der Heilsarmee aufzulösen, taucht das Schlagwort Dalit auf. Der Verein postuliert hier eine Dichotomie zwischen religiösem und sozialem Interesse der Dalits und beschuldigt die Heilsarmee, diese zu versklaven. Im Schreiben an das Serious Fraud Investigation Office wiederholt der Verein den Vorwurf, die indische Heilsarmee werde aus dem Ausland gesteuert, und beschreibt die Dalits als von der Heilsarmee kolonialisiert. Überdies wird suggeriert, beim britischen Parlament handle es sich um eine Macht, die die unrechtmäßige und für die indischen Staatsangehörigen höchst schädliche Lenkung der Heilsarmee und ihre kolonialistischen Bestrebungen aus dem Ausland legitimiert.

„Darüber hinaus gehören fast alle Mitglieder im Territorium Südostindien zur Dalit-Gemeinschaft. Da die Tätigkeit des Unternehmens religiös ist, ist das Unternehmen automatisch in den Bereich der sozialen Aktivitäten der Dalit-Gemeinschaft involviert. Es besteht eine Dichotomie zwischen dem religiösen Interesse und dem sozialen Interesse der Mitglieder der Dalit-Gemeinschaft. Da es eine religiöse Körperschaft ist, wendet das Unternehmen eine Strategie an: Es beruft sich auf die Furcht vor Gott, um das rechte Denken der Mitglieder zu unterdrücken und sie geistig zu versklaven. Und es indoktriniert die Mitglieder, damit sie ihre Sklaverei in der Organisation genießen, indem sie ihnen die Hoffnung vorspiegelt, dass es ihnen im Leben nach dem Tod besser gehen würde, wenn sie sich der Heilsarmee unterwerfen.“[554]

[553] Vgl. Kapitel 8.2.4 dieser Arbeit.
[554] RSSNA 18.05.2010, 6.

„Die ernannten Direktoren nehmen Befehle aus dem Ausland entgegen und [das Unternehmen wird] vollständig von Ausländern besessen und verwaltet, unter völliger Missachtung der Interessen des indischen Volkes (...). Sie behaupten, dass sie unter „Anordnungen und Vorschriften" des Unternehmens stehen, die vom britischen Parlament geschaffen wurden. Und dass diese Anordnungen und Vorschriften nicht durch indische Gesetze überprüft worden sind."[555]

„(...) Um es kurz zu machen: Die Heilsarmee, die nach dem Gesellschaftsrecht registriert ist, missbraucht die nach indischem Recht erteilte Registrierungsbescheinigung, um Betrug zu begehen. Und das Ergebnis ist, dass mehr als 300.000 Dalits, die über ganz Indien verteilt sind und die die gesamte Heilsarmee bilden, kolonisiert und wie Sklavinnen und Sklaven behandelt werden. Und ihr Recht, Gerechtigkeit und Verbesserung zu suchen, ist mit der Entlassung aus der Heilsarmee verbunden. Und sie müssen die Konsequenzen in Form des Verlustes des Rechts auf ein Leben in Würde erleiden."[556]

Die RSSNA warnt den indischen Staat also vor der Manipulation der Dalits mittels religiöser – christlicher! – Indoktrination sowie ihrer Beherrschung und letztlich Steuerung durch ausländische Kräfte. Beide Einflüsse müssten unbedingt, auch im Eigeninteresse der Dalits, abgewehrt werden. Diese Darstellung teilt zentrale Prämissen mit der von Sanal Mohan beschriebenen nationalistischen Geschichtsschreibung, die ihm zufolge die während der Kolonialzeit zu Missionsgesellschaften konvertierten Kastenlosen als von ausländischen Kräften gesteuert und ihrer eigenen Kultur entfremdet darstellen.[557] Vor allem jedoch nimmt sie zentrale Motive hindunationalistischer Dalit-Narrative auf.[558] Diese für eine christliche Organisation verblüffende Argumentation erklärt sich wohl vor allem aus den Sympathien des RSSNA-Präsidenten für die hindunationalistische Partei BJP. John Murray, der die Abfassung der vom Verein versendeten Briefe wesentlich prägt, bekundete im Interview seine Unterstützung für diese Partei, da sie ausländische Einflussnahme in Indien zu beschränken und insbesondere gegen die gerade in christlichen Organisationen um sich greifende Korruption vorzugehen entschlossen sei.

„Die BJP kam an die Macht, weil ihr Slogan lautet: Wir müssen Indien zu einer Hindu-Nation machen. Das haben sie auch in ihrem Wahlkampf gesagt. Sogar meine Frau und ich haben hier für die BJP gestimmt. Wir haben nicht für andere gestimmt, weil diese religiösen Leute die christliche Gemeinschaft als Ganze ausbeuten. (...) Ich habe die Nase voll von diesen christlichen Missionen hier. Im Namen der Wohltätigkeit tun sie eine Menge anderer Dinge. Was meiner Meinung nach gegen die Bibel ist. Und ich persönlich habe das Gefühl, dass es viel mehr gute Menschen unter den Hindus gibt als unter den so genannten christlichen Menschen. Der Name Hindu oder Christ, das macht für mich keinen Unterschied. (...)

555 RSSNA 10.07.2012, 2.
556 RSSNA 10.07.2012, 4.
557 Vgl. die Einleitung zu Kapitel 12 dieser Arbeit.
558 Für eine hindu-nationalistische Darstellung der globalen Dalit-Debatte vgl. z.B. Malhotra und Neelakandan 2011.

Also dachte ich, es ist besser, wir wählen die BJP. Es ist nichts Falsches daran. Auch wenn es in manchen Gegenden Gewalt geben mag, sie christliche Menschen töten und so weiter. Das passiert überall. Sogar christliche Menschen töten Angehörige anderer Religionen. Sie töten so viele Menschen. (...) Und deshalb ist die BJP-Regierung jetzt sehr aufmerksam, was die in Indien tätigen NGOs angeht. Denn im Namen der Wohltätigkeit machen sie viele anti-nationale Aktivitäten. Vor allem muslimische und christliche. Denn es kommen viele Gelder nach Indien. Das ist eine weitere interessante Tatsache, die ich verstanden habe. Es gibt viele, besonders für Dalits, es gibt viele Gelder, die im Namen der Dalits kommen. Aber die NGOs, die arbeiten, sind zu 90% Nicht-Dalits. Ich weiß nicht, du musst das gehört haben. Meistens sind es Leute aus der Oberschicht, die das Geld abheben und es im Namen der Dalits missbrauchen. Für persönliche Interessen. Wenn also etwas unternommen werden muss, dann muss das während der BJP-Regierung geschehen. (...) Schau, zum Beispiel die Heilsarmee. Sie missbrauchen die christlichen Lehren, den christlichen Glauben. (...) Es ist eine Armee. Das passt nicht in ein demokratisches Land. (...) Schau, die Heilsarmee überlebt in anderen Ländern, weil sie sich an die dortigen Systeme angepasst hat. In Indien haben sie sich nie angepasst. Sie sagen immer noch, dass wir unter britischer Leitung stehen. Unser Hauptquartier ist in London. Das ist gegen Indien gerichtet. Das ist der Blickwinkel, aus dem ich es betrachte. Schau, grundsätzlich muss sie eine indische Heilsarmee sein. Und britische Leute dürfen nichts damit zu tun haben. Schau, das eigentliche Szenario ist, dass die britischen Leute uns beherrschen. Während der Kolonie, der Kolonisierung. Aber nachdem sie uns verlassen haben, haben sie einige Leute hier eingesetzt, Leute in Uniform, die das gleiche britische Regime repräsentieren. Und die regieren uns, weil die Heilsarmee nicht demokratischen aufgebaut ist. Wie können wir das akzeptieren? Wenn wir also etwas gegen sie unternehmen müssen, ist dies der richtige Zeitpunkt.“[559]

Diese Haltung deckt sich sicher nicht mit den Ansichten der überwiegenden Mehrheit seiner Vereinsmitglieder und regionaler Verbündeter. Eine solche Bestimmung von Dalit hat auch kaum mehr Bezug zu den von ihnen vorgetragenen Bestimmungen von Dalit. Einige mit diesem Namen überschriebene Forderungen aus der Region, die sich auch die RSSNA zu eigen macht, legen vielmehr eine sehr kritische Haltung des regionalen Umfelds des Vereins zur Zentralregierung nahe. Dazu zählt nicht nur die schon über viele Jahre erhobene Forderung nach christlichen SC-Rechten, sondern etwa auch der Protest gegen neue Richtlinien in der Bildungspolitik, der die Staatskonferenz (State Conference) der RSSNA 2016 eine Resolution widmete. Dennoch hat offenbar der Vorstand des Vereins beim Formulieren der Briefe an die nationalen Behörden mit unter deren Angestellten weit verbreiteten Sympathien für hindunationalistisches Gedankengut gerechnet, auch wenn Indien zur Abfassungszeit dieser Schreiben noch von einer vom Indian National Congress geführten Koalition regiert wurde, an der die BJP nicht beteiligt war. Eine Aufnahme hindunationalistischer

[559] Interview mit John Murray am 25.01.2017.

Dalit-Motive schien ihnen daher geeignet, um die Anliegen des Vereins zu plausibilisieren und ihnen Gewicht zu verleihen.

Noch auffälliger als diese hochgradig zwiespältige Haltung zu hindu-nationalistischem Gedankengut ist jedoch, dass die RSSNA sowohl die Rolle des Christentums als auch die Möglichkeit ausländischen Eingreifens in Indien auch ganz anders bewerten kann. Das zeigt die Bittschrift, die der Verein 2015 an den britischen Premierminister sandte. In diesem Schreiben beklagt sich die RSSNA über die Gleichgültigkeit der indischen Regierung gegenüber ihren Appellen und bittet den britischen Regierungschef mit den internationalen Leitern der Heilsarmee in Kontakt zu treten und auf ein Treffen mit dem Verein zu dringen. Die Heilsarmee, so begründet die RSSNA ihren Appell um Unterstützung, sei in England gegründet und durch das vom britischen Parlament erlassene Heilsarmee-Gesetz (Salvation Army Act) legitimiert worden. Überdies habe die britische Demokratie Vorbildfunktion und müsse daher gegen antidemokratische Organisationen vorgehen. In „entwickelten" Ländern, so heißt es weiter, sei die Heilsarmee sicherlich anders organisiert, in Indien aber, seien ihre Verfehlungen zahlreich. Die folgende Liste konkreter Anschuldigungen ähnelt sehr derjenigen in den Schreiben an indische Adressaten. Auf den sonst verwendeten Begriff Dalit verzichtet die RSSNA in diesem Brief, verwendet stattdessen den älteren Begriff „Unberührbare" und erklärt ihn überdies noch genauer, indem sie hinzufügt, diese Gruppen stünden in der sozialen Ordnung ganz unten. Trotz anderer Begrifflichkeiten geht es auch hier im Kern darum, eine Verbindung zwischen den Anliegen der RSSNA und der Kastenproblematik herzustellen.

„Was Indien betrifft – die soziale Institution ist „kastenbasiert und auf einer hierarchischen sozialen Struktur aufgebaut". Die Gemeinschaft lebt in getrennten Abteilungen, die 'Kasten' genannt werden, und ihre sozialen, politischen und wirtschaftlichen Aktivitäten werden durch die Kastenpraktiken geregelt - eine Fortsetzung vieler vergangener Jahrhunderte. Dieses soziale Phänomen ist in den entwickelten Ländern unbekannt. Die Heilsarmee in Indien wird von den Unberührbaren am unteren Ende der sozialen Schicht bevölkert. Als christliche Konfession – die Heilsarmee arbeitet unter den Angehörigen der letzten und niedrigsten Gemeinschaft – muss sie für diese Realität sensibel sein. Sie hat mehr und mehr Verantwortung in Bezug auf die Bereitstellung von Entwicklung für die Gemeinschaft der Soldatinnen und Soldaten. Der Geist und die Vision des Gründers, sich um die Geringsten der Geringsten zu kümmern, ist der Grund, warum die Unberührbaren in Scharen zur Heilsarmee strömen, und er fällt durch seine Abwesenheit auf. Was wir erleben, ist die „Leviticus"-Kultur des Alten Testaments und der jahrhundertealte priesterliche Stil, den der Gründer durch Offizierinnen und Offiziere ersetzt hat. Das führt zur Versklavung der Soldatinnen und Soldaten und zur Verweigerung der Grundrechte. (...) wir blicken auf zu dem großen Premierminister des

Vereinigten Königreichs, der Mutter aller Parlamente, und erwarten Ihr wohlwollendes Eingreifen. (...).“[560]

Die Darstellung der „Unberührbaren“ in diesem Schreiben ähnelt sehr stark den Bildern, die etwa internationale Hilfsorganisationen von der Lage der Dalits zeichnen[561]: In einem nicht – oder zumindest nicht ausreichend – entwickelten Land leiden sie noch heute an den Auswirkungen eines uralten, überkommenen Sozialsystems, das einer modernen Gesellschaft fremd sein muss. Sie sind daher dringend auf das Eingreifen vorbildlicher Kräfte aus „entwickelten“ Ländern angewiesen. Es ist daher geradezu die Pflicht dieser Vorbilder für Demokratie und Menschlichkeit, zu Gunsten der Dalits einzuschreiten. Die RSSNA bekundet in diesem Sinne ziemlich devot ihren Respekt für Großbritannien und sein Parlament und bittet den britischen Premierminister, in ihrem Sinne zu intervenieren. Ausländisches Eingreifen ist also nicht nur gewünscht, sondern demnach unumgänglich. Die Rolle des Christentums und christlicher Organisationen wird in diesem Schreiben ebenfalls sehr positiv beschrieben. Gerade christliche Missionen hätten sich in früheren Zeiten im Sinne der christlichen Nächstenliebe für die Dalits eingesetzt. Auch heute könnten religiöse Institutionen helfen. Die christliche Gründungsvision der Heilsarmee wird als Ideal beschrieben. Der britische Premierminister soll daher darauf hinwirken, dass sich die Heilsarmee auf dieses Ideal besinnt. Gerade weil sie eine *christliche* Organisation ist, soll sie sich den Armen und Unterdrückten besonders verpflichtet fühlen. Die in den Schreiben an Stellen des indischen Staates einerseits und an den britischen Premierminister andererseits vorgenommenen Bestimmungen, wer die hilfsbedürftigen Gruppen sind bzw. worin ihre Schwierigkeit besteht und wer auf welche Weise helfen kann und soll, sind also höchst unterschiedlich, ja, widersprüchlich. Diese Widersprüche verunklaren in hohem Maße, was die RSSNA eigentlich mit den Gruppenbezeichnungen Dalit bzw. Unberührbare eigentlich verbindet.

Aufschlussreicher als die in den Schreiben gebotenen Erklärungen ist im Grunde gerade der Verzicht auf den Dalit-Begriff im Schreiben nach Großbritannien. Die abweichende Terminologie ist wohl vor allem durch die im Text deutlich werdende Vermutung der RSSNA zu erklären, der Premierminister wisse über die sozialen Gegebenheiten Indiens sowie über das Kastenwesen nur ungenau Bescheid. Der Verein nimmt offenbar an, dass er die Kenntnis entsprechender Begrifflichkeiten – wie Dalit – beim Empfänger nicht voraussetzen kann. Allerdings bedient sich der Verein selbst in Schreiben an indische Adressen nicht immer dieses Begriffs. In den Schreiben an die Nationale Kommission für Menschenrechte (NHRC)

[560] RSSNA 02.06.2015, 4–5.

[561] Für in Hilfsorganisationen verbreitete Dalit-Narrative sei hier exemplarisch auf zwei deutsche Hilfsorganisationen verwiesen: https://www.andheri-hilfe.de/informieren/rechte-staerken/rechte-staerken-dalits/ (zuletzt abgerufen am 03.08.2021); http://www.dalit.de/startseite/ (zuletzt abgerufen am 03.08.2021).

etwa kommt das Schlagwort Dalit überhaupt nicht vor, obwohl die Bezeichnung für die Mitglieder dieser in Delhi ansässigen Kommission mit Sicherheit eine ebenso große Signalwirkung hat wie für Mitarbeitende anderer staatlicher Stellen, die die RSSNA bereits angeschriebenen hatte. Dennoch verzichtete der Verein sowohl in der ersten, grundlegenden Petition, die er dem zuständigen Repräsentanten des NHRC bei dessen Besuch im Kollektorat von Nagercoil am 07.09.2013 überreichte[562], als auch in weiteren Schreiben nicht nur auf das Schlagwort Dalit, sondern überhaupt auf die Kastenthematik und damit verbundenes Vokabular. Vielmehr thematisiert die Petition willkürliche Exkommunikationen aus der Heilsarmee – gemeint sind in erster Linie die nach dem Handgemenge in der Booth-Tucker-Hall (BTH) – und den für die Betroffenen damit einhergehenden Verlust der Heirats- und Begräbnisrechte als Verstoß gegen Grund- und Menschenrechte, die Indien seinen Staatsangehörigen garantieren müsse. Diese beiden Auslassungen zeigen, was die Bezeichnung Dalit aus Sicht der RSSNA im Kontext der untersuchten Petitionen leisten. Es handelt sich nach Auffassung des Vereins offenbar um einen indienspezifischen Begriff, der jenseits des nationalen Kontexts möglicher Weise unbekannt ist. Dieser Name wird im nationalen Kontext offenbar dann eingesetzt, wenn speziell den Problematiken oder Forderungen einer spezifischen Gruppe – zu der sich die Sambavars bzw. Heilsarmee-Mitglieder zählen – Ausdruck verliehen werden soll. Wird eine als universal charakterisierte Forderung wie die nach der Gewähr von Grund- und Menschenrechten formuliert, verzichtet die RSSNA auf die Bezeichnung.

Die Verwendung – aber auch die Nicht-Verwendung! – des Namens Dalit in den Schreiben an nationale und internationale Adressen ist also wie sein Einsatz im regionalen Kontext als Strategie zu verstehen. Auch hier geht es darum, den eigenen Anliegen Relevanz und Plausibilität zu verleihen und um Unterstützung zu werben. Die schon im regionalen Zusammenhang beobachtete Ausweitung wird dabei noch weiter betrieben. Schon im Zuge der Vernetzung mit anderen Gruppen im Kanyakumari-Distrikt hatte die RSSNA nicht mehr nur eigene Anliegen mit dem Namen Dalit bezeichnet, sondern auch Themen aufgegriffen, die den Verein selbst nicht beschäftigten, aber von Anderen als wichtige Dalit-Themen benannt wurden. In den zuletzt untersuchten Bittschriften wird diese Strategie auf die Spitze getrieben. Hier werden der Name Dalit bzw. Begriffe aus dem Zusammenhang der Kastenthematik kontextbezogen und adressatenspezifisch zu verwendet. Die Anliegen des Vereins werden in ganz verschiedene Erzählungen eingetragen, die von anderen Gruppen geprägt und verbreitet werden.

Auf dieser Ebene bleibt die Strategie jedoch weitgehend erfolglos. Weder der britische Premierminister noch die angeschriebenen indischen

[562] RSSNA 07.09.2013.

Behörden intervenierten im Sinne des Vereins. Allerdings ist ausgesprochen wahrscheinlich, dass ein entscheidendes Motiv für die Kontaktaufnahme der internationalen Leitung der Heilsarmee mit der RSSNA im Frühjahr 2020[563] die Wiederwahl der BJP-Regierung im Vorjahr war, die von vielen christlichen Kirchen und Hilfsorganisationen in Indien als große Bedrohung wahrgenommen wurde. Insofern trug die zunehmende Sorge um die schwierige Situation des indischen Christentums als Ganzem und der eigenen Organisation im Spezifischen sicher dazu bei, dass das IHQ eine kritische Stimme in den eigenen Reihen zu beschwichtigen suchte, die ihre Forderungen mehrfach in Verbindung mit hindunationalistischen Motiven vorgetragen hatte und damit potenziell auch zu deren weiterer Verbreitung und Plausibilisierung beitragen könnte.

Zusammenfassung

Die vorausgegangenen Abschnitte haben gezeigt, dass sich die Übernahme und der strategische Einsatz der Bezeichnung Dalit durch die RSSNA in drei Schritten vollzogen haben. Den ersten Schritt unternahm die Gruppe mit der Organisation der Demonstration zur Forderung der Anerkennung christlicher Sambavars als SCs. Hier bediente sie sich des Namens Dalit, um eigene Anliegen zu bezeichnen, die jedoch auch in der Region, namentlich in kirchlichen Kreisen, schon seit Längerem als Dalit-Thema diskutiert wurden. Dies ermöglichte es der RSSNA, sich der regionalen Öffentlichkeit als Gruppe zu präsentieren, die für die Rechte der (christlichen) Dalits kämpft. In diesem Zusammenhang wird sehr deutlich, welche konkreten Themen und Forderungen der Verein mit der Bezeichnung Dalit verbindet. Er bezeichnete damit, wie andere Gruppen auch, sein Eintreten für Chancen auf Bildung und sozialen Aufstieg für die christliche Sambavar-Gemeinschaft, in dessen Kontext sie auch die Forderungen nach SC-Privilegien und einige Jahre später die nach Wiedereintragung der Bezeichnung „Sambavar“ in die Kastenzertifikate verortete.

Der zweite Schritt bestand in der Etablierung eines regionalen Netzwerks. Die RSSNA suchte die Verbindung mit anderen Gruppen, die sich als Dalits verstanden und griff in bestimmten Kontexten auch deren Themen und Forderungen auf. Dabei ging ihr Blick nun zunehmend über christliche, kirchliche Kreise hinaus, und auch Angehörige anderer Religionen, namentlich Hindus, kamen als Verbündete in Frage. Entscheidend für diesen Schritt war die Gründung der DMF, mit der John Murray einen neuen Selbstanspruch verband. Er strebte nun an, alle Dalits der Region zu vereinen und die seiner Auffassung nach bestehende religiöse Spaltung der Gemeinschaft zu überwinden. Von zentraler Bedeutung sind hierfür jedoch

[563] Vgl. Kapitel 8.2.4 dieser Arbeit.

auch die für die regionale Öffentlichkeit bestimmten Resolutionen, die auf größeren Veranstaltungen des Vereins verabschiedet werden und die Kurzberichte von Dalit-Veranstaltungen in dem im Vereinsmagazin veröffentlichten Tagebuch des Generalsekretärs. Auf dieser zweiten Stufe wurde der Dalit-Begriff ausgeweitet. Es wurde sichtbar, dass schon in der Region sehr viele und vielfältige Anliegen mit dem Namen Dalit bezeichnet werden. Der Verein thematisierte unter diesem Schlagwort nicht mehr nur eigene Anliegen, sondern griff auch diejenigen anderer Gruppen auf, ohne sie eigentlich zu Themen des Vereins zu machen. Dazu gehörten etwa die Kritik am unzureichenden staatlichen Umgang mit als Ehrenmorden bezeichneten Tötungen von Dalits, kommunalpolitische Themen und Aktivitäten und der Protest gegen geplante bildungspolitische Reformen der Zentralregierung. Es lag für den Verein insofern nahe, diese Forderungen mit als Dalit-Themen zu bezeichnen und aufzugreifen, als sie in seinem unmittelbaren regionalen Umfeld als solche verhandelt wurden. Er betrachtete sie zwar nicht als eigene Kernanliegen, sah sich aber mit Gruppen, die sie vorbrachten, als verbunden an. Die RSSNA stärkte damit die Verbreitung dieser Forderungen als Dalit-Themen.

Der dritte Schritt bestand in der nochmaligen Ausweitung des Dalit-Motivs und vollzog sich im Zusammenhang mit den Bittschriften, die die RSSNA an nationale und internationale Adressen richtete. In diesem Kontext traten nicht nur diejenigen Forderungen des Vereins in den Hintergrund, über die er zu Beginn an die regionale Dalit-Debatte anknüpfte. Auch die Anliegen seiner regionalen Verbündeten waren nicht mehr entscheidend. Stattdessen griff der Verein eine Vielzahl unterschiedlicher, teils widersprüchlicher Motive auf, von denen er offenbar annahm, die jeweils adressierte Stelle würde sie mit dem Schlagwort Dalit verbinden. Was die RSSNA selbst mit der Bezeichnung verband, wurde in diesem Zusammenhang unwichtiger und auch unklarer. Das zeigt sich bereits daran, dass sie sich in ihrem Schreiben an den britischen Premierminister Erzählungen über Dalits bzw. Unberührbare bedient, die den Darstellungen in den Schreiben an indische Behörden völlig entgegenstehen. Wer nach Auffassung des Vereins die Dalits sind, von welchen Schwierigkeiten sie betroffen sind und welcher Unterstützung sie bedürfen, ist diesen sich widersprechenden Ausführungen nicht zu entnehmen. Hinweise auf das Dalit-Verständnis des Vereins liefern in diesem Kontext eher diejenigen Schreiben, in denen auf diese Bezeichnung oder sogar die Kastenthematik im weiteren Sinne verzichtet wird. Besonders deutlich wird die Unbestimmtheit des Dalit-Begriffs jedoch daran, dass die RSSNA in ihren Briefen an indische Behörden häufig gerade Dalit-Narrative aufgriff, die von hindunationalistischem Gedankengut geprägt waren. Dieses wird sicherlich von der Mehrzahl ihrer Mitglieder und regionaler Verbündeter abgelehnt.

Auf allen drei Stufen zeigte sich die enge Verbindung religiöser und politischer Debatten. Schon mit der SC-Forderung richteten sich verschiedene Gruppen, und schließlich auch die RSSNA, an den indischen Staat. Im Zuge der verstärkten Suche des Vereins nach regionalen Verbündeten nahm er auch Anliegen anderer Gruppen aus der Gegend auf, so auch Fragen nach kommunalpolitischen Strategien. Und schließlich wandte sich die RSSNA wiederholt an den Staat, um diesen zum Eingreifen in ihrem Sinne und gegen die Heilsarmee zu gewinnen.

In Bezug auf das Vorgehen auf allen drei Stufen wurde die Verwendung des Namens Dalit von Präsident Murray, der dieses Vorgehen maßgeblich prägte, offen als strategisch beschrieben. Die entsprechenden Aktivitäten und Taktiken waren jedoch sehr unterschiedlich erfolgreich. Der erste Schritt, die Selbstdarstellung als Dalit-Bewegung gegenüber der regionalen Öffentlichkeit gelang der RSSNA ausgesprochen gut. Nicht nur ihre 2009 veranstaltete Demonstration, die den Beginn der Dalit-Strategie markierte, war ein voller Erfolg. Auch zum Zeitpunkt der Feldforschung wurde insbesondere John Murray in der Region als Dalit-Aktivist beschrieben. Der zweite Schritt, die regionale Vernetzung war nicht so erfolgreich, wie der RSSNA-Präsident gehofft hatte. Weder wurde die DMF zur Dachorganisation aller Dalit-Gruppen der Gegend und damit er selbst zu ihrem gemeinsamen Repräsentanten. Noch kam es zum Eingreifen der regionalen Regierung im Sinne des Vereins. Noch führte das Zusammenwirken mit anderen Gruppen zu einem entscheidenden Einfluss auf die Heilsarmee, der den Forderungen des Vereins zum Durchbruch verholfen hätte. Dennoch waren auch die Aktivitäten des zweiten Schritts keineswegs völlig erfolglos. Es gelang der RSSNA, Verbindungen zu anderen Gruppen aufzubauen und sich so einen wesentlich größeren Raum für die Darstellung des Vereins und seiner Anliegen zu erschließen. Überdies verzeichnete die RSSNA einen entscheidenden Erfolg, als es ihr – vermutlich in Zusammenarbeit mit anderen Gruppen, die dies ebenfalls anstrebten – gelang, ihre Forderung nach der Wiederaufnahme des Gemeinschaftsnamens Sambavar in die staatlich ausgestellten Kastenzertifikate gegenüber der Regierung Tamil Nadus durchzusetzen. Am wenigsten wirkungsvoll waren die Aktivitäten der dritten Stufe, da keine der in den Bittschriften angeschriebenen Stellen im Sinne des Vereins aktiv wurde. Dennoch könnten diese Appelle ein Faktor gewesen sein, der schließlich das Bemühen des IHQ um den Anstoß eines Versöhnungsprozesses begünstigte. Hier bleiben jedoch weitere Entwicklungen abzuwarten, zumal die Gespräche, so der aktuelle Stand, nach drei Treffen zum Erliegen kamen.

Fazit Teil IV

Im dritten Teil dieser Arbeit wurde im Sinne des genealogischen Ansatzes nach aktuellen Debatten gefragt, innerhalb derer das historische Narrativ der Heilsarmee zu verorten ist. Der vierte Teil hat diese Frage nun für die regionale christliche Historiografie des Kanyakumari-Distrikts gestellt und die Position der RSSNA in ihrem regionalen Umfeld analysiert. Dabei zeigte sich, dass die Dominanz der Nadar-Gemeinschaft, die schon in der Literatur festgestellt wurde, auch von Gruppen innerhalb des regionalen Christentums problematisiert wurde und wird. Überdies wurde deutlich, dass der Widerstand gegen diese Dominanz seit den 1990er Jahren von einflussreichen Stimmen mit den Namen Dalit bezeichnet wurde. Die RSSNA, deren historisches Narrativ ebenfalls Einspruch gegen den Repräsentationsanspruch der Nadars formuliert, ist damit Teil einer größeren Debatte im regionalen Christentum. Dies ist umso plausibler, als sich bereits zu Beginn dieser Arbeit gezeigt hatte, dass Dalit im Umfeld der Vereinsmitglieder eine wohlbekannte Signifikation ist, mit der verschiedene Gruppen ihre Anliegen bezeichnen.

Damit führten die Kapitel des vierten Teils zur Ausgangsfrage im engeren Sinne zurück. In einem ersten Schritt wurde untersucht, welche regionalen Konstellationen die Identifizierung der RSSNA als Dalit-Bewegung möglich und naheliegend machten. Es zeigte sich, dass hierfür Debatten entscheidend waren, die bereits deutlich vor dem Fußfassen der Dalit-Bewegung in der Region geführt wurden. So formulierten christliche Gruppen im Kanyakumari-Distrikt in den Jahren nach der indischen Unabhängigkeit ein soziales Religionsverständnis, das es ihnen ermöglichte, sich in säkulare tamil-nationalistische Identitätspositionierungen einzuschreiben. Mit dem Schlagwort Dalit wurde dann eine Neuausrichtung dieser Debatte bezeichnet. Anstelle einer gemeinsamen tamilischen bzw. christlichen Identität wurden in diesem Zusammenhang kastenbasierte Identifizierungen stark gemacht und kirchlicher Einsatz für die soziale Förderung bestimmter, als besonders benachteiligt beschriebener Kastengemeinschaften gefordert. Insbesondere für die Sambavars. Das historische Narrativ der RSSNA, für das soziale Religion ebenso wie kastenbasierte Identitäten entscheidend sind ist also ganz offensichtlich stark von Debatten im Christentum des Kanyakumari-Distrikts beeinflusst. Der Verein kann daher seine Kernmotive in der regionalen Dalit-Debatte artikulieren, was Gruppen aus der Dalit-Bewegung zu naheliegenden Bündnispartnerinnen macht.

Darüber hinaus wurde analysiert, wie der Name Dalit in der Region bestimmt wird. Im Sinne Lalclaus wurde damit nach den Äquivalenzketten gefragt, die der leere Signifikant verbindet. Dabei zeigte sich, dass der Name in der Region vor allem zwei Forderungen bezeichnet. Die erste wird, wie oben bereits beschrieben, in kirchlichen Kreisen formuliert und zielt auf verstärkte kirchliche Förderung für Mitglieder der Sambavar-

Gemeinschaft. Die andere richtet sich an die indische Zentralregierung und fordert Scheduled-Caste Privilegien auch für die christlichen Mitglieder der gelisteten Gemeinschaften. Die RSSNA knüpfte an beide Anliegen an. Im Sinne der Forderung nach kirchlichem Einsatz für die Sambavars, verlangte sie von der Heilsarmee, sich als Dalit-Kirche zu verstehen. Vor allem aber bot ihr die Debatte um Scheduled-Caste-Rechte einen konkreten Anknüpfungspunkt an Aktivitäten regionaler Dalit-Gruppen. Da sich die Gruppe bereits vorher als Kämpferin für Bildung und sozialen Aufstieg der untersten Kasten verstanden hatte, war die inhaltliche Anknüpfung völlig unproblematisch. Im Zuge der 2009 organisierten Protestveranstaltung gelang es der RSSNA, Beziehungen zu dalit-aktivistischen Kreisen zu knüpfen und sich öffentlich als Teil der Bewegung zu präsentieren.

Die Untersuchung der Positionierungspolitik der RSSNA zeigte, dass die Identifizierung als Dalit-Bewegung für den Verein immer wichtiger wurde. Entscheidende Faktoren dabei waren die Konkurrenz mit der regionalen Heilsarmee-Leitung um Verbündete, der Ausschluss von Präsident Murray aus der Booth-Tucker-Hall-Gemeinde und das weitgehende Scheitern der als indienweiter Zusammenschluss der Heilsarmee-Laienschaft geplanten SACWA, aus der kein starkes Unterstützungsnetzwerk wurde. Die RSSNA war damit immer mehr auf Verbündete außerhalb der Heilsarmee angewiesen und war offenbar auch für regionale Gruppen eine attraktive Partnerin. Ausschlaggebend dafür war sicherlich, dass der Verein durch die Übernahme der Bezeichnung Dalit und ihrer Zitation in seinen öffentlichen Verlautbarungen den Signifikanten stärkte. Dies umso mehr, als er auch immer wieder konkrete Anliegen aufnahm, die mit Dalit bezeichnet wurden. Das gilt für die Scheduled-Caste-Forderung, aber auch für andere Anliegen regionaler Gruppen, die etwa in die Resolutionen des Vereins aufgenommen wurden.

Die Frage, ob die RSSNA bei der Wiederholung des Namens Dalit auch eine Neubestimmung vornahm, ist eine durchaus komplexe. Die Frage ist insofern zu bejahen, als es der RSSNA als innerkirchlicher Reformbewegung gelang, als Dalit-Bewegung wahrgenommen zu werden. Damit formulierte sie erfolgreich einen Repräsentationsanspruch, der über die heilsarmee-internen Kreise hinausging, in denen sie sich selbst primär verortete. Ihre Strategie bestand dabei aber eher in einer additiven Übernahme verschiedener Dalit-Motive als in einer konkreten eigenen Neubestimmung. Am entschiedensten hat Präsident Murray einen solchen Schritt versucht, als er im von ihm selbst initiierten Thinker's Club die Heilsarmee als Hauptursache für die Unterentwicklung der Dalit-Gemeinschaft beschrieb. Er versuchte damit, die Reform der Heilsarmee als eigentliche Kernaufgabe der Dalit-Bewegung zu etablieren.

Die RSSNA formuliert also im Grunde keinen eigenen Dalit-Begriff. Was der Verein mit dem Namen verbindet, wird im Laufe der Zeit sogar eher unklarer. Zunächst stand das Schlagwort Dalit in klarem Zusammenhang mit der Scheduled-Caste-Thematik und bezeichnete vor allem die Forderung nach entsprechenden Rechten für christliche Mitglieder der gelisteten Kastengemeinschaften. In der Folgezeit nahm die RSSNA immer mehr Forderungen als Dalit-Themen in ihre Verlautbarungen auf und bediente sich schließlich sogar widersprüchlicher Narrative, mit dem Ziel, sich Gehör zu verschaffen. Die RSSNA zitierte und stärkte ganz unterschiedliche Bestimmungen von Dalit in ihrem eigenen Interesse. Überdies geschah das, ohne dass die Forderungen anderer Gruppen, die Eingang in die öffentlichen Verlautbarungen des Vereins fanden, in das eigentliche Vereinsprogramm übernommen wurden. Bei der Aufnahme von Forderungen anderer Gruppen ging es eingestandener Weise um das Erregen medialer Aufmerksamkeit, nicht um programmatische Erweiterungen. Inhaltliche Übereinstimmungen sind hier nicht die Auslöserinnen für Vernetzung. Sie werden vielmehr erst im Zuge der Zusammenarbeit – und eher oberflächlich – markiert. Die inhaltliche Bestimmung von Dalit ist also kaum von Bedeutung. Dies macht besonders deutlich, warum die Positionierung der RSSNA als Dalit-Bewegung nicht auf Grundlage essentialistischer Bestimmungen von Dalit erklärt werden kann.

Die zu Beginn der Arbeit gestellte Frage, warum die RSSNA, die sich vor allem als innerkirchliche Reformbewegung versteht, sich der Öffentlichkeit als Dalit-Bewegung präsentiert, kann also in kurzer Form so beantwortet werden: Der Verein kann sein Selbstverständnis, das er in anderen Zusammenhängen nicht artikulieren kann, im Kontext der regionalen christlichen Dalit-Debatte entfalten, von der er auf vielfache Weise geprägt ist. Mit der SC-Forderung bot sich ein guter Anknüpfungspunkt an die Themen dieser Debatte, der es dem Verein ermöglichte, sich der Öffentlichkeit als Dalit-Bewegung zu präsentieren. Und schließlich boten sich durch die Übernahme der Selbstbezeichnung Dalit Möglichkeiten, Netzwerke zu etablieren und Unterstützung für die eigenen Anliegen zu gewinnen. Eine konkrete inhaltliche Bestimmung des Namens Dalit war dabei von immer geringerer Bedeutung, ein eigener Dalit-Begriff der RSSNA, der von anderen Gruppen geteilt wird, ist im Grunde nicht auszumachen.

Schluss

20. Rückblick – Forschungsinteresse, Ansatz und Inhalt der Arbeit

Die vorliegende Studie analysierte die Positionierung der RSSNA, einer Gruppe aus der südindischen Heilsarmee als Dalit-Bewegung. Sie bearbeitete damit drei signifikante Problematiken der bisherigen Dalit-Forschung. Bisherige Beiträge arbeiteten, erstens, überwiegend auf Grundlage essentialistischer Begriffsbestimmungen von Dalit. Diese verbinden dieses Schlagwort mit bestimmten Kennzeichen und Inhalten und schreiben diese Bezeichnung bestimmten Gruppen zu. Häufig, ohne zu klären, ob dies deren Selbstverständnis entspricht. Ein solches Vorgehen reflektiert weder die große Verschiedenheit der Gruppen, die sich als Dalits bezeichnen, noch die Vielfalt ihrer Themen. Essentialistische Bestimmungen stoßen an ihre Grenzen, wenn es gilt, die Positionierung von Gruppen zu analysieren, die nicht den verbreiteten Beschreibungen von Dalit-Bewegungen entsprechen. Vor allem aber, ist es auf ihrer Grundlage nicht möglich, zu verstehen, warum manche Gruppierungen, die von anderen als Dalits bezeichnet werden, dies zurückweisen. Besonders deutlich zeigt sich diese Problematik im Fall der RSSNA, die die Bezeichnung Dalit gleichzeitig affirmiert und zurückweist. Die vorliegende Studie ging daher anders vor. Sie fasste Dalit als umstrittene Identitätspositionierung auf, die Gruppen in verschiedenen Konstellationen übernehmen bzw. neu aushandeln. Als Ausgangspunkt wählte sie daher keinen vorgefassten Dalit-Begriff. Vielmehr setzte sie mit der Analyse des Selbstverständnisses der untersuchten Gruppe ein.

Die bisherige Forschung behandelte, zweitens, religiöse und politische Dalit-Themen weitgehend getrennt. Auch Beiträge, die an diesen Schnittstellen ansetzten, untersuchten kaum je konkrete Austauschprozesse zwischen Gruppen und Themen, die als politisch einerseits und religiös andererseits beschrieben wurden. Aus diesem Grund ist es kaum möglich, solche Gruppen gründlich zu verstehen, die ihr Selbstverständnis als Dalit-Bewegung gerade an den Schnittstellen religiöser und politischer Debatten entwickeln. Eine solche Gruppe ist die RSSNA. Die vorliegende Arbeit wurde daher als Regionalstudie konzipiert, die konkrete Aushandlungs- und Aneignungsprozesse analysiert und dabei insbesondere die genannte Schnittstelle im Blick behielt.

Drittens wurden Gruppen aus der indischen Heilsarmee von der bisherigen Dalit-Forschung nicht berücksichtigt. Das entspricht zwar der Distanz, die die globale Leitung der Organisation zur Dalit-Debatte einnimmt, übergeht aber die Positionierungen regionaler Gruppierungen aus der indischen Heilsarmee. Auch die Forschung zur Geschichte der Heilsarmee hat die Dalit-Thematik bisher nicht behandelt und übergeht völlig die Perspektive heutiger indischer Mitglieder auf die Geschichte der Organisation. Die vorliegende Arbeit füllt daher eine weitere methodisch wie inhaltlich hoch problematische Lücke, indem sie erstmals eine Studie über Dalit-Identität in der Heilsarmee vorlegt. Dabei fragt sie gerade auch nach global geführten Debatten um das Selbstverständnis der Organisation und deren Auswirkungen auf die Positionierung der RSSNA. Sie versteht sich damit auch als Beitrag zur Überwindung verengter Perspektiven, die die Forschung bezüglich der Geschichte der Heilsarmee einnimmt.

Die Untersuchung stützte sich dabei auf Impulse aus dem Ansatz der Globalen Religionsgeschichte. Im Anschluss an Foucault verortete sie Geschichtsschreibung in der Gegenwart und übt mit ihrem Einsetzen bei heutigen Heilsarmee-Mitgliedern und deren historischen Erzählungen Kritik an früheren Forschungsbeiträgen zur Geschichte der Organisation, die suggerierten, die heutige Verfasstheit der Heilsarmee ließe sich teleologisch aus ihren Ursprüngen erklären. Sie fasste die zentralen Schlagwörter der Erzählungen und insbesondere die Selbstbezeichnung Dalit nicht als essentialistisch definierbare Begriffe, sondern mit Laclau als leere Signifikanten auf, die auf Wiederholung angewiesen sind, um Kontinuität zu erhalten. Besonderes Interesse hatte sie dabei im Anschluss an Butler und Laclau an Widerstandsstrategien, die in der Aneignung und gleichzeitigen Variation dominanter Begriffe und Narrative bestehen. Die Arbeit verfolgte dabei einen globalgeschichtlichen Ansatz, indem sie nach Verflechtungen regionaler und weltweiter Debatten fragte und untersuchte, wie die RSSNA an globalen Aushandlungen von Bedeutung partizipiert.

Leitendes Interesse der Arbeit war es, herauszufinden, aus welchen Gründen und mit welcher Motivation eine Gruppe, die sich als innerkirchliche Reformbewegung versteht, sich der Öffentlichkeit ihrer Region als Dalit-Bewegung präsentiert und von ihr auch als solche wahrgenommen wird. Im ersten Teil der Arbeit wurde die Geschichte des Vereins sowie die Biografien seiner Mitglieder untersucht und in beiden Zusammenhängen nach der Bedeutung und Funktion des Namens Dalit gefragt. Dabei zeigte sich, dass die Bezeichnung Dalit in beiden Zusammenhängen sowohl bestätigt als auch abgelehnt wurde. Einerseits war der Name an den entscheidenden Weichenstellungen der Vereinsgeschichte jeweils von großer Bedeutung. Andererseits wiesen Verein und Mitglieder diese Bezeichnung immer wieder auch zurück. Damit zeigte sich bereits zu Beginn der Arbeit die begrenzte Leistungsfähigkeit essentialistischer Begriffsbestimmungen und die Notwendigkeit eines Ansatzes, der beim Selbstverständnis der Untersuchten ansetzt.

Im zweiten Teil wurde daher das historische Narrativ untersucht, in dessen Rahmen die RSSNA-Mitglieder ihre Gruppenidentität formulierten. Dabei wurden drei Kernmotive dieser Erzählung herausgearbeitet und entscheidende Charakteristika beschrieben. Im zweiten Schritt wurde das Verhältnis des RSSNA-Narrativs zu historischen Erzählungen untersucht, die in ihrem Umfeld verbreitet und dominant sind. Analysiert wurden die regionale christliche Geschichtsschreibung, Forschungsbeiträge zum Zusammenhang von Mission und sozialem Wandel in Travancore sowie die Missionsgeschichtsschreibung der Heilsarmee. Dabei zeigte sich, dass keine dieser Historiografien die Kernmotive der RSSNA-Identität in ihrer Gesamtheit zulässt. Es wurde jedoch auch deutlich, wie die Gruppe versucht, mit dieser Problematik umzugehen und ihren Anliegen dennoch Gehör zu verschaffen. Sie praktiziert dazu eine Strategie der Wieder- bzw. Neuerzählung geschichtlicher Erzählungen. Dazu greift sie sowohl Erzählungen aus ihrem regionalen christlichen Umfeld als auch Heilsarmee-Tradition auf. Also Narrative derjenigen, mit denen sie sich auseinandersetzt und denen gegenüber sie eine eigenständige Position artikulieren will. Damit wurde deutlich, dass die Geschichtserzählungen der RSSNA als Positionierungen innerhalb aktueller Debatten gelesen werden müssen.

Im dritten Teil erfolgte der erste Schritt zur genealogischen Verortung der vorher untersuchten historischen Erzählungen in gegenwärtigen Diskussionen. Dazu wurden global geführte Debatten um das Selbstverständnis der weltweiten Heilsarmee untersucht und nach der Position der RSSNA im Rahmen dieser Aushandlungsprozesse gefragt. Es zeigte sich, dass die Grundfrage dieser Diskussion diejenige nach dem Verhältnis von Spiritualität und sozialem Engagement ist. Sowohl im regionalen Umfeld der RSSNA, als auch auf globaler Ebene. Es wurde überdies deutlich, dass die internationale Leitung der Heilsarmee in der zweiten Hälfte des 20. Jahrhunderts die Identität der Organisation in Anlehnung an Positionen formulierte, die als Kerncharakteristika des Evangelikalismus galten. Dies führte zu einer theologischen Position, die auf einer strikten Unterscheidung spiritueller und sozialer Aspekte fußt und ein Primat der ersteren formuliert. In jüngerer Zeit gibt es zwar auch auf globaler Ebene deutliche Bestrebungen, Heilsarmee-Identität zu reformulieren und soziale Aspekte zu stärken. Dennoch kann die RSSNA ihr Selbstverständnis, für das ein soziales Religionsverständnis prägend ist, nicht entfalten. Dies marginalisiert die Gruppe in der weltweiten Heilsarmee und macht es ihr sehr schwer, ihren Anliegen Gehör zu verschaffen sowie Netzwerke und Bündnisse zu etablieren.

Die Analyse der in der Region dominanten christlichen Historiografie, die bereits in Teil II erfolgt war, hatte überdies darauf hingewiesen, dass die RSSNA in ihrem christlichen Umfeld ein ähnliches Problem hat. In Teil IV erfolgte daher die Verortung des historischen Narrativs der RSSNA in Debatten des regionalen Christentums. Damit wurde die Ausgangsfrage im engeren Sinne wieder aufgegriffen und untersucht, warum und wie es dem Verein gelingt, sich als Teil der regionalen Dalit-Bewegung zu präsentieren und entsprechende Netzwerke zu etablieren. Dazu wurde in einem ersten Schritt untersucht, welche regionalen Bedingungen diese Positionierung ermöglichten und plausibel machten. Außerdem wurde gefragt, inwiefern die RSSNA von Entwicklungen im regionalen Christentum beeinflusst ist. Dabei zeigte sich, dass ein solcher Einfluss bei allen Kernmotiven des RSSNA-Narrativs besteht. So war in der Region schon in den Jahrzehnten nach der indischen Unabhängigkeit und vor dem Fußfassen der Dalit-Bewegung im regionalen Christentum eine Bestimmung von Religion als im Kern sozial formuliert worden. Auf diese Weise suchten christliche Gruppen, ihr Selbstverständnis in säkulare tamil-nationalistische Identitätspositionierungen einzuschreiben. Im Zeichen der erstarkenden Dalit-Bewegung kam es dann zu einer Neuausrichtung der Debatte, die das soziale Religionsverständnis mit kastenbasierten Identifizierungen verknüpfte. Damit wurde die Forderung nach kirchlichem Einsatz für die Förderung bestimmter Kastengemeinschaften begründet, insbesondere für die der Sambavar-Gemeinschaft. In diesem ersten Schritt zeigte sich also, dass das historische Narrativ der RSSNA ganz offensichtlich stark von Debatten im Christentum des Kanyakumari-Distrikts beeinflusst ist. Das ermöglichte es der Gruppe, ihr Selbstverständnis innerhalb der regionalen Dalit-Debatte zu artikulieren. Im zweiten Schritt wurde analysiert, wie der Name Dalit in der Region bestimmt wird. Dabei zeigte sich, dass damit insbesondere zwei Forderungen bezeichnet werden. Die nach verstärktem kirchlichem Engagement für die Sambavar-Gemeinschaft und die nach Scheduled-Caste-Privilegien für christliche Mitglieder entsprechend gelisteter Kastengemeinschaften. Die RSSNA knüpfte an beide Anliegen an. Mit der 2009 organisierten Demonstration für Scheduled-Caste-Rechte gelang es ihr, sich öffentlich als Dalit-Bewegung zu präsentieren und erste Netzwerke zu etablieren. Im dritten Schritt wurde gefragt, inwiefern der Verein im Zuge seiner Übernahme von Dalit diesen Namen neu bestimmt und ob er einen eigenen Dalit-Begriff formuliert. Es zeigte sich, dass die Strategie der RSSNA viel eher in einer additiven Übernahme verschiedener – zunehmend auch widersprüchlicher – Dalit-Motive bestand. Dabei knüpfte sie nicht nur an kirchliche Diskussionen an, sondern bediente sich auch Motiven aus politischen Debatten. Einen eigenen Dalit-Begriff formulierte die Gruppe nicht. Was sie mit diesem Signifikanten verbindet, wurde im Laufe der Zeit sogar eher unklarer. In den wenigsten Fällen lösten inhaltliche Übereinstimmungen mit anderen Dalit-Gruppierungen die Zusammenarbeit aus. Meist wurden sie erst im Zuge der Kooperation – und eher oberflächlich – markiert. Die inhaltliche Bestimmung der Bezeichnung Dalit ist für den Verein also kaum von Bedeutung. Dennoch zeigte sich deutlich, dass es der RSSNA durch die Übernahme dieser Selbstbezeichnung weit besser als in anderen Kontexten gelungen ist, sich Gehör zu verschaffen, ihre Forderungen in eine größere Debatte einzutragen und auf diese Weise Verbündete zu gewinnen. Auf Grundlage dieser Befunde muss sowohl die methodische Vorgehensweise als auch die inhaltliche Schwerpunktsetzung der Dalit-Forschung an den oben genannten Punkten überdacht werden.

21. Hauptergebnisse – Die Dalits der Heilsarmee

21.1. Dalit als Identitätspositionierung

Anders als die meisten Forschungsbeiträge zur Dalit-Bewegung gründet diese Studie nicht auf einer essentialistischen Bestimmung der Bezeichnung Dalit. Sie hielt vielmehr die eingangs beschriebene Ambivalenz in der Selbstbeschreibung der RSSNA fest und fragte nach der Positionierungspolitik der RSSNA. Damit knüpfte sie an Nehring an, der Konversionen von Gruppen, die er als Dalits bezeichnete, als Identitätspositionierungen in aktuellen Debatten untersucht und sich dabei auf die Populismustheorie Ernesto Laclaus gestützt hat. Diesen Impuls nahm die vorliegende Arbeit auf und setzte ihn fort, indem sie auch Dalit selbst als Namen bzw. als leeren Signifikanten im Sinne Laclaus auffasste. Dies befreite von der Notwendigkeit, die Frage nach der Dalit-Identität der RSSNA anhand inhaltlicher Übereinstimmungen mit Gruppierungen zu klären, die von der Forschung als typische Dalit-Bewegungen beschrieben werden. Vielmehr lenkte dieser Ansatz den Blick auf die Konstellationen, in denen die RSSNA sich positionieren musste und innerhalb derer sie die Selbstbezeichnung Dalit übernahm. Entscheidend waren dafür Debatten im regionalen Christentum sowie in der Heilsarmee.

Es zeigte sich, dass die RSSNA wie andere christliche Mitglieder der Sambavar-Gemeinschaft danach strebte, sich gegen die als dominant beschriebene Nadar-Gemeinschaft zu behaupten, deren Repräsentationsanspruch anzufechten und sich als eigene Kaste und eigene Kirche zu profilieren. Außerdem beanspruchte sie gegenüber der Heilsarmee-Leitung, die wahre Nachfolgerin der frühen Mission zu sein, den Kern von Heilsarmee-Identität zu bewahren und ein entsprechendes Programm für die Zukunft zu formulieren. Dalit wurde zum Schlagwort für beide dieser Anliegen bzw. beide Abgrenzungen. In der regionalen Debatte war dies umso überzeugender als der Name dort bereits als Schlüsselwort für die Abgrenzung der Sambavars gegenüber den Nadars verbreitet war. Hier greift also ein entscheidendes Argument der Theorie Laclaus, die beschreibt, wie Bedeutung durch Abgrenzungsprozesse erzeugt wird.

Ebenso einleuchtend kann sie erklären, wieso die RSSNA gerade den Namen Dalit wählte, um ihre Anliegen zu bezeichnen. Der Name war in der Region bereits ausgesprochen gut bekannt und wurde von zahlreichen Gruppen als Schlagwort für ihre Forderungen verwendet. Auch den RSSNA-Mitgliedern war die Bezeichnung geläufig. Der Verein, der nach öffentlicher Aufmerksamkeit und regionalen Verbündeten strebte, wählte mit Dalit also einen bereits sehr mächtigen Signifikanten. Laclau zufolge verbindet ein leerer Signifikant unterschiedliche Anliegen zu einer Äquivalenzkette. Dies ist, wie sich zeigte, auch beim Namen Dalit der Fall. Um

Anschluss an die regionale Dalit-Bewegung zu finden, trat die RSSNA öffentlich für eine Forderung ein, die in der Region bereits fest mit dem Schlagwort Dalit verbunden war. Sie veranstaltete 2009 eine Demonstration für christliche Scheduled-Caste-Rechte. Diese Strategie verfolgte sie auch weiterhin, indem sie in ihre öffentlichen Verlautbarungen Forderungen aufnahm, die Gruppen aus ihrem wachsenden regionalen Netzwerk als Dalit-Themen formulierten. Der Verein verband dann auch das eigene Kernanliegen, die Reform der Heilsarmee, mit der Bezeichnung Dalit. Dieses wurde damit Teil der Äquivalenzkette. Dies gelang weniger durch John Murrays Bestreben, die Heilsarmee-Reform als Kernanliegen der Dalit-Bewegung zu beschreiben, wie er es etwa in seiner Rede im Thinker's Club versuchte. Viel entscheidender waren hierfür die gegenseitigen Besuche von RSSNA und regionalen Verbündeten, die es den Vorstandsmitgliedern der RSSNA ermöglichte, in verschiedenen Kontexten als Teil der Dalit-Bewegung aufzutreten und dort die Anliegen des Vereins zu präsentieren. Die Forderungen der RSSNA wurden damit eng mit dem Schlagwort Dalit verbunden.

Laclau zufolge ist mit einem leeren Signifikanten stets ein Repräsentationsanspruch verbunden. Ein Name verbindet vormals differente Anliegen, indem er verspricht, sie alle zu repräsentieren. Bei der RSSNA zeigt sich hier eine doppelte Dynamik. Einerseits war und ist Dalit in der Region ein so mächtiges Schlagwort, dass es für die Gruppe naheliegend und wichtig war, ihre Anliegen damit zu verknüpfen. Andererseits formulierte die RSSNA unter dem Schlagwort Dalit auch eigene Repräsentationsansprüche. Schon mit der Scheduled-Caste-Demonstration 2009 verband sie den Anspruch, eine erheblich größere Gruppe zu vertreten als die Mitglieder der regionalen Heilsarmee. Sie trat als Repräsentantin der Anliegen aller christlichen Mitglieder der gelisteten Kasten auf. Um genau diesen Vertretungsanspruch konkurrierte sie in der Folgezeit mit der regionalen Heilsarmee-Leitung. Mit der Gründung der Dalit Movement Federation weitete sich dieser Anspruch erneut aus. John Murray zielte nun darauf, als Generalsekretär der DMF alle Dalits der Region zu vertreten. Diesen Anspruch konnte er zwar nicht erfolgreich durchsetzen, dennoch ergaben sich auch durch die DMF weitere Kontakte, auch zu Hindus aus der regionalen Dalit-Bewegung.

Die RSSNA ist also auf vielfache Weise an der Wiederholung des Namens Dalit beteiligt. Solche Zitationen sind Laclau und Butler zufolge erforderlich, damit Bedeutung, die zunächst nur präsentisch gegeben ist, Kontinuität erhalten kann. Der Verein stärkt also durch seine Selbstbeschreibung den Signifikanten Dalit, indem er zu seiner Materialisierung beiträgt. Daran anknüpfend stellte sich die Frage, ob die RSSNA bei ihrer Zitation die Bedeutung von Dalit derart verschiebt, dass sie dabei Widerstand gegen dominante Bestimmungen leistet. Es zeigte sich, dass der Verein in der Region als Dalit-Bewegung wahrgenommen wird. Insofern ist es ihm offenbar gelungen, in seinem Umfeld plausibel zu machen, dass auch die Reform der Heilsarmee ein Dalit-Anliegen sein kann. Auch wenn der Versuch, diese Reform zum Kernanliegen der Dalit-Bewegung zu erklären auf wenig Echo stieß. Widerstand formuliert die RSSNA jedoch eher gegen die Nadar-Gemeinschaft und vor allem gegen die Heilsarmee-Leitung und nicht gegen andere Dalit-Gruppierungen oder dominante Dalit-Begriffe. Ihre Strategie besteht wohl auch aus diesem Grund eher in der Übernahme verschiedener Dalit-Motive als in der Ausprägung eines eigenen Dalit-Begriffs. Das macht es noch einmal besonders schwer, die Positionierung der RSSNA als Dalit-Bewegung auf Grundlage essentialistischer Begriffe zu erklären.

Die von der Globalen Religionsgeschichte rezipierten Ansätze haben es hingegen ermöglicht, die Frage nach der Dalit-Identität der RSSNA zu bearbeiten und ein umfassendes Bild des Vereins und der Debatten in seinem Umfeld zu zeichnen. Dabei ist deutlich geworden, dass auch und gerade solche regionalen Gruppen, die bisher nicht im Blickfeld der Forschung standen, den Signifikanten Dalit stärken und dazu beitragen, dass er wirkmächtig ist und bleibt. Aus diesem Grund dürfen Gruppen wie die RSSNA nicht einfach als atypisch oder als spezielles lokales Phänomen abgetan werden, sondern müssen zentrale Gegenstände der Dalit-Forschung sein. Die vorliegende Arbeit beschreibt, wie solche Forschungsbeiträge konzipiert und umgesetzt werden können.

Die Absage an essentialistische Begriffsbestimmungen bedeutet nun aber nicht, dass Dalit-Forschung sich nur auf Einzelstudien beschränken muss, die über die Analyse der untersuchten Gruppen nicht hinausgeht. Das zeigt die vorliegende Arbeit. Zwar gibt es Dalits nicht im Sinne einer essentialistischen Definition. Es kann keine Liste von Themen und Merkmalen geben, die auf alle Gruppen, die sich als Dalits bezeichnen, gleichermaßen zutreffen und die daher die entsprechende Bezeichnung einer Gruppierung unstrittig machten. Auf diese Weise kann also keine Verbindung zwischen verschiedenen untersuchten Gruppen hergestellt werden. Es gibt Dalit jedoch als Name und als Repräsentationsanspruch. Viele verschiedene Gruppen artikulieren ihre Anliegen unter diesem Schlagwort und erheben Repräsentationsansprüche. Der Name Dalit entfaltet also reale Wirkungen und verbindet als leerer Signifikant die Gruppen, die ihn zu bestimmen suchen. Überdies zeigte sich, dass die RSSNA den Namen ja gerade verwendet, um ihre Anliegen einem größeren Umfeld plausibel zu machen und Unterstützung zu gewinnen. Ihre Verwendung des Namens Dalit muss sich daher auf bereits bekannte Bestimmungen beziehen. Andernfalls wäre die Dalit-Strategie der RSSNA zum Scheitern verurteilt. Daher blicken auch Arbeiten wie die vorliegende, die beim Selbstverständnis einer spezifischen Gruppe ansetzen, notwendiger Weise über diese Gruppe hinaus. Um Gruppen-Identität beschreiben zu können ist stets zu fragen, auf wen diese Gruppe Bezug nimmt, welche Bestimmungen wirkmächtiger

Signifikanten sie übernimmt und von welchen sie sich abgrenzen. Wie diese Studie gezeigt hat, muss dabei anerkannt werden, dass Bedeutung global ausgehandelt wird. Ebenso wie regionale müssen also stets auch global geführte Debatten analysiert werden. Gerade dies führt dazu, dass die Untersuchung einer Einzelgruppe stets auch Analysen größerer Debatten erfordert.

21.2. Dalit-Identität an der Schnittstelle von Religion und Politik

Zu Beginn dieser Arbeit wurde gezeigt, dass die bisherige Forschung religiöse und politische Dalit-Themen überwiegend getrennt voneinander behandelte. Dennoch gab es wegweisende Arbeiten, die für entscheidende gegenseitige Beeinflussungen beider Debatten argumentierten. Die Untersuchung der RSSNA und ihres Umfelds hat dies auf vielfache Weise bestätigt. Die Verschränkungen zeigten sich dabei auf verschiedenen Ebenen, sowohl regional als auch national und global.

So war ein entscheidender Grund, warum die RSSNA ihrem Selbstverständnis im Rahmen global dominanter Bestimmungen von Heilsarmee-Identität kein Gehör verschaffen konnte, die Abgrenzung der Heilsarmee-Leitung von Theologien des Sozialen Evangeliums als ihrer Meinung nach problematischer Verbindung von Religion und Politik. Zu dieser Haltung kam die Heilsarmee im Zusammenhang mit Positionierungen, die im ÖRK im Zeichen von antikolonialem Widerstand und Befreiungstheologie verhandelt wurden.

Demgegenüber, so zeigte sich, sind regionale christliche Identitätspositionierungen im Kanyakumari-Distrikt tief geprägt von Bestrebungen, christliches Selbstverständnis im Rahmen sich als säkular verstehender regionaler Nationalismen zu formulieren. In diesem Zusammenhang wurden Weichen für spätere christliche Dalit-Narrative gestellt. Dies gilt insbesondere für die Formulierung von Konzepten sozialer Religion. Diese wurden dann in Verbindung mit kastenbasierten Identitäten im Rahmen christlicher Dalit-Theologie verändert fortgeschrieben.

Überdies wurde deutlich, dass für die Übernahme und Verbreitung der Selbstbezeichnung Dalit bei christlichen Gruppen im Kanyakumari-Distrikt zwar einerseits ein innerkirchlicher Konflikt wichtig war, nämlich der Vorwurf der Diskriminierung von Angehörigen bestimmter Kasten durch die dominierende der Nadar-Gemeinschaft. Mindestens ebenso entscheidend war jedoch die indienweit erhobene Forderung nach SC-Status für christliche Gruppen, die im Kanyakumari-Distrikt aufgrund der beinahe gleich großen christlichen und hinduistischen Bevölkerungsgruppen noch immer von besonders großer Brisanz ist. Gerade diese Forderung machte sich die RSSNA dann auch zu eigen, um sich der regionalen Öffentlichkeit als Dalit-Bewegung präsentieren zu können.

Im Zuge ihrer zunehmenden Vernetzung mit anderen regionalen Dalit-Gruppierungen griff die RSSNA in der Folgezeit verschiedene Themen und Forderungen auf, die mit dem Namen Dalit bezeichnet wurden. Diese betrafen immer wieder auch politische Fragen, wie z.B. kommunalpolitische Strategien. Darüber hinaus wandte sich die RSSNA selbst mehrfach und mit verschiedenen Anliegen an die bundesstaatliche oder die nationale Regierung. Insbesondere bei der SC-Forderung sowie im Falle der Auseinandersetzung um die Kastenzertifikate für christliche Sambavars verstand der Verein sein Engagement als Einsatz für Dalit-Rechte. Dalit war auch ein entscheidendes Schlagwort in den Schreiben an staatliche Stellen. Auch in diesem Zusammenhang griff der Verein ganz verschiedene Dalit-Motive auf und stärkte auf diese Weise die damit verbundenen Narrative.

Es zeigte sich im Falle der RSSNA also auf vielfache Weise die gegenseitige Beeinflussung, ja, die unlösbare Verflechtung von religiösen und politischen Dalit-Debatten. Diese wurden dadurch sichtbar gemacht, dass die vorliegende Arbeit als Regionalstudie konzipiert wurde und ausgehend von der Selbstbeschreibung der untersuchten Gruppe nach Debatten im Umfeld fragte, in denen sie sich positionierte. Sie fragte insbesondere nach Verflechtungen lokaler und globaler Debatten. Gerade dadurch wurden auch die Schnittstellen zwischen religiösen und politischen Debatten sichtbar.

21.3. Die RSSNA als Teilnehmerin in globalen Debatten

Grundlegend für den Ansatz der Globalen Religionsgeschichte ist die These, dass Bedeutung stets in globalen Debatten ausgehandelt wird. Ein ähnlicher Gedanke liegt dem Konzept der Postkolonialen Ethnografie zu Grunde, wie Münster es formuliert.[564] Das lokale Feld wird dabei als Teil der postkolonialen Moderne verstanden und ist so darzustellen, dass seine Partizipation an größeren Debatten deutlich wird. Bei der Untersuchung der RSSNA und ihrer Positionierung als Dalit-Bewegung hat sich gezeigt, welche entscheidende Bedeutung weltweit geführte Debatten für das Selbstverständnis des Vereins haben.

Dies wurde bereits im Zusammenhang der Debatten um regionale christliche Identität deutlich. Hier zeigte sich, dass sich die dominante Version regionaler christlicher Historiografie und die internationale Forschungsliteratur über Mission und sozialen Wandel in Travancore gegenseitig informierten. In beiden Fällen wurde beinahe ausschließlich die Geschichte der Nadar-Gemeinschaft untersucht und diese als exemplarisch für alle unterdrückten Kastengemeinschaften der Region dargestellt. Andere Kasten, wie etwa die Sambavars kamen kaum vor. Internationale Forschende

[564] Münster 2007, 39–40. Vgl. Kap. 5 dieser Arbeit.

beteiligten sich also an der Fortschreibung von Verengungen und Ausschließungsmechanismen und verstärkten diese so. Gegen diese Ausschlüsse artikulierten Sambavars ab den 1990er Jahren verstärkt Widerstand, der unter Aufnahme dalit-theologischer Motive formuliert wurde. Die RSSNA steht in dieser Tradition.

Noch deutlicher wurde die Einbindung des Vereins in weltweite geführte Debatten bei der Analyse seiner Position in der Heilsarmee sichtbar. Schon bei der Analyse der Kernmotive der RSSNA-Identität zeigte sich, dass die Gruppe Texte aus der internationalen Heilsarmee aufgriff, um ihr Selbstverständnis zu entfalten. So beschrieb sie etwa in ihrem Vereinsmagazin Harry Williams als vorbildlichen Pionier, indem sie einen Text übersetzte und in ihrem Sinne leicht überarbeitete, der einige Zeit vorher auf der Webseite der internationalen Heilsarmee erschienen war. Auch das Interview mit André Cox im gesamtindischen War Cry übersetzte die RSSNA und stellte den General als Garanten für die eigene Konzeption von Heilsarmee-Identität dar. Besonders entscheidend sind jedoch die geradezu allgegenwärtigen Hinweise auf den Gründer William Booth. Alle genannten Personen werden in den Texten der RSSNA zu Gewährsleuten für das soziale Religionsverständnis des Vereins.

Auch darüber hinaus zeigte sich gerade an wichtigen Weichenstellen der Heilsarmee-Geschichte die enge Verbindung von indischer und globaler Debatte. Harry Williams, der die Heilsarmee in den Jahren vor ihrem Austritt im ÖRK vertrat, war vorher lange Jahre in Indien tätig. Als Territorialleiter war er für die Teilung des Territoriums Südindien verantwortlich, für die er später in seiner Autobiografie die regional-nationalistischen Bewegungen in Kerala und Tamil Nadu verantwortlich machte. Diese beschrieb er als zerstörerische Kräfte. Auch im ÖRK äußerte sich Williams kritisch zur Unterstützung nationaler Bewegungen. Schon hier liegt also ein Zusammenhang zwischen indischer und globaler Debatte nahe. Besonders deutlich zeigt sich diese in Williams Biografie Booth-Tuckers, die 1980 erschien, also ein Jahr vor dem endgültigen Austritt der Heilsarmee aus dem ÖRK. Diese Schrift ist eines der prägenden neueren Werke der Heilsarmee-Literatur über die Indienmission. Sie ist deutlich von der theologischen Profilierung der Heilsarmee als Teil des weltweiten Evangelikalismus geprägt, die die internationale Leitung in den 80er und 90er Jahren vorantrieb. Weitere Werke zur indischen Missionsgeschichte, die auch in der Feldforschungsregion gelesen werden, sind stark von Williams Darstellungsweise beeinflusst. So zeigt etwa Smiths Geschichte der Heilsarmee in Indien ebenso wie Williams Werk schon auf Gliederungsebene eine klare Unterscheidung zwischen der Geschichte des sozialen Engagements in Indien und den Darstellungen missionarischer Erfolge in einzelnen Regionen, die als spirituelle beschrieben wurden. Dies stützt die klare Unterscheidung zwischen spirituellen und sozialen Aspekten und das spirituelle Primat, das die Heilsarmee am Ende des 20. Jahrhunderts vertrat. Diese

Positionierung der internationalen Leitung macht es der RSSNA, die ein dezidiert soziales Religionsverständnis vertritt, beinahe unmöglich, ihr Selbstverständnis innerhalb der Debatte um Heilsarmee-Identität zu entfalten. Dies, obwohl zu Beginn des 21. Jahrhunderts vermehrt Stimmen laut wurden, die eine theologische Neupositionierung der Heilsarmee anregten und sozialem Engagement wieder stärkere theologische Bedeutung zugestanden.

In diesen jüngeren Debatten meldeten sich indische Stimmen zu Wort. Diese brachten Themen ein, die auch die RSSNA beschäftigten. So stützte sich etwa Shakespeares Vorschlag für ein erneuertes Spiritualitätsverständnis zentral auf die Argumentation eines indischen Offiziers, der in seinen Überlegungen zu Spiritualität die Scheduled-Caste-Problematik zur Sprache brachte. Das auf globaler Ebene initiierte Accountability Movement stellt eine Antwort der internationalen Leitung auf organisatorische Missstände dar, die von Heilsarmee-Mitgliedern weltweit zur Sprache gebracht wurden. Auch in der Debatte um die Zukunft der medizinischen Mission wurde offenbar von Gruppen weltweit der Erhalt und die Modernisierung der großen Heilsarmee-Krankenhäuser gefordert. Mit diesen Positionen, die den Visionen der RSSNA für das CBH in Nagercoil entsprachen, setzten sich Eirwen und Dean Pallant, zuständig für die Koordination der Internationalen Medizinischen Dienste, in ihrem Schlusskapitel zu Williams Geschichte der medizinischen Mission auseinander. Entscheidend für die Austauschprozesse zwischen regionalen Diskussionen und globaler Debatte sind sicher nicht zuletzt Personen aus der Heilsarmee, die sich auf beiden Ebenen gut auskennen. Solche Mittlerfiguren wurden auch in der vorliegenden Arbeit sichtbar. Das waren insbesondere Babu Samraj, der im Gespräch mit dem General Anliegen und Sichtweisen aus der indischen Heilsarmee zur Sprache brachte, und der im Rahmen der Feldforschung interviewte Offizier, der versuchte, eine Mittelposition zwischen regionalen Anliegen und globaler Identitätspositionierung zu formulieren.

Auch die RSSNA selbst suchte nicht nur in ihrem Umfeld Verbündete, sondern blickte auch weit darüber hinaus. Ihr Versuch, den britischen Premierminister für die eigene Sache zu gewinnen war zwar erfolglos. Zweifellos kam ihr jedoch zu Gute, das die schwierige Situation christlicher Gruppen und Organisationen in Indien unter der BJP Regierung in weltweiten christlichen Kreisen und gerade auch in internationalen Hilfsorganisationen diskutiert wird. Nicht zuletzt dies dürfte ein Grund dafür gewesen sein, dass die Heilsarmee-Leitung das Gespräch mit dem Verein suchte.

Im Verlauf dieser Arbeit zeigte sich also immer wieder deutlich die große Relevanz von Schnittstellen zwischen regionalen und globalen Debatten. Lokale Gruppen sind von weltweit geführten Diskussionen geprägt und partizipieren gleichzeitig an globalen Aushandlungsprozessen. Was bereits für die RSSNA im Kontext der Dalit-Bewegung festgestellt wurde, gilt also auch im Rahmen der internationalen Heilsarmee. Die RSSNA kann nicht als atypische Randgruppe oder als rein kontextuelles Phänomen beschrieben und damit vernachlässigt werden. Gruppen wie sie sind Teil der globalen Debatte und müssen damit Gegenstand der Forschung sein. Dabei muss stets auch ihre Machtposition in diesen Prozessen analysiert werden. So darf nicht aus dem Blick geraten, dass Gruppen wie die RSSNA sich vielfach in marginalisierten Positionen befinden.

22. Ausblick
Regionale Positionierungen und globale Verflechtungen

22.1. Konsequenzen für die Dalit-Forschung

Die entscheidenden grundsätzlichen Anregungen, die die vorliegende Arbeit für Forschungen zu Dalit-Bewegung und Dalit-Identität geben kann, sind in den vorausgegangenen Abschnitten bereits skizziert worden, sollen aber hier noch einmal in vier Punkten zusammengefasst werden: Die Dalit-Forschung muss erstens ihren Gegenstand auf andere Weise bestimmen als über essentialistische Definitionen. Sie muss Wege finden, die Vielfalt, Komplexität und Widersprüchlichkeit von Identitätspositionierungen, die über die Bezeichnung Dalit formuliert werden, erfassen und deuten zu können. Dazu muss sie, zweitens, im Rahmen von Regionalstudien untersuchen, wie, aus welchen Gründen und im Rahmen welcher Konstellationen Gruppen die Selbstbezeichnung Dalit übernehmen und welche Anliegen und Themen sie konkret mit diesem Namen verbinden. Drittens sollte sie dabei das Ineinandergreifen verschiedener Debatten stärker berücksichtigen. In der vorliegenden Arbeit wurde das insbesondere für die bisher häufig getrennt behandelten Debatten Politik und Religion gezeigt. Und schließlich sollte sie, viertens, über die großen und bekannten Gruppen – wie etwa Dalit-Parteien oder große Kirchen, deren Führungsfiguren prominente Stimmen der Dalit-Theologie sind – hinausblicken. Stattdessen sollte sie in möglichst vielen verschiedenen Regionen möglichst unterschiedliche Gruppierungen untersuchen, die sich als Dalit-Gruppen verstehen. Diese sollten dabei gerade nicht als ungewöhnliche, atypische Einzelfälle verstanden werden. Vielmehr muss analysiert werden, wie diese Gruppen an Aushandlungsprozessen um Dalit-Identität beteiligt sind, inwiefern sie den leeren Signifikanten Dalit fortschreiben und damit stärken, aber auch, wie sie den Namen bei seiner Wiederholung variieren und damit Kritik an dominanten Bestimmungen üben und eigene Anliegen in die Dalit-Thematik einschreiben. Es ist also zu untersuchen, wie diese Gruppen an größeren, auf nationaler oder auch internationaler Ebene geführten Debatten partizipieren, auch wenn sie dies aus – scheinbar? – marginaler

Position heraus tun. Der Name Dalit ist auf Zitation angewiesen, um wirkmächtig zu sein und zu bleiben. An dieser Fortschreibung sind gerade auch regionale Gruppen wie etwa die RSSNA entscheidend beteiligt.

In diesem Sinne sind selbstverständlich längst nicht nur Gruppen aus der Heilsarmee verstärkt zu untersuchen. Dennoch dürfte es ausgesprochen lohnend sein, gerade auch diese intensiver in den Blick zu nehmen. Dabei könnten etwa Gruppierungen aus der Nachkommenschaft der „Kriminellen Stämme" zum Gegenstand gewählt werden. Das legen nicht nur Radhakrishnas Hinweise auf Auseinandersetzungen zwischen solchen Gruppen und der Heilsarmee nahe. Auch Shaw Clifton erwähnt in seiner Schrift „Who are these Salvationists?" die Kriminellen Stämme und bezeichnet das Engagement der Heilsarmee bei der Frage nach „Behandlung und Status" dieser Gruppen als wichtiges Beispiel für – hier positiv gewertete! – soziale Aktion („social action") der Heilsarmee.[565] Der Autor erklärt jedoch nicht näher, an welchen konkreten Debatten die Heilsarmee beteiligt war und wann das der Fall war. Es bleibt unklar, ob er auf die Lager-Organisation zur Kolonialzeit anspielt oder auf Entwicklungen im unabhängigen Indien. Radhakrishna wie Clifton bieten also beide entscheidende Hinweise, dass die Frage der Kriminellen Stämme höchst interessant für die Debatte um Heilsarmee-Identität ist. Für die Dalit-Frage sind diese Gruppen insofern relevant, als sie vom indischen Staat als Scheduled Tribes (STs) anerkannt sind. Solchen Gruppen stehen sehr ähnliche Fördermaßnahmen zu wie den SCs, anders als bei dieser Kategorie ist die Religionszugehörigkeit jedoch unerheblich für die Zuordnung zu dieser Kategorie. In der Dalit-Bewegung und auch in der Dalit-Theologie wird häufig ein Zusammenschluss von SCs und STs propagiert und daher auch Fragen der ST-Identität unter dem Namen Dalit abgehandelt. Es wäre gerade im Blick auf solche Allianzen bzw. entsprechenden von der Dalit-Bewegung formulierte Repräsentationsansprüche interessant zu untersuchen, ob und inwiefern Heilsarmee-Mitglieder aus Gemeinschaften, die als Kriminelle Stämme galten, sich an Dalit-Debatten beteiligen.

Unmittelbarer mit Dalit-Debatten verbunden sind Ereignisse, die sich im weiteren regionalen Umfeld der RSSNA ereigneten und auch im Verein diskutiert wurden. Im Nachbar-Distrikt Tirunelveli kam es in den Jahren 2012 und 2013 ebenfalls zu einer Kooperation von Dalit-Bewegung und Heilsarmee-Mitgliedern, die sich im Konflikt mit der Organisation befanden. Auslöser für den Konflikt waren Pläne der Territorialleitung, Land in der Nähe der Ortschaft Tenkasi zu verkaufen, das der Heilsarmee gehörte. Gruppen aus der Laienschaft protestierten dagegen. Das Land sei der Heilsarmee in ihrer indischen Frühzeit von der Regierung übereignet worden, damit sie benachteiligte Kastengemeinschaften unterstützen und fördern könne. Das Land sei daher für die Heilsarmee-Mitglieder bestimmt

[565] Clifton 1999, 138.

gewesen. Die Territorialleitung habe mithin kein Recht, es zu verkaufen, sondern sei vielmehr verpflichtet, dort wieder Projekte zur Förderung der Armen einzurichten. Heilsarmee-Mitglieder des Tirunelveli-Distrikts protestierten gegen den geplanten Verkauf. Das Thema wurde auch in der RSSNA intensiv diskutiert, und sie schloss sich der Kritik der protestierenden Gruppen an. John Murray und der Generalsekretär sprachen am 25.11.2013 auf einer Großdemonstration, die die Protestierenden in Tirunelveli organisiert hatten, auch weitere Mitglieder von RSSNA, SACWA und DMF nahmen teil. Die Veranstaltung wurde von der Dalit-Partei VCK angeführt.[566] Diese unterstützte damit die Heilsarmee-Mitglieder in ihrer Auseinandersetzung mit der Leitung des Territoriums Südostindien. Dies, obwohl der Parteivorsitzende Thirumavalavan einige Jahre vorher noch mit der Territorialleitung kooperiert hatte, als er an ihrer Veranstaltung zur Forderung christlicher SC-Rechte teilnahm.

Die RSSNA ist also in der Heilsarmee kein Einzelfall. Auch in anderen Fällen verbindet sich Protest ihrer Mitglieder gegenüber der Leitung mit Dalit-Themen und es kommt zu Kooperationen zwischen Mitgliedern der Heilsarmee und Dalit-Bewegungen. Die Gruppe in Tenkasi argumentierte ebenfalls, der Auftrag der Heilsarmee sei die Sorge um benachteiligte Gruppen, und auch sie verknüpfte diese Forderung offenbar mit der Dalit-Debatte. Hier war zudem mit Thirumavalavan eine Führungsgestalt tamilischer Dalit-Politik involviert. Diese Verschränkungen der Debatten um Heilsarmee- und Dalit-Identität gilt es weiter zu erforschen.

22.2. Konsequenzen für die Forschung zur Heilsarmee und zum globalen Christentum

Aus den Ergebnissen der vorliegenden Arbeit ergeben sich auch Anstöße für künftige Forschungsbeiträge zur Heilsarmee bzw. zum weltweiten Christentum, die im Folgenden kurz benannt werden sollen: Erstens hat sich gezeigt, dass die Geschichte der Heilsarmee, aber auch die anderer Kirchen und die des Christentums insgesamt als Verflechtungsgeschichten geschrieben werden müssen, in deren Rahmen zu untersuchen ist, wie Gruppen weltweit aus verschiedenen Machtpositionen heraus an Debatten um christliche Identität teilnehmen und so die Entwicklungen ihrer Kirchen mitprägen. Dabei müssen, zweitens, Erzählungen über deren Vergangenheit und daher auch Missionsgeschichtsschreibungen als Positionen in aktuellen Debatten gelesen werden. Die Analyse solcher Aushandlungsprozesse und nicht etwa die Beschreibung der Ursprünge einer Gruppierung sind grundlegend für das Verständnis ihrer gegenwärtigen Verfasstheit. Arbeiten, nicht nur zur Heilsarmee, sondern auch zur Missions- und

566 Inba Yesurajan 2014a, 4.

Christentumsgeschichte insgesamt müssen sich als genealogische Forschung verstehen. Drittens muss dabei insbesondere die Dynamik solcher Debatten beschrieben werden. Dabei muss insbesondere die Spannung zwischen Zitation und damit Fortschreibung dominanter Narrative einerseits und Kritik durch Abwandlung andererseits untersucht werden.

Ein solcher Ansatz bietet sich schon für eine weitere Untersuchung der RSSNA im Kontext der weltweiten Heilsarmee an. In den Kreisen des Vereinsvorstands kam es offenbar in jüngster Zeit zu einer Reformulierung von Heilsarmee-Identität, die sich abermals im Kontext historischer Erzählungen zeigte. Im Jahr 2021, kurz bevor die vorliegende Arbeit abgeschlossen wurde, reichte die RSSNA beim Internationalen Hauptquartier der Heilsarmee in London ein Strategiepapier zum Umgang mit der Situation in Indien ein. Im Vorjahr hatten Gespräche zwischen dem Verein und einer Vertretung der internationalen Leitung der Heilsarmee stattgefunden. Diese waren dann jedoch zum Erliegen gekommen. In ihrem Papier knüpft die RSSNA an schon in den Gesprächen geäußerte Anliegen an und macht umfangreiche Vorschläge zur Neustrukturierung der indischen Heilsarmee. Der Hauptautor war diesmal nicht Präsident Murray, sondern ein jahrelanger Parteigänger und Berater, der vielfach an Gesprächen mit Behörden und Anwälten teilgenommen hatte und den Präsidenten auch beim Kontakt mit der internationalen Leitung beraten und begleitet hatte. Entscheidende Themen des Papiers sind u.a. die Beteiligung der Laienschaft an Entscheidungsprozessen, transparente Finanzen sowie Auswahl und Aufgabenbereich der Lokalen Offizierinnen und Offiziere. Im Verlauf des Textes werden diese Vorschläge detailliert entfaltet und begründet. Das Papier beginnt jedoch mit einer gut zwei Seiten langen Darstellung der Geschichte der Heilsarmee in der Region, bei der – wie stets in Verlautbarungen des Vereins – die vorbildlichen Leistungen der frühen Mission gepriesen werden.[567]

Auffällig ist jedoch, dass in dieser Darstellung auch die spirituellen Aspekte der Mission lobend erwähnt und die Tätigkeit der Heilsarmee auch als Evangelisation charakterisiert wird. Ähnlich wie in Schriften aus der globalen Heilsarmee wird hier Soziales und Spirituelles nebeneinandergestellt. Anders als in diesen Texten werden im Strategiepapier der RSSNA die sozialen Aspekte den spirituellen stets vorangestellt und etwa von „sozialen und verkündigenden Diensten" („social and evangelical services")[568] gesprochen. Die RSSNA geht hier also einerseits einen Schritt, den ihre tonangebenden Gestalten vorher abgelehnt hatten, und würdigt auch Aspekte von Religion, die insbesondere für John Murray bestenfalls sekundär, im schlimmeren Falle Ablenkungen vom sozialen Kern des Christentums sind. Sie knüpft damit an das in der globalen Heilsarmee

[567] RSSNA 2021, 3–5.
[568] RSSNA 2021, 3.

dominante Verständnis der Identität der Organisation an. Nach den Kontakten mit der internationalen Leitung im Vorjahr signalisiert der Verein hier Gesprächsbereitschaft in weit größerem Maße als bisher. Die RSSNA erkennt offenbar die neue Gesprächssituation an bzw. versucht hier noch, sie zu bewahren. Andererseits gibt sie dabei keineswegs das für seine Gruppenidentität so entscheidende Motiv der sozialen Religion auf. Der bestimmenden Funktion des Sozialen wird zwar nicht mehr durch die vollständige Auslassung des Spirituellen Ausdruck verliehen, durch die Voranstellung in den Aufzählungen wird sie aber dennoch weiterhin unterstrichen. Die RSSNA bringt hier also erneut ihre Position in die Debatte um globale Heilsarmee-Identität ein.

Die Diskussion um das Selbstverständnis der Organisation und gerade auch die in diesem Zusammenhang zentrale Frage nach dem Verhältnis spiritueller und sozialer Aspekte des Christentums geht also weiter und bedarf daher weiterer Beachtung durch die Forschung. Dazu kommt sowohl eine weiterführende Untersuchung der RSSNA in Frage als auch Beiträge zu anderen Gruppen aus der weltweiten Heilsarmee.

22.3. Konsequenzen für die Interkulturelle Theologie

Die im vorigen Abschnitt skizzierten Implikationen der Arbeit für die Missions- und Christentumsgeschichtsschreibung sind von ebenso großer Relevanz für die Konzeption der Interkulturellen Theologie als ganzer. Insbesondere ist auf dieser Grundlage jedoch das in diesem Zusammenhang bedeutende und viel diskutierte Konzept der Kontextuellen Theologie zu überdenken. Grundlegende Überlegungen in diese Richtung sollen im Folgenden kurz skizziert werden.

Kontextuelle Theologie ist für die Interkulturelle Theologie deshalb von großer Bedeutung, weil dieses Konzept als wegweisend für die Reflexion über Theologien im weltweiten Christentum gilt, die dabei zumeist von „europäischer“ bzw. „westlicher“ Theologie abgegrenzt werden. Als Kontextuelle Theologien, so etwa Giancarlo Collet, werden solche theologischen Ansätze verstanden, für die der bewusste Einbezug des kulturellen Umfelds konstitutiv ist und die meist induktiv vorgingen. Diese Form von Theologie sei dabei stets mit dem Problem der Spannung zwischen kultureller Partikularität einerseits und der universalen Bedeutung des christlichen Glaubens andererseits konfrontiert. Diese sei gegeben, so Collet, wenn sich Christentum in einer fremden Kultur ausgebreitet habe. Der mit dem Einbezug des kulturellen Umfelds und der theologischen Pluralität einhergehenden Gefahr der Beliebigkeit müsse begegnet werden. In diesem Sinne müsse die Reflexion des Kontextes stets mit der Frage nach dem das Christentum Verbindenden und Einenden verbunden werden. Zu diesem Zweck wurden verschiedene Listen von Anforderungen an

Kontextuelle Theologien aufgestellt.[569] So etwa auch von Robert J. Schreiter, der als erstes seiner insgesamt fünf Kriterien das des inneren Zusammenhalts der christlichen Performanz nennt, anhand dessen geklärt werden soll, ob die Identität des christlichen Glaubens in Kontextuellen Theologien gewahrt bleibe.[570]

Die mit dem Konzept, ja schon mit der Bezeichnung „Kontextuelle Theologie" verbundenen Suggestion, es gebe demgegenüber auch Theologien, die unabhängig von ihrem gesellschaftlichen Umfeld entstehen, formuliert und verstanden werden können, ist bereits problematisiert worden. So kritisiert sie etwa Volker Küster als das Objektivitätspostulat der westlichen Theologie.[571]

An dieser Stelle soll daher ein anderer Aspekt ins Zentrum gestellt werden. Das Konzept der Kontextuellen Theologie wird, wie oben dargestellt, durch Gegenüberstellungen konstituiert. Kontrastiert werden christliche Gruppen in spezifischen Regionen (meist solchen im globalen Süden) und das Christentum in seiner Gesamtheit, Partikularität und Universalität sowie Religion und Kultur. Die Verflechtungen, die sich in den globalen Debatten um Heilsarmee-Identität gezeigt haben und an denen auch regionale Gruppen wie die RSSNA partizipieren, haben deutlich gezeigt, dass diese Kontrastierungen grundsätzlich nicht haltbar sind. Es gibt kein schlichtes Gegenüber von regional und global. Vielmehr wird christliche Identität (wie im spezifischen Fall der Diskussion um das Selbstverständnis der Heilsarmee) in globalen Debatten ausgehandelt, an denen Personen und Gruppierungen aus ganz verschiedenen Regionen und auch aus ganz verschiedenen Machtpositionen heraus partizipieren. Die universale Bedeutung bzw. der Kern des Christentums ist mithin keine objektive Größe, sondern vielmehr ein Anspruch auf Deutungsmacht, der von verschiedenen Seiten erhoben bzw. angefochten wird. Auch christliche Identität ist eine Produktion und als solche steten Wandlungen unterworfen.

Dieser Sachverhalt lässt sich sehr gut am Beispiel der RSSNA zeigen. Die theologischen Texte aus dem Verein, wie sie etwa im Vereinsmagazin veröffentlicht werden, könnten auf Basis der verbreiteten Bestimmungen von Kontextueller Theologie problemlos als solche deklariert werden. Die Gruppe reagiert in ihren Texten und Erzählungen auf konkrete Gegebenheiten in ihrem regionalen Umfeld und artikuliert Widerstand gegen machtvolle Gruppen und Personen. Sie greift dabei vielfach Motive aus der Dalit-Theologie auf, die häufig als Kontextuelle Theologie bestimmt wird, zumal sie von führenden Köpfen in ihren Reihen als politische bzw. Befreiungstheologie konzipiert wird. Beide Ansätze werden vielfach als Formen Kontextueller Theologie aufgefasst.[572] Nun ist es in der Tat so, dass

---

[569] Collet 2001, 1644.
[570] Schreiter 1992, 183–184.
[571] Küster 1995, 48.
[572] Küster 2001, 1645.

die RSSNA-Mitglieder stets unmittelbare Bezüge zwischen ihren Bibelauslegungen bzw. Geschichtserzählungen und aktuellen Herausforderungen in ihrem Umfeld herstellen. Der Anspruch, den die Vereinsmitglieder in diesen Verlautbarungen artikulieren übersteigt jedoch den regionalen und damit den partikularen Rahmen. Sie äußern sich eben nicht nur zu Gegebenheiten in ihrem Umfeld, sondern beanspruchen, den wahren Kern der Heilsarmee-Mission zu verstehen und eine Rückbesinnung auf ihren entscheidenden Auftrag anzumahnen. Recht verstandene Heilsarmee-Identität entspricht für sie zudem dem Wesen des Christentums als Ganzem. Sie kritisieren auf diese Weise aus ihrer Sicht verfehlte Auffassungen vom Kern von Religion, die sie längst nicht nur in ihrem unmittelbaren Umfeld wahrnehmen. Es hat sich überdies gezeigt, dass Ansichten wie die der RSSNA, auch wenn sie aus marginaler Machtposition heraus artikuliert werden, keineswegs ohne Einfluss auf weltweit Debatten bleiben. Vielmehr sind sie Teil globaler Aushandlungsprozesse um das Selbstverständnis der Heilsarmee und damit auch um den Kern des Christentums.

Interkulturelle Theologie kann sich daher nicht als Summe verschiedener partikularer, „kontextueller“ Theologien verstehen, sondern muss sich als Theologie des globalen Christentums konstituieren. Als solche hat sie dann jedoch auch ein kritisches Anliegen, das darin besteht, machtvolle Bestimmungen christlicher Identität anzufechten, ihre Partikularität aufzuzeigen und marginalisierte Stimmen hörbar zu machen.[573]

[573] Vgl. Nehring 2019, 148–150.

Literaturverzeichnis

Interviews

Babu Manoharan. Interview in Nagercoil am 14.02.2017.

———. Interview in Nagercoil am 03.03.2017.

Brüder aus der Reformgemeinde. Interview in Maravoorkonam am 19.02.2017.

Christlicher Dalit-Aktivist aus dem Kanyakumari-Distrikt. Interview in Nagercoil am 04.05.2017.

D. Monikaraj. Interview in Nagercoil am 03.04.2016.

———. Interview in Nagercoil am 17.01.2017.

Drei RSSNA-Mitglieder im Dorf von Vorstandsmitglied Nr. 8. Interview in Puthugramam am 27.04.2017.

Frauengruppe (RSSNA-Mitglieder) im Dorf von Vorstandsmitglied Nr. 8. Interview in Puthugramam am 12.03.2017.

Heilsarmee-Aktivist aus Kulasekharam. Interview in Kulasekharam am 04.04.2016.

Heilsarmee-Offizier aus dem Kanyakumari-Distrikt. Interview in Nagercoil am 07.04.2017.

John Murray. Interview in Nagercoil am 06.03.2016.

———. Interview in Nagercoil am 09.04.2016.

———. Interview in Nagercoil am 06.05.2016.

———. Interview in Nagercoil am 10.01.2017.

———. Interview in Nagercoil am 17.01.2017.

———. Interview in Nagercoil am 25.01.2017.

———. Interview in Nagercoil am 28.01.2017.

———. Interview in Nagercoil am 31.01.2017.

———. Interview in Nagercoil am 02.02.2017.

———. Interview in Nacercoil am 01.03.2017.

Leiter und Bibliothekar, Salvation Army Training College. Interview in Nagercoil am 04.05.2017.

RSSNA-Mitglied im Dorf von Vorstandsmitglied Nr. 7. Interview in Velancode am 23.04.2017.

RSSNA-Vorstandsmitglied Nr. 1. Interview in Nagercoil am 19.04.2016.

RSSNA-Vorstandsmitglieder Nr. 2&3. Interview in Kulasekharam am 18.01.2017.

RSSNA-Vorstandsmitglied Nr. 4. Interview in Thuckalay am 09.02.2017.

RSSNA-Vorstandsmitglied Nr. 5. Interview in Kulsekharam am 10.02.2017.

RSSNA-Vorstandsmitglied Nr. 6. Interview in Thackalay am 24.04.2016.

RSSNA-Vorstandsmitglied Nr. 7. Interview in Velancode am 23.04.2017.

RSSNA-Vorstandsmitglied Nr. 8. Interview in Puthugramam am 11.02.2017.

RSSNA-Vorstandsmitglied Nr. 9. Interview in Nagercoil am 07.02.2017.

RSSNA-Vorstandsmitglieder Nr. 6&10. Interview in Maravoorkonam am 29.04.2017.

RSSNA-Vorstandsmitglied Nr. 11. Interview in Nagercoil am 09.05.2016.

Archivmaterial

Material aus dem Archiv der RSSNA

AILSA/SACWA. „*Brief an den General der Heilsarmee*". 12.12.2010.

Divisional Commander ISET. „*Brief aller DCs an die RSSNA*". 17.01.2013.

M.C. James, Territorial Commander ISET. „*Profile of Mr. John Murray, President, All India Lay Salvationists' Association (AILSA) and Salvation Army Community Welfare Association (SACWA)*". 11.07.2013.

Murray, John. „*Petition der RSSNA*". 21.08.2014.

RSSNA. „*Sub: Unauthorized Association*". 23.06.2008.

———. „*Sub: The Salvation Army - Certificate of incorporation No 9106 of 53.54 dated 1-8-53 issued by the Registrat of Companies - Bombay - Petition Submitted - bringing to the notice of the Company Law Board - The Salvation Army, Its Misfeasance and Malfeasance - Praying for Corrective action. - Reg.*". 18.05.2010.

———. „*Schreiben der RSSNA an das Serious Fraud Investigation Office*". 10.07.2012.

———. „*Petition der RSSNA an den Repräsentanten der National Human Rights Commission, Dr. K.R. Sundar*". 07.09.2013.

———. „*Brief an den General*". 17.03.2014.

———. „*Schreiben der RSSNA an die NHRC*". 01.07.2014.

———. „*Schreiben der RSSNA an den Premierminister Großbritanniens, David Cameron*". 02.06.2015.

———. „*Resolutions passed in the State Conference held at Nagercoil on 30/08/2016 Theme: Transparency and Accountability*". 30.08.2016.

———. „*A Strategy Paper on "Ensuring Good Governance in the functioning of the Salvation Army in India"*". 2021.

Salvation Army Welfare Association (SACWA). „*Memorandum of Association*". 10.05.2013.

Territorial Headquarter Salvation Army India South East. „*Circular to all DC's, D.O's and Extension Officers*". 01.12.2009.

The Salvation Army Association. „*Sub: Complaint against the Company*". 06.04.2011.

The Salvation Army India South Eastern Territory. „*Circular to All Divisional Commanders/District Officers - Unauthorized Association*". 11.04.2008.

Material aus weiteren Archiven

Salvation Army Corps Vadasery. „*Petition*". undatiert. Aus dem privaten Archiv von C. Thankappan, Nagercoil.

Thankappan, C. 1995. *Impact of Christianity on the Socio-economic and Political Life of the Sambavar Community in South Travancore*. Madurai: Unveröffentlichte Masterarbeit. Aus dem Archiv des Tamilnadu Theological Seminary, Madurai.

Graue Literatur

A.G. Dhas. 2014. „Jeṉaral uliyam pūt avarkaḷiṉ koḷkaikkum, kōṭpōṭukaḷukkum, etirākaceyalpaṭum takkalai kōṭṭa uttiyōkastarkaḷin kavaṉttiṟku!". *Ceyti Malar* 7, Nr. 26, S. 13–15.

Anon. A. 2009. „Aṇṇaṉum tampiyum (oru kaṟpanai cantippu)". *Ceyti Malar* 2, Nr. 6, S. 13.

Anon. B. 2009. „Kōrikkai mānāṭu - tirucci". *Ceyti Malar* 2, Nr. 5, S. 4–5.

Anon. C. 2009. „Naṉṟi! Naṉṟi!". *Ceyti Malar* 2, Nr. 5, S. 1–2.

Anon. D. 2009. „Uṇṇāvirata pōrāṭṭam". *Ceyti Malar* 2, Nr. 5, S. 3.

Anon. E. 2016. „Iraṭcaṇiyacēṉai camutāya nala amaippu iyēcu kaiyiliruntu cavukku". *Ceyti Malar* 9, Nr. 34, S. 3–5.

Herausgebergruppe Ceyti Malar. 2015. „Muṟpōkku cintaṉaiyāḷar kamiṣanar ṭākṭār hāri villiyams". *Ceyti Malar* 8, Nr. 31, S. 3.

Inba Yesurajan. 2010a. „Potuc ceylaḷar naṭkuṟippu". *Ceyti Malar* 3, Nr. 10, S. 14–17.

———. 2010b. „Potucceylaḷarin naṭkuṟippu". *Ceyti Malar* 3, Nr. 12, S. 17–21.

———. 2009. „Eccarikkaiyayiruṅkaḷ". *Ceyti Malar* 2, Nr. 6, S. 11–12.

———. 2012. „Potuc ceylaḷar naṭkuṟippu". *Ceyti Malar* 4, Nr. 17, S. 4–6.

———. 2014a. „Potuc ceylaḷar naṭkuṟippu". *Ceyti Malar* 7, Nr. 25, S. 2–4.

———. 2014b. „Pūṭṭakkar". *Ceyti Malar* 7, Nr. 27, S. 26–32.

———. 2015. „Potuc ceylaḷar naṭkuṟippu". *Ceyti Malar* 7, Nr. 32, S. 18–20.

———. 2016. „Potuc ceylaḷar naṭkuṟippu". *Ceyti Malar* 9, Nr. 34, S. 7–13.

Jayaseelan. „*Hands to man Heart to God. Victoria Cross to Salvation Army Officers*". 15.03.2015. Unveröffentlicht.

Kumari Thayalan. 2012. „Mūṭa nampikkaikaḷai māyttu maṉittataṉmaiyai vaḷarppōm". *Ceyti Malar* 5, Nr. 18, S. 5–7.

Murray, John. 2015. „The Salvation Army - has hanged its service boot in India". *Unveröffentlicht.*

———. 2016a. „Worshipping Community? Or Working Community? - The Salvation Army". *Unveröffentlicht.*

———. 2016b. „Interview with the General". *Unveröffentlicht.*

Samraj, Babu. 2016a. „General André Cox, the World Leader of the Salvation Army and Major Babu Samraj, National Editor, The War Cry". *The War Cry* 17, Nr. 3, S. 15–16.

———. 2016b. „General André Cox, the World Leader of the Salvation Army and Major Babu Samraj, National Editor, The War Cry". *The War Cry* 17, Nr. 4, S. 15–16.

Vereinsvorstand der RSSNA. 2016a. „Āṅkila pōrcattam mārc 2016 itaḻil veliyāna jeṉaraliṉ pēṭṭi kuṟitta oru alacal.". *Ceyti Malar* 9, Nr. 35, S. 18–28.

———. 2016b. „Āṅkila pōrcattam mārc 2016 itaḻil veliyāna jeṉaraliṉ pēṭṭiyai tamiḻil tantuḷḷōm. Naṉṟi: The War Cry. Mārc 2016.". *Ceyti Malar* 9, Nr. 34, S. 32–39.

Vetriseelan. 2015. „"Karaṅkaḷ maṉitaṉukku, itayam kaṭavuḷukku"". *Ceyti Malar* 8, Nr. 31, S. 12–14.

Bibliografie

Agur, C. M. 1990. *Church History of Travancore*. New Delhi: Asian Educational Services.

Arun, Chockalingam Joe. 2007. *Constructing Dalit Identity*. Jaipur: Rawat Publications.

Baird, Catherine. 1944. *William Stevens (Yesu Retnam)*. Salvationist Publishing and Supplies LTD: London.

Bayly, Susan. 1998. „Hindu Modernisers and the 'Public Arena': Indigenous Critiques of Caste in Colonial India". In *Swami Vivekananda and the modernization of Hinduism*, herausgegeben von William Radice und Vivekānanda, Delhi: Oxford Univ. Press, S. 93–137.

Bebbington, David William. 1995. *Evangelicalism in Modern Britain*. Repr. London: Routledge.

Begbie, Harold. 1912. *Other Sheep*. New York: Hodder and Stoughton.

Bergunder, Michael. 2001. „Religiöser Pluralismus und nationale Identität. Der Konflikt um die politische Legitimierung des indischen Staates.". In *Religiöser Pluralismus und das Christentum*, herausgegeben von Michael Bergunder, Göttingen: Vandenhoeck & Ruprecht, S. 157–173.

———. 2011. „Was ist Religion? Kulturwissenschaftliche Überlegungen zum Gegenstand der Religionswissenschaft". *Zeitschrift für Religionswissenschaft* 19, Nr. 1-2, S. 3–55.

———. 2021. „Global Religious History in Theory and Practice". *Method and Theory in the Study of Religion (MTSR)* 33, Nr. 3-4, S. 441–462.

Bhaskar Rao, P. 1990. „Christians and the Law". *Religion and Society* 31, Nr. 1, S. 29–34.

Booth-Tucker, Frederick. 1923. *Muktifauj: Or, Forty Years with The Salvation Army in India and Ceylon*. London, Edinburgh: Marshall Brothers LTD.

Caldwell, Robert. 1849. *The Tinnevelly Shanars*. Madras: Reuben Twigg.

Clifton, Shaw. 1999. *Who are these Salvationists?* Alexandria, VA: Crest Books.

Collet, Giancarlo. 2001. „Kontextuelle Theologie. Systematisch-theologisch". In *Religion in Geschichte und Gegenwart*, herausgegeben von Hans Dieter Betz, Bernd Janowski, Don S. Browning, Eberhard Jüngel und Jörg Persch, Tübingen: Mohr Siebeck, S. 1644–1645.

Daniel Dhas, Martin N. 2016. *Christianity through India's Political History*. Delhi: ISPCK.

Davies-Kildea, Jason. 2009. *What is the meaning of salvation in the Salvation Army today?* Beau Bassin: Lambert Academic Publishing.

Doss, M. Christhu. 2018. „Indian Christians and The Making of Composite Culture in South India". *South Asia Research* 38, Nr. 3, S. 247–267.

Eason, Andrew Mark. 2003. *Women in God's army*. Waterloo, Ont.: Wilfrid Laurier University Press.

———. 2009. „The Salvation Army and the sacraments in Victorian Britain: retracing the steps to non-observance". *Fides et historia* 41, Nr. 2, S. 51–71.

———. 2011. „Religion versus the Raj: The Salvation Army's “Invasion” of British India". *Mission Studies* 28, Nr. 1, S. 71–90.

Fischer-Tiné, Harald. 2007. „Global Civil Society and the Forces of Empire". In *Competing visions of world order*, herausgegeben von Sebastian Conrad und Dominic Sachsenmaier, New York, NY, Basingstoke: Palgrave Macmillan, S. 29–68.

———. 2008. „'Meeting the lowest India on its own level'". In *Aufgeklärter Geist und evangelische Missionen in Indien*, herausgegeben von Michael Mann, Heidelberg: Draupadi-Verl., S. 169–189.

———. 2011. „Reclaiming savages in 'Darkest England' and 'Darkest India'". In *Civilizing missions in colonial and postcolonial South Asia*, herausgegeben von Carey Anthony Watt und Michael Mann, London: Anthem Press, S. 125–165.

Gariepy, Henry. 1993. *General of God's Army*. Wheaton, Ill.: Victor Books/SP Publications.

Gariepy, Henry. 2009. *Christianity in Action*. Grand Rapids, Mich.: Eerdmans.

Geetha, Krishnamurthy Alamelu. 2011. „From Panchamars to Dalit: The Evolution of Tamil Dalit writing". *Prose Studies* 33, Nr. 2, S. 117–131.

Gnanadason, Joy. 1994. *A Forgotten History*. Madras: Gurukul Lutheran Theological College and Research Institute.

Gnewekow, Dirk und Hermsen, Thomas. 1993. *Die Geschichte der Heilsarmee*. Opladen: Leske und Budrich.

Gorringe, Hugo. 2005a. „'You build your house, we'll build ours': The Attractions and Pitfalls of Dalit Identity Politics". *Social Identities* 11, Nr. 6, S. 653–672.

———. 2005b. *Untouchable Citizens*. New Delhi, Thousand Oaks, Calif: Sage Publications.

———. 2016. „Out of the Cherls". *Space and Culture* 19, Nr. 2, S. 164–176.

———. 2017. *Panthers in Parliament*. First Edition. New Delhi: Oxford University Press.

Guy, David. 1983. „Conversion – a Salvationist Perspective". *International Review of Mission* 72, Nr. 287, S. 335–343.

Hacker, Isaac Henry. 1908. *A Hundred Years in Travancore, 1806-1906*. London: H. R. Allenson, Limited.

Hall, Stuart. 1994. „Kulturelle Identität und Diaspora". In *Rassismus und kulturelle Identität*, herausgegeben von Stuart Hall, Hamburg: Argument-Verl., S. 26–43.

Hardgrave, Robert L. 1969. *The Nadars of Tamilnad*. Bombay: Oxford University Press.

Hardtmann, Eva-Maria. 2009. *The Dalit Movement in India*. Oxford: Oxford University Press.

Hermann, Adrian. 2015. *Unterscheidungen der Religion*. 1. Aufl. Göttingen: Vandenhoeck & Ruprecht.

Horridge, Glenn K. 1993. *The Salvation Army*. Godalming: Ammonite Books.

Kawashima, Koji. 1998. *Missionaries and a Hindu State*. Delhi: Oxford University Press.

Kooiman, Dick. 1989. *Conversion and social equality in India*. New Delhi: South Asia Publications.

Küster, Volker. 1995. *Theologie im Kontext*. Nettetal: Steyler Verl.

———. „Kontextuelle Theologie. Missionswissenschaftlich". In *Religion in Geschichte und Gegenwart*, herausgegeben von Hans Dieter Betz, Bernd Janowski, Don S. Browning, Eberhard Jüngel und Jörg Persch, Tübingen: Mohr Siebeck, S. 1645–1646.

Laclau, Ernesto. 1994. „Was haben leere Signifikanten mit Politik zu tun?". *Mesotes. Zeitschrift für philosophischen Ost-West Dialog* 4, Nr. 2, S. 157–165.

———. 2005. *On populist reason*. London, New York: Verso.

Laclau, Ernesto und Mouffe, Chantal. 1991. *Hegemonie und radikale Demokratie*. Dt. Erstausg. Wien: Passagen-Verl.

Malhotra, Rajiv und Neelakandan, Aravindan. 2011. *Breaking India*. New Delhi: Amaryllis.

Maltese, Giovanni. 2019a. „Rerproductive Politics and Populism: Pentecostal Religion and Hegemony in the Philippines". *Journal of Law and Religion* 34, Nr. 1, S. 64–84.

———. 2019b. *Towards a Poststructuralist Approach to Religion*. Bonn: Forum Internationale Wissenschaft.

———. 2021. „Islam is not a "Religion"". *Method and Theory in the Study of Religion (MTSR)* 33, Nr. 3-4, S. 345–380.

Mannam Samuel. 1990. „Work of the Salvation Army in Andhra Pradesh". *Religion and Society* 37, Nr. 1, S. 57–60.

Mateer, Samuel. 1991b. *Native Life in Travancore*. New Delhi: Asian Educational Services.

———. 1991a. *The land of charity*. Ristampa anastatica. New Delhi, Madras: Asian Educational Services.

Monikaraj, D. 1997. „Biographical Musings I - Vethamanickam". In *Frontiers of Dalit Theology*, herausgegeben von V. Devasahayam, Gurukul: ISPCK, S. 206–228.

Mosse, David. 1994. „Idioms of Subordination and Styles of Protest among Christian and Hindu Harijan Castes in Tamil Nadu". *Contributions to Indian Sociology* 28, Nr. 1, S. 67–106.

———. 2009. „Dalit Christian Activism in Contemporary Tamil Nadu". In *Ethnic Activism and Civil Society in South Asia*, herausgegeben von David N. Gellner, Los Angeles: SAGE, S. 175–214.

———. 2012. *The Saint in the Banyan Tree*. Berkeley: University of California Press.

Münster, Daniel. 2007. *Postkoloniale Traditionen*. Bielefeld: transcript Verlag.

Murdoch, Norman H. 1987. „Evangelical sources of Salvation Army Doctrine". *The Evangelical Quarterly* 59, Nr. 3, S. 235–244.

———. 1994. *Origins of the Salvation Army*. 1st ed. Eugene, OR: Wipf & Stock Publishers.

———. 2015. *Christian Warfare in Rhodesia-Zimbabwe*. Eugene, OR: Pickwick Publications.

Nehring, Andreas. 2004. „Bekehrung als Protest Zur Konstruktion religiöser Identität der Dalits in Indien". *Zeitschrift für Religionswissenschaft* 12, Nr. 1, S. 3–21.

———. 2019. „Postkolonialismus - und was dann?". *Interkulturelle Theologie - Zeitschrift für Missionswissenschaft* 45, Nr. 2-3, S. 147–165.

Pallant, Dean. 2016. „Time to Get Moving, Time to Shift Culture". *The War Cry* 17, Nr. 3, S. 5.

Paul, S. A., Pakya Nathan, M. und Peter, Y. 1994. *An Advancing Army*. Tirunelvelli: Iraṭcaṇiya veḷiyīṭukaḷ.

Prabhakar, M. E. 1990. „Andhra Christians - Some Demographic and Ecclesial Issues". *Religion and Society* 31, Nr. 1, S. 4–28.

Radhakrishna, Meena. 1997. *Missionaries and Myth Making*. 1. New Delhi: Centre for Contemporary Studies, Nehru Memorial Museum and Library, Teen Murti House.

———. 2001. *Dishonoured by history*. 1. publ. Hyderabad, India: Orient Longman.

Richards, Miriam M. 1971. *It Began With Andrews*. London: Salvationist Publishing & Supplies.

Robinson, Earl. 2017. „Evangelical/Evangelicalism". In *Historical Dictionary of The Salvation Army*, herausgegeben von John G. Merritt und Allen Satterlee, Lanham, Boulder, New York, London: Rowman & Littlefield, S. 166–167.

Sanal Mohan, P. 2015. *Modernity of slavery*. 1. ed. New Delhi: Oxford Univ. Press.

Sandall, Robert. 1955. *The History of The Salvation Army*. London: Nelson.

Schreiter, Robert J. 1992. *Abschied vom Gott der Europäer*. 1. Aufl. Salzburg: Pustet.

Schröder, Ulrike. 2009. *Religion, Kaste und Ritual*. Halle: Verl. d. Franckeschen Stiftungen zu Halle.

Shah, Ghanshyam. 2001. „Introduction: Dalit Politics". In *Dalit identity and politics*, herausgegeben von Ghanshyam Shah, New Delhi: SAGE, S. 17–43.

Shakespeare, Karen. 2014. „One Army?". *Practical Theology* 7, Nr. 2, S. 96–108.

Singaram, Charles. 2008. *The question of method in dalit theology*. Delhi: ISPCK.

Smith, Solveig. 1982. *By love compelled*. Repr. London: Salvationist Publ. and Supplies.

Street, Robert. 2008. *Called to be God's people*. [New] ed. London: Salvation Books.

Suarsana, Yan. 2017. „2.2.1 Die globale Ausbreitung des Evangelikalismus ab 1950". In *Handbuch Evangelikalismus*, herausgegeben von Frederik Elwert, Jens Schlamelcher und Martin Radermacher, Bielefeld: Transcipt Verlag, S. 95–107.

Swamy, Muthuraj. 2016. *The problem with interreligious dialogue*. New York, London, Oxford, New Delhi, Sydney: Bloomsbury Academic.

Tolen, Rachel J. 1991. „Colonizing and transforming the criminal tribesman: the Salvation Army in British India". *American Ethnologist* 18, Nr. 1, S. 106–125.

Viswanath, Rupa. 2014. *The Pariah Problem*. New York: Columbia University Press.

Wheaton, Rosalie May. 1960. *Indian pilgrim: The story of Narayana Muthiah*. London: Salvationist Publishing & Supplies.

Wiggins, Arch R. 1964. *The History of The Salvation Army*. London: Nelson.

Williams, Harry. 1980. *Booth-Tucker*. London etc.: Hodder and Stoughton.

———. 1990. *I Couldn't Call My Life My Own*. Churchman Publishing: Worthing.

———. 2009. *An Army needs an Ambulance Corps*. London: Salvation Army.

Wilson, K. 1982. *The twice alienated: Culture of Dalit Christians*. Hyderabad: Booklinks Corp.

Wrogemann, Henning. 2013. *Missionstheologien der Gegenwart*. 1. Aufl. Gütersloh: Gütersloher Verl.-Haus.

Webseiten

http://www.dalit.de/startseite/ (zuletzt abgerufen am 03.08.2021).

https://lausanne.org/content/lop/lop-21 (zuletzt abgerufen am 17.04.2021).

https://www.salvationarmy.org.uk/forward-thinking-missionary-celebrates-centenary (zuletzt abgerufen am 5.3.2020).

https://www.youtube.com/watch?v=WRTX3nJoSAk (zuletzt abgerufen am 09.08.2021).

https://www.eternitynews.com.au/archive/in-memory-of-eva-burrows-retired-general-of-the-salvation-army-of-australia/ (zuletzt abgerufen am 29.03.2021).

https://www.census2011.co.in/census/district/51-kanniyakumari.html (zuletzt abgerufen am 01.09.2021).

http://milestonesofkanyakumari.blogspot.com/2013/10/cmagur-revcmasiollamani-and-charles.html (zuletzt abgerufen am 14.11.2019).

http://milestonesofkanyakumari.blogspot.com/2013/11/ (zuletzt abgerufen am 14.11.2019).

http://milestonesofkanyakumari.blogspot.com/2013/10/welcome.html (zuletzt abgerufen am 14.11.2019).

http:// milestonesofkanyakumari.blogspot.com/2013/12/the-first-protestantchristian-of_12.html (zuletzt abgerufen am 15.01.2020)

https://www.salvationarmy.org/india/missionstatement (zuletzt abgerufen am 21.03.2021).

https://www.andheri-hilfe.de/informieren/rechte-staerken/rechte-staerken-dalits/ (zuletzt abgerufen am 03.08.2021).

https://rssna.wordpress.com/resolutions/ (zuletzt abgerufen am 10.05.2021).

https://www.thehindu.com/news/national/tamil-nadu/sc-population-records-negative-growth-in-rural-kanyakumari/article4797909.ece (zuletzt abgerufen am 09.08.2017).

https://legislative.gov.in/sites/default/files/COI_1.pdf (zuletzt abgerufen am 03.07.2021).

https://www.salvationarmy.org/india/peopleofindia (zuletzt abgerufen am 22.07.2021).

https://rssna.wordpress.com/presidents-desk/ (zuletzt abgerufen am 02.03.2021).

https://rssna.wordpress.com/about/ (zuletzt abgerufen am 30.09.2019).

https://rssna.wordpress.com/ (zuletzt abgerufen am 01.10.2019).

Index